책 읽는 알프스

도서출판 **몽블랑**

허긍열

낙동강변 성주에서 태어나 자연을 벗하며 자랐다. 고교시절 암벽등반을 시작해 1986년 20대 초반에 네팔 히말라야의 참랑(7319m)을 등정했다. 1990년 알프스에서 여러 북벽들을 오르면서 알프스와 끊을 수 없는 인연을 맺어 지금까지 이어가고 있다.
1993년 인도 가왈 히말라야의 탈레이사가르 북벽, 1996년 알래스카의 데날리(매킨리) 남벽, 1997년 파키스탄의 가셔브럼 4봉 등을 등반하였다. 그 후 알프스의 매력에 끌려 매년 그곳의 침봉들을 오르다가, 2001년부터 고향을 떠나 알피니즘의 메카 샤모니 몽블랑에 머물고 있다.
저서로는 알프스에 매혹된 이야기를 담은 자전적 등반기 <몽블랑 익스프레스>와 <해골바위>, 알프스에서의 생활을 그린 <알프스에서 온 엽서-1~5>와 등반안내서 <알프스 알파인 등반-1, 2권>이 있으며, 필름 사진집 <알프스 수평파노라마의 세계-1>, <알프스 수직파노라마의 세계-1>, <알프스 트레킹-1, 2권> 등이 있다.
또한 < 창가방 그 빛나는 벽>, <세비지 아레나>, <위험의 저편에>, <왜 산에 오르지> 등의 번역서가 있다. 현재 www.goalps.com 과 http://cafe.daum.net /GOALPS 등을 통해 알프스에 대한 많은 정보를 제공하고 있다.

알프스 시리즈 - 18
책 읽는 알프스

초판 : 2014년 4월 20일

짓고 펴낸이 | 허긍열
다듬은 이 | 장정미
펴낸 곳 | 도서출판 몽블랑
인쇄 및 제본 | 대구 남산 인쇄골목
출판등록 | 2012년 3월 28일 제 2012-000013호
대구광역시 수성구 교학로 11길 46번지
http://cafe.daum.net/GOALPS
vallot@naver.com

값 / 16,000원

ISBN 979-11-85089-03-4
ISBN 978-89-968755-2-9 (세트)

이 책에 실린 모든 사진들은 십여 년 전부터 사용했던 디카 소니 사이버샷, F828, R1, 캐논 5D 2대(하나는 1000미터 추락사), 파나소닉 LX5, 핫셀브라드 XPan으로 찍었다.

「이 도서의 국립중앙도서관 출판시도서목록(CIP)은 서지정보유통지원시스템 홈페이지(http://seoji.nl.go.kr)와 국가자료공동목록시스템(http://www.nl.go.kr/kolisnet)에서 이용하실 수 있습니다.(CIP제어번호: CIP2014009033)」

책 읽는 알프스

글/사진 허긍열

도서출판 **몽블랑**

CONTENTS

하나 -내가 만든 책들

책을 내면서 / 8
내가 만든 책 이야기 / 11
내가 만든 책 목록 / 26
내가 만든 책들에 대한 뒷이야기 / 33
내가 만든 책 서평들 / 37

둘 - 책 속의 산을 찾아

1-알피니스트의 마음 / 84
2-알프스 등반기 / 94
3-알프스의 북벽 / 104
4-청춘의 샘 / 116
5-무상의 정복자 / 126
6-별빛과 폭풍설 / 138
7-아내여 나는 죽으러 간다 / 150
8-내 생애의 산들 / 162
9-알프스의 3대 북벽 / 174
10-자일파티 / 186
11-8000미터 위와 아래 / 198
12-수직의 도전자 / 210
13-산과 인생 / 222
14-그들은 왜 오늘도 산과 싸우는가 / 232
15-알프스의 풍광에 내 생애를 걸고 / 244
16-설과 암 / 254
17-알프스에서 카프카스로 / 266
18-산의 환상 / 278
19-리카르도 캐신, 알피니즘 50년 / 290
20-하얀거미, 아이거 / 302
21-어느 등산가의 회상 / 312
22-위험의 저편에 / 324

셋 - 즐거웠던 책들

더그리 형의 책-334 / 광식 형의 책-341 / 마운틴 오딧세이-344 / 한 스님의 책들-346 / 라파이 사진집-347 / 나는 이렇게 나이들고 싶다-348 / 요세미티-349 / 일분 후의 삶-350 / 안나푸르나의 꿈-351 / 아이거 빙벽-353 / 탐험가의 눈-354 / 실크로드의 악마들-354 / 루쉰전-355 / 신들의 봉우리-356 / 삶을 바꾼 만남-357 / 미실-359 / 우리는 산에 오르고 있는가-359 / 책 두 권-361 / 리영희 평전-362 / 선물 받은 책 두 권-362 / 다시 기자로 산다는 것-364 / 빨간 책-365 / 또 다른 빨간 책-365 / 초월의 슬픈 연가-367 / 산-368 / 얼어붙은 눈물-369 / 시타델의 소년-371 / 검은 고독 흰 고독-375 / 최초의 8000미터 안나푸르나-376 / 나의 선택은?-378 / 화인열전-380 / 웨이 백-381 / 독서피서-383 / 내가 본 가장 아름다운 것-384 / 러스킨 바위-386 / 헬렌 니어링의 책-389 / 나보다 센 놈-390 / 77인에게 묻다-391 / 그 겨울 그리고 가을-392 / 알프스의 타르타랭-393 / 외씨버선길-394 / 제르바수티의 등반들-395 / 나는 알래스카에서 죽었다-397 / 나중에 온 이 사람에게도-398 / 콜드 웨스-400 / In High Places-401 / Mixed Emotions-404 / 창가방 그 빛나는 벽, 세비지 아레나-407 / 장비 카탈로그-409 / 인페르노-411 / 에베레스트에서 온 편지-411 / 어떤 솔거의 죽음-413 / 철학이 필요한 시간, 객주, 초한지-414

하나 - 내가 만든 책들

산악문학의 고전

알프스 등반기

Scrambles Amongst the Alps

에드워드 윔퍼

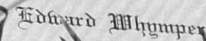

Edward Whymper

책을 내면서

<책 읽는 알프스>에 소개된 등산 책들 대부분은 내가 오래 전부터 읽었던 것들이다. 10대 중후반부터 산에 다니기 시작했지만 산악 서적을 읽기 시작한 것은 대학에 들어가고 난 후부터였던 것으로 기억한다. 그때 내가 읽은 산서들은 가스통 레뷔파의 <설과 암>과 <별빛과 폭풍설>, 그리고 장 코스트의 <알피니스트의 마음> 등이다. 그런 후 헤르만 불의 <8000미터 위와 아래>나 에드워드 웜퍼의 <알프스 등반기>로 이어졌다. 이 모든 책들은 한창 등반의 세계에 매료된, 지금보다 훨씬 더 감수성이 풍부했던 젊은 시절의 나에게 많은 영향을 끼쳤다. 위 책들의 배경무대는 모두 알프스다. 당연히 나는 알프스를 동경하게 되었고 만년설산을 향한 꿈을 꾸기 시작했다.

만년설산에 대한 꿈을 이룰 기회는 생각보다 빨리 찾아왔다. 하지만 내가 그토록 갈망한 알프스는 아니었다. 산악회에서 꾸린 히말라야 원정에 참가하게 되었다. 1980년대 중반의 열악한 환경 속에서 다행히 나는 20대 초반의 어린 나이에 네팔 히말라야의 어느 7000미터 급 봉우리에 오를 수 있었다. 하지만 당시 캠프나 고정로프, 셰르파에 의존한 한국적인 히말라야 등반 스타일을 경험한 후였기에 능력껏 자유롭게 등반할 수 있는 알프스에 대한 동경은 더 커져만 갔다. 그리하여 4년 후 대학

졸업반 때 모든 것을 제쳐 두고 알프스로 향했다. 3개월 이상 알프스 전역을 마음껏 다니며 그랑드 조라스나 아이거 북벽 등도 오르고 돌로미테 쪽에 가서도 소중한 경험을 쌓았다. 알프스와 나의 인연은 이렇게 시작되었다. 그 후 사회생활을 시작하고 히말라야나 카라코람, 알래스카 등지로 몇 번 해외원정등반을 다니면서 알프스에 좀체 오지 못하다가 불현듯 알프스에 대한 열망이 솟구쳐 8년 만에 다시 찾았다. 그 후 매년 알프스를 방문하다 2001년부터 아예 이곳 샤모니 몽블랑으로 거처를 옮겨 지내고 있다.

 알프스에 본격적으로 와 지낸지 10년이 지난 지금도 알프스는 나에게 동경의 대상이다. 이미 많은 곳을 가보았고 등반해 본 봉우리와 벽들이 많지만 아직도 가보지 않은 빙하와 오르지 못한 벽들이 무궁무진하다. 알프스에 대한 나의 식지 않는 열망은 학창시절에 알프스를 무대로 한 산악서적들을 많이 읽은 때문이다. 30대 중반에 알프스에 본격적으로 와 지내면서 나는 다시금 예전에 읽은 산악서적들을 들춰보곤 했다. 어떤 책은 빙하 위 캠프에서 뒤적였으며 어떤 것은 트레킹을 하며, 혹은 등반 후 산장에서 읽었다. 그러던 어느 해, 나는 그런 알피니즘의 기록들을 두 발로 답습해보고 싶었다. 배낭에 산서를 짊어지고 그 책의 저자가 오른 산이나 빙하, 알파인 언덕을 오르며 책속의 주인공들을 만나보게 되었다. 나에게 다시없는 소중한 경험이었다.

 좋은 책은 한번 읽고 말기에는 아깝다. 산을 오르는 산악인에게는 산서가 특히 그러하다. 어떤 책은 이미 여러 번 읽었지만 다시 읽어볼 수 있었던 좋은 기회였다. 몽블랑 초등으로부터 시작된 알피니즘의 기록들을 하나씩 음미하는 즐거움을 가졌다. 야생화가 만발한 알프스 고산화원의 꽃밭뿐 아니라 눈보라를 피해 들어간 비박산장의 담요 속에서 헤드랜턴을 밝혀 펼쳐본 산서읽기의 기쁨은 남달랐다. 산과 알피니즘, 그리고 산과 인생을 사색해본 귀중한 시간들이었다. 문학적 소양과 지식이 부족한 내가 논하는 산서 이야기들이라 부끄러움이 앞선다. 그저 한 알피니스트의 소박한 생각으로 이해해주면 고맙겠다. 앞으로도 알피니즘의 거성들이 쓴 책들을 내 등에 지고 그들의 궤적을 따라, 책 안과 밖에서 그들을 만나는 기회를 많이 가지고 싶다. 내 어설픈 원고를 또 한 권의 책으로 낼 수 있도록 이끌어준 모든 분들에게 뒤늦게나마 고마운 마음을 전한다.

-2014년 1월, 몽블랑 자락에서-

내가 만든 책 이야기

 내가 쓴 다른 책에서도 밝혔듯 어린 시절은 말할 것 없고 학창시절이나 심지어 이곳 알프스로 무작정 왔던 30대 후반까지도 산악서적 몇 권 외에 내가 책읽기에 흥미를 가져본 적은 없었다. 물론 20대 중반에 처음 만든 <창가방 그 빛나는 벽>이나 30대 초반에 세 권의 산악서적을 번역해 출판하긴 했지만 어디까지나 산에 대한 갈증을 풀기 위해서였다. 과연 유명 산악인들은 어떤 등반을 했으며 무슨 생각으로 산을 올랐고 그들에게 산은 무엇이었는지, 답을 찾아 앞으로의 내 산행에 조금이라도 참고하기 위해서였다. 아직도 해답을 못 찾았지만 결코 헛된 시도는 아니었다. 그 결과 졸속 번역서이긴 하지만 4권의 산악서적을 발간하게 되었으니 말이다.
 4권의 책을 만들며 책과 가까이 했다고는 하지만 책 읽는 즐거움을 느끼기 시작한 건 알프스에 오고부터다. 혼자 있는 기나긴 무료한 시간에 자연스럽게 책을 읽게 되었고, 그것이 지금까지 이어져 소중한 일과 중 하나가 되었다. 이제는 산과 관련 없는 책도 즐거이 펼쳐든다. 산의 세계와는 또 다른 세계를 알게 되어 즐겁다. 그 즐거움이 이어져 이렇게 또 한 권의 책으로 엮이게 되었다. 산사랑이 책사랑으로 이어진 셈이다.
 이전에 몇몇 지면에서도 밝힌 바 있지만 나와 책의 인연은 히말라야에서 부터다. 학창시절이었던 1986년 가을이었다. 네팔 히말라야의 참랑(7319m)을 오른 나는 며칠만 있으면 집으로 돌아간다는 기쁨으로 카트만두의 타멜 거리를 배회하였다. 약 3개월 전에 왔기에 카트만두 시내의 여러 골목길이 익숙했으며 웬만한 볼거리들은 다 구경해 적당히 시간 보낼 장소라곤 등산 장비점과 책방뿐이었다. 원정대에서 막내였던 나는 가끔 선배 형들과 따로 놀며 나름대로 재미있게 시간을 보냈다. 혹시 새로운, 특이한 등반장비가 없을까 싶어 이 장비점 저 장비점을 기웃거리기 일쑤였고 서점들을 돌아다니며 등산책들을 뒤적이곤 했다. 내가 가장 즐긴 것이 산악서적을 들춰보는 일이었다. 산악풍경만 실린 사진책보다는 등반가들의 생생한 등반모습이 담긴 등반기록서들을 즐겨 훑어보았다. 이렇게 눈여겨 보아둔 책들을 비행기 타기 하루 전날 한꺼번에 모아 구입했다. 그렇게 해야 좀 더 싸게 살 수 있었다. 책값은 내가 막상 외국에 간다니 어머니께서 살며시 쥐어주시던 쌈짓돈이었다. 처음에는 외국 산에 간다니 극구 말리시더니 끝내 양보하고 쥐어주신 돈이었다.

 책을 구입한 당시, 나는 그저 책 속의 사진 정도만 즐겨 훑어보았다. 영어로 된 본문을 읽어 내려갈 실력이라곤 없었지만 책 속의 주인공들이 궁금해 무작정 구입했던 셈이다. 당시만 해도 국내에 산악서적이 드물었기에 하얀 만년설산에서 등반하는 이들의 모습 하나하나가 신기했다. 나중에 그런 책들과의 인연이 내 자신이 생각한 것보다 훨씬 질기게 될 줄은 상상도 못했다. 피켈이나 아이젠 등 등산장비를 한두 개 구입하긴 했지만 막연하게나마 장비보다 책을 구입하는 게 더 가치가 있을 것 같았다. 그래서 배낭에 십여 권의 산악서적들을 집어넣었다.

 카트만두에서 구입한 십여 권의 등산책들 중에 <The Shining Mountain>과 <Savage Arena>, <The Shishapangma Expedition>이 있었다. 이 중 내가 가장 좋아한 책은 <The Shishapangma Expedition>이었다. 하찮은 영어 실력으로 사전을 뒤져 가며 모르는 단어의 뜻을 깨알같이 책에 적었다. 본문 속의 내용을 어렴풋이나마 짐작하며 책 속을 탐험하기 시작했다. 이 책은 시샤팡마 남벽을 더그 스코트, 알렉스 맥킨타이어, 로저 박스터-존스가 알파인 스타일로 1982년에 초등한 것을 맥킨타이어와 스코트가 함께 정리한 것이다. 내가 이 책을 좋아한 이유는 알파인 스타일로 시샤팡마 남벽을 초등반한 이들의 등반력을 동경했을 뿐 아니라 맥킨타이어의 강렬한 성격에 매료되었기 때문이다.

 돌이켜 생각하면 우습고 어처구니없지만 20대 초중반이었던 당시에는 절실한 문제이기도 했다. 팝 음악을 좋아하는 학생이 비틀즈를 좋아하듯 나는 그를 흠모하게 되었다. 책 속에 실린 그의 등반모습 하나하나가 눈에 속속 박혀 들었다. 그의 이름마저 멋져 보였다. 그가 이 책을 쓰고 3개월 만에 안나푸르나 남벽을 동료 한 명과 알파인 스타일로 등반하다 안타깝게도 단 하나의 주먹만한 낙석에 절명할 때까지의 열정적인 삶. 캐나다 등반가 쇼랜소와 함께 아이거 북벽 존 하린 직등 루트를 7일 만에 행한 대담성. 이후 히말라야 등지에서 보이텍 쿠르티카 등과 함께 한 여러 선구적인 등반행위들. 법학도로서의 그의 논리성. 시샤팡마 등반 후 자신보다 한참이나 나이 많은 더그 스코트의 코를 후려갈긴 반항아적인 젊은 혈기와 솔직함 등등. 그는 20대의 나를 완전히 사로잡았다. 그러나 그 책 뒷부분에 로저 박스터-존스가 쓴 추도문은 끝내 나를 침울하게 만들었다. 맥킨타이어의 어머니는 아들의 비문에 다음과 같이 썼다.
'순한 양으로 100년을 지내는 것보단 용감한 호랑이로 1년을 사는 게 낫다.'

그러나 나는 맥킨타이어에 매료되었음에도 불구하고 몇 년 후 다른 책들은 번역했어도 그 책을 번역하려고 애쓰지 않았다. 그에 대한 흠모의 정을 혼자서만 소중히 간직하고 싶어서였다. 세월이 흘렀다. 나는 위의 세 권의 책 외에 다른 책들도 뒤적이며 멋진 등반사진들을 눈여겨보고 책들의 줄거리도 대강이나마 파악하는 즐거움을 가졌다. 그러나 맥킨타이어의 책만큼 사전을 들고 본격적으로 본문을 파고들 열정이나 시간도 없었고, 단번에 줄줄 읽어내려 갈 어학실력도 못 되었다.

그 후 대학 졸업반 여름 방학에 알프스에서 3개월 이상 지내다 갔다. 당연히 취업재수를 하게 되었다. 열심히 책상에 붙어 있긴 했지만 반년쯤 지나자 또 산에 대한 열병이 도졌다. 그때 마침 알프스에 함께 왔던 상수형에게서 연락이 왔다. 산에도 가고 돈도 벌 수 있는 일이 생길 것 같다고. 그래서 나는 그 형이 준비하고 있는 프로젝트가 성사될 때까지 무언가 의미 있는 일이 없을까 생각하다가 <The Shining Mountain>을 번역해 보기로 마음먹었다. 단 반년 정도 바짝 공부한 토익 실력으로 말이다. 이것이 <창가방 그 빛나는 벽>이었다. 본문 사이에 삽입된 사진들이 멋있어 이미 수없이 만져 낯익은 책이었기에 만만하게 보였던지 나는 쉽게 이 책을 택했다. 그러나 막상 책상 앞에 앉아 보았지만 영문학도가 아니었던 나에게 번역은 쉽지 않았다. 하루 내내 책상에 앉아서도 한 장 반에서 두 장밖에 해결하지 못했다. 그러나 한번 해보자는 오기로 대학 노트에 깨알같이 적어 내려갔다. 글자들이 쌓이고 쌓여 페이지를 넘기고 또 넘기더니 이내 여러 장이 되어 얼마 후엔 한 권이 되고 두 권이 되어, 약 두 달 만에 번역한 분량이 공책 다섯 권이 되었다. 그러나 상수 형에게서는 여전히 좀 더 기다려보라는 연락밖에 없었다.

 가을 대학가에선 입사준비가 한창이었다. 고등학교 동창이면서 같은 학과 출신인 호덕이 모 기업에 입사원서를 내러가니 같이 가자고 했다. 나는 입사시험을 포기한 상태였기에 관심이 없었다. 하지만 친구 따라 강남 가듯 그를 따라갔다. 몇 주 후, 나는 처음이자 마지막 취직시험을 봤다. 아예 기대도 하지 않았기에 시험결과에 대해서는 까맣게 잊고서 <창가방 그 빛나는 벽>의 초고를 다시 대학노트에 깨끗하게 깨알처럼 옮기기 시작했다. 그러나 형이 추진하고 있던 계획은 자꾸만 연기되었다. 초겨울이 되자 대학노트 세 권에 볼펜으로 옮긴 원고가 깨끗이 정리되었다. 그러나 평소에 일기 한번 제대로 쓰지 않던 문장과 겉핥기로 공부했던 영어 실력 탓에 번역은 어설프기 그지없었다. 하지만 나름대로는 최선을 다했다는 오만

함도 있었고, 무엇보다 이 원고를 사장시키는 것보다는 다소 서툴지만 많은 이들에게 한국의 알피니즘이 지향해야 할 히말라야 벽등반을 알리는 게 좋지 않을까 싶은 사명감도 생겼다.
 나는 모 산악전문 출판사에 그 원고를 맡겼다. 그러나 그 출판사는 곧바로 원고를 검토하여 연락을 주겠다고 했지만 묵묵부답 시간만 흘러갔다. 그런데 까맣게 잊고 있던 취직시험의 합격통지서가 날아들었다. 아직도 형은 계획이 확정되지 않았으며 특별히 진척될 기미도 없다고 알려왔다. 나는 일단 입사하는 게 좋을 것 같았다. 서울 공릉동의 연수원에 들어갔다. 한 달 후에는 첫 월급도 받았다. 얼마 되진 않았지만 그래도 나에겐 목돈이었으며 최소한 앞으로 고정적인 수입이 생긴다는 생각과 무언가 꿍꿍이속이 있을 것 같은 출판사의 답답한 태도에 불끈한 성미도 가세하여 자비로 원고를 출판하기로 마음먹었다.
 산악전문 출판사에 맡겼던 원고를 되찾아 고향으로 돌아왔다. 평소 친분 있던 산악선배의 인쇄소에서 출판 작업에 들어갔다. 연수원생활을 하는 내내 주말에 고향 집에 내려가 교정 및 교열을 보는 바쁜 생활이 계속되고서 마침내 봄에 <창가방 그 빛나는 벽>이라는 제목의 단행본이 나오게 되었다. 급히 먹은 떡이 체한다고 책이 제대로 되었을 리 만무하였다. 다 만들어진 책을 손에 쥔 나는 부끄럽기 짝이 없었다. 후불로 지불하기로 한 제작비는 매달 나오는 월급으로 충당했다. 1년을 꼬박 고생했다.

책은 팔리지 않았다. 남의 말만 믿고 무작정 3000부를 만들어 놓았으니 처치하기 곤란했다. 친구 승호와 희구는 서울과 부산에서 도움을 주려 했다. 몇몇 등산 장비점이나 서점에 부탁하여 비치해두는 미미한 정도였지만 그들의 도움이 힘이 되었다. 내 가방에는 늘 내가 만든 책 십여 권은 들어 있었다. 시내에 나갈 때마다 등산 장비점이나 대형서점에 입고를 문의했다. 대부분의 등산 장비점은 등산책에는 관심이 없었다. 어쨌든 고생하며 만든 거였기에 그냥 묵혀 놓을 수만은 없었다. 산에 다니는 사람으로서 산사람들에게 새로운 등반 스타일과 이야기를 알리고 싶은 의무감이나 오기마저 생겨났다. <창가방 그 빛나는 벽>이 초창기 히말라야 벽등반을 다루었기에 이 책을 통해 (거창하게 말해) 앞으로 한국산악인들이 추구하고 나아가야 할 방향을 제시하고도 싶었다. 20대 젊은이의 혈기방자한 순수함이었다.

  현실은 냉혹했다. 결국 대부분의 책이 먼지투성이의 창고에 처박혔다. 가슴 아프게도 시간이 지날수록 파본이 많아졌다. 여기저기 굴러다니면서 반품된 것들은 표지가 심하게 상해 있었다. 처음 번역한 책이라 이 정도는 각오했기에 약간의 실망 외에는 영향을 받지 않으려고 마음먹었다. 세상사에 야무지거나 모질지 못했다. 잘 만들어 잘 팔아보겠다는 계산도 없이 그저 책을 발간하는데 의미를 둔 만큼 별 서운한 구석도 없다고 여기려 했다. 평생 고치지 못할 고질병이었다. 이후에도 등반 책에 대한 미련은 남아 회사생활에 여유가 있을 때마다 나는 지난날 카트만두에서 가져온 산악서적들을 뒤적이곤 했다.
 서울 공릉동의 연수원에서 6주간 생활한 나는 기술직이었기에 경남 삼천포에서 또다시 8주를 더 보내야 했다. 봄날의 남해 바다에선 훈훈한 바다 내음이 진하게 묻어왔다. 나는 이왕 시작한 직장생활을 제대로 하고 산은 사회생활을 열심히 한 후에 다녀도 늦지 않다고 마음을 다잡았다.
 연수원에서 몇 달간 함께 지내다 보니 백여 명의 동기들은 친해졌다. 서로 지난 이야기들을 나누다 보니 내가 히말라야나 알프스 등반 경험이 있다는 사실이 알려졌다. 하루는 강의실에 모인 모든 동기생들과 함께 등반사진들을 보며 이야기를 나누기도 했다. 마침 당시에 발간 된 <창가방 그 빛나는 벽>도 알려져 등산에 대해 문외한이었던 그들이었지만 제법 많이 구입해 주기까지 했다. 산악회 동기와는 또 다른 동기애를 느낄 수 있었다.
 회사생활을 시작한 이후부터 다행히 여유가 있어 틈틈이 등산책들을 집어들 수 있었다. 우선 <세비지 아레나>를 집어들었다. 시간 여유가 있던 회사였기에 원서를 한두 장 찢어 출근했으며 퇴근할 땐 우리말로 번역된 A4용지 한두 장을 가져오는 즐거움이 쌓여갔다. 그런 다음, <위험의 저편에>도 우리말로 옮기기 시작했다. 몇 년이 되지 않아 두 책 모두 번역이 완성되었다. 물론 이번에만은 자비로 출판하지 않으려는 생각에 몇몇 산악전문 출판사에 문의했지만 여전히 미적미적 미루기만 하고 결국에는 출판할 의향이 없다고 했다. 경제논리에 충실한 그들의 입장도 이해는 하지만 힘들게 마련한 원고를 하루 속히 출판하고픈 성급함을 이용해 글쓴이가 제작비를 지불하는 조건이면 출판할 의향이 있다는 거였다. 초판 판매액도 자기들 몫이라고.

그 무렵 나는 다람쥐 쳇바퀴 도는, 실제로 1년 내내 전기를 만들어야 하는 회사생활에 회의가 들어 사표를 내고 직접 출판사를 차렸다. 내가 좋아한 산의 이름을 빌려 도서출판 설악으로 등록해 번역해둔 두 권의 책을 만들었다. 책을 만들고 곧바로 떠난 알래스카의 데날리 남벽등반에서 모진 고생 후 돌아와 동상의 고통을 겪어야 했다.

가을 찬바람이 불자 나는 병원생활 동안 마무리한 <왜 산에 오르지> 원고를 들고 충무로에서 이 골목 저 골목 돌아다니며 문고판으로 400부를 만들었다. 이제껏 다른 세 권의 책을 만들며 고생했기에 이번만은 소량으로 찍었다. 불편한 걸음으로 우선 서울 시내의 대형서점에 여태 출판한 네 권의 책을 들고 입고를 문의했다. 지방의 장비점이나 대형서점에도 직접 혹은 우편으로 책을 보냈다. 하지만 어찌 책이, 더구나 등산책이 잘 팔리겠는가. 직접 만들다 보니 제대로 만들지도 못했거니와 일반인을 상대로 한 책도 아니었고, 산악인들 사이에서도 큰 재미나 흥미를 끌 내용의 책들이 아니었기에 인기가 있을 리 없었다.

이렇게 번역서 4권을 만들고 더는 책을 만들고픈 열의가 생기지 않았다. 현실적인 어려움이 가장 큰 이유였다. 그 후 나는 한국에서의 산악활동에 흥미를 느끼지 못해 알프스로 오게 되었다. 답답했다. 모든 것을 감수하기로 했다. 이왕 등산의 세계에 발을 들여놓았으니 제대로 빠져보고 싶었다. 2001년 초여름에 왔는데 후련하고 마냥 좋았다. 앞서 말했듯 혼자만의 자유로운 시간이 많아 무료함을 달래기 위해서라도 나의 알프스 산행을 정리하고 싶었다. 그리하여 2년 후인 2003년에 <몽블랑 익스프레스>를 만들었다.

<몽블랑 익스프레스>에는 내가 알프스에 처음 왔던 1990년의 등반과 그 후 다시 찾은 알프스 산행과 생활을 기록했다. 이 책의 후기에도 밝혔듯 왜 하필 알프스로 오게 되었냐는 물음에 대한 해답을 조금이라도 찾아보기 위한 시도였다. 3인칭 단수의 관찰자 시점으로 서술해봤는데, 나 자신인 열을 통해 나의 생각들을 객관적이면서 이성적으로 돌아보고 싶었다. 하지만 몇몇 부분에서는 자신을 너무 미화한 건 아닌가 싶어 부끄럽기도 했다. 이 책에는 나와 함께 했던 이들의 이름이 실명으로 거론되어 혹 몇몇 분들에겐 누가 되지 않았나 모르겠다.

한편 <몽블랑 익스프레스>는 혼자 힘으로 교정에서 편집까지 하고, 충무로 인쇄골목에서 인쇄 및 제본까지 한 다음 타인 명의의 출판사 이름을 빌려 출판했다. 당시로서는 책값도 비싼 편이었고 개인사 및 알프스 위주의 등반 이야기라 책이 잘 팔리지 않았다. 기껏 팔린 것마저도 대신 판매해준 출판사에 고스란히 떼인 셈이 되고 말았다. 칠팔년 후 그 출판사가 문을 닫고 잠시 누군가에 대리판매 형식으로 맡겨졌다. 그 후 마지막으로 나에게 넘어온 책은 1000부 만든 책 중에 이삼백 권 정도였다. 그전에 만든 번역서 몇 권까지 판매대행을 시켰던 건데 고양이에게 생선 맡긴 꼴로 남들 좋은 일만 한 셈이었다. 그래도 수백 권의 책이 남아 있어 그나마 다행이라 여기지만 경

제관념으로 보면 낙제점이다.

 내 자신을 돌아보며 정리하고자 만들었던 <몽블랑 익스프레스>가 무언가 부족하다는 느낌이 언젠가부터 들기 시작했다. 그래서 빠진 내용들을 모아 2008년에 <해골바위>라는 볼품없는 소책자를 만들었다. 이 책에는 나의 어릴 적 이야기뿐 아니라 히말라야나 알래스카 등지에서 행한 등반이야기들도 실었다. 비록 마스터 인쇄로 조잡하게 300부를 뚝딱 만들었지만 지난날의 기록을 이제야 다 정리한 것 같아 홀가분했으며, 한편으로는 허전하기도 했다. 물론 <해골바위>는 내가 차린 몽블랑 출판사에서 2013년에 정식으로 출판했지만, 여전히 부족하게만 느껴진다.

 이렇게 두 권의 책을 내면서 알프스에서 지내다보니 어느덧 10년의 세월이 흘렀다. 10년이면 강산이 변한다고 했던가. 30대 중반에 알프스로 넘어온 내가 불혹의 나이를 거쳐 어느덧 흰머리 희끗한 중년이 되었다. 이제껏 해놓은 것이라곤 없이 마냥 놀았다고는 하지만 그래도 내가 즐겨 찍은 사진들이 고스란히 남아 있고 틈틈이 써둔 산행기나 단문들도 여기저기 남아 있었다. 그래서 지난 10년의 기록들을 정리해보자는 생각으로 직접 출판사를 차리고 <알프스 시리즈>를 만들고 있다.

 처음에는 산행가이드 책인 <알프스 알파인 등반-1, 2권>과 <알프스 트레킹-1>을 만들었다. 제작비 부담이 커 몇몇 지인들로부터 광고를 싣는 조건으로 어느 정도 제작비를 충당했으며 <알프스 파노라마 사진집>도 두 권 만들었다. 다섯 권의 책 제작에 주변 분들의 도움이 컸지만 왠지 부담만 지우는 듯싶어 더 이상 광고에 의존하지 않기로 했다.

게다가 몇몇 광고주로부터 몇 번 퇴짜를 맞아보니 더 이상 미련이 없었다. 한국에서는 잡지가 아닌 단행본에 광고를 잘 하지 않는 분위기지만 유럽의 여러 나라들에서는 등반이나 트레킹 안내서에 상당히 많은 광고가 실린다. 요즘 한국의 등산인구 증가는 가히 폭발적이다. 수많은 등산학교와 인터넷 등반교실 등을 통해 중년 이후에 새롭게 암빙벽까지 즐기는 사람들이 늘어 주말이면 전국의 암장, 빙장 그리고 리지에 사람들이 몰려들고 있다. 덕분에 아웃도어 시장은 엄청 커졌지만, 산악서적 분야에는 아웃도어 업체들이 투자를 꺼린다. 장비 광고에 산악인이 아닌 유명연예인이 도배하다시피 하는 분위기도 알피니즘의 발원지인 유럽과는 많이 다르다. 물가 차이도 있겠지만 유럽의 경우 산악서적에 광고뿐 아니라 책값도 한국과는 차이가 크다. 같은 크기와 같은 페이지의 책이 한국보다 거의 두세 배 비싸다. 그런데도 유럽에서는 매년 많은 종류의 산악서적들이 출판되는데 그런 풍토가 부러울 따름이다.

 물론 식민지 개척 등의 오랜 역사를 가진 유럽에서 인간의 모험과 탐험의 가치에 대한 평가는 한국과는 많이 다를 수 밖에 없을 것이다. 그런 사회 분위기가 등산책에 대한 평가로 고스란히 반영된 것일 테지만, 아웃도어 시장이 폭발적으로 성장하는데 비해 한국의 산악서적 시장은 빈약하기 짝이 없다. 내용 없는 등산인구의 폭발은 이미 한국의 산하에서 예의와 배려의 부재로 나타나고 있으니, 이런 우려가 단지 산서출판업자의 넋두리만은 아닌듯하다.

 앞서 만든 알프스 시리즈 다섯 권에 내용이 없는 것은 아니지만 읽을거리가 빈약한 듯싶어 <알프스 엽서 시리즈> 다섯 권을 내게 되었다. 알프스에서 생활하며 기록한 10여 년의 기록들이다. 제작비를 아낀다고 흑백으로 인쇄했으며 초판 500부씩만 만들었다. 몇 개월 후에는 <알프스 트레킹-2>까지 만들었다. 초반에는 편집 및 제작을 전문편집인에게 맡겼는데, 아무래도 제작비 부담이 커 새로 컴퓨터를 장만하여 동분서주하며 편집을 배우고 인쇄골목을 오가며 책들을 만들었다. 모든 출판과정을 내 손으로 거쳤다는 기쁨도 잠시, 조악한 모습으로 나온 책들을 보면 가슴이 아리곤 했다. 이런 저런 시행착오를 거치며 십여 권 만들다 보니 차츰 나아지고는 있지만 여전히 많이 부족하다.

한편 알프스 시리즈 첫 발간에 즈음하여 만든 <그대를 그리며>와 <헤르만 불의 일기>도 잊을 수 없다. 전자는 나와 국내뿐 아니라 히말라야와 알프스에서 숱하게 자일을 함께 묶었던 악우 황기용을 기리는 추모 책으로서 많은 지인들이 그를 추억하며 동참했다. 후자는 알프스의 첫 겨울을 경험한 아내가 3개월간 샤모니 도서관을 왕래하면서 번역한 책이다. 헤르만 불의 어린 시절 이야기뿐 아니라 초골리사의 눈처마 아래로 사라지던 마지막 순간까지 기록한 내용인데, 헤르만 불의 인간미를 새롭게 느낄 수 있는 책이다. 안타깝게도 이 책은 정식 출판이 되지 않아 제대로 유통되지 못해 보다 많은 독자들에게 다가가지 못했다.

그 후 <책 읽는 알프스>까지 이렇게 만들게 되었다. 알프스 시리즈를 이렇게나마 이어갈 수 있는 데는 평생의 벗이 있기에 가능하다. 아내는 출판사등록에서부터 사무실(자가 출판사이기에 우리의 주거공간인 거실) 제공과 심지어 내가 편집한 책들의 교정 교열까지 성심성의껏 살펴주는 일등공신이요, 최고의 후원자이다. 창고로 둔갑한 작은방에 책이 넘쳐나자 심지어 주방이나 침실까지 책 상자들이 침입해도 불평이라곤 한마디 하지 않았다.

 앞으로 이 책 표지의 날개에 공고한 <알프스 시리즈> 전 20권 모두를 무사히 발간할 수 있을지 장담하지는 못하지만 하는 데까지 노력은 해보고 싶다. 그러다보면 20권 이상 될 수도 있지 않을까 싶은 희망도 가져 본다. 내 능력이, 아니 내 인내심과 끈기가 어느 정도일지 모르겠지만 나 스스로도 기대가 된다. 얼마나 즐거운 일인가.

 물론 이렇게 <알프스 시리즈>를 만들다 보니 별 생각 없이 느긋하게 그저 책에만 푹 빠져 지냈던 알프스 생활 초창기가 그립다. 알프스에 와서야 책 읽는 재미를 알게 된 나는 한국에 다녀올 때면 수십 권의 책을 배낭에 가득 채워 가져왔다. 초창기에는 지인들에게서 빌려 읽었는데, 나중에 그것들을 우편으로 돌려주는 송료가 부담되어 아예 구입해 가져오다 보니 좁은 숙소 구석구석에 책들이 쌓이게 되었다. 처음에는 독서습관을 기른다고 자연히 소설류를 집어 들었다. <토지>나 <아리랑>, <임꺽정>, <태백산맥>, <한강>, <삼국지>, <장길산> 같은 대하소설뿐 아니라 한두 권짜리 장편소설을 즐겨 읽었다. 그러면서 차츰 에세이나 인문교양서 등 이것저것 닥치는 대로 장르를 불문하고 구하기 쉬운 것들을 마구 집어 들었다. 1~2주일 동안 한국사람 한번 만나지 않다보면 아무리 재미없는 책일망정 페이지들이 잘도 넘어갔다. 아무런 조건 없이 그저 책 속에만 빠져 지낼 수 있었던 소중한 시간이었다. <알프스 시

리즈>를 만들기 시작하면서 나의 알프스행 배낭에 더 이상 수십 권의 책이 실리지 않게 되었다. 책 쓰기를 위해선 책 읽기가 우선이지만 둘 다 할 만큼 부지런하지 못하니 초창기의 책 읽기가 무척 그립다. 이제 곧 모든 것 접어두고 다시 책 속에 빠져들고 싶다.

 옛날 우리의 선비들은 물가에 정자를 짓기 좋아했는데, 호숫가나 유유히 흘러내리는 강 하류가 아닌 콸콸 소리 내어 흐르는 강 상류 계곡 위에 정자를 지었다. 소리 내어 흐르는 맑은 물소리가 정신을 깨어 있게 한다는 믿음 때문이었다고 한다. 어설픈 비유가 되겠지만 언제 떨어질지 모르는 낙석과 눈사태의 위협, 곧 있을 등반에 대한 불안과 긴장이 있는 현역 알피니스트 생활이 나를 깨어있게 하고 나태한 삶을 경계하도록 해준다. 재능이 미천하고 노력이 부족한 내가 묶은 부실한 원고를 이렇게 또 한 권의 책으로 만든 오만과 객기에 감히 용서를 구하며, 보다 나은 책으로 보답하기 위해 나 자신을 더 담금질해 볼 따름이다.

내가 만든 책 목록

<창가방 그 빛나는 벽>

이 책은 1976년 영국의 유명 산악인 피터 보드맨과 조 태스커가 인도 히말라야 난다데비 산군에 솟은 명봉 창가방 서벽(6860m)을 초등반하면서 경험한 것을 각자 기록한 책 <The Shining Mountain> 전권과 <Savage Arena>의 창가방 등반 부분만 함께 묶은 것이다. 등반하면서 그들이 느끼는 고통과 좌절, 등반동료와의 갈등과 자신의 심적 갈등이 솔직하고 간결하게 묘사되어 있다.

원작자인 두 산악인은 1982년 당시 미등이었던 에베레스트 북동릉을 등반하다가 8230m 지점의 눈처마에서 추락사하는 비운을 당했다. 피터 보드맨은 이 책으로 존 레웰린 리스 상을 받았다. 영국에서는 에베레스트 등반 중 사망한 이들의 업적을 기리기 위해 등반문학상인 보드맨-태스커 상을 제정했다.

<세비지 아레나>

<Savage Arena>는 저자 조 태스커가 1982년 당시 미등루트였던 에베레스트 북동릉 원정을 떠나기 전날 출판사에 넘겼던 원고를 출간한 것이다. 그가 에베레스트 북동릉의 8230미터 지점의 피너클에서 등반 파트너인 피터 보드맨과 실종되면서 더 관심을 불러일으킨 저자

의 기념비적인 마지막 저서이다.

만남, 금지된 발걸음, 묵시 등 전 7장으로 구성되어 있다. 대학시절의 등반 파트너이던 딕 렌쇼와 함께 알프스를 오르면서 등반의 세계에 매료되어 가는 제 1장(만남)의 이야기부터 시작된다. 이후 동계 아이거북벽 등반, 듀나기리, 창가방 서벽, K2, 칸첸중가를 등반할 때까지 저자가 직접 겪고 생각했던 것들을 수록했으며, 저자의 삶과 죽음에 대한 깊은 성찰이 엿보인다.

<위험의 저편에>

미국의 등반가이자 소설가인 니콜라스 오 콘넬이 펴낸 이 책 <Beyond Risk>는 저자가 발터 보나티, 리카르도 캐신, 보이텍 쿠르티카 등 17명의 세계적인 등반가들과 나눈 내용을 문답형식으로 엮은 책이다. 등반가 소개에서부터 등반을 시작하게 된 계기, 등반관에 이르기까지 각 등반가들의 과거의 등반과 미래의 등반진로가 상세하게 실려 있다.

<왜 산에 오르지>

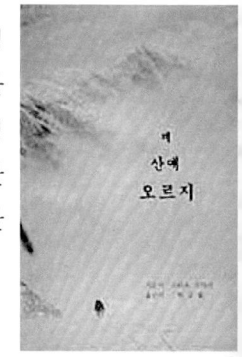

교사이자 등반가인 스티브 가디너가 세계 유명 산악인들에게 문답식으로 산에 오르는 까닭을 묻고 정리한 이 책 <Why I clim>에는 크리스 보닝턴, 이본 취나드, 토드 스키너, 린 힐 등 고산등반에서 거벽등반에 이르기까지 다양한 형태의 등반

활동을 하고 있는 산악인 29명의 등반관과 산행 경력, 사진이 실려 있다. 이 책은 산악인들의 다양한 등반동기를 통해 독자 스스로에게도 등반행위에 대한 화두를 던지고 있다.

 소량(400부)으로 만든 이 책은 보다 많은 이들과 공유하기 위해 인터넷 게시판에 파일을 올려뒀다. 초판본은 나도 가지고 있지 않다.

<몽블랑 익스프레스>

 이 책은 나를 열이라는 인물로 3인칭 화하여 엮은 자전적 이야기이다. 내가 알프스에 본격적으로 와 지낸 2년 후, 2003년에 만든 이 책은 열의 신변을 중심으로 지난 알프스 등반과 삶의 이야기들을 최대한 진솔하게 풀어놓았다. 알프스를 처음 찾았던 1990년 여름의 알프스 산행부터 시작하여 그 후 다시 찾아 매년 등반한 이야기뿐 아니라 결국 알프스로 와 지낼 수밖에 없었던 이유들을 찾아본 이야기다.

<해골바위>

 <해골바위>는 <몽블랑 익스프레스>보다 시간상 앞서는 이야기다. 역시 3인칭 자전 이야기로 꾸몄고 주변 인물들이 실명으로 등장한다. 저자의 신변을 중심으로 지난 삶의 일화들이 진솔하게 기술되어 있다.

초등학교 시절, 방학만 되면 낙동강변의 시골로 가 자연에 파묻혀 놀다가 자연스럽게 산의 세계에 빠져든 이야기로 시작된다. 그 후 암벽등반에 매료되어 자신의 내면에서 꿈틀대는 등반열정에 따라 살아온 산악인 '열'의 인생기이다.

 어릴 적 본가의 앞산에 있던 해골바위는 이른바 열의 모암이다. 해골바위에서 시작된 암벽등반과의 인연, 그 후 등산에 더 빠져들게 된 과정, 히말라야 원정등반, 카트만두에서 어머니가 주신 쌈짓돈으로 구입한 산악서적을 손수 번역하여 자비출판을 하게 된 사연과 안정된 직장생활을 견딜 수 없게 한 삶의 자유 및 등반에 대한 갈망, 히말라야의 여러 봉우리 및 알래스카 등반 후, 마침내 알프스로 눈을 돌린 계기, 그리고 현재 알프스에서의 생활상 등을 담고 있다.

<알프스 알파인 등반-1>

 알프스에 본격적으로 와 지낸지 10년이 되던 2011년 가을에 지은 이 책은 몽블랑 자락 샤모니에 머물면서 등반한 내용으로 엮었다. 몽블랑 산군을 찾는 이들에게 유용한 등반안내서이자 지난 10년간 행한 등반보고서 겸 사진집이다. 이 책에서는 몽블랑 및 그 주변 봉우리들에 대한 상세한 등반정보와 다량의 사진을 실었다.

<알프스 알파인 등반-2>

이 책은 <알프스 알파인 등반-1>에서 다루지 않은 몽블랑 산군의 북동쪽에서 행한 등반기록물이자 안내서이다. 600여 장의 사진으로 상세하게 등반루트를 설명하다 보니 560페이지나 되는 다소 두꺼운 책이 되었다.

<알프스 트레킹-1>

알피니스트라 하더라도 알프스의 만년설산만 오르지는 않는다. 알프스의 아름다움은 2000미터 지대의 산록에도 있다. 두세 대의 카메라까지 지니고 알파인 초원을 걸으면서 남긴 기록이다. 주로 몽블랑 산군 주변의 트레킹 코스들을 소개했다. 몽블랑 일주 코스에 대한 안내뿐 아니라 몇몇 곳은 겨울풍경도 함께 담아 소개했다.

<알프스 트레킹-2>

십여 권의 알프스 시리즈 중 가장 잘 팔린 책이 <알프스 트레킹-1>이었다. 나 또한 현실을 살아가는 범부로서 트레킹 안내서가 그나마 적자는 면하지 않을까 싶어 또 다른 트레킹 책을 만들게 되었다. 아내와 함께 두 해에 걸쳐 걸은 스위스의 체르마트 주변 코스들을 소개했다.

 알프스의 미봉 마터호른을 한 바퀴 도는 마터호른 일주, 알프스 2위봉 몬테 로자 산군을 한 바퀴 도는 몬테 로자 일주, 알프스의 두 산악도시 샤모니와 체르마트를 잇는 샤모니-체르마트 오트 루트 등에 대한 상세한 트레킹 안내서이다.

<알프스 수평 파노라마의 세계-1>

 알프스, 주로 몽블랑 산군의 장관을 수평으로 담은 사진집이다. 디지털 카메라의 화질이 좋지 않던 십여 년 전부터 찍은 파노라마 판형의 필름 카메라로 담은 알프스의 풍광과 등반 모습들이 담겨 있다. 보통의 사진집에 비
해 판형이 좀 작지만 대신 훨씬 많은 장면들을 담았다. 페이지를 배 이상 실었다.

<알프스 수직 파노라마의 세계-1>

 알프스, 주로 몽블랑 산군의 수직풍경을 담은 사진집이다. 산정에서부터 계곡 바닥까지 한 화면에 담았다. 그 풍경 속에 등반가와 스키어, 페러글라이더와 트레커, 산양과 야생화들의 모습이 함께 어우러져 있다.

<알프스에서 온 엽서 시리즈 전 5권>

지난 십여 년간 알프스에서 산행하고 사색하며 쓴 글과 한국 산악인들과 나눈 방대한 양의 소통의 기록들이다. 눈보라치는 설원과 가파른 빙벽을 오르는 기록뿐 아니라 산골에서 겪는 잔잔한 일상들도 담고 있다. 주변 산악인들의 모습도 엿볼 수 있다.

내가 만든 책들에 대한 뒷이야기

 이제껏 내가 만든 책이 십여 권 되지만 만들고 나서는 늘 아쉽고 안타까웠다. 내용은 고사하고 어느 것 하나 전문 편집인의 손을 거치지 않았기에 만들고 나서 보면 부족한 점이 자주 눈에 띈다. 혹자는 마치 장인의 수공예품 같기에 더 가치 있다고는 하지만 그런 격려성 칭찬을 곧이곧대로 믿다가는 책이 더 나아질 가능성만 줄어들 뿐이다. 출판한 지 20년이 지난 <창가방 그 빛나는 벽>뿐 아니라 그 후 출판한 책들과 최근의 <알프스 시리즈>까지, 비록 소수이기는 하나 산서를 진정으로 아끼고 사랑하는 독자님들의 성원과 애정이 없었다면 지금까지 내가 이토록 즐겁게 책을 만들 수는 없었을 것이다. 다시 한 번 깊이 감사드린다.

 지인이나 처음 만나는 산악인들과 어울리는 자리에서 간혹 듣는 이야기들인데, 그들은 몇 번이나 내가 만든 책들을 참 잘 읽었다며 고마워했다. 그런 말에 나 또한 기분이 좋으며 산서 만드는 일에 큰 격려가 되고 자긍심마저 느낀다. 그리고 그들은 혹 어떤 책은 구할 수 없느냐고 묻곤 한다. 난처하게도 나에게 없는 책들만 묻는 경우가 많다. <창가방 그 빛나는 벽>과 <세비지 아레나> 그리고 <왜 산에 오르지>이다.

 <왜 산에 오르지>는 이미 밝혔듯 인터넷 게시판에 올렸기에 많은 이들과 공유하고 있다. 400권 만든 초판본은 나도 소장하고 있지 않아 학교 앞 복사 집에서 프린트 하여 사진 하나 없이 워드만 제본한 것을 가지고 있다. 그리고 앞의 두 책은 워낙 오래 전에 만든 책들이고, 당시에는 요즘과 출판환경이 달

라 문서화된 워드파일이 없다. 나의 불찰로 워드파일로 저장해두지 않았기에 보다 많은 이들과 인터넷에서라도 함께 볼 수가 없어 아쉽다.

 몇 년 전이었다. 우연히 동석한 모임에서 만난 클라이머가 내가 <세비지 아레나>를 만든 장본인이라는 사실을 알고 무척 반가워했다. 그가 히말라야 어느 봉우리를 등반하면서 베이스캠프에서 <세비지 아레나>를 읽었는데 너무 감명을 받았다고 한다. 그래서 그는 아끼는 후배에게 그 책을 선물하고 싶은데 책을 구할 수 없을 뿐 아니라 자기가 가지고 있는 책은 너무 낡아 복사할 수도 없을 지경이라고 하였다. 그래서 나에게 혹여 유분이 있는지 물었다. 하지만 당시 나에겐 단 한 권밖에 없어 그에게 보내줄 수가 없었다. 물론 그 후 다행히 서너 권을 구하게 되었다. 출판 당시 산악회에 몇 박스 보냈던 건데 그때 좀 많이 챙겨 가지고 있던 이가 내게 돌려준 것이었다. 하지만 지금 생각해도 미안한 일은, 책을 구하던 그 산악인의 부탁은 까맣게 잊고 그 책을 원하는 이가 있어 보내주고 말았던 것이다. 지금 <세비지 아레나>는 단 두 권 있어 누구한테도 줄 수 없어 안타깝다.

 <창가방 그 빛나는 벽>의 경우는 더 하다. 1990년대 말까지만 해도 그냥 줘도 귀찮아 할 책이었지만 한국의 젊은 산악인들도 히말라야 벽등반에 차츰 눈을 떠 그런지 출판 후 20년을 즈음하여 귀한 책이 되고 말았다. 하지만 이미 나에겐 단 한 권 소장본 외에는 없다. 아마 오륙 년 전까지만 해도 잘 팔리지 않아 행사용 덤핑으로 단돈 몇 천원에 넘겼던 걸로 안다. 이렇게 귀할 줄 알았으면 한두 박스 챙겨둘 걸 그랬나 싶지만 이미

내 손을 떠난 것들이다. 혹 그것들을 다시 만들어볼까 싶다가도 엄두가 나지 않는다.

　새로 만들어 볼까 싶은 욕심이 전혀 없는 건 아니다. 그런 욕심으로 덜컥 만들고 나면 또 얼마나 오랜 세월 박스 속에서 재고 신세로 전락하게 될까 싶어 생각을 접기로 했다. 여기 저기 거처도 마땅치 않게 옮겨 다니던 내 책들이 이제는 돈으로도 못 사는 책이 되고나니 만감이 교차한다. 팔리지 않던 내 책들에게 이렇게라도 귀한 대접을 해주고 싶은 주인의 알량한 마음이랄까.

　오래 전, 1990년대 중반이었다. <창가방 그 빛나는 벽>이나 <세비지 아레나>를 만든 지 얼마 되지 않았을 때였다. 영국의 한 산악인이 한국에 와 금정산의 부채바위를 올랐는데, 마침 내 책의 부산지역 총판책임자 친구 놈이 그에게 두 책을 보이면서 이거 내 친구가 만들었는데 가지라 했단다. 하지만 그는 극구 사양했다고 한다. 그는 <창가방 그 빛나는 벽> 초반에 등장하는 영국등산위원회 사무장이었던 데니스 그레이였던 걸로 안다. 지금 생각해도 무슨 이유로 그가 사양했는지 모르겠다. 절친한 친구였던 보드맨이나 태스커를 다시 생각하는 아픔을 피하기 위해서였는지, 당시에는 우리나라가 저작권 협약에 가입하지 않았을 때지만 괜히 그 책을 영국에 가져가 해당 출판사가 알게 될 일을 피하고 싶었는지, 그도 아니면…….

　여하튼 그는 히말라야 벽등반의 걸음마 단계에 있던 한국에서 그런 책이 발간되었다는 사실이 놀랍고도 반가웠을 것이다. 내가 알기에 영어로 쓰인 두 책은 독일어나 스페인어로는 모르겠지만 프랑스어로는 번역 출판되지 않았다. 산악강국이자 출판강국인 이웃나라 프랑스에서조차 두 책이 번역되지 않은 건 보드맨과 태스커가 유명산악인이 아니라 그런 건 결코 아닐 것이다. 무언가 인연이 닿지 않았던 게 아닐까.

 오늘날 보드맨-태스커 산악문학상은 세계적인 권위를 자랑한다. 30대 초반, 짧은 생을 살다간 그들은 히말라야에서 새로운 등반방식을 실천했을 뿐더러 자신들의 등반을 빼어난 기록으로 남겼다. 그것이 바로 위의 두 책이다. 누구보다 열정적이고 진솔했던 보드맨과 태스커는 알피니즘의 역사가 지속되는 한 잊히지 않을 것이다. 그런 그들의 책을 내 손으로 번역 출판할 수 있었다는 것은 지금 생각해봐도 영광이다. 상처뿐인 영광만은 아니었다. 이렇게 귀한 책이 될 줄은 미처 몰랐기 때문이다. 시대를 앞선 그들의 등반행위와 산악문학이 뒤늦게나마 그 진가를 인정받는 사실이 기쁘다. 그 책을 귀하게 여기는 사람들이 있다는 사실만으로도 책 만드는 일로 힘들었던 데 대한 보상이 되고도 남는다.

 이제는 구할 수 없는 위의 세 책 외에도 여러 책들을 무거운 배낭에 넣어 샤모니까지 가져와 (책을 부실하게 만든 나를 더 부끄럽게 하기 위해서였는지) 나의 친필서명을 구한 독자들도 있었다. 어느 학부형은 학창시절에 내가 그랬던 것처럼 공부와는 담을 쌓은 아들을 위해 당시 옵셋으로 조잡하게 만들었던 <해골바위>를 다섯 부나 복사, 제본하여 청소년권장도서로 주변에 돌렸다고 한다. 그 외의 책들에 대한 뒷이야기는 한창 진행 중이기에 다음 기회로 미룰까 한다.

내가 만든 책 서평들

*아래에 모은 글들은 몇몇 잡지의 지면이나 인터넷 상에 실린 것으로 글쓴이의 허락 없이 이곳에 기재한 것도 있다. 이미 이 세상에 계시지 않은 분도 있고 연락처도 모르는 이도 있으며 알고 있어도 양해를 구하지 못한 경우가 있어 이 자리에서나마 양해를 구한다. 내 책을 보고 애정 어린 서평까지 해 주신 분들이 있기에 생계에는 도무지 도움이 안 되는 등산책 만들기를 아직 그만두지 않을 수 있는 것 같다. "등산가가 조만간에 저술광이 되어야 하는 것은 운명이 명하는 일이다." 고 머메리가 말했다. 내가 그 운명을 받아들이는데 용기를 북돋워 주는 글들이다. 아낌없는 칭찬에 부끄럽고 따끔한 지적들에 고마움을 느낀다. 독자들의 서평은 산서 만들기의 또 한 축의 힘인지라 〈책 읽는 알프스〉의 주요 내용이 되어 마땅한 것 같아 이 책에 싣는다. 다시 한 번 깊이 감사드린다.

〈창가방 그 빛나는 벽〉

얼핏 들으면, 흡사 프랑스 영화배우 이름 같은 이 산 이름이 처음 세상에 널리 알려지게 된 것은 1974년의 크리스 보닝턴 등반대 6명에 의한 초등에 의해서였다.

가장 부드럽다는 경사도가 50도, 그나마 반듯한 평면이라곤 60cm도 채 될까 말까 한 귀퉁이 테라스 정도. 인정사정 볼 것 없이 깎아세운 화강암 슬랩과 머리 위를 덮어씌우는 오버행이 연달아, 보닝턴 말마따나 세계에서 가장 장관인 독립암봉이 거기 빳빳이 고개를 치켜들고 있었던 것이다. 1936년 난다데비(7757m)를 초등하면서 H.W 틸만 원정대가 그 북쪽으로 빤히 바라본 바로나 또는 처음 이 산 중턱까지 진출한 에릭 쉽튼이 쳐다본 이 산 형국은, 에베레스트의 베이스캠프로 진입하여 올려다보는 아마다블람의 위용에도 비길 바가 아니었던 모양이다.

남체 바자르의 그 알려진 골짜기와는 달리, 인도의 북동 국경에 위치하여 네팔의 북서·티베트의 남서가 되는 산군에 갇힌 이 산은 더구나 바위 눈금마다 밀폐된 얼음을 보석처럼 반짝이며 히말라야에서도 주머니 속 보물로 남아있었던 것이다. 이 책의 저자 두 사람이 용기를 얻게 된 것은, 보닝턴 등반대의 남동릉에 이어 일본대가 또 6명 남서릉으로 등정한 것이다. 그들 자신의 말처럼 '쉽게 보이는 루트라고는 있을 것 같지 않은, 히말라야에서 가장 어려우리라 싶은' 이 산 서벽을 굳이 그들은 택한 것이다. 그것도 일본대가 2500m의 고정자일과 300개의 하켄, 그리고 120개의 볼트를 박아가며 33일간에 걸쳐 극지법으로 오른 것을 그들은 단 두 사람이 알파인 스타일로 해낸 것이다.

이 책이 어떤 파란만장한 소설적 허구보다 더 독자를 사로잡는 이유는 바로 그 살아 있는 자가 어려움을 이겨내는 스릴과 드라마로 차 있기 때문이다.

사실 알고 보면 그들은 태스커의 말처럼 '가끔 상대방을 신랄하게 우롱할 때가 많아, 두 사람이 과연 함께 원정을 해낼 수 있을까' 하고 주위 사람들이 걱정할 만큼 결코 편한 사이가 아니었던 것이다. 등반자 각자의 이런 냉철한 자의식은 혹독한 상황일수록 그 솔직함으로 인하여 오히려 나중에 뒷전에서 서로 헐뜯는 일을 사전에 예방하는 것이다. 바로 그것이 또 불가능을 가능으로 이끌어 나아간 것이다.

그러면서 그들은 또 38일간에 걸친 이 등반을 성공리에 마치고 내려와서, 다시 그 건너편 두나기리(6100m)에서 추락사한 미국대 4명의 시체를 찾아 묻어주고 있다. 숭고하다거나 장엄하다거나 하는 수식어가 오히려 거추장스런 이 등반수기의 저자 두 사람의 이름을 따서, 지금 국제적으로 이름난 등산문학상인 보드맨·태스커상이 제정되어 있는 것은 우연한 일이 아니다. 이 책의 역자는 일찍이 유럽 알프스의 북벽들을 섭렵한 뒤에 86년 히말라야의 참랑을 등정하고 하산길에 네팔 카트만두에서 이 책의 원서를 사들고 돌아와 손수 우리말로 옮기고 있다. 그만큼 또 이 책에는 저자 역자의 피땀이 서려 있는 셈이다.

단지 여기서 한마디 고언을 늘어놓지 않을 수 없는 것은 그 번역문장에 대해서이다. 등산인이 아닌 일반독자도 함께 즐길 수 있게 산악문장이 제자리를 차지하게 되기 위해서, 그리고 무엇보다 등산을 정신세계로까지 끌어올리기 위해서 산과 글은 함께 닦여져야 할 것이다.

(김장호, 월간 산)

<왜 산에 오르지>

날카롭게 달구어진 나이프 릿지를 걷던 여름이 가고 어느덧 가을이 되었습니다. 한 해의 산행이 또 다른 변화를 맞이할 시기가 되었다는 얘기죠. 이제 사람들은 프렌드와 암벽화를 던져 두고 크램폰과 아이스 바일을 들고 얼음을 찾아 떠나겠지요. 이러한 행동의 목적이 잠시 나마 도시의 삭막함과 오염을 벗어나 자연과 숨 쉬려는 것만은 아닐 것입니다. 도시 탈출(문명 탈출과는 거리감이 있다)과 더불어 자아를 실현하려는 욕망에서 목숨을 아끼지 않고 새로운 산을 찾아 또 다시 떠나는 것이지요.

참으로 아름답습니다. 하지만 등반가들은 고난도의 등반을 하기 원하고, 가끔은 자유 등반을 하고도 싶어 합니다. 그러면서도 모두들 산행은 사고에 대해 안전하고 적당한 주의만 기울이면 문제없다고 말하지요. 이것은 어쩌면 자기 자신을 기만하는 행위일지도 모릅니다. 감당할 수 있을 만한 위험에 자신을 직접 노출시킴으로써 심장이 바쁘게 뛰고 발끝까지 피가 뜨거워 지는 것을 느끼려는 몸부림 같으니까요.

이런 추세는 초기 등산, 등반가들의 그것과는 분명 차이가 있습니다. 또한 산악인들의 수가 늘면서 생각지도 못했던 일들이 늘어나고 기존의 산악인들과 충돌하기도 하지요. 산에 많이 다닌 것은 아니지만 조금씩 산과 사람들에 대한 느낌과 판단이 생겼습니다. 이 글을 읽는 사람이라면 저처럼 막연하지만 산을 느끼고 있는 분들일 것입니다. 또 산악인들의 급격한 증가로 일어나는 정작용과 부작용을 알고, 일면 답답함을 감추시지 못하고 계실 것입니다.

제게도 이러한 고민과 갈등은 성격을 달리했지만 한동안 있어 왔습니다. 악우들과 동고동락하며 산을 찾을 때 모두에게 드는 궁금증들도 "어디로 가야 할까? 왜 산에 가지? 저 사람들은 왜 산에 올까?" 이러한 맥락에서 이해할 수도 있으리라 생각합니다. 그런데 궁금증이 약간 풀릴 것 같습니다.

<왜 산에 오르지> (원제: Why I Climb)는 26명의 당대 최고 등반가들과 관련 분야 전문가들과의 인터뷰 기사를 싣고 있습니다. 암벽등반가, 지도 제작자, 교사, 저널리스트, 등반 가이드 심지어 영화감독들의 인터뷰도 있습니다. 말 그대로 각계각층의 직업에 종사하는 산악전문가들의 얘기를 담고 있는 것이지요. 이 책은 1996년에 번역판이 출판되었지만 실제로 언제 쓰였는지 알 수가 없습니다. 글을 읽고서 1990년 즈음으로 짐작하고 있습니다. 약간 오래되었지만 변화가 적은 산악계에서는 그리 문제될 것이 없을 것 같습니다. 단 여성 등반가에 대한 부분은 상당히 달라졌다는 느낌이 들더군요. 동기에게 선물 받아 읽게 된 이 책은, 내 방 책꽂이의 한자리를 차지하였습니다. 하지만 이 책의 소중함은 여느 것과 비할 바가 아니지요. 그것은 동기의 선물이기도 하고 궁금했던 것을 알 수 있는 좋은 기회가 되었기 때문입니다.

우리에게 아무 꾸밈없이 털어 놓은 듯한 등반가들의 이야기는 점점 글속으로 빠져 들도록 만들었고 또, 지은이 스티브 가디너의 수수한 글 솜씨로 정리가 되어 보다 친숙한 글이 되었습

니다. 사실 글은 허긍열 씨에 의해 번역되었으므로 글 솜씨는 칭찬이 잘못 돌아간 것 같군요.

 이 책으로 여러 元老 등반가들의 산행 철학을 접할 수 있는 좋은 기회가 되었음은 두 말할 나위도 없으며, 벌써 고인이 된 분들과 얘기를 나누는 듯, 시간과 공간을 넘어 산을 공유하는 듯한 느낌이 들게 할 정도였습니다.

 '저들은 왜 저 곳에 갈까?' 하는 궁금증이 말끔히는 아닐지라도 많이 정리가 되었습니다. 저도 여느 산악인처럼 처음 산에 다닐 때부터 '내가 지금 어디로 가며 왜 갈까' 하는 고민을 수도 없이 해 보았으므로 머리를 가득 채웠던 파편들이 제 자리를 잡은 것이지요. 한 해 두 해가 지나고 지난 시간의 철없던 생각들을 후회하고 반성도 하면서 저의 산행 철학을 가꾸어 왔는데, 이즈음 다른 산악인의 생각도 궁금해졌고 알고 싶었습니다. 하지만 주위 사람들만으로는 한계가 있었지요. 그런데 이 책이 상당한 도움이 되었습니다. 여기서, 책의 인상적인 내용을 잠깐 얘기해 보자면……

 이 책에 나오는 26명 (이본 취나드, 토드 스키너, 워렌 하딩, 린힐 등)의 인물 중에서 기억에 남는 사람을 말하라면 이본 취나드를 제일 먼저 꼽을 수 있을 것 같습니다. 취나드는 우리가 너무나 잘 알고 있듯이 세계적인 레저 장비회사의 창업주이자 개척등반을 즐기는 사람입니다. 고교 중퇴자로서 자수성가한 그는 누구보다도 자연을 사랑하는 사람인 것 같습니다.

 하지만 제가 취나드를 꼽는 이유는 무엇보다도 그의 산행관이 저와 비슷한 부분이 많아서입니다. 그는 산에서 행하는 행위라고 모두 동일시하지 않고 하나의 절대 가치 기준을 정해서 나누고 있는 것처럼 보입니다. 그러한 그의 모습이 저에게 가슴 깊이 다가왔습니다.

 "미국에 있는 대다수의 등반가들은 스포츠 클라이머들, 록 클라이머들입니다. 그들은 단지 삼사십 피트 높이의 루트들만 오릅니다. 하루 종일 거기에 매달려 지내죠. 그러한 루트들은 아주 어려워요. 보다 체조적인 형식의 등반에 가깝습니다. 단지 자신들이 등반할 바위벽이 산에 위치해 있다는 사실을 제외하고선 산과 무관합니다. 그것은 땅이 식물을 자라게 하기 위해 화학성분을 지지하는 곳의 현대농업과 같습니다."

그의 말입니다. 산에서 모험을 즐긴다고 모두가 산악인은 아니라는 말이지요. 야채를 키우는 밭의 야채가 산에서 자라는 들풀과 다른 것처럼 말입니다. 그는 또한 매우 인상적인 말을 했습니다. "요즘 몇몇 암벽화의 고무창은 보다 접착성이 뛰어나 5.10급의 루트를 5.8급으로 하락시킵니다. 누구나 그러한 암벽화를 신고 세계에서 가장 어려운 슬랩을 오를 수 있죠. 그리하여 전체적인 등반체계가 흐려졌습니다." 이는 5.7급의 등반가가 새로운 암벽화를 구입해서 5.10급 루트를 등반하고서 자신을 5.10급 등반가라고 생각하는 일이 벌어지는 것에 대해서 비난하는 것입니다. 요즘은 너무도 당연히 여기는 장비들이 우리의 실력을 배가하는데 방해가 되는 것 같습니다.

장비의 우수성으로 말미암아 등반의 안전을 기대할 수 있다는 것은 고무적인 현상이 아닐 수 없습니다. 하지만 어려운 루트를 좋은 장비의 힘을 빌려 오르는 것은 등반 가치를 떨어뜨리는 것으로 생각됩니다. 취나드의 생각에 대해 한마디 더 하자면, 취나드는 동료를 눈사태로 잃고서 사람들이 통제할 수 없는 위험은 바로 눈사태라는 결론을 얻었습니다. 이 때문에 취나드는 눈이 있는 곳에서 행하는 것이 가장 위험하고 전문적인 등반이라는 말을 했습니다. 저도 일부 동감하고 있는 부분이기도 해서 조금 적었습니다.

26명의 사람들 중에서 한 사람만 골라서 얘기하기는 했지만 이 책엔 알찬 내용이 많이 있습니다. 너무 많은 사람들의 글이 있어서 통일감이 없고 산만한 듯한 분위기도 없지 않지만 주의 깊게 본다면 한번 읽어 볼만한 양서입니다. 저의 후배들에게 이 책이 얼마나 도움이 될지는 잘 모르겠습니다. 심도 있는 글들이 많이 있어서 자칫 겉에서 맴도는 이해에 그칠까 해서 그럽니다. 하지만 일부분일지라도 그들의 분위기를 느끼는 것만으로도 좋은 경험이 될 것입니다.

(김민정, 엑셀시오)

<세비지 아레나>

 신뢰하는 산악인이 번역한 이유도 있겠지만, 책장머리부터 순수한 젊은 영혼의 등반기록이라는 것을 직감하면서 그 문장 하나하나가 가슴으로 읽혀 자꾸 멈칫거리게 된다. 가감 없는 리얼리즘이 너무 실감나서 다음 문장으로 넘어갈 때 심호흡을 해야 할 경우가 많다.
 감정표현에 어떤 과장이나 군더더기도 없다. 극한상황에서 만나는 자신의 가장 부정적인 면이나 생각들까지도 솔직하게 표현해 놨다. 어려움 속에서 일어나는 나약하고 부정적인 자신의 모습을 솔직히 인정하는 측면뿐 아니라, 상대를 위하고 배려한 내용들만 강조하여 자기 모습을 좋게만 포장하는 위선은 어디에서도 찾아볼 수 없다. 자기 자신에게 이렇게 가혹해도 되는가 싶을 정도로……
 마치 밖에서 자신을 담담하게 쳐다볼 줄 아는 사람이 쓴 글 같다. 있는 그대로의 자신과 상대방을 인정한다. 극한의 과정을 다 겪어내면서 정화되는 인간의 감정 표현에도 사실적이다. 극적인 과장이 전혀 없다. 정상 등정 후의 기쁨 같은 감동적인 표현도 없다. 그래서 더 감동적이다. 사실이 주는 감동의 힘. 오로지 오르고 내리는 행위와 그 행위에서 따라오는 생각, 감정들…….
 영웅은 아이들이다.
 어른이 되지 않는 아이들만 영웅이 될 수 있다. 그들은 호기심 가득하고 그것을 충족시키기 위한 모험심으로 충만한 아이들의 모습과 다를 바 없다. 어른으로 타협하면서 사느라 삶의 대부분이 본성과 점점 동떨어지고, 삶의 제약이 주는 껍질을 입고 무엇을 원하는지 조차 모르면서 살아가고 있는 현실을 그들의 모습으로 인해 불현듯 깨닫는다.

이 책의 첫 페이지부터 험난하기만 하지만, 좋아하는 행위를 하면서 사는 면에서 볼 때는 즐거울 수밖에 없는 모험의 이야기이거늘 읽는 내내 가슴 먹먹하다. 이 책의 무엇이 나를 이렇게 슬프게 하지? 혼자 곰곰이 생각해 본다. 그건 아마도 내 속에 흔적도 없이 억압된 자유에 대한 갈망이 이 책의 파장에 심하게 공명하여 떨리기 때문인지 모르겠다.

매 순간 삶과 죽음의 기로에서 헤매는 그들의 처절한 고난에서 집약된 삶의 정수를 보는 것 같아 눈시울 붉어지고, 가슴 아파 한 번씩 숨을 크게 몰아쉬어야 된다. 고된 생로병사의 삶을 살아가는 사람의 한 생이 극한의 고산등반에서 집약적인 형태로 드러남을 조 태스커는 일체의 과장 없는 담담한 어조로 진술하고 있다. 궁극까지 자기 자신을 몰아가면서 삶의 참된 의미를 깨달아가는 등반가들의 순수한 행위와 아름다운 모습이 여운으로 오래 남을 듯하다.

이렇게 좋은 명저가 절판되어 구할 수 없어 무척 안타까우며, 이 책을 번역하여 소개한 역자에게 진심으로 깊은 감사를 드린다. (장정미, 고알프스)

<몽블랑 익스프레스>

허긍열의 자전적 알프스 산행기인 <몽블랑 익스프레스>는 헤르만 불의 <8000미터 위와 아래>를 연상시킨다. 내가 지금까지 읽은 산서 중 최고로 꼽는 책이 바로 헤르만 불의 <8000미터 위와 아래>이다. <몽블랑 익스프레스>는 이러한 헤르만 불의 책에 결코 뒤지지 않는 감흥을 전해주는 명저이다.

허긍열은 운명적으로 샤모니 알프스에 꽂히게 되고 누구의 간섭도 없이 자유롭게 등반할 수 있는 알파인 스타일을 실천한다. 무엇보다 등반 자체에 탐닉하는 그의 순수한 태도와 열정이 헤르만 불을 꼭 닮았다. 헤르만 불의 책보다 더 진한 감동을 느낄 수 있는 대목은 허긍열의 여린 심성과 한국적인 정을 물씬 풍기는 부분이다.

 자전적인 등반기임에도 일인칭이 아닌 전지적 작가 시점 비슷한 관점에서 글이 전개된다는 것도 흥미롭다. 비교적 객관적인 시각으로 자신의 삶을 관조하려는 허긍열의 차분한 노력을 느낄 수 있는 장치로서는 괜찮아 보인다. 누구보다 뛰어난 등반실력을 갖추고 있음에도 겸손하기 위해 힘쓰는 모습도 느낄 수 있다. 이는 화려함과 부러움을 느끼게 하는 임덕용의 저술과는 분명 다른 점이다. 절제의 미덕을 보여준 이 책의 훌륭한 면이다.

 나는 2002년 여름에 관광으로 샤모니에서 일박이일을 보낸 적이 있다. 인스부르크에서 일주일을 보낸 기억도 있다. 가족과 함께 오스트리아 짤츠부르그와 스위스 인터라켄 주위의 알프스 산군을 여행한 추억도 행복한 과거의 한 장면으로 남아있다. 다른 이들에 비해 알프스에 대한 경험이 적다고 할 수만은 없다. 그렇더라도 배낭 메고 등산화 신고 알프스 산군을 트레킹 하거나 등반한 경험은 없다. 가까운 미래에 반드시 해보고 싶은 일 중에서 알프스 트레킹은 항상 영순위다. <몽블랑 익스프레스>를 읽고 난 후 이러한 나의 꿈은 더욱 간절하고 선명해졌다. (강주성, 버들치의 일상)

<알프스에서 온 엽서>

 올 가을 나의 독서 양상은 여느 해와 다르다. 보통 가을이면 다른 계절보다 책을 많이 읽는 편이다. 이번 가을엔 강의가 없어 책 읽을 시간이 더 많을 것 같았는데 결과적으론 그렇지 못했다. 여름부터 빠져들기 시작한 암벽 등반의 영향이 크겠지만, 책과 멀어진 건 분명 나의 게으름 때문이다.

여러 권의 산서를 조금씩 천천히 읽는 습관 때문에 내 책상 위에는 항상 서너 권의 산서들이 놓여있다. 요즘엔 <한국 바위 열전>, <위험의 저편에>, <최초의 8000미터 안나푸르나>, <텐징 노르가이> 등이 책상 위에서 뒹군다. 이 책들을 언제까지 읽을 수 있을지는 나도 모른다. 손에 잡히는 대로 읽다가 빠져들면 끝까지 읽을 뿐이다. 한데 읽겠다고 사 놓은 책들을 제쳐두고 끝까지 나의 눈길을 끌던 것은 <알프스에서 온 엽서>이다.

저자인 허긍열 선생으로부터 <알프스에서 온 엽서>를 선물 받고 얼마나 기뻤는지 모른다. 하지만 어렵게 출판한 책을 공짜로 받았다는 생각에 마음이 편한 것만은 아니었다. 미안함을 조금이나마 달래려고 두 권을 한국산악회에 주문하여 같이 등반하는 두 지인들에게 선물하니 마음이 한결 가볍다. 자비로 사서 읽은 후 저자의 친필 사인을 받은 <몽블랑 익스프레스>처럼 하고 싶었는데 그렇게 하지 못해 아쉽다.

샤모니에 머문 초창기 3년 동안 생활했던 얘기를 일상생활의 자잘한 것부터 알프스 트레킹과 암빙벽 전문등반에 이르기까지 솔직 담백하게 서술한 정감있는 수필들을 모아 놓았다. 한 편 한 편의 글이 한국에 있는 그리운 친구나 알프스를 동경하는 산우들에게 띄우는 엽서를 읽는 것 같이 포근하다. 저자가 전문사진가 못지않은 실력으로 직접 등반하면서 담아낸 알프스의 환상적인 그림들은 기념품 상점에 진열되어 있는 그림엽서의 풍경보다 더욱 값지다. 다소 정적인 알프스의 풍광 속에 동적인 산양이나 마모트가 함께 하면 더욱 빛나고 멋진 그림이 되듯 의미 있는 글과 사진이 함께 조화를 이루니 서로가 더욱 빛나고 생명력 있는 느낌이다.

지난 주 출장 차 대전을 오갈 때와 엊그제 문상 차 고향인 나주에 다녀올 때 <알프스에서 온 엽서>는 나의 훌륭한 길동무였다. 역설적이지만 이국의 알프스를 그리워하며 책을 읽는 동안 가끔 차창 밖으로 보이는 우리나라의 산하는 더욱 사랑스러웠다. 책 속에서 저자가 샤모니에서 생활했던 그 시기에 나도 가족과 떨어져 유럽에서 홀로 지내고 있었다. 조금은 외롭고 힘든 시기였지만 내 인생에 큰 이정표가 되었던 그 때를 회상할 수 있어서 책을 읽는 동안 행복했다.

지난 유월 샤모니 주변 알프스를 홀로 자유롭게 트레킹 하던 그 때가 고스란히 재현되는 것 같은 달콤한 상상도 불러 일으켰다. 많은 책들이 순수한 등반 행위마저 상업적인 목적으로 이용하여 기획 출판과 대필이 난무하는 현실에서 알프스의 푸른 초원처럼 때묻지 않은 깨끗함을 간직한 좋은 책 <알프스에서 온 엽서>를 곁에 둘 수 있음에 감사한다. (강주성)

<알프스에서 온 엽서>
알피니스트에게 보내는 편지 한 통

샤모니의 허긍열에게.

오늘 코오롱등산학교 이용대 교장과 함께 오랜만에 <사람과 산>을 찾았다가 홍석하 사장과 같은 건물에 있는 (주)안나푸르나의 전병구 회장(한국산악회 회장)을 만나 잠시 환담을 했어요. 모두 서로 바쁘게 살고 있으니 이렇게 자리를 같이 하기도 쉽지 않아서 무척 즐거웠어요.

그런데 전병구 회장이 잘 됐다며 책 한 권을 내놓더군요. 무슨 책인가 했더니 <알프스에서 온 엽서>로, 샤모니의 허긍열이 지난여름 낸 것이라고 해요. 그래서 허긍열이 또 무슨 책을 썼는가 하고 잠깐 펼쳐보다가 늦은 시간이어서 자리를 떴어요. 집에는 이렇게 생긴 책들이 많아요. 이를테면 증정본들인데, 대개는 그 자리에서 여기저기 들추어 보고 그대로 쌓아두게 돼요. 그래서 나는 지금까지 책을 내면서도 남들에게 보낸 적이 별로 없답니다.

책은 돈벌이나 이름 내려고 쓰는 것이 아닙니다. 자기가 쓰고 싶어 쓰는 것이라고 나는 생각해요. 그리고 필요한 사람이 사서 보는 것이죠. 전병구 회장이 책이 팔리지 않는다고 걱정했는데, 그 무렵만 해도 우리 주변에는 그런 책들이 아주 귀했지요. 출판사에서도 돈벌이가 안 되니 낼 생각을 못하던 때였다고 봅니다.

집에 돌아오며 전철 안에서 궁금해서 허긍열의 책부터 펼쳤어요. 제목 그대로 '엽서'처럼 짤막한 글들이어서 우선 호감이 가고 읽기 편했답니다. 첫머리에 '샤모니의 하루'라는 글이 있더군요. 나올만한 글이지요. 그 묘사가 차분하고 담담했어요. '2001. 05. 01' 엽서로 되어 있어, 허긍열이 샤모니에 갔구나 했지요. 벌써 10년의 세월이 흐르고 있네요.

그런데 그 글은 샤모니에 가기 전에, 샤모니가 너무 그리워 머릿속에서 그려본 것이라고 했어요. 나는 놀랐어요. 그런 필법이 얼마나 멋진가라고, 그러한 착상에 새삼 감탄했답니다.

<알프스에서 온 엽서>를 읽어나가며 나는 잠시 생각했어요. 단순한 여행이나 감상문이 아니고 그렇다고 흔한 산행기만도 아니어서 더욱 마음이 끌렸어요. 허긍열이 샤모니에 정착한 이래 많은 산행기와 사진들을 그때그때 보았는데, 요즘 어떻게 지내고 있는가 싶었더니 이제 이런 책까지 나왔으니 너무나 기뻐요. 그리고 그곳에서의 생활 주변 이야기가 무척 재미

있어요. 나는 언제나 풍물과 인간들의 모습에 관심이 있어요.
 작년 6월 초, 이인정 대산련 회장 일행과 샤모니와 체르마트를 다녀올 때 허긍열과 잠깐 만났지요. 유재원의 묘소도 찾아보고, 그때 짐작한 대로 허긍열이 불편하고 어려운 환경에서 살고 있는 것을 보고 마음이 안쓰러웠어요. 그러나 그것도 젊어서 가능한 일이고, 자기 꿈을 쫓는 자의 고통이 아닌가 싶어요. 산에 다니는 사람치고 용담을 모르는 사람은 없겠지만, 알프스 돌로미테의 '차이트로제(Herbtzeitlose)'라는 야생화를 아는 사람은 별로 없으리라고 봅니다. 같은 과(科)에 속하는 야생화로, 특색이 메마르고 거친 땅에서 잉크빛으로 피는 소박하고 강렬하며 아름다운 꽃이에요. 무슨 뜻인지 알겠지요?
 허긍열의 <알프스에서 온 엽서>가 나오기까지 남들은 그 어려움을 모를 겁니다. 허긍열의 샤모니행은 결코 본인의 방랑벽에서나 또는 유람하는 기분으로 그곳에 간 것이 아니라고 봐요. 지난날의 궁지에서 탈출하고 새로운 도약을 기도했던 것이 아닐까 싶어요. 남이 감히 흉내 내기 어려운 행보라고 봐요.
 나는 월간 <MOUNTAIN>지에 이따금 실리는 '허긍열의 알프스 통신'을 재미있게 봅니다. 그리고 산행기와 사진들이 날이 갈수록 달라지는 것을 느끼며, 그때마다 허긍열의 정진(精進)을 보는 듯해서 기뻐요.
 그러다 이제 <알프스에서 온 엽서>를 손에 들었는데, 전 회장의 걱정은 고마우나 나는 그것을 문제로 삼지 않아요. 우리 등산계는 엄청나게 발전하고 있는데, 실은 겉으로만 그렇지 속은 아직 멀었어요. 등산책 다운 책이 나오지 않고 있고, 있더라도 보는 사람이 없어요. 책이 안 팔린다는 얘기지요. 그러나 한편, 등산에 관한 노하우 책이 나가고 있다니 다행한 일입니다. 그 같이 산행기에도 사람들의 관심이 있어야 하는데……. 그래서 등산 세계가 어떤 곳이며, 알피니스트란 어떤 사람인가 알아야 우리 등산계의 질이 높아진다고 나는 생각해요.

그 옛날 임덕용이 알프스가 그리워 <꿈속의 알프스>라는 책을 썼어요. 나는 책 쓸 생각도 못하고 있을 때, 아직 어린 그가 그런 책을 냈으니 놀라운 이야기였지요. 도대체 책을 구경 못하던 시절입니다. 나는 조촐하게 열린 출판기념회에 나가 축사라고 하다가 그만 울고 말았답니다. 남들은 그때 그 심경을 이해하지 못했을 겁니다.

그러자 임덕용은 겁도 없이 갓 결혼한 아내를 데리고 이국만리 이탈리아로 건너갔지요. 아무런 연고도 없이 말입니다. 그러던 그가 지금 그 세계에서 디자이너로, 클라이머로 활약하고 있어요. 그토록 그리던 알프스의 꿈이 이뤄진 것이죠. 거친 땅에서 피어난 아름다운 꽃처럼.

샤모니는 내 머리에 일찍부터 새겨진 곳입니다. 우리는 꿈도 꿀 수 없던 지난 70년대, 일본의 젊은이들이 샤모니에 갔다가 돌아오지 않고 숨어서 잡일을 하고 있다는 기사를 본 적이 있어요. 모두 샤모니의 침봉군에 미친 사람들이었지요. 지난날 한국산악회가 그곳 ENSA에 젊고 유능한 클라이머들을 연수차 보낸 일이 있는데, 그중 두 사람이 돌아오지 않아 큰 문제가 됐었지요. 결국 한 사람이 등반사고로 갔지만, 나는 에베레스트에서 그 소식을 들었어요. 그가 얼마나 샤모니에 끌렸으면 여권법을 어겨가면서까지 그렇게 했겠어요. 그 후 세상은 바뀌고 바뀌어 오늘날 허긍열이 마음대로 그곳에 있을 수 있는 시대가 온 것입니다. 그렇다고 아무나 그렇게 할 수 있는 것은 아니죠. 바로 거기에 허긍열의 허긍열다운 삶의 태도가 있어요.

그날, <알프스에서 온 엽서>를 주며 전병구 회장이 재미있는 얘기를 했어요. 몽블랑에 오르려는 한국 사람들이 겁도 없이 무턱대고 달려든다고 현지 가이드들이 비난했다나요. 아이젠 끈까지 매줘야 한다는 거예요. 그러면서 전 회장이 자일을 몸에 돌리며, 한 쪽에 슬링으로 푸르지크 매듭을 하더군요. 이 정도의 기초 지식과 테크닉은 알고 몽블랑에 가도 가야하지 않겠는가 했어요. 나는 전병구 회장의 경쾌한 푸르지크 조작을 보면서, 그가 일찍이 안나푸르나 원정대를 이끌었던 생각을 했어요. 그러니 허긍열도 무거운 책임감 속에 살고 있으리라고 느꼈답니다. 믿고 찾아오는 많은 사람들을 일일이 대하기는 결코 쉽고 즐거운 일이 아니라고 봐요.

그런데 그런 생활 속에서 어느새 그토록 많은 글을 써서 350쪽이나 되는 책까지 내놓았어요. 그저 놀랄 따름입니다. 평소 말이 없는 허긍열의 마음 한 구석에 남모르는 자기만의 단단한 그 무엇이 있었던가 봅니다.

본인은 이 책이 차지하는 의의와 가치를 어느 정도로 여기는지 모르겠는데, 글을 쓰고 책을 내본 사람으로서 남달리 느껴지는 것이 많아요.

이제 2010년도 다 갔어요. 나는 미수(米壽)라는 노경을 맞게 되는데, 아무런 출판 기약도 없이 발터 보나티의 책을 끝내고, 지금 메스너의 <세로토레>라는 신화 같은 글을 옮기고 있어요. 자기가 좋아서 하는 것이죠. <알프스에서 온 엽서>를 보며, 알피니스트 허긍열의 남다른 정진을 보는 듯해서 무엇보다도 기뻐요. 밝은 2011년이 되기를 바랍니다. 수고했어요.
 2010년 12월 2일 김영도가 씁니다.

(김영도, 월간 마운틴)

<알프스에서 온 엽서>

자고이래로 영웅이라면 오디세우스이다. 우리가 상상할 수 있는 모든 뛰어난 용기와 모든 높은 지혜와 모든 아름다운 기품을 남김없이 함께 모으면 바로 그가 된다. 영웅 오디세우스가 온바다를 주유하면서 갖가지 고난을 겪고 쾌락을 맛보고는 고향으로 돌아오며 모험을 끝내고 왕이 될 수 있었던 것은 그런 완벽한 능력이 있기 때문이다.

그렇다고 세상에는 이렇게 범인들을 기죽이는 위대한 영웅만 있는 게 아니다. 소설과 영화 모두 공전의 히트를 한 <반지의 제왕>을 기억할 것이다. 주인공 프로도는 호빗이라고 불리는 난쟁이 종족으로 영웅과는 영 거리가 멀다. 오디세우스의 모험에 함께 했다면, 영락없이 노 젓다가 물에 빠져죽는 엑스트라 신세를 벗어나지 못했을 것이다. 생김새부터 오종종하다. 힘은 자기 몸뚱어리 하나도 건사하지 못한다. 의지라고는 박약하여 계속해서 우는 소리를 하며 지혜는 아둔할 뿐이다.

 게다가 그는 모험조차도 자의나 운명이 아니라 우연찮게 억지로 일이 떠맡겨진다. 그럼에도 그는 누구 못지않은 드라마틱한 모험을 겪으며 결국 우주를 악으로부터 지켜 내는, 오디세우스도 해내지 못할 수준의 엄청난 임무를 완수하며 영웅이 된다. 그런 다음 다시 평범한 호빗족의 '일상'으로 돌아온다. 어떻게 이런 일이 가능한가? 그에게는 천하의 오디세우스가 갖추지 못한 '하나'를 갖고 있었기 때문이다.

 <알프스에서 온 엽서>의 저자 허긍열은 2001년부터 알프스산 아래 샤모니에서 살고 있다. 그는 그곳에서의 삶을 '일상'이라고 하지 않고 '원정'이라고 말한다. 그렇다면 최근에 발간한 <알프스에서 온 엽서>는 단순히 외국에 살면서 느낀 바를 술술 적어내린 에세이가 아니라 매일매일 산에서 보고 깨달은 바를 한자 한자 새겨 넣은 산행기라고 해야 할 것이다. 과연 그가 가는 알피니즘은 어떤 성격을 띠고 있는가를 관심 가져 보자.

 일반인들이 상상하는 알피니스트는 산으로 올라온 오디세우스들이다. 온갖 괴물로 가득 찬 산에서 불굴의 의지로 차례차례 극복하여 결국 성상을 징복힌다는 시나리오 말이다. 이런 스테레오타입(stereo type)의 알피니스트들을 우리는 잘 알고 있고 닮고자 하는 역할 모델들이다. 그러나 세상에는 이런 영웅적인 알피니스트들만 있는 게 아니다.

 고등학교 시절 우연찮게 암벽등반에 빠져 들면서 알피니즘에

경도된 허긍열은 그로부터 30여년의 세월동안 한결 같이 그것을 지향하나 여느 오디세우스 같은 산악인들이 걷는 궤적과는 다르다.

그가 가는 알피니즘은 오디세우스가 아니라 '프로도'와 같다. 이 책을 읽으며 영화 <반지의 제왕>이 시종일관 오버랩 되었다. 프로도는 모험을 나선 후에도 끊임없이 고민하고, 일이 닥칠 때마다 두려움에 떨고 한걸음 한걸음마다 자신감을 잃고 회피하려고 든다. 절대반지를 '불의 산'의 용암에 던져 넣는 마지막 순간에도 그는 흔들리고 유혹에 빠진다.

저자에게 알피니즘은 선(善)과 같다. 당나라의 시인 백낙천이 도림선사를 찾아 '과연 무엇이 불교입니까?'라고 묻자 도림선사는 "나쁜 짓 하지 말고 착한(善)일을 받들어 행하라. 이것이 바로 불교라네."라고 한마디로 대답했다. 이 말을 들은 백낙천은 허허 웃으며 말했다. "스님, 그 정도야 세 살 먹은 아이도 다 아는 것 아닙니까?" "세 살 먹은 아이도 알기는 쉬우나, 백 살 먹은 노인도 행하기는 어렵다네."라고 선사는 말했다.

그에게 알피니즘은 앎의 문제가 아니라 이처럼 행(行)의 문제이다. 행 중에서도 비분강개하여 한 번에 모든 것을 거는 그런 게 아니라 매일 매일의 '행'이다. 그래서 샤모니에서의 그의 삶은 수행자처럼 금욕적인 생활과 다름없다. 그러나 매일매일 행하기는 지극히 어렵다. 따라서 글에서 그는 프로도처럼 끊임없이 흔들리며, '알피니즘'에 주어진 '정답'을 스스로 육화(肉化)하려 노력한다.

평범한(?) 영웅적인 알피니스트들이라면 '정답이 주어진' 걸로 치부하고 오디세우스의 길을 모방하고자 노력한다. 그래서 산정높이에서 활활 타는 불을 따서 가져내려와 만인의 환호를 받으려고 든다. 주인공이 되고 싶어 한다.

그러나 글에서 그는 산 아래 골짜기에 머무르며 알피니즘이라는 불씨가 꺼지지 않도록 밤새 쪼그려 앉아 불을 지키는 화부와 같은 모습이다. 그의 고민은 프로도처럼 과연 이 불씨를 꺼뜨리지 않고 잘 지킬 수 있을까?라고 비유할 수 있을 것 같다.

이글은 그래서 혁혁한 등반을 기록한 글이 아니라 산을 재해석하는 기록이면서 내면을 성찰하는 기록이다. 그런 점에서 <알피니스트의 마음>과 <내 청춘 산에 걸고>, 그리고 <월든>과 비교된다.

<알피니스트의 마음>은 반세기 전부터 한국 산악인들의 심성을 사로잡아왔다. 그 책을 최고로 치는 이라면 이제 동시대 한국의 알피니스트가 쓴 <알프스에서 온 엽서>를 읽을 차례다. 이 책은 21세기에 기록된 알피니즘을 기리는 경구로 가득 차 있다.

<내 청춘 산에 걸고>에서 우에무라 나오미는 어깨 떡 벌어진 산사나이들처럼 깍두기를 우적우적 씹어 먹으며 국물을 후루룩 마시고 술을 벌컥벌컥 마시며 술집에서 열변을 토하지 않는다. 오히려 크리스마스날도 감자를 삶아 먹으며 자기만의 알피니즘을 준비한다. 허긍열도 마찬가지이다. 술집에 앉기보다는 돌아와 홀로 책을 읽고 사색을 하며, 새와 같이 자고 새가 지저귀는 시간에 일어나 하루를 시작한다. 우에무라 나오미가 산을 오르고 산을 오르기 위해 준비하는 모습이 고스란히 여기에도 실려 있다.

숲속에서 고독하게 살되 세상의 허위와 위선으로부터 시선을 돌리지 않는 소로우의 <월든>이 보여주는 세계. 산악서적 중에서 이런 통찰을 엿보고 싶다면 바로 이 책이다. 그는 따뜻하고 낮은 목소리이지만 준엄하게 산악계를 바라본다.

서평자는 이 책이 2010년 전후에 발간된 한국의 산악에세이 중에 최고로 보고 싶다. 몽테뉴가 사교와 명예로부터 떨어져 외로이 성에 자기 자신을 유폐하고 <수상록>을 다듬었듯이, 허긍열은 글에서 자기를 알프스의 험준한 벽으로 둘러싸인 곳에서 자기 자신을 가두고 살고 있다고 했다. 그 속에서 길어 올린 사색에서 유려하지는 않지만 진솔한 표현에 실려 있는 순수 알피니즘에의 지향이 고스란히 느껴진다.

 앞으로 시간이 갈수록 많이 읽혀 우리의 가슴을 밝혀주고 그의 경구들이 적절하게 인용되기를 바란다. 그래서 아래에 그의 글의 일부를 게재해 볼까 한다.

 시골 아이들의 겨울철 주요 놀이란 대개 시냇가나 논두렁 주변의 얼음판에서 타는 스케이팅이나…(중략)… 이에 지치면 혹 누군가가 철사로 만든 올가미 덫을 놓아 거기에 걸린 산토끼나 메주콩 콩알에 작은 구멍을 내어 감춘 독극물에 희생된 꿩을 찾으러 돌아다녔다. 하지만 나에게는 한 번도 그런 횡재가 닥치지 않은 게 다행스럽다.(p261~p262)

 이제까지 자기의 어린 시절을 회고하는 많은 글들에서 이런 경험담을 싣고 있는 것을 본다. 그러나 허긍열의 글처럼 마지막에 '다행스럽다'라고 표현하는 것을 본적이 없다. 저자를 새롭게 발견하게 된 계기가 바로 이 구절이다.

 초록의 알파인 지대에서 열심히 풀을 뜯는 산양을 보라. 아마 그는 산양 이외의 것이 되고 싶지 않을지도 모른다. 어쩌면 우리네 인간들보다 더 행복할지 모른다.(p95)

 현실적 불만족과 어쩌면 이미 자신의 꿈을 이룬 남들에 대한 부러움과 질투 그리고 자신에 대한 슬픔을 말하면서 그는 위와 같이 말한다.

 달팽이가 한여름의 후덥지근한 열기 속에서도 쉼 없는 수평이동을 한다면, 알피니스트는 한겨울의 눈 덮인 바스러질 듯한 차디찬 대기를 가르며 수직이동을 한다고 볼 수 있다. 달팽이가 온몸을 이용해 자신의 흔적을 남기며 이동하듯, 알피니스트 또한 자신의 모든 흔적을 설벽에 남기며 자신의 길을 간다. 달팽이가 온 몸으로 대지와 교감하며 힘겹게 무거운 몸을 움직이듯, 그는 파란 하늘을 떠받치는 눈 덮인 빙탑들을 네발로 껴안고 필사적인 오름짓을 한다.

 그는 결코 삶을 회피하기 위해 그곳으로 떠난 게 아니다. 그는 영혼의 공허와 육체의 고독을 이기기 위해 몸부림치며 비장감으로 오르지만 생의 활력을 되찾고서 팔팔하게 살아 돌아가기 위해 떠난 것이다.

 그에게는 지닌 것이 많지 않다. 그만큼 자유로울 수 있다. 그 단단한 외투만을 이고 가는 달팽이처럼 그에겐 지금 배낭 하나가 전부다. 그의 생존엔 그것만으로도 충분하다.(p85~86)

 이 시를 읽으면서 서평자는 한 번도 달팽이를 유심히 본적이 없다는 것을 알아차렸다.

 술자리에서의 또 다른 재미 중 하나는 '남(산악인) 이야기' 일거야. 여기서는 알버트 메머리, 헤르만 불, 발터 보나티, 라인홀드 메스너 같은 위대한 산악인들의 영웅담에 대한 이야기라면 더없이 좋지. 하지만 주변 악우들에 대한 이야기는 좀 그랬어. 남을 씹는 말 말고 좋게 했으면 한다네.

 뜨끔해진다.
 그러나 그는 펜 끝을 둔하게 갖지 않는다. 아래의 구절들을 보라.

 이곳 알프스나 히말라야 등지에 다녀간 분 중에 원정 후유증 같은 것을 앓는 이가 많을 것이다. 당분간 산과의 관계를 접는다거나 함께 했던 동료와 거리를 두고픈 마음 등등.

원정대의 출발을 축하하는 자리에서 권하는 많은 격려의 말들 중에 '후회 없는 등반을 하고 와라'라는 말을 두어 번 들은 적이 있다. 아마 제일로 후회할 부분은 바로 이런 부분-사람사이-일 것 같다.

 하지만 분명히 하고 싶은 바는 과연 그 목적들(국위선양, 신루트 개척, 세계-한국 초등, 극한 체험, 동계 초등, 고소에서의 극한 등반능력 배양, 인간 한계에의 도전 등등 온갖 미사여구로 덮어씌운 표현들)이 자신의 목숨을 헌신할 만큼 그렇게 가치 있는 목표였던가 말이다. 이 점에 대해서는 선배들도 다소 책임을 통감할 필요가 있다.(p74)

 많은 이들이 생명체라고는 아무것도 없는 8000m의 고산을 오르고서는 네팔 카트만두의 시장거리에서 반짝거리는 것을 전리품으로 자랑하거나 알프스 바위틈새에 피는 에델바이스를 그리워하면서도 하산해서는 막상 푸른 초지의 울긋불긋 화려한 꽃을 꽂고 귀국하는 모습도 볼 수 있다.

 무엇보다 요즘은 다소 알피니즘과는 거리가 먼 등반행위의 동기나 목적의식들이 상당히 다양해졌다고 봐야 할 것 같다. 국가적인 행사 차원의 내셔널리즘에서 시작하여 그 지방의 사회적인 기대에 부응하는 일명 로컬(지방)리즘과 각종 상업적인 스폰서즘에까지 이르고서 각종 스폰서즘에서부터 이젠 메모리얼(추모)리즘까지 왔구나 하고 말이다.
 요즘은 이러한 모든 몇몇 리즘(?)들이 아무리 성행하고 대중적인 환호를 입더라도 어디까지나 알피니즘의 한 가지들일 뿐이다. 물론 어떤 이는 이게 바로 정이 깃든 한국적 알피니즘이 아니겠냐고 반문할 수도 있겠다. 또한 진정한 알피니즘으로의 과도기적 현상일 수도 있겠다.(p66~p67)

그러나 이 글은 2001년 9월 29일의 글이다. 당시 알프스에는 등반 중 사망한 대원의 시신을 찾기 위해 유해 발굴 및 추모 원정팀에는 KBS 촬영팀과 신문기자까지 대동했었다고 한다. 그런데 이 글은 마치 지금의 한국 현실을 예견한 것만 같다.

아쉽지만 글을 여기서 줄여야겠다. 이쯤에서 글의 서두에서 프로도는 오디세우스가 갖지 못한 '하나'가 있다고 했는데, 그 '하나'가 무엇인지를 말해야겠다. 오디세우스는 스스로 모든 것을 다 갖춘 영웅인지라, 함께 탐험을 나선 이들은 동료들이라기보다는, 늘어난 팔과 다리에 불과한 이름도 없는 이들이다. 그러나 프로도를 도와 길을 떠나는 반지 원정대원들은 지혜와 용기와 가슴을 함께 나누며 주인공을 이끄는 영웅호걸들과 또 같은 호빗족으로 샘은 끝까지 그와 함께 하면서 위험을 헤쳐 나가는 동료 샘으로 이루어져 있다. 아름다운 원정대의 모습이다.

오디세우스 같은 알피니스트들과 달리 허긍열 역시 책에는 따듯한 가슴과 뜻을 함께 하는 선후배 동료들이 그와 함께 하는 모습을 볼 수 있다. 이런 그에게 도종환의 시 -흔들리며 피는 꽃-을 들려주고 싶다.

흔들리지 않고 피는 꽃이 어디 있으랴
이 세상 어떤 아름다운 꽃들도
다 흔들리면서 피었나니
흔들리면서 줄기를 곧게 세웠나니
흔들리지 않고 가는 사랑이 어디 있으랴

젖지 않고 피는 꽃이 어디 있으랴
이 세상 그 어떤 빛나는 꽃들도
다 젖으며 젖으며 피어나니
바람과 비에 젖으며 꽃잎 따뜻하게 피웠나니

젖지 않고 가는 삶이 어디 있으랴

마지막으로 아쉬운 이야기 두어 개 보태야겠다.

이 책은 <도서출판 한국산악회>에서 발간을 했다. 1000부가 발행되었다고 하는데 시중에서는 온라인 오프라인 할 것 없이 구하기 쉽지 않다. 일반인들이 접근하기에는 넘지 못할 벽이 있는 셈이다. 암벽은 올라야 하지만 장벽은 무너져야 한다. 개인적인 푸념이겠지만 사소한 것 두 개도 언급해야겠다. 단순히 글씨체의 문제인지 아니면 편집의 문제인지 모르겠지만 글이 쉽게 읽히지 않는다. 좀 더 일반적인 형태로 출판이 되었으면 좋을 뻔 했다. 또 하나, 글 도중 삽입된 사진들에 설명이 붙기도 하고 안 붙기도 하여 일관성이 없는 건 차치하고, 사진이 오히려 글에 대한 몰입을 방해하는 감이 없지 않다. 사진을 함께 모았으면 어떠했을까 싶다.

(김진덕, 대한산악연맹 연보)

<해골바위>

이 책을 저자인 허긍열 씨로부터 선물 받고 얼마나 기뻤는지 모른다. 번듯한 책으로 출판되었다면 여러 권을 사서 아는 이들에게 나눠주고 싶을 정도로 좋은 책이다. 어떠한 허위나 가식도 느껴지지 않은 책 <해골바위>가 등산 마니아들이 많다는 우리나라에서 정식으로 출판되지 못한 현실이 안타깝다. 중고등학교 참고서, 돈을 벌기 위한 경제 관련 서적, 입신양명을 위한 리더십 관련 서적들만 잘 팔리는 세태가 아쉽다.

지난 유월, 알프스에 가기 전 허긍열 씨에게 이메일을 보냈었다. 샤모니에 살고 계시다는

그 분을 한 번 뵙고 싶었다. 하지만 내가 샤모니에 머무르던 그 시기에 허긍열 씨는 한국 방문 중이셨다. 아쉽지만 만나 뵙지 못했다. 7월 초에 나도 벨지움에서 귀국하여 어느 정도 주변 정리가 끝난 후 허긍열 씨가 운영하는 고알프스 홈피에 방문했다. 여전히 멋진 사진들과 최근 소식들이 올라와 있었다. 샤모니 알프스를 트레킹하던 기억이 새롭게 떠올랐다. 자연스레 허긍열 씨에게 안부 메일을 보냈었고, 답장 대신 대구에 사시는 장정미란 분으로부터 메일이 왔다. 허긍열 씨의 부탁으로 <해골바위>를 내게 부쳐주고 싶으니 주소를 가르쳐달라는 내용이었다. 며칠 후 <해골바위> 복사본을 택배로 받아볼 수 있었으니 고마운 마음과 함께 염치없이 기쁜 마음이 교차했다. 책을 손에 넣은 과정부터 특별한 탓인지 다른 책에 비해 훨씬 소중한 마음으로 정독하게 되었다. <해골바위>는 허긍열 씨의 자서전 같은 기록이다. 어린 시절 얘기, 학창 시절 얘기, 등반기, 가족사, 등반 관련 서적에 대한 필자의 애착 등이 담겨 있다. 허긍열 씨가 1965년생이고, 내가 1966년생이니 거의 동시대를 살아온 삶답게 많은 부분에서 동질성을 느낄 수 있었다. 중학교 때까지 깡촌인 나주에서 부모님과 생활한 나의 어린 시절 놀이를 <해골바위> 앞부분은 그대로 보여주고 있다. 냇가에서의 멱감기, 모래밭에서의 씨름놀이, 자치기, 칼싸움, 전쟁놀이 등에 대한 묘사는 내 입가에서 미소를 떠나지 않게 했다.

범생이였던 나에 비해 대구 근교의 산에서 암벽등반을 익힌 필자의 얘기는 친구의 모험담을 듣는 것 같은 설렘이 있었다. 히말라야 참랑 원정대를 비롯한 전문 산악인의 길을 걷게 된 필자의 얘기에서는 특별한 진솔함을 느낄 수 있었다. 히말라야 원정을 다녀왔다는 자랑스러움보다 자유로운 등반을 하지 못해 답답했었다는 부분은 허긍열 씨의 진솔함을 엿볼 수 있는 대목이다.

등반기 중 내게 가장 인상적이고 박진감 넘쳤던 부분은 북미 매킨리의 데날리 남벽 등반기이다. 셰르파의 도움을 받아야 하는 히말라야 원정보다 등반가들 스스로 모든 것을 해결해야 하는 알파인 등반의 진수를 엿볼 수 있었다. 물론 허긍열 씨 자신에게도 동상에 걸려 많은 고통을 동반했던 이 등반이 가장 기억에 남지 않았을까 하는 생각이 들었다.

헤르만 불의 전기엔 <Climbing without Compromise>란 부제가 붙어 있다. 속임수 없는 등반, 정직하고 진실된 등반, 하인리히 하러가 말한 절대순수란 말과 헤르만 불이 참 잘 어울린다는 생각을 했다. 상업적 등반이 판치는 한국 산악계의 현실 속에서도 <해골바위>는 때묻지 않은 순수함이 강호에 여전히 살아 숨 쉬고 있음을 보여주고 있다. 책을 읽는 내내 허긍열 씨와 직접 대화 나누는 것 같은 재미가 있었다. 내가 샤모니에서 듣고 싶어 하던 얘기를 <해골바위>란 책에 오롯이 담아 전해준 허긍열 씨의 따뜻한 인간미를 느낄 수 있어서 좋았다.

(강주성, 버들치의 일상)

<알프스 알파인등반-1>

'이 책은 몽블랑 산군을 찾는 모든 산악인들에게 유용한 등반 안내서이자 지은이가 지난 10년간 행한 등반보고서 겸 사진집이다. 지은이는 20여 년 전 처음 알프스를 접하고서 그 매력에 끌려 지난 10년간 최고봉인 몽블랑 자락의 샤모니에 머물며 등반과 스키, 사진 활동 등을 하고 있다. 이 책에 실린 사진들은 모두 그의 손끝에서 나온 결과물이며 총 415장의 사진들과 설명은 알프스 등반의 또 다른 매력을 느끼게 할 것이다.'

오랫동안 기다리던 책을 만났다. 허긍열 님의 <알프스 알파인등반-몽블랑 산군 Vol 1>이다. 표지사진에서부터 온전히 자신의 힘으로 변화무쌍한 알파인 지대의 기후와 자연의 역경을 헤쳐 나가는 고독한 등반자의 거친 숨소리와 결연한 의지가 전해지는 듯하여 찡한 감동을 준다. 400여 페이지가 전부 사진으로 구성되어 있다. 거칠고 힘든 알파인 등반을 하면서도 자연이 주는 순간순간의 감동이 작가의 눈에서 카메라 셔터로 전달되어 책을 통해 고스란히 읽는 이에게 떨림을 전한다.

 무슨 말이 필요하랴! 등반만 하기에도 힘들뿐 아니라 설령 카메라를 가지고 갔다 하더라도 꺼내서 찍기는 더 어려운 일이건만 도대체 어디서 이런 식지 않는 열정이 지은이에게서 나오는 것인지…….

 자연이 두 번 다시 보여주지 않는 순간의 진실을 전해야만 한다는 사명감이라도 작가는 가진 것일까? 등반실력뿐 아니라 사진실력까지 갖추어야 가능한 일일뿐더러 그러한 실력을 다 갖춘들 등반과 사진 둘 다에 대한 열정 없이 할 수 있는 일은 아니다. 그것은 알파인 등반은 고사하고라도 국내 리지등반이라도 해 본 사람이라면 누구나 알 수 있다. 알파인 등반을 통해 찍은 사진뿐 아니라 항공 촬영한 사진까지 있어 코앞도 보지 못하는 다람쥐 쳇바퀴 같은 일상에 갑자기 광대한 시야를 열어 숨길을 크게 틔워 준다.

 알프스 하면 가장 먼저 최고봉인 몽블랑을 떠올리는데 이 책 1권은 몽블랑 산군 쪽에 지은이가 직접 간 루트들을 소개해 주어 보다 현실적인 알프스 등반계획을 세우는데도 지침서 역할을 한다.

 우리나라에 이런 책이 있었던가? 흔한 트레킹 정보는 있을지 몰라도 알프스 지역에서 10년 간 거주하면서 등반, 트레킹, 스키, 산악자전거까지 두루 다 섭렵한 알프스 최고의 전문산악인이 직접 발로 뛰고 눈으로 담아 낸 이런 책은 국내뿐 아니라 현지에서 조차 찾아보기 힘든 안내서가 아닌가 싶다.

 이 책이 <몽블랑 산군 Vol 1>이니 만큼 앞으로 나올 시리즈가 벌써 기다려진다. 이 책을 만날 수 있다는 것은 행운이다. 저자가 지난 10여 년 간 알파인 지대에서 자신을 단련, 정진하면서 얻은 보석 같은 알프스 관련정보들을 앞으로 계속 만날 수 있는 행운이 자주 있었으면 하고 바란다. 사진 뿐 아니라 시적 여운마저 주는 진솔한 글들이 자꾸만 책장을 열게 한다. 저자가 이 전에 번역한 책 제목이 떠오른다. <왜 산에 오르지>, 저자는 끝없이 자신에게 묻고 또 되묻는 것 같다. 그 답을 찾았는지는 알 수 없으나 인간으로서는 도저히 빚어낼 수 없는 아름다운 알파인 지대와 딱 그 만큼의 위험이 도사리고 있는 그곳을 헤집고 다니면서 찍은 사진과 글들을 읽다보면 나도 모르게 '왜 산에 오르지'를 생각하게 된다. 오늘도 나는 이 책을 열어보게 될 것 같다.

물론 편집상의 오류가 없는 것은 아니지만, 그가 행한 놀라운 활동들과 위험을 무릅쓰고 찍은 사진들이 주는 진실한 감동을 조금도 가리지 않는다. 그가 비록 프랑스 산악인이 만든 알파인 등반 가이드 책을 어느 정도 참고해서 책을 만들었다 하더라도, 허긍열이 행한 등반들과 사진은 누구도 흉내 내기 힘든 일이다. (장정미, 고알프스)

"산은 느끼는 것이다.
바람을, 추위를, 고소를, 땡볕을, 갈증을, 해방감을, 존재감을, 성취감을, 행복을, 공포를, 외로움을, 안정을, 즐거움을…….
등반은 행하는 것이다.
설벽, 빙벽, 암벽, 믹스, 빙하, 침봉, 북벽, 남벽, 동벽, 서벽……."

<알프스 알파인 등반-2>

'온 천지가 하얀색뿐인 설동에서 밖을 내다보는 풍경은 또 다른 아름다움을 느끼게 한다. 세상이 보다 깨끗하게 느껴진다. 푸른색 기운마저 감도는 설동 내부의 한쪽 구석에 떨어진 음식 찌꺼기나 커피 한

두 방울마저 그 아름다움을 해치는 것 같아 마음이 불편하다. 자연에서의 모든 인간 활동이 비자연적일 수밖에 없지만 유독 이 하얀 세계에서의 산악활동이 더욱더 비자연적으로 느껴진다. 여하튼 우리는, 나는 많은 빚을 지고 있다.'

'피켈과 자일에 맡긴 한 생애, 이만하면 여한이 없을 법도 하건만 무슨 미련이 이렇게도 많은지……. 사랑도 기쁨도, 미움도 슬픔도 한낱 감정의 기복선상에 놓인 것들. 밤비행기는 은하수 저편 어디로 흘러가는지.'

'알피니즘……. 아니, 더는 공허하고 추상적인 그런 답을 구하지 않기로 했다. 그저 산에 드는 자체가 좋으며, 그 산에서 육체를 움직여 땀 흘리는 순간들이 좋다.'   -본문 중-

기록적인 한파로 유럽에 동사자가 속출할 정도로 지난겨울의 추위는 매서웠다. 몽블랑 산자락 샤모니 계곡도 맹추위가 비켜가지는 않았다.

<알프스 알파인 등반-몽블랑 산군 Vol-2>는 지난겨울의 맹추위를 뚫고 나온 알피니즘의 희망 같은 책이다. <알프스 알파인 등반-1>과 마찬가지로 전부 사진으로 이루어진 책인데, 1권보다 책이 훨씬 두껍다. 560쪽의 장쾌한 알프스 전경이 듣기만 해도 가슴 설레는 알프스 거벽등반 루트들의 설명과 함께 펼쳐진다.

1권의 사진들이 선명도가 떨어진데 반해 이번에 나온 책은 사진의 선명도가 뛰어나 사진 보는 즐거움이 배가 된다. 당 뒤 제앙, 에귀이유 더 샤모니, 그랑드 조라스, 몽돌랑 그리고 브레방의 암벽등반 루트들까지 이 책은 Vol-1에 이어 몽블랑 산군의 주요 등반 대상지를 저자가 직접 걷고, 오르면서 땀 흘려 찍은 열정의 기록들이면서 진솔하고 서정적인 보고서이다. 한 치의 실수도 치명적인 사고로 이어지는 알파인 지대를 몰입해서 오르는 클라이머의 뜨거운 시선이 자연과 하나 되어 정지

된 찰나의 사진들이다.

 거친 숨소리가 멈춘 순간의 정적과 뜨거운 체열이 느껴지는 사진은 리얼리즘이면서 이루어진 꿈이기도 하다. 그리고 매 순간 집중된 행위는 환상적으로 아름답다. 알피니즘을 몸소 실천할 뿐 아니라 우직하다 못해 미련하게 조차 보일 만큼 정직한 사진과 기록을 남기는 저자는 있는 그대로의 자연과 자연스러운 인간이 주는 감동이 무엇보다 큰 것을 이미 알고 있는 사람이다. 저자는 책 어딘가에 알프스에 어울리는 사람이 되는 것이 꿈이라고 한 것 같다. 알프스와 누구보다 잘 어울리는 저자가 앞으로 펼쳐 보일 새로운 꿈들이 기대된다. 그가 알파인 지대에서 겪은 일들이 담긴 기록과 사진들……. 그리고 앞으로 나올 저자의 새로운 책들……. (장정미)

<알프스 알파인 등반-1, 2>

 몸살감기가 심해졌다. 이번 학기는 어느 때보다 꽉 짜인 일정 때문인지, 아니면 나이가 들어가면서 나타나는 현상인지 더욱 힘에 부치는 느낌이다. 프로젝트의 중간 연구 발표도 얼마 남지 않고 몸도 시원치 않아 이번 주말엔 등반을 쉬기로 한다. 대신 한강으로 자전거 하이킹을 다녀왔지만 몸은 회복되지 않고 더욱 악화되고 말았다. 병원 진료를 받고 약의 힘을 빌려야 하는 신세로 전락해버렸다. 하지만 모든 것이 나쁜 상황이란 없는 법이다. 집에 틀어박혀 있어야 할 때는 독서가 제격이다. 그간 틈틈이 봐 오던 <알프스 알파인 등반-1, 2권>을 다 읽은 건 지친 내 몸에 큰 위안이 되었다.
 <알프스 알파인 등반>은 최근 2권까지 출판되었다. 작년 늦가을에 보았던 1권도 좋았지만, 이번에 나온 2권은 더욱 마음에 든다. 두 권의 책은 기본적으로 알파인 등반 사진집이다. 가슴 뛰게 만드는 알프스 알파인 지대의 풍경사진을 감상하는 것만

으로도 충분한 가치가 있다. 개인적으로는 2010년 6월 초에 다녀왔던 샤모니와 체르마트 인근 알프스 트레킹에 대한 추억이 고스란히 재현되는 것 같은 생생한 느낌이 전해져 온다. 트레킹 하는 동안엔 쉽게 볼 수 없는 알파인 지대의 내밀한 부분들을 현장감 있는 등반 사진과 함께 편안한 방 안에서 발 뻗고 즐길 수 있다는 것이 오히려 미안할 정도다.

 샤모니 몽블랑 산군을 주로 다룬 1권과 2권에 나타난 알프스 침봉들의 이름이 내게는 낯설지 않다. 내 방의 책상 앞 벽면엔 지금도 샤모니와 체르마트 인근의 알프스 산군을 소개해 놓은 관광용 팸플릿이 붙어 있기 때문이다. 알프스 트레킹을 떠나기 전 준비과정에서 읽었던 많은 서적과 자료들로부터 그곳 지명이 익숙해진 까닭도 있다. 최고봉인 몽블랑뿐만 아니라 그랑드 조라스, 드뤼, 당뒤 제앙, 에귀 베르트, 몽돌랑 등의 봉우리들과 메르더 그라스, 뚜르, 렛쇼, 보쏭 등의 빙하들이 낯익으니 책을 보는 재미가 한층 더하다. 책에서 보던 지명을 실제로 봤을 때의 감흥이 남다른 것처럼, 실제로 멀리서 보았던 알프스 명봉들의 근경과 비밀스런 부분을 들춰보는 재미도 특별하다. <알프스 알파인 등반>은 저자가 직접 등반하면서 찍은 다큐멘터리 같은 사진집이기에 몽블랑 산군의 알파인 등반 안내서로서의 실제적 가치가 크다. 책에는 등반 난이도와 준비물, 접근로, 등반 시간 등이 잘 기록되어 있다. 각 알파인 루트에 대한 초등 기록을 정리해놓은 부분에서는 완성도 높은 책을 만들겠다는 저자의 노력을 엿볼 수 있다. 저자 자신의 등반경험을 간결하면서도 솔직 담백하게 들려주는 산행기를 읽는 재미도 쏠쏠하다. 등반기와 더불어 간간이 등장하는 등반과 산에 관한 에세이는 저자의 내면세계를 읽을 수 있는 소중한 기록이다. 무엇보다 평소의 내 생각과 여러 면에서 궤를 같이하는 것 같은 공감대를 느낄 수 있어서 좋았다.

 저자인 허긍열 선생을 열흘 전에 만날 수 있었다. 학생들에게 새롭고 다양한 세계를 보여주고 도전정신을 고취시켜 주고 싶은 생각으로 특강에 초청했던 것이다. 2년만의 만남이었기에 장시간 얘기하고 싶은 게 많았다. 하지만 서로의 매여 있는 삶이 그걸 허락하지 않았다. 아쉬움을 뒤로 하고 헤어졌지만, <알프스 알파인 등반>을 읽고 나니 그때 못 나눴던 대화를 나눈 것 같은 만족감이 찾아든다. 반가운 이를 오랜만에 만난다해도 얼굴 마주하고 나눌 수 있는 대화란 제한적일 수밖에 없다. 그가 쓴 책을 읽는다면 이미 서로는 깊은 대화를 나누고 있는 것이라는 생각이 든다. 그런 면에서 <알프스 알파인 등반>은 저자가 지인들에게 들려주고 싶은 얘기와 보여주고 싶은 그림을 잘 정리해놓은 것이란 생각도 해본다.

아직까지 우리나라에서는 상업적으로 발전하기 힘든 산서 출판의 현실을 감안할 때, 허긍열 선생의 <알프스 알파인 등반>과 앞으로 저자가 출판을 계획하고 있는 알프스 관련 서적들은 산에서 마시는 그윽한 커피의 향기만큼이나 우리에게 특별하고도 소중한 선물로 남을 것이다. 아울러 우리의 격조 높은 산악문화가 성숙되어 이렇게 좋은 산서들이 그 가치를 널리 인정받을 수 있는 날이 하루 빨리 오면 좋겠다는 바람을 가져본다.

(강주성, 버들치의 일상)

<알프스 수평 파노라마의 세계-1>

기대하던 사진집이 나왔다. 샤모니 시내의 서점이나 사진 가게에서 보곤 했던 큰 판형의 사진집이 아니라서 처음 볼 때는 상투적인 기대에서 벗어나는 아쉬움이 있었다. 그렇지만 막상 펼쳐 보면 모든 사진을 37.6cm의 넓은 파노라마로 볼 수 있어 덩치만 큰 사진집보다 오히려 사진이 크고 시원하다.

서문에서 작가가 말하듯이 셔터를 누르는 순간 느꼈던 감동을 조금이라도 더 전해 주고 싶어서인지 416페이지에 다른 설명없이 알프스의 환상적인 모습들이 제각각의 모습으로 일어나 말을 건넨다.

 실내 불빛에서 볼 때와 야외의 자연광에서 볼 때 사진이 또 달라 보인다. 큰 판형이라 모셔두면서 봐야 하는 여타 사진집보다 언제나 가지고 다니면서 펴 볼 수 있어 좋다. 감동해야 한다는 강박감을 주곤 하는 큰 판형으로 만든 사진집의 사진들은 거창하지만 여운이 남지 않는 정물 같은 사진들도 많았던 것 같다. 그에 비해 저자의 이 자그마하고 소박한 사진집은 볼 수록 설레고 저마다 다른 느낌으로 다가온다.

 사진이 실제보다 나을 수는 없을 텐데 어찌된 일인지 이 사진집의 사진들은 내가 눈으로 본 알프스보다 더 아름답다. 이발은 1년에 4번이면 족하고 아직 공중전화로 전화를 하고 외모나 유행뿐 아니라 인생 전반에 꾸밈이나 과장이라곤 모르는 작가가 사진을 그리 손 봤을 리도 없고, 손본다고 다 잘 되는 것도 아닐 텐데…….

 그 만큼 같은 장소를 수없이 가서 기다리며 찍은 작가의 땀과 열정의 결과물이 아닌 가 싶다. 이 시대에 이 정도로 산과 사진에 미친(?) 사람이 있어 알프스의 가장 멋진 장면을 가만 앉아서 호흡할 수 있어 행복하다. 물론 빛으로 살아나 숨 쉬는 듯한 사진들을 보고 있으면 엉덩이가 들썩거려 지금 당장이라도 보따리 싸서 알프스 설원으로 달려가고 싶어져 가만있기 힘들지만……. 나는 이 책에 '사진을 넘어 선 이야기 & 알프스에 대한 증언'이란 부제를 붙이고 싶다.

(장정미, 고알프스)

<알프스 수직 파노라마의 세계-1>
 알프스 트레킹을 다녀온 지도 벌써 만 2년이 넘었다. 정말 가슴 벅찼던 순간의 연속이었기에 지금도 그날의 기억이 생생하다. 책, 사진, 인터넷 등에서 얻은 정보를 바탕으로 나름 치밀히 준비한 덕에 모든 것이 즐겁고 행복했었다. 간접적인 정보로부터 얻은 지식과 직접 체험한 사실 사이엔 항상 괴리감이 존재한다. 몽블랑 주변을 거닐면서도 예상과 다른 풍광에 놀란 적이 많았다.

 샤모니 계곡을 사이에 두고 마주보고 있는 산줄기에서 반대편을 바라보면 그 산을 온전히 바라볼 수 있다. 브레방이나 벨라샤 산장에서 바라보는 건너편의 몽블랑, 보쏭빙하, 에귀디미디의 전경은 웅장하고 장쾌하다. 플레제르 산장에서 바라보는 맞은편의 메르 더 그라스, 드뤼, 그랑드 조라스의 풍광은 숨을 멎게 할 정도로 아름답다. 몽탕베르에서 빙하로 내려서는 철사다리는 아찔하고 내려가면 내려갈수록 빙하가 거대해 보이고 무섭게 느껴진다.

 허긍열 님의 최신 사진집 <알프스 수직 파노라마의 세계>는 책을 펼치는 순간부터 나를 샤모니 몽블랑에서 트레킹하던 때로 데려가 버린다. 사진을 한 장 한 장 넘길 때마다 트레킹하던 때의 감흥을 고스란히 일깨워 준다. 사진 찍는 이들에게 파노라마란 당연히 가로 그림을 연상시킨다. 하지만 이 사진집에는 모두 세로 그림으로 잡은 파노라마 그림들이 실려 있다. 그런데도 답답함이 전혀 느껴지지 않는다. 오히려 샤모니 계곡을 사이에 두고 내가 서 있는 곳과 정면에 바라보이는 맞은편 산줄기의 풍광을 한 화면에서 대하는 시원함이 느껴진다. 근경, 중경, 원경이 모두 왜곡 현상 없이 살아나는 효과가 있는 듯하다.

 알파인 등반가인 작가 자신이 직접 체험하여 현장감 넘치는 사진들은 일반인들이 가기 힘든 알파인 지대의 풍광을 생생히 전해준다. 세로로 길게 펼쳐진 그림 속에서는 하얀 눈의 질감을 느낄 수 있는 근경, 설원을 걷는 등반가를 담은 중경, 멀리 병풍처럼 펼쳐진 원경이 조화를 이루고 있다. 일렬로 행진하듯 걸어가는 트레커들과 호수에 반영된 그들의 모습, 자유롭게 노니는 야생동물들을 멋지게 포착하기 위해서 작가는 긴 시간을 기다렸을 것이다.

알프스의 아름다운 풍광을 최대한 가까이에서 담고자 했던 순수한 등반가의 열정이 독특하게 잡은 수직 파노라마의 시원한 그림들로 멋지게 탄생했다는 생각이다. 앞으로 생각날 때마다 자꾸 손이 갈 것만 같은 사진집이다. 산을 좋아하고 알프스를 꿈꾸는 친구들에게 선물해줄 생각을 하니 벌써부터 기분이 좋아진다.

(강주성, 버들치의 일상)

<알프스에서 온 엽서 다섯 권>

올 여름은 무척이나 더웠다. 더구나 에너지 절약이라는 미명하에 선풍기로만 버텨야 하는 더위에 남들은 덥다고 야단인데 나는 <알프스에서 온 엽서> 시리즈를 보느라 더위를 잊고 지낸 행복한 여름이었다.

7월부터 9월까지 3개월간 하루도 빠짐없이 책을 읽었던 것 같다. <알프스에서 온 엽서> 시리즈 5권에 덤으로 보내준 <헤르만 불의 일기>까지 거기에다 <알프스 알파인등반-1, 2권>과 <알프스 트레킹>까지 온통 알프스의 눈 덮인 설원에서 여름을 난 것이다.

<알프스에서 온 엽서> 1권~5권 시리즈는 저자가 2001년~2012년까지의 이야기를 엮은 책으로 알파인 등반, 스키 등반, 트레킹과 알프스의 역사, 살아가는 이야기를 엮어낸 책인데 알프스 경험이 없는 나에겐 모든 부분이 너무 좋아 여름내내 더운 줄 모르고 읽었다. 그 장중함이 백두대간을 종주하고 난 뒤의 느낌처럼 길게 여운으로 남는다.

거기엔 여러 명의 산을 사랑하는 사람들이 등장한다. 90년대

초 알프스를 등반하고 지금은 삶을 열심히 살며 알프스를 그리워하는 사람들, 방학을 이용해 알프스를 등반하는 사람, 30년 만에 알프스에 와서 등반하는 사람, 하계에 와서 등반하는 사람, 그리고 샤모니에 와서 등반하며 만나는 사람들이 등장한다. 지면을 통해, 가까운 곳에서 함께 등반하며 아는 사람들인데 그런 활동을 보면 참 부럽고 나도 일어나 장비걸이에서 녹슬고 있는 피켈을 들고 나가고픈 마음이 들고 가슴이 뛰기도 했다.

책 내용의 대부분이 저자가 직접 등반하고 온 몸이 땀에 젖으면서 눈밭을 걷고 빙벽을 오르며 부딪치고 느끼고 사진 찍은 내용들이라 저자의 마음이 사실적으로 표현되고 그 느낌이 가슴에 와 닿는지라 지루함이 없다. 멀리 있어도 앞에 앉아 이야기하듯 가깝게 느껴지는 이유일 것이다.

산에 입문할 때부터 지켜보며 함께 하고 바로 전에도 알프스에서 함께 한 후배를 먼저 보내고 마음 아파하는 모습들에선 나도 너무 가슴이 아팠다. 그래도 <그대를 그리며>라는 추모집을 받은 후배는 참으로 행복해할 것 같다.

요즈음 많은 이들이 산에서 먼저 세상을 떠났다. 에베레스트에서, 칸첸중가에서, 안나푸르나에서, 촐라체에서, 알프스에서, K2에서, 설악에서……

산에서 종종 만나는 동판을 볼 때마다 반갑게 인사하지만 산이 무엇인지? 왜 산에 올라야만 하는지? 마음이 허전하고 안타까운 마음이 가슴 한 구석에 머문다. 알피니스트로 열심히 치열하게 살다간 그들이 사라지는 게 너무 안타깝고 슬프다. 그들이 살다간 자취를 책으로 펴내 많은 후배들이 보고 그들을 잊지 않고 그 정신을 본받았으면 좋겠다. 한산이나 대산련에서 그런 일을 하면 더욱 좋겠다는 생각을 해 본다.

<알프스에서 온 엽서> 시리즈뿐만 아니라 <알프스 알파인등반>, <알프스 트레킹>, <수직, 수평 파노라마>는 한 번 읽을 책

이 아니라 옆에 놓고 수시로 펴볼 책이다. 산서가 출판되기 어려운 현실에서 이렇게 좋은 책을 만들어 산서를 볼 수 있게 해준 저자에게 다시 한 번 감사드린다.

 등산사를 공부하며 알프스를 가보지 못한 나로서는 글 속에서만 보던 역사가 등반기와 여러 책들의 도움으로 이가 많이 빠진 퍼즐 같았는데 등산사가 하나하나 맞추어지는 기쁨을 느꼈고 생생하게 느껴지는 재미에 등산사가 지루하지 않고 더 재미있게 다가왔다.

 등산사의 시작인 몽블랑을 볼 땐 <알프스 알파인등반>을 보며 브레방에 올라 등정 루트를 따라갔고 어딘지 모르는 로쉐 루지는 저자와 메일로 주고받으며 알아가는 즐거움이란……. 어디 있는지도 모르고 책 속에서만 보던 '당 뒤 제앙' 피상적이던 산이 사진을 보고 등반기를 보고 나니 이제는 사진을 보면 삐죽 솟은 침봉을 찾을 수 있으니 등산사가 살아 꿈틀거림을 느낄 수 있다. 뿐만 아니라 보나티의 드뤼, 카신의 그랜드 조라스, 장 코스트의 라 메이쥬…….

 산악 스키를 배우고 타기 시작한 지 2년이 되었다. 이 책들을 보면 산악 스키를 타고 몽블랑을 오르고, 빙하를 내리고 고개를 넘어 산행하는 것을 보고 산악 스키 등반을 그릴 수 있게 된 것도 큰 수확이고 기쁨이다. 산악 스키를 타고 몽블랑을 오르고 체르마트까지 가보는 꿈을 꾼다.

 이 시리즈는 나에게 알프스를 알게 해주었고 알프스 등반을 꿈꾸게 해 주었다. 알파인 등반은 새벽부터 벽에 접근하여 하루 종일 등반하고 하강하여 돌아올 수 있는 체력이 기본조건이라는 것을 느꼈기에 나도 알프스를 꿈꾼 지 30년 안에는 꼭 알프스에서 등반할 수 있도록 좀 더 자주 물통지기를 해야겠다. 그리고 저자의 다음 책이 벌써 기대되고 기다려진다. 또한 리오넬 테레이 등 알프스 지역에서 활동한 알피니스트들의 이야기인 빨간색 표지의 책들도 볼 수 있었으면 좋겠다.

(이순호, 다음까페/GOALPS)

<해골바위>

 해골바위는 대구 대덕산(대구사람들은 대덕산이라고 부르기보다는 앞산이라고 부른다) 안지랭이 골에 있는 안일사로 오르다가 오른쪽 계곡 건너편에 있는 자연암벽이다. 시내에서 가까워서 대구에서 암벽등반을 하는 이들은 평일이나 주말에 짬이 나면 이곳에서 볼더링을 하거나 등반을 하기도 한다. 이 해골바위를 제목으로 한 책의 저자 허긍열은 참외 농사로 유명한 경북 성주에서 태어나 대구에서 학창시절을 보냈다. 저자는 이곳 해골바위가 위치한 앞산에 친구와 놀러왔다가 우연히 암벽등반을 하는 산악회 멤버들을 보고 그들의 권유로 산악계에 입문한다. 그러므로 해골바위는 그를 산으로 이끈 모암이다. 자신을 산으로 이끈 그 암벽을 자신의 자전적 등반기의 제목으로 정한 것이다.

 그가 고등학교 시절부터 산에 다니면서 숱한 등반을 하고 그 뒤에 사회에 진출해서도 많은 기록적인 산행을 했음에도 <해골바위>의 표지에 해골바위에서 등반하다 추락하는 빛이 바랜 컬러사진을 넣은 것은 의미심장하다. 책 제목이 해골바위라고 해서 굳이 해골바위에서 추락하는 사진을 넣어야 할 필요는 없다. 오히려 본문 중간에 넣은 사진들 중 해골바위 표지사진 앞면 사진이나 뒷면 사진이 훨씬 사진 상태도 좋다. 앞면의 사진은 바위의 질감이 좋고 등반자의 모습도 좋다. 뒷면의 사진은 바위와 그 배경이 되는 하늘금 그리고 고빗사위를 넘는 클라이머의 역동적인 모습이 좋다. 그런데도 그가 이 사진을 넣은 것은 함께 산행하다 먼저 간 후배 수형을 생각해서인지 아니면 추락하는 클라이머를 확보하는 모습이 더 다이나믹하다고 생각했는지 모를 일이다. 다만 표지의 의미를 더 살리려면 사진을 좀 더 크게 쓰고 표지 색깔을 흰색이나 미색 정도로 했으면 좋지 않았을까 하는 아쉬움이 있다. 한때 출판사 편집장을 해본 사람의 아쉬움이다.

동시대를 동일한 공간인 대구에서 살아온 나로서는 그의 글에서 나의 학창시절이 생각나고 넉넉치 못했던 시대를 살아가면서 성장하는 그의 진솔한 고백이 감동적이었다. 어린 시절 귀신 이야기라던가. 야구를 하며 동네 아이 머리를 쳐서 멍들이거나 참외를 서리해서 먹은 일 등은 나의 이야기 같아서 공감대가 극대화 되었다. 그는 대학에 들어가고 한국산악회 대구지부에 입회하면서 더욱 산에 깊숙이 빠져든다. 여름과 겨울에 가는 장기산행을 거치면서 그는 마치 리트머스가 잉크를 빨아들이듯이 산행에 빠져들었으며 산악회가 추진한 네팔의 참랑(7319m)원정대 대원이 되어 원정에 참가하면서 뛰어난 산악인이 된다. 한 사람의 사내가 어떻게 산을 접하게 되고 어떻게 산악인이 되어 가는지를 그의 진솔한 고백은 가감 없이 보여준다. 결코 더하거나 보태는 것 없이 말이다.

  인간은 누구나 자기의 인생을 추억할 때 미화하고 싶고 과대 포장하고 싶어진다. 하지만 허긍열은 자신의 등반과 인생을 진솔하게 쓰고자 자신을 나로 표현하지 않고 열로 표현하며 자신의 행동을 함께 등반하거나 함께 동시대를 살아온 악우들과 동일하게 객관적으로 보려 했다. 그것이 이 해골바위라는 자전적 등반기를 쓰면서 자신의 행위를 미화하거나 과대 포장하지 않으려는 그 나름으로의 장치였을 것이다. 인도 탈레이 사가르 원정 같은 실패한 원정도 매킨리 원정등반으로 인한 상처도 그래서 모두 담담하게 묘사된다. 거기에는 사랑과 결혼, 이혼의 아픔도 마찬가지다. 모두 3자의 눈으로 자신을 쳐다보니 담담하다.

  그러함에도 필자는 이러한 이야기 진행방식으로도 혹여 책 내용에 등장하는 이들에게 상처를 주게 될까 책 후기에 상당한 고심의 흔적을 남기고 있다. 실제로 그는 일상생활에서는 소심함을 보인다. 무모한 용기를 내지 않는다. 책 내용에 그런 상황이 자주 나온다. 연경동 듬바위에서 자일 파트너의 친구가 자일 없이 암벽을 오를 수 있느냐고 놀리면서 그의 등반을 도발시켰음에도 그는 주저하며 참는 상황이 나오고 어린 시절 물에서 놀면서 시골친구들이 강의 소용돌이가 이는 깊은 소에 뛰어들 때 시골친구들이 할 수 있느냐고 넌지시 강요해도 그는 참는다.

 두려움에 대처하는 글쓴이의 이러한 행동은 사실 산악인으로서는 드문 경우다. 그러나 이러한 성격이 목숨을 건지느냐 마느냐의 갈림길에서 목숨을 건지는 덕목이 되는 경우가 많다. 참랑에서 마지막 서미트를 앞두고 그는 정상에 가지 않겠다고 선언한다. 결국 나머지 대원들이 정상등정을 하러 떠난 사이 그들의 안전과 정상까지의 시야가 확보된 상태에서 그는 우모복을 벗고 뛰다시피 전진하여 앞서간 정상등정팀을 따라잡고 함께 정상에 오르는 저력을 보인다.

 산에서 무수히 많은 사람이 죽기도 하고 어떤 이는 살아서 돌아왔다. 결국 살아서 돌아온 이는 자기 목숨을 내놓은 도박판에서 무모한 베팅을 한 것이고 살아서 돌아온 이는 승률을 냉정히 계산한 것이다. 간혹 목숨을 담보로 한 무모한 베팅이 성공하여 정상에 오르는 경우도 있고 실패하여 목숨을 잃을 수도 있지만 산악인들은 무모한 베팅에 성공하였을 경우에 더 많은 찬사와 박수를 보내는 것이 보통이다. 저자는 그러함에도 자신의 소심함과 조심스러움을 책에서 굳이 감추지 않았다. 유불리를 따지지 않는 정직함과 솔직함이 이 책을 구성하는 뼈대로 서고 그가 등반한 많은 산과 함께한 파트너 그리고 자연이 주는 혹독함이 이 책의 줄거리다.

 진실과 정직은 힘이 세다. 그래서 해골바위를 한 번 손에 잡으면 그가 이혼을 하게 되는 가슴 아픈 대목까지 단숨에 읽게 된다. 때론 수긍하며 때론 등반과 생활을 양립시키지 못하는 클라이머로서의 삶을 택할 때 탄식하며 옆에게 감정이입하게 된다.

서두에서도 밝혔거니와 그와 나는 대구에서 성장했다. 고향이 벽촌이었음도 똑 같다. 나는 70년대 대구에서 시외버스를 타면 5시간 정도 걸리는 거리인 경북 청송에서 태어나 대구에서 국민학교를 시작으로 대학교까지 마쳤다. 그 역시 마찬가지다. 그는 고등학교에 다닐 때 산에 입문했고 나는 고등학교 다닐 때 문예반에서 시를 썼다. 대학교 다닐 때 그는 산에 더 깊이 빠져들어 결국 해외원정까지 다녀왔다. 나는 대학에 다닐 때 학보사 기자로 활동하며 신문을 만들었다. 그러다가 그와 내가 산이라는 공통분모를 가지게 되는 것은 내가 당시 산악회원이었던 학보사 지도간사를 따라 산악회에 가입하면서부터다. 애초 산악회에 가입할 생각이 없었는데 지도간사는 학보사 기자 3명에게 입회비를 대납해주면서 입회를 권유했다. 그래서 1985년도 여름에 학보사 기자들이 3박 4일간 설악산에 다녀오면서 나도 산악회에 나가게 되었다. 해골바위도 그때 알고 듬바위도 그때 알고 팔공산 수태골 암장과 병풍바위도 알게 되었다. 결정적으로 내가 그를 알게 된 것은 졸업 후 첫 직장인 사람과 산이라는 잡지사에 기자로 일하면서 부터다.

그때 나는 내 또래의 산악인이 그것도 대학산악부 출신도 아닌 이가 이미 해외원정도 다녀오고 더구나 자비로 책을 출판했다고 해서 그에게 연락을 했던 것 같다. 그때 그는 울산의 발전소에서 근무하고 있었다. 그리고 그 몇 년 후에 내가 일산에 살 때 그도 직장을 그만두고 아내의 직장을 따라 일산에 왔다고 했다. 내가 사는 아파트와는 차로 10분 거리 정도였다. 어느 늦겨울 일요일 아침 내가 그의 집을 찾아 갔었다.

그게 첫 만남이자 마지막이었다. 우리는 그 뒤에도 비슷한 괘적을 걸어갔지만 한 번도 만난 적은 없었다. 그는 한국산악회 사무국에서 편집 일을 했었고 그가 편집 일을 그만둔 뒤에 내가 편집 일을 했고 그가 한국산악회 창립 50주년 기념등반을 준비중이었을 때 나는 한국산악회 50년사를 편집했다.

그 뒤 그는 알피니즘의 원류를 찾아 샤모니로 갔고 나는 산악계를 떠나 한동안 통신회사에서 일했다. 내가 다시 한국산악회 편집위원장을 맡았을 때 첫 회보에 그의 신간을 소개하자는 편집위원회 의견이 있어서 결국 그와 나는 다시 몇 십 년이 지난 시점에서 다시 전화로 연결이 되었다. 끊어질 듯 끊어질 듯 이어진 인연이었다.

 그의 자전적 등반기록인 <해골바위>를 처음 받았을 때 한동안 그에게 빚진 기분이었다. 그가 이렇듯 혁혁한 등반을 하고 그 기록을 남길 때 나는 무엇을 했던가? 애를 셋 키우며 가정을 이루지 않았냐고? 그것은 아무 것도 이루지 못하고 높이를 추구하는 것이 어려워서 그저 편하고 안일한 길만 간 한 무기력한 등산 냉담자의 변명에 불과한 것이다.

 허긍열은 1986년 원정 외에도 1993년도에 인도 가왈 히말라야의 탈레이사가르 북벽, 1996년 알래스카의 데날리(매킨리)남벽, 1997년 파키스탄의 가셔브룸4봉을 등반했다. 2001년부터는 몽블랑에서 생활하며 <몽블랑 익스프레스> <알프스에서 온 엽서> 시리즈 5권 등 손으로 꼽기도 어려울 만큼의 책을 냈다. 내가 편하고 가족을 부양한다는 핑계로 쉬운 길만을 찾아다닐 때 그는 어렵고 험한 벽을 극복하고 올랐다. 그리고 그 과정에서 많은 기록을 남겼다. 그래서 조금은 미안하고 나는 뭐했나 하는 생각이 드는 것이다.

 나는 너무 쉽게 살았다. 그는 너무 치열하게 살았다. 그래서 부끄럽고 허망하다. 알렉스 맥킨타이어의 어머니는 맥킨타이어의 비문에 이렇게 썼다고 한다.

 "순한 양으로 100년을 지내는 것보단 용감한 호랑이로 1년을 사는 게 낫다."

 그는 맥킨타이어처럼 끝없이 자신을 채찍질하며 사는데 나는 순한 양으로 살아가는 게 부끄럽다.

(조광래, 조단지의 사는 이야기)

책 네 권을 읽고

몽블랑 익스프레스/창가방 그 빛나는벽/세비지 아레나/알프스 알파인등반-1

 2009년 군 생활에 심신이 지칠 무렵 소말리아 파병 길에 오른 나는 세 권의 책을 가지고 파병 길에 올랐다. 역자 허긍열 또는 허긍열 옮김이라 쓰인 세 권의 책, 큰 파도가 배를 집어삼킬듯 롤링과 피칭을 심하게 하는 함미 격실에 쭈그려 앉아 밤새 시간가는 줄 모르고 책을 읽고 또 읽었다.

 등반에 대한 열정으로만 가득해서 줄곧 서점에서 등반에 관련된 도서를 탐닉하며 한 권씩 모으고 있던 그 시절, 나는 허긍열이라는 사람으로 인해 알프스로 인도된다.

 2010년 가을, 결혼을 하면서 알프스로 신혼여행을 꼭 가리라 마음먹었지만 천안함 사고로 인해 군인이라는 신분으로 알프스의 길은 멀게만 느껴지게 된다. 그리고 계속되는 출동…….2011년 서해 북방 한계선과 얼마 떨어져 있지 않은 서해 섬에서 다시 한 번 저자 허긍열의 책을 받게 된다. 기수 형님의 도움으로 정말 내가 원하고 바라던 그런 등반과 열정 그리고 자유가 담긴 책 한 권……. 알프스의 모든 걸 담아내듯 진한 감동을 느낄 수 있었던 책이었다. 다들 잠자고 있는 시간에 난 이 책에서 시선을 뗄 수가 없었다. 형님의 친필 사인이 들어간 책이기에 내겐 더욱 소중하게 다가왔다.

 한 장 한 장을 조심스레 넘기며 마지막 장을 덮는 순간 뭔가 허전한 마음이 들어 첫 페이지부터 다시 넘긴다. 너도 나도 할 것 없이 히말라야로 가는 지금의 원정문화가 있기 전 알프스는 산악인들의 동경이었다.

 나도 지금의 내 일에 최선을 다하고 군문을 나서는 순간 알프스의 자유를 만끽하고 싶다. 그래서 그 날을 꿈꾸며, 내 꿈을 이루기 위해 앞으로 달려 나가는 중이다.

(김종수, 고알프스)

<알프스 트레킹-1>

 손에 잡는 순간 단숨에 읽히는 책이 있다. 허긍열 님의 최신작 <알프스 트레킹-1, 몽블랑 산군>이 그렇다. 바쁜 일상 중에도 틈나는 대로 트레킹 코스 하나하나를 읽다보면 그 곳을 다녀온 듯한 느낌이 고스란히 전해진다. 알프스 샤모니 몽블랑 주변의 트레킹 코스 안내와 산행기를 읽으면서 환상적인 풍경이 잘 표현된 사진들을 감상하다 보면 그 트레킹 코스를 실제로 걷고 있는 듯한 행복한 상상에 빠지게 된다.
 -알프스 산록을 걸으며-로 시작되는 책의 서문에는 저자의 샤모니 생활과 알프스를 대하는 마음, 등반가로서의 생활철학 등이 진솔하게 표현되어 있다. 소나기를 피하기 위해 우산을 준비할 필요는 있겠지만 미리 우산을 펴고 다니거나 몇 개씩 준비해 다닐 필요는 없다는 생각으로 마음을 다잡는다는 부분이 인상적이다. 현실의 불안감을 떨쳐버리기 힘든 전문 등반가로서의 삶 속에서 진정한 자유와 행복을 추구하고자 하는 저자의 인간적인 고뇌가 느껴진다. 서문을 읽고 나면 이 책이 단순한 트레킹 안내서에 머물지 않고, 저자가 느낀 알프스의 숨결까지 가감 없이 전해줄 것이라는 믿음이 전해진다.
 책의 본문엔 샤모니 계곡을 중심에 두고 사방에 산재한 트레킹 코스 중에서 저자가 선별한 열여섯 개의 루트에 대한 코스 가이드, 산행기, 산행 지도, 산행 길잡이, 구간별 산행 시간까지가 잘 정리되어 있다. 알프스 사진집이라 해도 손색이 없는 멋진 사진들과 함께 본문을 읽어 나갈 수 있으니 꼭 만화책 보는 것처럼 재미가 있다. 저자가 십여 년을 샤모니에 살면서 책 속의 코스들에 대한 다양한 사계 풍경을 직접 경험하고 잡은 그림들이기에 한 컷 한 컷 그 가치가 높다고 하겠다.
 같은 장소에 가더라도 계절과 날씨가 다르면 전혀 다른 풍광이 된다는 걸 산에 다니는 사람이면 다 알 것이다. 어떤 목적과 생각으로 누구와 함께 그 산에 가느냐에 따라서 아주 다른 느낌을 받게 되기도 한다. 이러한 다양성을 간직하고 있기 때문에 산과 자연은 더욱 아름답다. 알프스에 다녀오지 못한 사람들 뿐만 아니라 샤모니 주변 트레킹을 이미 다녀온 이들에게도 이 책이 새롭게 느껴질 이유가 여기에 있다. 책 속의 트레킹 코스 중 몇 구간은 내가 이미 걸어본 곳도 있다. 그렇지만 책 속의 그 곳은 지명이 낯익은 내게도 색다른 모습으로 다가온다.

자연과 함께 오래 생활하다 보면 자연스럽게 자연의 이치를 깨닫게 되는 모양이다. 책 속에는 봄에 대지가 얼고 녹는 것을 반복하며 토양에 자양분을 공급할 틈새를 만든다는 사실, 햇빛과 바람이 만들어낸 알파인 지대의 들꽃 군락지에 대한 세밀한 설명이 들어있다. 민들레 홀씨가 바람에 날려 이십여 킬로미터나 떨어진 우쉬 언덕과 발므 고개를 넘나들면서 푸른 초원을 노랑꽃으로 물들였을 것이란 상상은 재미있다. 아네모네, 크로커스, 알핀로제 등의 각종 야생화와 제라늄 화분으로 장식된 산장이나 민가를 보면서 걷는 트레킹 길은 정말로 환상적일 것이다.

책을 다 읽고 나면 그 곳에 가고픈 마음이 드는 건 자연스러운 현상일 게다. 어느 정도 지명과 지형이 낯익은 내게도 가고 싶은 곳이 새롭게 생겼다. 메르 더 글라스 빙하를 지척에서 내려다보고 있는 알파인 산장인 쿠베르클, 샤르푸아, 앙베르 산장에 가고 싶다. 암빙벽 등반 경험이 전무하던 때에 몽탕베르 역 앞에서 빙하로 뻗어 내린 수직의 철사다리를 내려가던 때의 긴장감이 아직도 생생하기 때문이다. 발레 브랑쉬 설원을 걸어보고 싶고 그 주변에서 알파인 등반도 경험해보고 싶다. 고성처럼 펼쳐져 있는 피즈 장벽 아래의 한적하다는 알파인 호수 앙테른이 보고 싶고, 이태리라서 문화적 차이를 느낄 수 있는 쿠르마이예 주변에서 몽블랑과 그랑드 조라스의 남면을 조망하고도 싶다. 꼭 몽블랑을 일주하는 TMB가 아니라도 좋다. 내 맘 속의 열정이 식지 않고 잘 준비한다면 언젠가는 원하는 바를 이룰 수 있을 것이란 믿음을 가져본다.

(강주성, 버들치의 일상)

<알프스 트레킹-2>

"긍열 씨의 책은 수공예품으로 봐 주세요"라는 벗님의 말씀이 생각난다. 참으로 적절한 표현이지 싶다. 대형 출판사에서 나오는 책들은 저자의 원고를 바탕으로 디자인부터 인쇄되는 과정까지 몇 단계를 거치는 동안 분업화된 각 영역의 전문가들이 손길을 더한다. 그 결과 세련되고 멋들어진 형태의 책으로 만들어져 서점에 진열되고, 각종 광고 매체를 통해 출판사는 그 책을 팔기 위해 노력한다. 그런데 허 선생님은 이 모든 과정을 거의 혼자의 힘으로 해낸다. 작품이 탄생되기까지의 전 과정에 관여하여 훌륭한 수공예품을 만들어내는 명장들의 모습과 흡사하다. 이렇게 혼자서 하는 작업이 힘은 들지만 작품의 완성도는 높아진다. 일반적인 출판 시스템의 흐름 속에서는 저자의 본래 의도가 무시되거나 왜곡되기가 일쑤다.

최근에 출판한 <알프스 트레킹-2>도 전문 디자이너나 편집자의 힘을 빌리지 않고 저자 혼자서 거의 모든 일을 해치운 것으로 알고 있다. 그런 만큼 독자들에게 전해주고 싶은 저자의 생각이나 의도가 비틀리지 않고 온전히 진솔되게 표현되었다는 느낌을 받는다. 마터호른 일주, 몬테로자 일주, 샤모니-체르마트 오트 루트라는 3대 트레킹 코스를 최근에 부부가 함께 직접 체험한 후 정리한 기록이라서 그 의미가 남다르다. 각 트레킹 코스마다 지도와 구간별 정보가 잘 안내되어 있으며, 말미에는 저자가 직접 걸어본 경험을 기술한 산행기가 실려 있어 생생한 현장감을 더해준다. 사진집이라 해도 손색없는 멋진 그림들로 채워진 책장을 넘기는 손과 눈은 시종일관 즐겁다. 개인적으로는 책 속의 사진 속에서 숨은 그림 찾듯이 내 모습을 발견했을 때의 기쁨 또한 각별했다.

 샤모니 주변의 몽블랑 산군을 다루고 있는 <알프스 트레킹-1>을 읽은 후 찾은 지난여름의 샤모니 여행은 그 이전보다 훨씬 환상적이었다. 간접 경험한 알프스를 나의 두 발로 걸어 직접 체험한 기쁨은 경험해보지 않은 사람은 모를 것이다. 알프스 바이러스에 단단히 중독되었다는 표현이 전혀 어색하지 않다. <알프스 트레킹-2>를 읽고 난 지금 그 중독 증세는 더욱 심해진 듯하다. 아직 샤모니 주변도 마음껏 체험하지 못했는데 체르마트 인근까지 걷고 싶게 만드는 이 책이 한편으로는 원망스럽다. 마지막 책장을 넘기는 순간 이미 내 머릿속은 체르마트에서 샤모니까지 이어지는 오트 루트를 트레킹하기 위한 준비로 복잡해진다. 책 속에 소개된 루트를 거꾸로 걸어보는 것도 색다른 재미를 안겨줄 것 같다는 생각이 들었기 때문이다.

(강주성, 버들치의 일상)

둘 - 책 속의 산을 찾아

알피니스트의 마음

장 코스트 지음 / 손경석 옮김

GREEN BOOKS

알프스 북벽시대에 혜성과 같이 빛났던 장 코스트 수상록

1-〈알피니스트의 마음〉

장 코스트를 찾아 남 알프스의 라메이주로 가다

담담하고 진지하게, 그러나 열정이 식지 않도록

　장 코스트와 그의 〈알피니스트의 마음〉은 우리들 알피니스트의 마음에 샛별처럼 빛나고 있다. 내가 장 코스트의 이름을 안 지 어느덧 20년이 지났다. 장 코스트가 이승에서 마지막으로 치열하게 살다간 나이가 20대 초반이었고, 나도 그 때 20대 초반이었다.

　고교시절부터 등산을 시작하여 운 좋게 20대 초반에 히말라야의 한 봉우리를 오르게 된 나에게 장 코스트의 〈알피니스트의 마음〉은 자연스럽게 와 닿았다. 당시 작은 문고판의, 색 바랜 하늘색 표지의 이 책은 여러 회원들의 손때가 묻은 채 산악회 사무실의 나무 책꽂이에 꽂혀 있었다. 정확한 출간 연도는 기억나지 않지만 아마도 1970년대 초반에 성문각에서 발행한 것이 아닐까 싶다. 지은이는 물론 장 코스트이며, 옮긴이는 한국산악회의 고 손경석 선생이시다.

　낡은 문고판에 세로쓰기의 잔 글씨체였기에 선뜻 손이 가지 않았지만 몇 페이지 넘기지 않아 나는 곧장 〈알피니스트의 마음〉에 빠져들었다. 1900년대 초 당시 알프스 산악계에 혜성처럼 나타나 열정에 가득 차 산을 올랐던 한 젊은 알피니스트의 생각들이 먼 동양의 젊은 산악인에게 이렇게나 진하게 마음에 와 닿을 수 있나 싶어 믿기지 않을 정도였다. 그런 감흥에 젖어 단숨에 페이지들을 넘긴 기억이 있다. 지금 생각해보면 당시 만년설산으로의 첫 경험을 앞두고 등반열정에 한창 불이 붙은 젊은이에겐 당연한 일이었다.

 그렇게 <알피니스트의 마음>은 내 마음속 한자리에 붙박이가 되었다. 그 후 나는 좀체 이 책을 손에 집어들 수 없었다. 산악회 회원 중 누군가가 빌려가더니 끝내 제자리에 돌려놓지 않은 것이다.

몽블랑 산군만큼 거대한 에크랑 산군

 한동안 잊었던 이 책이 다시 내 손에 들어온 것은 1990년대 중반이었다. 당시 산악회 편집위원으로 일한 나는 회보의 원로회원 탐방기사를 위해 역자인 손경석 선생 댁을 찾았다. 그때 선물 받은 책이 바로 이 책이다. 한데 이것은 1980년대 중반에 읽었던 것보다 작은 포켓북으로 다른 출판사에서 새롭게 만든 것이었다. 산에 가지고 다니기 안성맞춤의 판형이다. 이것을 알프스까지 가져오게 되어 잊을 만하면, 즉 몇 년에 한 번 정도는 읽곤 한다. 몇 년 전에는 3600m 고지의 발레 브랑쉬 설원에서 뒤적여본 적이 있으며, 이번 여름에도 기회가 찾아왔다.

이곳 몽블랑 산군에 와 지낸지 5년이 되었다. 물론 아이거나 마터호른이 있는 스위스 쪽 산군으로도 간혹 가지만 늘 대하는 몽블랑 산군이 너무 눈에 익어 어딘가 새로운 곳에 가보고 싶은 마음이 자리 잡고 있던 참이었다. 또한 3, 4년 전에 샤모니 도서관에서 있었던 사진전시회 때 구입해 숙소의 한쪽 벽면에 걸어놓은 사진액자가 있는데, 그 속의 배경이 바로 장 코스트가 마지막으로 등반 후 사라진 라메이주 북벽이었다.

마침내 기회가 왔다. 2006년 8월초였다. 방학 때면 종종 알프스를 찾는 민경원씨와, 몇 년 전에 나와 함께 에귀 베르트를 올랐던 프랑스 외인부대원 김대완씨가 함께 했다. 우리 셋은 우선 그르노블(Grenoble)까지 장거리 기차여행을 했다. 도중에 생 제르베(St. Gervais), 안시(Annecy) 등을 거쳐 5시간이 걸렸다.

남 알프스 등산의 기점인 그르노블은 샤모니보다 훨씬 큰 도시다. 오후 6시가 넘어 도착하여 버스가 있을지 확신하지 못한 채 불안한 마음으로 기차역 바로 옆에 위치한 터미널로 향했다. 지도를 보이며 목적지 부르드와장(Bourg-d'Oisans)을 말하니 마침 떠나는 마지막 버스가 있다고 한다. 서둘러 승차장으로 갔다. 하루에 두 대뿐인지라 버스는 만원이었다. 용케 짐칸에 배낭을 쑤셔 넣고 올라타니 마음이 놓인다. 도시의 칙칙한 거리에서 하룻밤을 보낼 필요가 없어졌기에.

버스는 그르노블 외곽을 돌아 오른다. 2000m가 조금 넘을까 싶은, 계곡 좌우에 위협적으로 도열해 있는 침봉들 아래의 협곡으로 차는 빠져 들어갔다. 몽블랑 산군으로 진입하는 분위기와는 사뭇 다르다. 산군이 다르니 그럴 수밖에.

라메이주가 위치한 이곳 에크랑 산군은 최고봉 에크랑(Ecrins, 4102m)을 위시하여 4000m가 채 못 되는 라메이주(La Meije, 3983m) 등이 하나의 큰 산군을 형성하고 있다. 이 산군

외곽만 일주해도 몽블랑 산군 일주와 비슷하게 소요되는 것으로 보아 그 규모를 짐작할 수 있다.

그르노블을 출발한지 1시간쯤 되자 버스는 부르드와장에 섰다. 첫날 목적지였다. 알프스의 여느 산골마을의 분위기가 느껴진다. 난생처음 와보는 깊은 산속이라 지도를 펼쳐 봐도 방향감각이 없다. 저녁 7시 30분이 되어 관광정보센터 문을 닫고 나오는 여직원에게 우리가 생각한 산행출발지를 물었다. 그녀는 정류장에서 막 출발하려는 버스 한 대를 가리킨다. 친절하게도 버스기사에게 우리 산행출발지까지 알려준다.

아담한 산간마을을 벗어난 버스는 곧바로 가파른 아스팔트 산길을 오른다. 20여분 후 버스는 멈췄다. 랄페두에즈(l'Alpe-d'Huez) 마을 앞이다. 기사는 친절하게 산행로 입구까지 알려준다. 1주일 예정한 산행 출발이 생각보다 순조롭다. 이미 저녁 8시가 넘었기에 잠자리를 마련해야 했다. 차도에서 30분쯤 산길을 걸어 들어가니 물가에 좋은 막영지가 있었다. 순조로운 출발을 축하하는 기분으로 우리는 가져간 포도주를 마시며 첫날밤을 맞이했다.

오랫동안 품었던 애틋한 감흥 솟구쳐

계곡물 소리가 요란했지만 포도주 덕에 곤한 잠을 잤다. 하늘이 맑아 기분이 좋았다. 라메이주를 대한다는 생각이 가슴을 설레게 했다. 한참 동안 계곡을 따라 오른다. 이 계곡 위의 사렌느 고개(Col de Sarennes, 1999m)에 올라서면 분명 라메이주를 마주할 수 있을 것이다. 힘이 솟는다. 도중에 알파인 목장을 지나 내리 3시간 걸어 오르니 고갯마루다.

드디어 저 멀리 라메이주가 눈에 들어왔다. 오른편에는 에크랑이 위치해 있다. 마침내 대면하게 된 라메이주는 당당하게

저 멀리 라메이주가 솟아 있다.

그 북벽을 드러내고 있었다. 오랫동안 품었던 애틋한 감흥이 솟구쳐 오를 정도로 라메이주는 충분한 위용을 갖추고 있었다. 이제 저 라메이주를 향해 전진하기만 하면 된다.

 발걸음이 새롭다. 두둥실 떠 있는 하늘의 구름도 멋지다. 이때까지도, 아니 이날 저녁까지는 좋았다. 고갯마루에서 내리막길을 한참 걷는다. 발바닥에 물집이 잡히기 직전 퀴를리즈 호수(Lac des Quirlies)로 가는 이정표가 나타났다. 그 입구에 차량들이 몇 대 있는 것으로 보아 분명 멋진 알파인 호수일 거란 생각에 우리들은 베스(Besse) 마을로 내려가지 않고 호수로 향했다.

 도중에 큰 폭포를 지나 길은 가파르게 이어졌다. 퀴를리즈 호수는 생각보다 멀었다. 도중에 몇몇 트레커들과 함께 올랐다. 3시간 만에 2600m 지점에 위치한 알파인 호수에 닿았다. 물은 닥했다. 흡사 희뿌연 막걸리 같다. 3000m대의 작은 봉우리 북사면에서 흘러내리는 빙하가 호수에 접해 있기 때문이리라. 3시간 동안 힘들게 오르며 기대한 아름다운 알파인 호수는 아니었지만, 몽블랑 산군에서 느낀 여느 알파인 호수와는 사뭇 다른 분위기가 그런 실망을 덮어 주었다.

땀을 식힌 일행은 발길을 라메이주 방향으로 돌린다. 태양은 꽤나 기울고 있었다. 라메이주가 있는 동쪽으로 뻗은 알파인 초원을 1시간 이상 따라가니 전망이 트인 언덕이 나타났다. 2500m 지점이다. 텐트를 치고 지친 발걸음을 쉬게 한다. 마침 가까운 곳에 양떼가 풀을 뜯고 있다. 하늘 가득 피어 있는 뭉게구름을 배경으로 양들은 한 폭의 그림을 그리고 있다.

비바람에 3일 갇혀 있는 동안 꺼내든 책

저녁 9시가 넘어 해질 무렵이 되자 구름이 사방을 에워싼다. 이 구름이 우리를 3일간 바로 이 자리에 머물게 할 줄이야. 다음날 아침이 되자 강한 비바람이 몰아쳤다. 그 다음날에도. 설상가상으로 저녁나절엔 눈이 내렸다. 3일 밤을 같은 자리의 비좁은 텐트에서 꼼짝 못하게 갇혀 있던 바로 그 시간에 나는 자연스럽게 장 코스트의 <알피니스트의 마음>을 집어 들었다. 일주일 일정 중에 언제 보나 싶었는데, 이럴 바엔 잘 되었다는 심정으로 느긋하게 책 속의 활자에 빠져들었다.

이제껏 서너 번 읽은 책이지만 <알피니스트의 마음>이 전혀 새롭게 느껴지는 것은 왜일까? 이제 사십이 넘은 나이라 산과 등반에 대한 생각이 달라져서일까? 등반열정이 20대 초반에 비해 식었단 말인가? 페이지를 천천히 넘기며 앞으로 나의 산행은 어떠해야 되는지 결코 답이 없을 것 같은 질문을 던지게 되었다. 바로 이런 기회를 가지는 것

만으로도 샤모니에서 5시간 걸린 지루한 기차여행이 결코 헛되지 않았다.

<알피니스트의 마음>을 아무리 정독한들 산악인이자 알피니스트로 자처하는 내 자신의 마음을 스스로 다잡을 수 없다면 아무 소용없는 일이다. 만년설산을 밟은 지 20년이 넘었지만 아직도 내가 걸어온 알피니스트의 길이 명확치 않아, 과연 내가 진정한 알피니스트인지 부끄럽기조차 했다. 장 코스트가 사라진 라메이주 또한 첫날 이후 보지도 못했을 뿐더러 먼 거리에서 흐릿하게 바라볼 수밖에 없었기에 마음은 밝지 않았다.

마침내 3일간 지루하게 갇혀 지낸 텐트에서 벗어나 길을 떠난 우리는 남동쪽으로 길게 뻗은 알파인 구릉을 따라 내려갔다. 한데 절벽에 가로막혀 할 수 없이 3시간을 허비하며 되돌아와 퀴를리즈 호수 진입로로 내려갔다. 점심때가 지나 차도에 이른 우리는 지도에 표기된 베스 마을을 향해 길고 지루한 길을 오르내려야 했다. 도중에 만난 어떤 할아버지는 자신이 서울지하철공사에서 일했다며 친절하게 길을 알려준다.

베스 마을은 특이했다. 샤모니 쪽 가옥은 나무를 많이 이용했는데, 이곳은 돌집이 대부분이다. 이 작은 산간마을에 있는 유일한 식료품점에 찾아가 부족한 식량을 보충했다.

담담하고 진지하게, 그러나 식지 않게

간식으로 허기진 배를 채운 우리는 다시 걷는다. 2000m가 넘는 앵파리스(Emparis) 평원에 닿기 위해 2시간 이상 가파른 오솔길을 오른다. 마침내 찬바람이 부는 고갯마루에 이른다. 점심때 이후 비는 맞지 않았지만 하늘에는 구름이 잔뜩 머물러 있어 라메이주는 보이지 않았다. 다행히 다음날 아침이 되자 맑게 갠 하늘을 배경으로 라메이주가 보였다. 보다 가까워져 있었다.

몽블랑 산군에서와는 달리 지천으로 피어있는 에델바이스를 배경으로 한 라메이주 산군은 한 폭의 그림처럼 아름다웠다. 하지만 장 코스트의 라  메이주 북벽은 위압적이었다. 거의 반세기 후의 산악인인 내가 지금 저 북벽을 오르겠다고 한들 결코 쉬워 보이지 않았다. 거길 오르겠다고 준비하지 않은, 아니 준비가 되지 않은 나는 가슴속으로 비겁한 안도의 한숨을 내쉴 정도로 라메이주 북벽은 크고 가파르고 위협적이었다.

점심때가 되자 또다시 몰려온 뭉게구름에 라메이주는 모습을 감췄다. 이날 우리는 락 느와르(Lac Noir) 호숫가에서 마지막 밤을 보내기 위해 짐을 풀었다. 호수를 배경으로 라메이주에 물드는 멋진 저녁노을을 기대했건만 허사였다.

7일째인 마지막 날 아침이 밝았다. 마침내 웅장한 라메이주 북벽이 제 모습을 드러냈다. 선명하게 드러난 가파른 북벽에 몇몇 등반선들이 눈에 들어왔다. 이제까지의 위압적인 모습과는 달리 보다 친숙하게 다가온 라메이주 북벽은 꼭 한번 오르고 싶은 유혹을 불러일으켰다. 락 느와르에서 이 지역의 등반기점인 라 그라브(la Grave) 마을까지 약 3시간 걸어 내리는 내내 기분이 좋았다. 더불어 내 자신에게 던졌던 질문에 대한 답도 어슴푸레 떠올랐다. 그래, 언제까지나 산에 다니는 거야. 언제든 어느 벽이든 오를 수 있도록 심신을 닦아야만 진정한 의미의 알피니스트가 아닐까.

20대 초반의 혈기왕성했을 때 처음 접했던 장 코스트의 <알피니스트의 마음>은 이제 사십이 넘은 나에게 산에 대한 인식을 새롭게 형성해주고 있다. 보다 담담하고 진지하게 산을 대

라메이주 북벽을 배경으로.

하고, 그러나 등반에 대한 열정은 결코 식지 않도록 말이다.

다시 읽는 즐거움

내가 이 글을 쓰기 위해 다시 〈알피니스트의 마음〉을 집어 들었던 날, 꿈에서 나는 장 코스트를 만났다. 열정적이며 지적이었고 매력적이었던 20대 초반의 젊은이는 등반을 하다 다쳐 병원에 입원해 있었는데, 우리에 갇힌 호랑이처럼 병원생활을 견디기 힘들어 했다. 종종 그는 산악서적들로 꽉 찬 나의 책꽂이를 뒤져 지적 목마름을 해결하곤 했다. 회복 후 그는 다시 산으로 간 것 같은데 더는 기억에 없다. 꿈에서나마 장 코스트를 만나봤다는 건 또 다른 즐거움이었다.

〈알피니스트의 마음〉은 한손에 쏙 들어올 크기의 문고판으로 168페이지에 글도 단문들이라 단숨에 읽힌다. 그렇지만 혹자는 〈알피니스트의 마음〉을 읽고도 마음에 와 닿지 않는다고 한다. 당연히 그럴 수 있으리라. 내가 이 책을 정확히 몇 번 읽었는지 모르겠다. 20대 초반부터였으니 아마 대여섯 번 아니었나 싶다. 대개 책이란 읽을 당시 독자가 처한 상황이나 조건에 따라 그 가치가 다르게 다가오는 경우가 많다. 내 경우는 이 책을 맨 처음 읽었을 때 감동을 가장 많이 받았고 절실하게 다가왔다. 아마 지은이가 이 책을 쓴 연령대와 내 나이가 비슷했기 때문이리라. 등반열정이 가장 왕성했던 시절의 감수성이 비슷할 무렵이었기에. 내가 만일 늦은 나이에 산을 알고 이 책을 읽었다면 비록 등반열정이 20대 초반 때와 다를 바 없다 하더라도 무언가 다르게 다가왔을 것이다.

지은이 장 코스트는 이승에서 22년간 살다갔다. 요절한 이의 글이라 그보다 훨씬 나이가 많아진 내가 요즘은 그의 글을 읽어도 예전만큼 마음이 움직이지 않는다. 그만큼 내가 세상살이의 때가 많이 묻었거나, 이제는 산만 생각하면서 살지 않아서인가 싶기도 하다. 산만이 전부였고 내 가슴에 산이 가득 담겨있었던 눈부신 청춘으로야 돌아가지 못하더라도, 가슴 가득 다시 산으로 채우고 싶은 마음 간절하다.

한편 〈LA MEIJE〉라는 책이 있는데, 라메이주의 역사와 등반정보 등이 상세하게 기록되어 있다. 라메이주 트레킹을 함께 한 민경원 씨와 나는 이 책을 펼쳐 언젠가는 라메이주 북벽을 오르려는 계획을 세웠는데, 아직 실행에 옮기지 못하고 있다.

93

2-<알프스 등반기>

알파인 호숫가에서 에드워드 윔퍼의 생애를 생각하다

진정한 산악가이드 크로와 카렐에 가슴이 젖다

알프스를 동경한 나와 비슷한 세대의 산악인들은 누구나 한번쯤 에드워드 윔퍼의 <알프스 등반기>를 보았을 것이다. 본문의 활자체가 깨알처럼 작고 분량 또한 만만찮아 이 책을 처음 볼 때의 나처럼 몇 페이지 넘기지 못한 경우라도, 윔퍼의 마터호른 초등 이야기는 너무나 유명해 많은 산악인이 알고 있을 것이다.

사실 나는 알프스에 처음 왔던 1990년 여름에 이 책을 접했지만 제대로 읽어보지 못했다. 그 10여 년 후, 이곳 샤모니에 본격적으로 와 지낼 때 마침내 제대로 읽게 되었다. 물론 이 땐 이미 알프스 산행경험이 어느 정도 축적되어 책 속에 나오는 지명이나 산 이름 등이 익숙해 페이지들이 한결 잘 넘어갔다. 특히 <알프스 등반기>의 무대인 몇몇 산들은 내가 가본 곳이기에 더욱더 흥미가 있었으며, 본문에 곁들여진 삽화들 또한 낯익은 것들이 많아 그림 속을 한참이나 들여다보곤 했다.

에드워드 윔퍼가 활동했던 당시뿐 아니라 오늘날에도 수많은 영국 산악인들은 알프스를 좋아한다. 아니 요즘이 더하다 싶을 정도로 샤모니에는 많은 영국인들이 와 있다. 나도 가본 적이 있는 영국의 척박한 낮은 산들을 오르다가 이곳 알프스의 침봉들을 대하면 누구나 반하지 않을 수 없다. 바로 그 시절, 카메라가 없던 당시에 삽화를 그리려 알프스로 온 젊은 윔퍼에게 알프스의 침봉들이 어떤 감동으로 다가 왔을지 짐작하고도 남는다. 지방의 낮은 암장만을 오르던 20대 초반의 내가 난생 처음 깔딱 고개에 올라 인수봉을 마주했을 때의 가슴 벅찬 감흥보다 더 했을 것은 자명한 일이다.

앙테른 호수를 찾아

 매년 한 번은 찾아가는 알파인 호수가 있다. 올해엔 가보지 않아 가을이 막 시작되던 시기에 그곳으로 갔다. 앙테른 호수(Lac d'Anterne, 2083m)다. 이 알파인 호수에 마침 며칠 전부터 집어든 <알프스 등반기>를 가져갔다. 지난여름 그르노블 주변의 남 알프스에 다녀온 나에게 윔퍼의 그쪽 산행기가 한층 눈에 선하게 다가와 읽는 재미가 쏠쏠하던 참이었다. 산서를 다시 읽었을 때의 즐거움이다.
 느지막이 아침을 먹고 브레방(Brevent, 2525m)으로 향했다. 프랑 프라(Plan Praz, 2000m)까지 곤돌라를 타고 오른 나는

피즈 장벽 아래에 위치한 앙테른 호수

브레방까지 케이블카를 타지 않고 곧바로 브레방 고개(Col du Brevent, 2368m)로 올랐다. 브레방에서 이 고개로 내려와도 되지만 운동 삼아 오르막길을 택한 것이다. 1시간 이상 땀 흘리며 오른다. 고개에 다다를 즈음, 젊은 부부가 아장아장 걷는 아이들 셋을 데리고 내려간다. 그들의 모습이 보기 좋다. 이윽고 노년의 부부가 천천히 뒤따른다. 아마 윔퍼가 말년에 샤모니에 와 지낼 때의 모습이 저렇지 않았을까 싶을 정도로 샤모니의 침봉들을 즐기며 내려간다.

이제 줄곧 내리막길이다. 이제부터 길은 몽블랑 산군 외곽을 따라 지중해까지 이어지는 지도명 GR5 트레킹로를 따른다. 아를레브 다리(Pont d'Arleve, 1600m)까지 약 700m 고도를 낮춰야 한다. 지루하다. 한두 트레커들이 진땀을 흘리며 오르고 있다. 분명 앙테른 안부 산장(Refuge du Col d'Anterne, 2002m)에서 출발한 이들이다. 한참 걸어 내린다. 고도를 낮춰 나무들이 한둘 나타나자 옛 목장의 허물어진 돌담들이 나타난다. 옛날에 이곳까지 목동들이 올라와 양이나 소들을 기른 흔적이다.

이윽고 아를레브 다리다. 다리 옆 나무그늘에서 배낭을 벗어놓고 쉰다. 다리 아래로 흐르는, 몽 뷔에(Mont Buet, 3096m)에서 발원한 시원한 물로 땀을 식힌다. 이제부터 산장을 지나 앙테른 고개(Col d'Anterne, 2257m)까지 줄곧 오르막이다. 피즈 장벽(Rochers des Fiz)을 향해 진땀을 흘리며 오르고 있는데, 저만치 뒤따르는 트레커들이 있다. 곧 그들은 나를 따라잡는다. 아무리 가벼운 배낭을 짊어졌을망정 그들의 주력이 놀랍다. 더군다나 그들은 60대가 넘은 이들이다. 부러울 따름이다. 나 또한 육십이 넘어서도 저렇게 산에 다닐 수 있기를 바란다.

산장에 묵는 그들 뒤를 따르며 계속해서 오른다. 이윽고 산장이다. 그들과 헤어져 앙테른 고개로 오른다. 양쪽 비탈진 사면에선 양들이 풀을 뜯고 있다. 고개 못 미처 두 명의 트레커를 만난다. 아버지와 딸인 듯하다. 이제 해가 넘어간 고갯마루에서 아버지는 딸에게 저 멀리 드넓게 펼쳐진 몽블랑 산군을 지켜보며 이런 저런 설명을 하고 있다. 이 고개에서 보이는 몽블랑 산군은 또 다른 멋을 느끼게 한다. 왼편 끄트머리에 위치한 에귀 베르트에서 몽블랑까지 한눈에 들어온다.

해가 기울고 있기에 이제 호수로 내려가 야영을 준비할 시간이다. 거대한 피즈 장벽에 가려 이미 그늘져 있는 호숫가로 내려선다. 30분 정도 내려가 호숫가에 다다랐을 즈음, 세 명의 흑인 가족이 호수를 지켜보며 쉬고 있다. 흑인이 알프스를 즐기고 있는 장면은 흔치 않은데, 반갑다. 곧 호수 동쪽 풀밭에 텐트를 친다. 먼 길을 오르내려 피곤하다. 저녁을 대충 먹고 눕지만 이른 저녁시간이라 잠이 오지 않는다. <알프스 등반기>를 펼쳐들 수밖에. 준비해간 두 개의 랜턴을 밝히며 페이지들을 넘긴다.

몇 시간이 지났을까. 눈의 피로도 풀고 소변도 볼 겸 밖으로 나온다. 잔잔한 호수에 달빛이 어려 있다. 600~700m 높이의 피즈 장벽 위로는 무수한 별들이 쏟아지고 있다. 샤모니 주변에선 만나기 어려운 밤 풍경이다. 얼른 카메라를 꺼내 사진에 담으려 하지만 잘 되지 않는다. 윔퍼 또한 숱하게 이런 알프스의 밤 풍경을 즐겼을 것이다. 알프스의 아름다움을 그림으로 남기려한 그와 사진에 담으려는 나의 바람은 같은 성질의 희망일까.

 알파인 호숫가의 찬 기운에 어깨를 움츠리며 텐트로 돌아와 침낭 속에 몸을 숨긴다. 잠시 후 언 몸이 녹자 못다 읽은 <알프스 등반기>를 펼쳐든다. 침낭에 누워 랜턴 두 개를 밝히며 이리저리 뒤척이면서 여간 불편치 않게 활자들에 빠져든다. 이렇게 밤은 깊어갔다.

 아침 7시. 늦잠을 잤다. 새벽 2시가 넘을 때까지 <알프스 등반기>를 뒤적였기 때문이다. 이미 해가 피즈 장벽에 닿아 있다. 카메라를 급히 챙겨들고 밖으로 나온다. 한창 진행 중인 일출 장면에 어디부터 사진기에 담을지 허둥댄다. 일찍 일어나 준비하지 못한 잘못이다. 호수 좌우를 오가며 촬영하지만 성에 차지 않는다. 태양은 훌쩍 떠올라 이제 카메라를 집어넣을 시간이다. 늦잠 때문에 제대로 찍지 못한 것을 애석해하며 텐트로 돌아온다.

 버너를 피워 아침을 먹는데, 텐트 구석에 놓여 있는 <알프스 등반기>가 눈에 띈다. 저 책을 읽다 늦잠 잤다는 생각이 미치자 조금 전까지 늦잠 잔 자신에게 품었던 불만이 수그러든다.

가이드의 의무와 헌신을 보여준 카렐

 한껏 떠오른 태양이 이슬에 젖은 텐트 천장을 말리고 내부를 따뜻하게 데운다. 책읽기 딱 좋은 환경이다. 이 기회를 놓칠 수 없어 텐트 바닥에 누워 계속해서 윔퍼를 만난다. 이제 한창 중반를 넘어서고 있다. 미쉘 크로 장 안투아느 카렐이란 인물이 인상적으로 다가온다. 그리고 이제 이 등반기에 나오는 웬만한 지명은 익히 아는 곳들이라 더욱 실감이 난다.

점심때가 되자 작열하는 태양열에 텐트 안이 더울 지경이다. 할 수 없이 바람도 쐴 겸 호수를 한 바퀴 돈다. 드문드문 몇몇 트레커들이 호수를 사이에 두고 지나갔다. 오후가 되자 아가씨 한 명과 두 청년이 호숫가에 와 한동안 희희낙락거린다. 그들은 넘치는 젊음을 한껏 발산이라도 하듯 납작 돌로 열심히 수제비를 띄운다. 태양빛에 부서지는 호수면에 그들 청춘의 희망도 띄우는 것이리라.

곧이어 한 트레커가 호수를 한 바퀴 돌더니만 큰 카메라를 집어 들고 호숫가의 바닥을 열심히 찍고 있다. 그가 있는 곳으로 가본다. 버들치들이 떼를 지어 오가고 있다. 지난해에 왔을 때 이곳에서 낚시하는 이들을 보며 과연 물고기가 있을까 궁금했는데, 이처럼 많은 버들치를 보니 큰 물고기도 있음직하다.

이제 태양은 피즈 장벽을 넘어가고 있다. 600~700m 높이로 1km 이상 펼쳐져 있는 바위벽은 너무 밋밋하고 가팔라 오를 엄두가 나지 않는다. 하지만 이곳에도 개척의 기운이 감돌고 있지 않은가. 지난해 이곳에 왔을 때 두 명의 클라이머가 루트를 개척하고 있었다. 망원경을 보고 있던 그의 친구들이 보여준 등반 가이드북에선 이미 서너 개의 루트가 나 있었다. 한국 산악인들도 이곳으로 눈길을 돌려봄직하다. 먼 오지로 가 한두 코스만 오를 게 아니라 이렇게 입지조건이 좋은 곳에서 보다 많은 루트를 개척해보는 것이 더 의미 있지 않을까.

벌써 저녁이다. 대충 저녁을 먹고 피즈 장벽 반대편 언덕으로 올라간다. 얼마 오르지 않아 피즈 장벽에 가렸던 저녁 햇살을 받는다. 찬바람에 맞이하는 따뜻한 해가

반갑다. 길이 없는 언덕길을 무작정 올랐더니 바위면에 막혀버린다. 멋진 저녁 풍광을 기대해 올랐건만 가져간 카메라 두 대를 꺼내지도 못하고 내려온다. 호숫가엔 정적이 감돌았다. 차 한 잔 끓여 마시며 잠시 호수의 고요를 즐긴다. 적막감이 싫지 않다. 바로 이 무료함을 즐기기 위해 이곳으로 오지 않았던가.

이제 못다 읽은 <알프스 등반기>를 펼쳐든다. 후반부의 마터호른 등반이 시작된다. 너무나 유명한 이야기다. 책장들을 넘기고 넘기며 어둠이 짙어져 갔다. 윔퍼의 마터호른 초등에서 희생된 안타까운 인물들 가운데 미셸 크로(Michel Croz, 1830~1865)가 유독 마음을 아프게 한다. 샤모니 출신의 가이드였던 그는 윔퍼보다 열 살이나 많았고 당시 등반에서 실질적인 리더였다. 그의 비운은 산악가이드를 직업으로 살아가고 있는 이들에게는 각별한 느낌이었을 것이다. 이곳서 1년에 한두 번 전문등반가이드를 하는 나에게도 마찬가지다.

또 다른 한 인물이 뇌리에 새겨진다. 마터호른 초등 사흘 후인 1865년 7월 17일 남쪽을 통해 올라 2등을 기록한, 실질적인 마터호른의 제1인자였던 J.A. 카렐(Jean-Antoine Carrel, 1829~1890)이 있다. 육십이 넘은 나이에 자신의 산 마터호른에서 가이드를 하다 최후까지 손님을 안전하게 이끌고서 장렬히 사망한 인물이다. 산에 대해 순수하고 무한한 애정을 품었으며, 자신들이 해야 할 의무를 알고 인생의 마지막 순간까지 신뢰와 헌신의 본보기를 보였던 인물들의 생생한 활동들이 가슴을 적셨다.

이런 이야기들에 취해 가며 마침내 두꺼운 <알프스 등반기>의 마지막 페이지를 넘겼다. 아직도 남아 있는 슬픈 이야기의 여운을 털어버리려 지퍼를 열고 텐트 밖으로 나왔다. 전날 밤과는 달리 잔뜩 흐려 있는 밤하늘은 나의 마음 같았다.

 알프스의 별들, 미쉘 크로나 J.A. 카렐도, 심지어 에드워드 웜퍼도 이미 이 세상 사람들이 아니다. 그래도 그들은 <알프스 등반기>를 통해 잔잔히 빛을 발하고 있지 않은가. 별빛 하나 없는 어두운 밤하늘을 바라보며 나의 별은 어디쯤 있을까 생각해보니 마음만 무겁다.

 다음날 아침, 눈을 뜨니 곧 비라도 내릴 듯 하늘은 잔뜩 흐려 있다. 이제 이 알파인 호숫가에 더는 있을 이유가 없다. 서둘러 짐을 챙긴다. 이틀 밤을 묵은 정든 자리를 떠나 무거운 짐을 지고 앙테른 고개에 오른다. 저 멀리 건너다보이는 몽블랑 산군의 4000m급 봉우리들에 짙은 구름이 걸려 있다. 곧이어 빗방울이 후드득 떨어진다.

 고개에서 한참 내려오는데, 두 명의 트레커가 오르고 있다. 그들은 이렇게 비가 오는 날씨에도 그곳으로 찾아가고 있었다. 이쪽으로 가면 호수가 있는지 환하게 웃으면서 묻는다. 크게 고개를 끄덕인 내 얼굴에도 차츰 웃음이 깃든다. 지난 밤, <알프스 등반기>를 마저 읽은 후에 가졌던 밝지 못했던 마음들을 훌훌 털어버리기라도 하듯 브레방까지 긴긴 오르막을 힘차게 올랐다.

 앙테른 호수에 다녀온 며칠 후 샤모니 계곡 북측 마을 투르(Tour, 1470m)로 올라갔다. 아직도 남아 있는 미쉘 크로의 집을 찾았다. 낡아 수차례 개보수를 한 집 나무난간에는 제라늄 등 온갖 꽃들이 피어 있었고, 프랑스 산악회에서 크로를 기리기 위해 헌정한 대리석 추모비가 벽면에 붙어 있었다. 그 벽면엔 간단히 에크랑, 세르벵(마터호른) 등등을 오른 승리자 미쉘 크로라고 적혀 있었다.

윔퍼의 묘

크로의 집

　샤모니로 내려온 나는 연이어 윔퍼를 찾아갔다. 몽탕베르 역 뒤편에 위치한 묘역은 한산했다. 입구 왼편 첫 자리가 그의 묘다. 묘비엔 '탐험가, 저술가, 등산가. 1911년에 샤모니에서 잠들다'라고 쓰여 있다. 탐험가요 저술가요 등산가였다는 설명만큼 윔퍼를 잘 표현한 묘사는 없을 것 같다. 다른 어떤 구구절절한 설명보다 훨씬 품격이 있다. 훗날 자신의 묘비명에 이와 같은 글귀가 새겨지길 바라지 않는 산악인은 드물 것이라 생각하며 그의 묘를 뒤로 했다. 아울러 며칠간 뇌리에 떠돌고 있던 <알프스 등반기>의 여운도 신기루처럼 흩어져 갔다.

다시 읽는 즐거움

산악인들이 가장 많이 오른 곳은 지구상의 다른 어떤 산군들보다 알프스일 것이다. 아울러 등반기의 무대 또한 단연 알프스가 으뜸이지 않을까. 알프스를 등반한 수많은 산악인들이 모두 다 자신의 등반기를 남기지는 못했을 것이다. 책으로 나온 수많은 알프스 등반기들 중, 더 나아가 세계 산악문학 중에서 가장 으뜸으로 여겨지는, 적어도 가장 고전적인 등반기는 윔퍼의 〈알프스 등반기〉일 것이다.

에드워드 윔퍼가 1860년부터 1865년까지 20대 초중반에 알프스를 체험하고 지은 이 책은 374페이지로 제법 두툼한 양장본이다. 게다가 윔퍼가 직접 그린 놀랄 만큼 섬세한 삽화까지 곁들여져 있어 읽는 재미가 쏠쏠하다. 다만 본문의 활자가 깨알처럼 촘촘해 알프스 등반에 문외한이 책을 처음 펼쳐든다면 지레 겁먹고 몇 페이지 못 넘길 우려가 크다. 그러나 인내심을 가지고 페이지를 넘기다보면 알프스의 옛 정취를 고스란히 느끼게 될 것이다. 알프스 산골사람들의 생활문화뿐 아니라 윔퍼가 고안해 사용한 장비들, 그가 알프스에서 행한 수많은 초등반들, 특히 마터호른 초등기를 절정으로 그의 활약상을 엿볼 수 있다. 아는 만큼 보인다고 하지 않았던가. 학창시절부터 알프스 등반을 하던 내가 제법 알프스를 알게 된 후에 읽는 이 책의 진가는 실로 말로 표현할 수 없을 정도였다. 책에 나오는 어떤 지명, 어떤 산도 이제는 낯설지 않아 윔퍼와 함께 책 속을 탐험하는 즐거움을 누렸다. 언제 또 눈 오는 날, 창가에서 이 책을 펼쳐보고 싶다.

오늘날 많은 한국산악인들이 여름이면 알프스를 찾고 그중 많은 이들이 마터호른을 오른다. 거의 대부분 윔퍼가 여덟 번이나 실패한 후에 초등에 성공한 회른리 능선을 따라 오르는데, 과연 그들 중 몇이 윔퍼의 마터호른 초등의 영광과 비극을 읽었을까. 등산의 즐거움은 오르는 행위 자체만으로도 충분할 수 있지만 그 등반의 역사를 알고 정취를 느끼면 감흥은 배가 되지 않을까.

한편 아놀드 런이 지은 〈MATTERHORN CENTENARY〉도 볼만한데, 이 책은 마터호른 초등시부터 1965년까지 마터호른에서 행해진 100년의 역사를 다루고 있다. 이 책에 써진 윔퍼의 초등기 또한 다른 시각으로 읽을 수 있어 좋다.

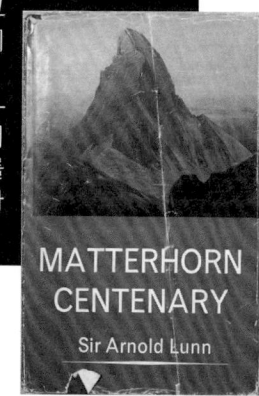

3-〈알프스의 북벽〉

그랑드 조라스 북벽을 바라보며 언스워즈의 〈알프스의 북벽〉을 읽다

정당한 방식이 아니라면 후세에 남겨둬라

가을이 한창이라 한낮에도 2000m 이상의 알파인 지대는 선선하다. 따뜻함에 녹아들고파 햇볕이 내리쬐는 산장의 창가로 다가간다. 침상에 붙어 있는 유리 창문 사이로 빛이 부서져 들어온다. 다리를 한껏 펴고 눕는다. 몇 분간 눈을 감고 정적을 즐긴다. 편하다. 게으름이 좋다. 곧 눈을 뜨고 지난밤에 못다 읽은 책을 집어 든다. 월터 언스워즈의 〈알프스의 북벽〉이다.

운치 있는 자그마한 옛 산장의 따뜻한 창가에 누워 산서를 읽는 재미란 말로 표현할 수 없을 정도다. 창밖 저 멀리 그랑드 조라스(Grandes Jorasses, 4208m) 북벽을 힐끔힐끔 쳐다보며 읽는 〈알프스의 북벽〉 이야기는 더없이 생생하게 다가온다. 거대한 돌 아래에 새의 둥지처럼 위치한 쿠베르클(Couvercle, 2687m)의 자그마한 산장에서였다.

배낭을 짊어지고 몽탕베르 산악열차에 올랐다. 지난 시즌 내내 보수공사 중이던 역 건물은 이제 마무리 단계에 이르렀다. 가파르게 오르는 톱니바퀴 열차는 한층 덜커덩거리며 산으로 오른다. 20여 분이 지나 드뤼(Les Drus, 3754m)가 보이며

 모퉁이를 도니 몽탕베르(le Montenvers, 1909m)다. 건너편의 드뤼 서벽을 비롯하여 메르 더 그라스 빙하(Mer de Glace) 좌우로 침봉들이 웅장함을 자랑하고 있다. 너무 눈에 익어 감흥이 덜할 만도 하건만 좀체 줄어들지 않는 건 변함없는 그들의 위용 때문이리라.

 긴 철사다리를 타고 빙하에 내려선다. 빙하를 따라 오르지 않고 드뤼가 있는 방향으로 가로지른다. 모레인 지대의 큰 돌 위를 오르내리며 빙하를 건넌다. 곧 절벽 위로 나 있는 철사다리 아래에 닿는다. 두 명의 산악인이 먼저 와 있다. 위로 100여m 이상 이어진 철사다리의 맨 아랫부분은 새롭게 가설되어 있다. 매년 빙하가 100m 이상 움직이기 때문이리라.

 그들보다 먼저 철사다리에 올라탄다. 몇몇 구간은 아찔할 정도로 고도감이 느껴진다. 두 산악인이 안전벨트에 확보줄까지 점검하던 이유였다. 진땀을 흘리며 사다리 구간을 지나 배낭을 벗고 쉰다. 두 산악인도 곧 저만치서 뒤따르고 있다. 줄곧 오르던 그들은 그랑 몽테(Grands Montets, 3295m)쪽으로 빠진다. 쿠베르클 산장 쪽으로 난 메르 더 그라스 빙하 발콩 코스를 함께 가면 심심치 않겠다 여겼건만 아쉽다. 할 수 없이 혼자 걷는다.

 길은 빙하 좌측 둑길로 나 있다. 곧 샤르푸아(Charpoua) 빙하 아래의 개울을 지난다. 웅장한 얼음바다 메르 더 그라스가 한눈에 들어온다. 혼자 보기 아까운 장관이다. 곧이어 샤르푸아 산장(Ref. de la Charpoua, 2841m)과 쿠베르클 산장으로 가는 갈림길에 이른다. 이미 시즌이 끝나 두 산장 모두 문을 닫은 상태다. 이곳서 샤르푸아 산장까진 1시간이면 된다. 발길은 3시간 이상 더 가야 하는 쿠베르클 산장으로 향한다.

 이제 정오가 지났으니 시간은 충분하다. 길은 가파른 바윗길로 오르락내리락 이어진다. 물론 철사다리가 설치되어 있다. 이제부터 그랑드 조라스 북벽 상단부를 빤히 바라보며 걷는다. 메르 더 그라스 빙하는 오른편 발아래에 있다. 급할 게 없는 발걸음이라 경치를 즐긴다. 하지만 혼자라 그런지 흥이 나지는 않는다.

 발걸음이 무거워질 정도로 가파른 길을 오르내린 후, 쿠베르클 산장이 보이는 언덕에 올라선다. 케른이 보기 좋게 자리 잡고 있다. 이것 너머로 보이는 그랑드 조라스는 더욱 웅장하다. 잠시 쉰 다음, 산장으로 향했다. 큰 건물의 쿠베르클 산장은 이미 문을 닫은 상태였다. 여기서 한 50m 떨어진 지점에 자그마한 알루미늄 건물이 있다. 거대한 바위 아래에 있는 이 산장은 산악인들을 위해 겨울철에도 개방해 둔다. 몇몇 산악인들이 이미 자리를 잡고 있었다. 10여 평 되는 내부엔 주방 겸 홀

에 나무탁자가 놓여 있고, 큰 방엔 잠자리가 약 20개, 작은 방엔 4개가 있다. 마침 작은 방에 아무도 없어 거기에 짐을 푼다.

또 다른 연극무대를 준비하고 있는 그랑드 조라스

오후 6시가 넘은지라 먼저 온 산악인들은 저녁을 먹고 있다. 가이드 한 명을 포함해 모두 프랑스인들이다. 카메라만 챙겨 밖으로 나온다. 그랑드 조라스 북벽에 물드는 저녁놀을 구경하기 위해서다. 산장을 보호하고 있는 큰 바위 위가 전망이 좋다. 옅게 떠 있는 구름에 차츰 붉은 놀이 물들기 시작한다. 멋지다. 조금 있으니 산장에 있던 이들도 그 장면을 즐기러 올라온다. 중년의 부부를 손님으로 데려온 젊은 산악가이드 크리스토퍼가 남자 손님에게 산들을 설명한다.

북벽은 이제 면사포처럼 하얀 눈을 뒤집어쓰고 있다. 하루 내

내 빛이라곤 들지 않더니만 이렇게 저녁나절에 잠시 그것도 북벽에서 돌출된 크로 스퍼와 워커 스퍼의 일부분에만 빛이 닿고 있다. 북벽은 이미 동계시즌에 접어든 모습이다. 지난여름 한국산악인들을 비롯하여 많은 알피니스트들의 열정의 무대가 아니었던가. 또 다른 연극무대의 개봉을 위해 북벽은 저렇게 또 눈의 장막을 치고 있는 것이다.

어둑해지고서야 산장에 들어선다. 언 몸을 녹이기 위해 뜨거운 차를 끓여 마신다. 이미 저녁을 마친 다른 이들은 일찌감치 잠자리에 든다. 나 또한 막 침상에 들려는데, 두 명의 청년이 산장 문을 연다. 영국인인 이 둘은 물 뜨는 곳을 묻는다. 약 50m 아래로 내려가면 있다고 알려준 다음, 침상으로 돌아온다.

<알프스의 북벽>을 펼쳐든다. 랜턴 불에 비춰 읽지만 페이지들이 잘도 넘어간다. 한두 시간 읽자 눈이 침침해진다. 랜턴을 끄고 침상 옆 유리창으로 시선을 던진다. 창밖 저 멀리 북벽이 희미하게 드러난다. 침낭 속으로 몸을 숨기며 잠자리에 든다. 그때까지도 두 영국인이 지피는 휘발유 버너의 요란한 소리가 시끄럽게 들려왔다.

아침 6시, 어둠이 물러가기 전에 모두 부스스 일어난다. 불을 지펴 차나 스프를 끓이고 장비를 챙기는 등 부산하게들 움직인다. 크리스토퍼와 손님 부부는 산장 바로 뒤에 솟은 므완느(Aig. du Moine, 3412m)에 오를 예정이라 한다. 그들이 떠난 후, 아침 해가 뜨는 장관을 보기 위해 밖으로 나온다. 7시가 넘자 몽블랑 산군이 희뿌옇게 밝아온다.

최고봉 몽블랑의 하얀 눈 언덕에 햇볕이 닿을 즈음, 두 명의 산악인이 산에서 내려온다. 그들은 드르와트(Droites, 4000m)

에서 내려온다고 했다. 지난밤에는 큰 돌 아래에서 비박했다고. 50대 중반의 이들은 샤모니의 산악가이드였다. 그들은 산장 안이 답답해선지 해가 뜨지 않아 아직도 찬 기운이 감도는 산장 밖에 자리를 펴고 아침을 준비한다. 그랑드 조라스 북벽을 등진 채 담배를 빼어 문 쟝이라는 가이드는 지난여름에 손님과 함께 북벽의 워커 스퍼에 올랐다고 한다. 그것도 24년 만에.

 나 또한 1990년에 워커 스퍼를 비롯하여 다른 두 루트를 올랐다고 하니 꼭 다시 올라보라고 한다. 함께 온 자기 친구는 2년 전에 등반사고로 다리를 다쳤는데, 그 전에는 등반을 썩 잘했다고. 그러고 보니 그 친구는 걷는 자세가 한쪽으로 치우쳐 있다. 둘은 아침을 챙겨먹자 곧 길을 떠났다. 수정채취를 위해 다시 드르와트 쪽으로 향하는 그들을 지켜본다. 그들은 몽블랑의 초등자요 수정채집자였던 자크 발마(Jacques Balmat)의 후손인 셈이다.

 지난밤에 늦게 도착한 두 영국인이 커피를 들고 산장 밖으로 나온다. 30세가량 된 이들은 자기들도 므완느를 오를 예정인데, 이곳서 며칠 묵을 생각이기에 천천히 출발해도 된다며 서두르지 않는다. 무료함을 달래기 위해 나는 그들보다 먼저 산장을 떠난다. 에귀 므완느의 등반출발지점을 알고 있던 터라 모레인 돌길을 천천히 오른다. 영국인 둘은 루트 개념도

까지 보면서도 트레킹 길을 따라 한참을 돌고 있다. 그들이 므완느 쪽으로 돌아오를 때까지 바위에 앉아 쉰다.

이제 태양이 한껏 떠올라 춥지 않다. 잠시 후 도착한 둘은 길을 잃고 헤매 지친 탓인지 바위 위에 벌러덩 누워 쉰다. 그런 후 가이드북을 보며 등반루트를 살핀다. 차림새나 행동거지로 보아 등반경험이 많아 보이지 않는다. 그들에게 잘 다녀오라 이른 후, 므완느 아래의 작은 모레인 물웅덩이에 이른다. 물에 비친 그랑드 조라스며 샤모니의 침봉들이 보기 좋다. 하지만 사진에 담을 정도는 아니다.

아무도 없는 산장에 돌아와 점심을 준비한다. 산에서 먹는 거라 커피와 빵으로 간단히 때운다. 창가로 가 <알프스의 북벽>을 집어 든다. 머메리부터 시작하여 프란츠, 윈드롭 영, 라우퍼, 슈미트 형제, 코미치, 캐신 등에 이르는 이야기로 책의 중반부에 접어든다. 바로 이 큰 바위 아래의 쿠베르클 산장 창밖으로 1937년 8월 5일 저녁 캐신 일행이 워커 능을 오르는 불빛을 산장지기가 목격하지 않았던가.

기술문명 발전할수록 불굴의 정신 퇴보

2층 침상의 창가에서 2시간 이상 <알프스의 북벽>을 뒤적였더니 몸이 근질거려 밖으로 나온다. 두 가이드 수정채집가가 간 드르와트 쪽으로 가본다. 한동안 알파인 산록지대로 이어진 길은 탈러프르(Talefre) 빙하로 뚝 떨어진다. 빙하 건너편에는 가파른 돌 사면이 드르와트 남벽으로 이어져 있다. 발길을 돌려 산장에 오니 가이드 크리스토퍼 부부가 막 산에서 내려와 샤모니로 내려가고 있다. 그들과 작별인사를 하며 서쪽 트레킹 길로 간다. 마침 두 명의 트레커가 저만치 오고 있다. 웃으며 다가온 그들은 곧바로 샤모니로 내려갈 거라 한다. 레쇼 빙하와 메르 더 그라스 빙하가 내려다보이는 큰 바위 위에 앉아 사방으로 펼쳐진 경관을 지켜본다. <알프스의 북벽>에 나오는 산악영웅들의 무대가 하나씩 눈에 들어온다. 머메리의 에귀 플랑에서부터 캐신의 그랑드 조라스까지. 변변찮았던 당시의 장비로 저리 큰 벽들을 올랐다는 게 믿어지지 않는다. 그렇게 보면 기술문명이 발전할수록 불굴의 정신은 오히려 퇴보하는 게 아닐까 싶다. 첨단 인공장비에 대한 의존도가 높은 요즘의 젊은 산악인들이 주시해야 할 바다.

<알프스의 북벽> 첫 장에 나오는, 하켄 하나 사용하지 않은 머메리의 등반 이야기는 많은 것을 생각하게 한다. 이제 한국산악계에도 변화의 물결이 일고 있다고 본다. 등정주의에서 등로주의로 변화해가고 있다고 해도 장비에 대한 의존도가 높다면 머메리즘의 왜곡이요, 오히려 퇴보하는 길이 아닐까. '길이 끝난 데서부터 등산이 시작된다'는 말처럼 고정로프에서 벗어난 시점부터 등반이 시작되는 셈이며, 장비에 대한 의존보다

는 자신의 정당한 능력에 의존하는 자세가 진정 바람직할 터이다. 정당한 방식으로 오르지 못하면 후세를 위해 남겨두는 양심은 있어야겠다.

 어느덧 해는 서쪽에 펼쳐진 샤모니의 침봉들 너머로 기울고 있다. 산장으로 돌아오니 바로 위 암벽에 두 산악인이 붙어 있다. 올라가보니 샤모니 산악가이드 필립과 그의 손님이다. 그들은 다음날 드르와트에 오를 예정이라고 한다. 그들과 함께 산장으로 내려가니 두 수정채집가가 막 도착해 있었다. 그들은 흙투성이가 된 옷들을 벗어 털고서 바위에 넣고 있었다. 수정채집이 어느 정도 돈벌이가 되는지 모르지만, 가이드 쟝은 이제 더는 산악가이드 일을 못하는 친구를 위해 이렇게 함께 나선 것 같았다. 샤모니 알파인 박물관에 많이 전시된 멋진 수정들이 이 쿠베르클 산장 주변에서 난 사실로 미루어 봐도 아직 채굴의 여지가 많은 듯하다.

므완느 남벽으로 간 영국인들은 저녁때가 되어도 돌아오지 않았다. 오후에 서쪽 트레킹 길에 갔을 때 그들이 외치는 목소리를 들어 내려오는 중이라 여겼던 건데 너무 늦어 은근히 걱정된다. 저녁을 먹고 <알프스의 북벽>을 마저 읽은 밤 11시가 되어도 둘은 산장에 들어서지 않았다. 별일 없겠지 생각하며 막 잠들려는 순간 산장 문이 열린다. 그들이다. 마음을 놓으며 다시 잠자리에 든다. 또 얼마의 시간이 지났을까. 잠결이 어수선하다. 새벽 2시. 가이드 필립 일행이 드르와트 등반을 위해 일찍 서두르고 있다. 그러지 않으면 오후에 샤모니에 내려갈 수 없다.

 이렇게 밤잠을 설치며 선잠 결에 생각해 본다. 밤늦게 도착하거나 새벽 일찍 떠나는 산악인들을 챙겨야 하는 알프스 산장지기의 생활은 결코 낭만적이지 않을 것이라고. 아침 7시. 두 가이드 수정채집가가 먼저 일어나 샤모니로 내려갈 채비를 한다. 나 또한 일어나 차 한 잔을 끓여 마신다. 지난 이틀간 수정을 얼마나 채집했는지는 모르지만 묵직한 배낭을 짊어지고 내려가는 그들 둘을 지켜보며 다시 침상으로 돌아온다.

 해가 떠올라 따뜻해진 후에나 하산할 심산으로 느긋하게 누워 <알프스의 북벽>을 마저 읽는다. 보나티의 파란만장한 활동에서부터 하린의 아이거 직등까지 단숨에 읽어 버린다. 마침 창틈으로 햇살이 비친다. 그 전까지 잘 보이던 그랑드 조라스 북벽은 희미해져 있다. 침낭을 배낭에 챙겨 넣고 하산할 준비를 한다.

 밤늦게 돌아온 두 영국인은 아무 기척도 없이 누워있다. 그들을 깨워 그들을 찍은 사진을 보내주겠다며 이메일 주소를 받아 챙긴다. 이윽고 그랑드 조라스 북벽을 등지고서 샤모니까지 길고 지루한 하산길에 접어들었다.

다시 읽는 즐거움

 얼마 전까지만 해도 나는 한국산악인들과 만난 자리에서 종종 알프스 등반의 중요성을 토로하곤 했다. 하지만 더는 그러지 않기로 했다. 다만 모든 이들이 자신의 능력껏 즐길 수 있는 곳이라는 말만 하고 싶다. 수단과 방법을 가리지 않고 올라 어떻게든 유명세를 탈 곳은 아니라는, 그런 유의 말은 이제 책에서나 할까 싶다. 어거지 속물탕보다 우거지 해장국를 좋아하기 때문이다. 내가 쓰고 내가 만드는 책이라 뭔 말인들 못할까. 한 마디 더 하련다.
 사람의 마음이란 게 요상해서 누군가 강하게 주장하면 할수록 반대로 생각하고픈 창의성이 불쑥 생겨나, 점점 커져 확신으로 굳어지는 것 같다. 그래서인지 알프스에 근거를 둔 내 생활 때문에 어떤 이득을 볼 마음으로 알프스의 중요성을 목 놓아 주장한다는 오해도 꽤 받은 것 같아 하는 말이다. 어떤 불쾌한 오해가 있더라도 어쩔 수 없다. 알프스 등반의 중요성은, 목에 칼이 들어와도 외칠 만큼은 아니지만 강조하지 않을 수 없다. 나름의 한국적 알피니즘은 분명 있겠지만, 보다 발전하기 위해서는 알프스를 알아야 하고 그러기 위해선 더 자주 오라고. 알피니즘의 발전단계에서 알프스를 건너뛴 등반활동으로는 그 발전이 더딜 수밖에 없다고. 더 솔직히 말하면 히말라야에 가기 전에 오라고. 좀 더 젊을 때 오라고. 알파인 등반의 맛을 알프스에서 먼저 보라고. 보다 적은 시간에 보다 많은 양질의 등반을 체험할 수 있는 알프스를 외면할 수는 없다고. 그렇지 않으면 한국 알피니즘의 발전은 세계적 조류에서 뒤떨어질 수밖에 없다고 등등.
 알프스의 봉우리들과 고갯마루, 그리고 능선들은 국경을 이루는 경우가 많다. 산악인에게만은 그러한 경계선들은 단지 가상의 형식적인 선일뿐이다. 내가 좋아한 설악산보다 더 자유롭게 드나들 수 있는 곳이 알프스인데, 눈보라와 폭풍설이 몰아쳐도 자신의 책임 하에 입산하는 경우 누구라도 가로막는 이가 없는 자유로운 공간이다. 자연보호를 위한 휴식년제 구간도 없으며 입산료 또한 없다. 오늘날 교통의 발달로 알프스는 학창시절에 내 고향 대구에서 밤기차를 타고 설악산에 가는 시간이면 닿을 수 있는 거리에 있다. 이렇게 좋은 놀이터요 자유의 공간을 외면할 수는 없다. 물론 그 보물은 스스로 찾아 즐기는 이의 것이겠기에 더는 할 말이 없다. 혼자서만 실컷 잘 노는 것 같아 미안해서 하는 말이기도 하다.
 알프스는 오늘날에도 여전히 알피니즘의 주요무대 중 한 곳이다. 알프스의 북벽들이 그 주된 무대가 되고 있는 건 당연하다. 근대 알피니즘의 흐름을 이 책 〈알프스의 북벽〉 하나만 읽어도 이해할 수 있을 것이다. 1800년대 중반 알프스의 거의 모든 봉우리들이 초등되자 알피니스트들은 새로운 시도를 하게 된다. 보다 어렵고 다양한 루트를 찾았는데, 곤란한 능선뿐 아니라 종국에는 북벽으로 상징되는 벽 등반으로 시야를 넓혔다.

그 기수에 선 인물이 머메리였는데, 이 책은 머메리의 플랑 북벽 등반을 시작으로 아이거나 마터호른, 그랑드 조라스 북벽 그리고 드뤼와 브렌바 스퍼에서 행한 극적인 등반활동들을 숱하게 그리고 있다. 북벽의 동계 등반과 직등등반 이야기가 흥미진진하게 펼쳐져 시종 책 속에 빠져들게 만든다. 아울러 몽블랑 남측 프레니 필라에서의 참사 등을 감동적이고도 객관적으로 서술한 지은이의 역량을 엿볼 수 있다.

순수한 알피니즘의 대상지들은 그 자리에 늘 그대로 있다. 세월이 흘러도 그럴 것이다. 전문산악인이라면 알피니즘의 발전단계에서 여전히 중요한 역할을 하고 있는 알프스를 알기 위해서라도 이 책은 꼭 읽어볼 필요가 있다.

그랑드 조라스 북벽

4-〈청춘의 샘〉

귀도 라머를 찾아 아르장티에르 빙하에 들다

'얕팍한 재주나 속임수보다는
오직 틀림없는 진실만을……'

19세기 말에 이미 편안한 관광스타일의 등산은 무가치, 무의미하다며 극한등반을 추구해 많은 단독등반을 이뤄낸 귀도 라머(Guido Lammer, 1862~1945)는 아마도 20세기 중반 및 그 이후까지도 많은 산악인들에게 영향을 미쳤을 것이다. 우리에게 <무상의 정복자>로 알려진 리오넬 테레이의 자서전에만 보더라도 그의 글이 군데군데 인용되어 있다.

내가 귀도 라머의 <청춘의 샘>을 처음 읽은 것은 약 10년 전쯤 될 것 같다. 이 책에 대한 기억이 거의 흐릿해진 상태에서 지난여름에 우연히 다시 읽고서 한두 번 읽고 말 산악서적이 결코 아님을 느꼈었다. 그러던 참에 지난 연말, 한 해의 마지막 산행에 이 책을 배낭에 넣었다.

아직 초겨울이긴 하지만 이번 겨울은 유독 눈이 적은 편이다. 시즌 초에 개장한 스키장의 슬로프가 바닥을 보이긴 처음일 정도니. 이 또한 지구온난화의 한 징후가 아닐까 하는 걱정마저 든다. 설질이 좋지 않아 연말이 되도록 스키 한번 타지 않다가 마침내 스키를 들고 나선다. 아르장티에르(Argentiere) 빙하에 가기 위해서다.

샤모니를 출발한 버스는 점심을 먹고 스키장으로 향하는 많은 스키어와 보더들을 태운다. 마침 내 옆에 앉은 이는 스노보더다. 내 배낭에 꽂힌 피켈과 산악스키를 보더니 그는 내게 어디 가는지 물어본다. 아르장티에르(Aig. d'Argentiere, 3902m)의 Y 쿨와르를 오를 거라고 했다. 그에게 가봤는지 물으니 자신은 그저 밀리외(Milieu) 빙하로만 올라봤다고 한다. 산이 좋아 샤모니에 13년 전에 왔다는 그는 현재 일종의 청소년스포츠센터인 UCPA에서 스노보드 강사 일을 하고 있다고 한다. 마침 쉬는 날이라 그래도 설질이 좋다는 그랑 몽테에 간다고. 20분 후 버스에서 내린 우리는 3200m 높이의 그랑 몽테 전망대까지 함께 오른다. 작별인사를 하고 헤어진 그는 스노보드를 타고 잽싸게 멀어져 내려간다.

 화창한 날씨에 그랑 몽테에서 내려다보는 아르장티에르 빙하는 언제 보아도 시원하다. 알피니스트들의 '에덴의 동산'이라는 곳답게 빙하 주변으로 수많은 크고 작은 벽들이 병풍처럼 둘러쳐져 있다. 바로 이 빙하의 주인답게 중앙에 우뚝 솟아 있는 봉우리가 아르장티에르다. 비브람 등산화를 단단히 조여 묶고 전망대 계단을 내려선다. 시즌 처음 타는 스키에, 그것도 스키화가 아닌 등산화를 신고 피켈이나 아이젠 등을 한 짐 가득 짊어지고 크레바스가 있는 빙하 사이로 활강한다는 게 왠지 불안하다. 케이블카 중간역인 로냥(Lognan, 1950m)에서 걸어 아르장티에르 산장(Refuge d'Argentiere, 2771m)으로 갈걸 그랬나 싶다.

 하지만 이미 주사위는 던져진 게 아닌가. 판돈 없이 치는 화투판이 재미없듯 이 정도의 불안은 충분히 흥미로움으로 이어지는 법. 혹시 잘못하여 시즌초반에 다리라도 다칠지 모른다는 걱정은 출발지점의 급경사면을 약 100m 활강하니 깨끗

이 사라져 버렸다. 등산화가 스키화에 비해 발목을 잡아주지 못하지만 무게 중심을 전경과 중경에만 적절히 안배하면 그다지 어렵지 않음을 간파한 셈이다.

 그랑 몽테에서 내려오는 블랙 스키슬로프에서 벗어나는 지점에 두 명의 산악인이 한 짐씩 가득 짊어지고 안자일렌을 준비하고 있다. 이들 또한 아르장티에르 산장으로 가기 위해 크레바스 지대를 가로질러야 하기에 이렇게 스키를 타면서도 안자일렌을 하고 있다. 남녀 한 쌍인 이들 둘을 뒤따른다. 익히 아는 길이지만 그들을 사진기에 담으며 내려간다. 산악 스키화에 제대로 된 스키를 갖춘 그들을 따라잡기가 쉽지는 않다. 적설량이 적어 다음날 등반을 위해 등산화를 신고 왔던 건데, 스키화에 비해 활강이 무척 불편하다. 더구나 그들의 폭넓은 스키 플레이트에 비하면 순전히 이동의 수단으로만 이용하는 내 것은 폭이 좁아 자연설 사면에서는 쉽지 않다. 설질이 불규칙한 사면에서 급기야 한바탕 나뒹굴고 만다.

 온통 뒤집어 쓴 눈을 털고 빙하에 내려서니 먼저 내려온 둘이 스키에 실을 부착하고 있다. 스위스의 취리히에서 온 남자의 이름은 오렐, 여자는 크리스틴이라며 연말 휴가로 보다 가까운 그린델발트 대신 이곳에 왔다고 한다. 이제부터 빙하를 따라 오른다. 완경사 사면을 스키를 밀듯 끌며 나아간다. 왼편으로 베르트, 드르와트, 쿠르트 등의 거벽을 배경으로 빙하를 따라 오른다. 한 30분 올라 우리는 방향을 튼다. 산장이 있는 아르장티에르 언저리로 빙하를 비스듬히 건넌다.

이제 해가 지고 있어 저녁놀이 막 물들기 시작한다. 드넓은 설원에서 맞이하는 풍경이라 더욱 멋지다. 모레인 언덕 두 개를 넘고 오르막 사면을 약 10분 올라 아르장티에르 산장에 닿았다. 2시간 걸렸다. 스키를 타지 않고 설피를 이용해 걸어왔으면 배 이상 걸리는 거리다. 몇몇 산악인들이 먼저 와 있다. 그들 모두 연말을 산에서 보내기 위해 와 있다. 그들 또한 산장에 들어가는 대신 발코니에서 저녁놀에 물드는 빙하 주변의 풍광을 즐긴다. 하루의 산행 후 이렇게 산장에서 맞이하는 황혼 녘의 시간만큼 마음 편할 때가 있던가. 붉게 타오르는 하늘을 배경삼아 우뚝 솟은 침봉들은 그저 다음날의 등반대상지일 뿐, 결코 이 순간의 평화를 방해하지는 않는다.

빙하에 차츰 어둠의 장막이 내리자 하나둘 산장으로 들어간다. 산장지기는 없다. 대신 동계에 산악인들을 위해 침상 및 주방을 개방해둔다. 7~8명의 산악인들이 버너로 눈을 열심히 녹이고 있다. 쏴아 하며 내뿜는 가스버너의 불길 소리뿐이다. 그러고 보니 요즘은 휘발유 버너, 특히 석유버너의 요란한 소리는 듣기 힘든 추억이 되어버렸다.

보온병에 넣어온 뜨거운 물이 넉넉하여 버너를 켜지 않고도 준비해간 저녁을 충분히 먹는다. 이제 이곳 생활에 익숙해져 빵에 치즈를 꽂은 샌드위치만으로도 족하다. 찬 기온에 굳어진 저녁을 먹으며 함께 산장에 온 오렐, 크리스틴과 이야기를 나눈다. 대화중 내가 내일 오를 코스가 아주 경치가 좋기에 함께 가지 않겠냐고 하니 그들은 그저 빙하 위로 산악스키를 탈 예정이라 한다. 그들이 오르는 모습을 사진기에 담고 싶어 은근히 함께 가길 원했지만 호젓한 산행도 좋을 것 같아 더 이상 권하지 않는다.

신토불이 식습관 권한 귀도 라머

 산장으로 올 때 찍은 사진을 보내주겠다며 오렐의 이메일 주소를 받아들고 침상으로 향했다. 알피니스트를 위해 2개의 침실이 개방되어 있는데, 오렐과 같은 방에 짐을 푼다. 이제 초저녁인 저녁 6시가 조금 넘은 시각이다. 가져간 <청춘의 샘>을 펼쳐들 수밖에…….
 담요를 3장이나 뒤집어쓰고 랜턴을 비추며 페이지를 넘긴다. 거의 한 세기 전의 산악인이었던 귀도 라머. 오스트리아 태생의 그가 올랐던 산들은 이곳 몽블랑 산군과는 꽤나 멀리 떨어진 지역에 위치해 있다. 쉽게 가볼 수 없는 그가 올랐던 산들 중 눈에 익은 산이 보인다. 사진까지 실려 있는 그로스 글로크너(Gross Glockner, 3798m)이다. 8년 전에 내가 오른 적이 있는 산이다. 이후 계속해서 페이지들을 넘기다보니 어느덧 저녁 8시가 되었다. 산서를 읽으며 지친 시신경의 피로도 풀 겸 찬 실내공기에 갈증이 나 그동안 체온으로 데워진 담요를 박차고 나왔다. 주방에는 머리까지 담요를 두른 몇몇이 차를 마시고 있고, 오렐과 크리스틴은 이제 막 저녁을 먹은 듯 식기를 정리하고 있다.
 눈을 담기 위해 삽을 들고 나오니 별들이 총총하다. 겨울날씨치곤 춥지 않지만 어깨가 움츠러들어 곧장 한 코헬 가득 눈을 퍼 들어온다. 가스버너의 화력을 최대한 높인다. 2시간 이상 주방에 있은 이들은 하나둘 침실로 향한다. 담요를 뒤집어쓴 채 끝까지 남은 이들은 영국인 남녀다. 그들은 나에게 어디 오를 것이냐고 묻고서 지난해에 아르장티에르 정상부에서 두 명이 죽었으니 조심하라고 한다.
 어느 정도 녹은 물을 깨끗한 코헬에 옮겨 끓인다. 눈 녹인 물이라 이렇게 끓여도 약간의 찌꺼기가 남는다. 여기에 홍차를 우려내어 마신다. 조금 전까지 있던 두 영국인도 침실로 가 주방은 조용하다. 또다시 <청춘의 샘>을 펼쳐든다. 태양열로 충전하는 실내전등은 너무 침침하다. 5년 전 가을에 이곳에 와 소설책을 읽을 땐 꽤나 밝았었는데, 그 후 한 번도 형광등을 갈지 않았는지 때가 잔뜩 묻어 있다. 또한 약 10분마다 버튼을 눌러줘야 점등이 되기에 흐릿한 형광등을 포기하고 헤드랜턴에만 의지한다.

이미 읽은 내용이지만 또다시 라머에 빠져든다. 등반에 대한 그의 순수한 사상이나 열정 외에도 이 책을 몇 번이나 읽어도 싫지 않을 요소들이 곳곳에 눈에 띈다. 등산에 테일러 시스템과 같은 과학적인 사고를 접목시킨, 무려 한 세기나 앞선 산악인의 생각들이 오늘날에 적용해도 전혀 문제가 없어 보인다. 한 예로 산악인의 식생활에 대해 그는 신토불이식을 권한다. 그리고 제철 과일과 자연식을 먹어야 한다고 했다. 가만히 생각해보니 비교적 장수한 귀도 라머처럼 평생 산을 즐기기 위해선 현대인들이 편리성 때문에 자주 이용하는 가공식품은 가능한 피해야 할 것 같다. 내가 이곳에 오는 젊은 산악인들에게 한 번씩 당부하는 말 중 하나가 바로 인체 소화기관의 연비를 높여야 한다는 것인데, 이 또한 라머의 생각과 연관이 있다.

밤 12시가 조금 넘어 침상으로 향했지만 깨어보니 새벽 3시밖에 되지 않았다. 건너편 침상에 누운 오렐과 크리스틴은 꼼짝도 않고 있다. 저들은 몇 시에 일어나려나 생각하면서 담요를 한 장 더 덮는다. 넉 장의 담요가 무겁게 느껴지기 시작한다. 1시간쯤 누워 있다가 발이 시려 일어난다. 어깨 위로 담요를 잔뜩 끌어당겼으니 발이 밖으로 나갈 수밖에. 그래서 빈 침상에 남아 있는 담요 두 개를 더 가져와 발쪽에 하나, 어깨에 하나씩 더 덮는다. 총 여섯 장의 담요를 포개 덮었으니 숨이 막힐 지경이다. 그래도 추운 것보다는 낫다.

이런저런 생각을 하며 설핏 잠이 든다. 언뜻 눈을 떠 시계를 보니 5시 반이다. 그동안 데워진 담요의 유혹이 컸지만 잽싸게 담요를 걷어찬다. 서둘러 담요를 접어놓고 주방으로 나온다. 눈을 녹여 차를 끓이며 산행을 준비한다. 간단히 빵 하나를 먹고 차를 마신 후 산장을 나선다. 새벽 6시가 조금 넘었다. 한겨울이라 밖은 아직 어둠에 싸여 있다.

눈이 부셔도 고글 꺼내 쓸 여유가 없다

랜턴을 밝히며 모레인 언덕을 오른다. 눈이 적어 돌이 온통 드러나 있다. 아이젠이 돌을 긁는 소리뿐이다. 오르막이 불편하다. 그래도 적막한 이 시간이 싫지 않다. 오히려 이런 시간을 갖기 위해 혼자 오지 않았던가. 오를수록 차츰 눈이 깊어 설사면에 발이 빠져 힘겹다. 8년 전에 올랐던 Y쿨와르, 그 때는 사면이 단단히 얼어 쉽게 접근했던 기억이 있는데 지금은 왜 이리 힘든지 모르겠다.

2시간 가까이 올랐을 즈음, 해가 뜨기 시작한다. 마침내 아르장티에르 빙하가 서서히 잠에서 깨어난다. 병풍처럼 둘러쳐진 침봉들 위로 아침놀이 물들기 시작한다. 멋지다. 8년 전에는 눈보라로 하나도 즐길 수 없었던 경치다. 열심히 카메라에 담으며 계속해서 발걸음을 위로 옮긴다. 2시간 반이나 걸려 마침내 Y쿨와르 초입이다.

보온병의 물 한 잔을 마시며 등반을 준비한다. 워킹 스틱을 접어 넣고

양손에 피켈을 든다. 출발이다. 크레바스가 있는 설계부분을 조심스럽게 지나 10m 정도 드러난 바위를 오른다. 눈이 적어 그만큼 많이 드러난 바위구간이 잔뜩 신경 쓰인다. 예전에는 이렇게 어렵지 않았는데, 그런 생각을 하며 드라이툴링을 하듯 피켈로 바위를 할퀴며 오른다. 이후 완만한 설사면이 펼쳐져 있다. 난이도는 없지만 러셀하며 오르려니 힘겹다. 태양은 차츰 떠오르지만 아직 쿨와르에는 닿지 않았다.

이윽고 중단부인 Y쿨와르의 갈림길이다. 예전에는 왼편으로 간 기억이 있어 이번에는 오른편으로 직상하기로 한다. 한데 오를수록 도중에 바위구간이 많이 드러나 있다. 여간 신경 쓰이지 않는다. 한번이라도 미끄러지면 끝장이다. 태양이 차츰 쿨와르에 닿아 눈이 부시지만 배낭을 벗어 고글을 쓸 여유가 없다.

거의 쉬지 않고 3시간을 오른 후에야 정상부 능선에 닿았다. 이미 정오가 지난 시각이다. 마침 배낭을 벗고 쉴만한 장소가 나왔다. 새벽에 빵 한 조각만 먹고 출발한 터라 허기진 배를 채운다. 아직 갈 길이 멀어 발걸음을 재촉한다. 남동 능선에 올라서니 마터호른 쪽 전경이 한눈에 들어온다. 그 훨씬 너머로는 약 100년 전에 귀도 라머가 활동한 오스트리아 쪽 산군이 자리 잡고 있을 터.

20분 후 마침내 정상이다. 생각보다 힘들게 오른 셈이다. 배낭을 벗어놓고 주변을 둘러본다. 이제는 몽블랑이나 그랑드 조라스가 한눈에 들어온다. 그 반대편 저 멀리 융프라우가 있는 베르너 산군과 마터호른이 있는 발리스 산군이 자그마하게 눈에 들어온다.

커니스가 형성된 정상부 설릉을 조심스럽게 내려온다. 하산은 밀리외 빙하로 잡는다. 정상부의 약 300m 설사면이 만만치 않다. 곳곳에 강빙이 드러나 있어 여간 조심스럽지 않다. 프런트 포인팅 자세로 클라이밍다운을 하니 꽤나 시간이 걸린다. 이윽고 빙하 중단부의 완사면이다. 다리에 힘도 풀려 글리세이딩을 하는데, 20~30m 정도 속도를 내며 미끄러지다가 혹 있을지 모를 크레바스의 두려움에 피켈로 제동을 건다. 하지만 이미 가속이 붙은 터라 몸은 멈춰지지 않는다. 거의 100m 이상 굴러 내린 후에나 멈췄다. 온 전신에 눈을 뒤집어쓴 꼴이 말이 아니다. 털썩 주저앉아 우선 얼굴에 묻은 찬 눈부터 털고 닦는다. 아직 마음을 놓을 때가 아니다. 하단부의 크레바스 지대를 무사히 통과해야만 한다. 바짝 긴장하며 또다시 1시간 정도 걸어 내린 후에야 아르장티에르 산장이 보이는 언덕이다. 힘겹게 산장에 도착하니 오후 4시가 넘었다. 마침 오렐과 그의 여자친구도 아르장티에르 빙하 상단으로 산악스키를 하고 돌아오고 있다.

하루 내내 작은 보온병의 물만으로는 부족해 목이 탔지만 눈을 녹여 마실 여유도 없이 사물함에 두었던 <청춘의 샘>과 식기류 등을 챙긴다. 책의 두께가 얇아 하룻밤 사이에 다 읽을 요량으로 가져왔지만 2/3밖에 읽지 못했다. 샤모니에 내려가 마저 읽기로 하고 춥고 무거운 담요 아래에서 하룻밤 더 지새기 싫어 어둠이 막 내리기 시작하는 아르장티에르 빙하를 스키로 급히 내려온다. 표고차 1500m를 쉬지 않고 내려와 버스정류장에 이르니 이미 어둑어둑하다.

샤모니의 숙소로 돌아오자 탈수증에 시달려 밤새 물을 들이켜며 못다 읽은 <청춘의 샘>을 뒤적인다. 뇌리에 새겨지는 라머의 글들이 눈에 들어온다. 그는 에필로그에서 등반의 기록과 진실에 대해 말한다. "필자는 과장이나 가식이 없이 순수하게, 그리고 자기 나름의 독자성을 갖되, 통속적 대중적인 인기를 구하려 해서는 안 된다. 우리 알피니스트들은 얄팍한 잔재주를 부려 속임수를 쓸 수는 없으며, 내용과 형식에서 오직 틀림없는 진실만을 표현해야 한다." 이 글을 쓰고 있는 나 역시 낯뜨거워지고 고개가 숙여지는 따끔한 일침이다.

다시 읽는 즐거움

 귀도 라머가 약 100년 전에 쓴 〈청춘의 샘〉에서 '알피니스트를 위한 테일러 시스템'을 언급하면서 등반에 과학적 훈련방법을 도입했다. 그는 "산과 맞서 삶과 죽음을 한 순간에 가르는 극한상황에서야 인내와 용기, 침착성과 모험심이 최대한으로 발휘되며 죽음의 공포와 부상의 위험을 극복하고 마침내 목적을 달성할 때 등산의 최고 기쁨을 맛볼 수 있으며, 인간능력의 한계가 더욱 넓혀졌음을 확인할 때 황홀한 감동과 환희를 맛볼 수 있다"고 했다. 이것은 젊은 혈기와 용기만으로는 얻을 수 없기에 테일러 시스템 같은 과학적 관리방법을 등반훈련에 활용했다고 한다.
 이러한 면은 오늘날에도 여전히 유효할 것이다. 요즘 '스위스 머신'이란 애칭으로 유명한 스위스의 국제적인 산악인 율리 스텍 같은 이도 국가대표운동선수들의 과학적 훈련 프로그램을 자신의 등반훈련에 적용한다고 한다. 또한 그는 정신력 고양을 위한 마인드 컨트롤 훈련도 열심히 한다는데, 이제 한국의 산악인들도 이런 점들을 고려해 볼 필요가 있을 것 같다. 하지만 어찌 등산이 운동경기와 같겠는가. 등반이 스포츠화가 되고 놀이로 전락할 위기에 처한 요즘, 100년 전에도 이러한 면을 걱정한 귀도 라머의 〈청춘의 샘〉은 많은 공감을 준다. 물론 투쟁적인 등산가라는 평을 받은 라머의 사상으로부터 우리는 옥석을 가릴 줄은 알아야겠다.

5-〈무상의 정복자〉

발레 브랑쉬 설원에서 무상의 정복자, 리오넬 테레이를 만나다

누가 그의 삶을 무상(無常)하다 하랴

독서를 하면서, 특히 산악서적을 읽으면서 그 책에 완전히 빠져들게 되는 요소들은 여러 가지가 있을 듯하다. 특히 그 책의 저자가 등반행위를 한 지역에 독자가 있는 경우 더욱 쉽게 그 책에 몰입하게 된다. 샤모니에 머물고 있는 나에겐 리오넬 테레이(Lionel Terray, 1921~1965)의 자서전이 바로 그런 경우다.

물론 글을 재미있게 풀어가는 그의 솜씨뿐 아니라 등산과 인생에 대한 그의 열정적인 가치관이 더없이 크게 보여 더욱 그에게 사로잡히게 된다. **무상의 정복자**라는 무언가 말할 수 없는 짠한 분위기의 카리스마가 느껴지는 인물을 만나는 기쁨을, 특히 만년설산을 꿈꾸며 산을 오르는 이들은 꼭 한번 느껴 보길 바란다.

20대 초반의 내가 고향의 산들, 특히 팔공산을 오르내릴 당시엔 종종 숲속의 야영지에서 모닥불을 지피곤 했다. 한창 산의 세계에 빠져들던 당시, 이글거리는 불길을 쬐며 선배들로부터 듣던 위대한 산악인들의 이야기는 솔깃하게 뇌리에 박혀들었다. 이 때 처음 리오넬 테레이란 이름을 들었던 것 같다. 단연 **무상의 정복자** 리오넬 테레이가 가장 멋있는 산악영웅으로 여겨졌다. 등반행위를 통해 아무런 대가나 보상을 바라지 않는, 그래서 더욱 친숙하게 다가온 **무상(無償)의 정복자**, 이 얼마나 멋있는 칭호이던가. 그러나 국내에 가스통 레뷔파나 헤르만 불, 모리스 에르조그 등이 지은 책들에 대한 번역서는 있었지만, 테레이의 책은 없어 그가 어떤 인물일지 더욱 궁금해졌지만 좀체 기회가 닿지 않았다.

<안나푸르나 초등기>에서 만난 테레이

에르조그의 <안나푸르나 초등기>를 보면서 그의 진면목을 좀 더 알게 되었다. 모리스 에르조그와 루이 라쉬날이 등정 후 처참한 상태로 하산한다. 그때 가스통 레뷔파와 함께 한 테레이가 자신의 등정 기회를 쉽게 포기하면서까지 동상에 걸리고 지친 동료들을 헌신적으로 구조하는 모습은 산에 다닌 지 얼마 되지 않던 나의 뇌리에 깊이 각인되었다.

이후 내가 등산에 한층 빠져들어 관련책자들을 좀 더 접하게 되자 테레이의 이름은 단순히 안나푸르나 초등에서 헌신적으로 활동한 산악가이드가 아닌, 등산사에서 빼놓을 수 없는 불멸의 산악인임을 알게 되었다. 사실 안나푸르나 초등시 4명의 영웅 중 그 후 가장 활동적이었던 인물이 그였으며, 지구상의 오지에서 빛나는 초등반들을 이뤄낸 목록만으로도 그는 위대한 산악인이다.

내가 태어난 해인 1965년, 안타깝게도 한창 자신의 뜻을 펼칠 나이였던 44세에 베르코르(Vercors)의 400m 암벽 아래에서 동료와 함께 추락사한 채 발견된 테레이, 이러한 사고만 없었다면 산악역사에서 테레이가 차지할 비중은 어느 누구보다 컸을 것이다.

얼마 전 숙소의 한쪽 벽면에 책꽂이를 만들었다. 방 여기저기에 책들이 마구 뒹굴어 마음먹고 3단 나무판으로 만들었는데, 더없이 마음에 들었다. 이 책꽂이에 책들을 하나씩 올려놓던 참에 오래도록 지니고 있던, 그러나 읽지는 못했던 책 하나가 손에 잡혔다. 바로 리오넬 테레이의 <**무상의 정복자**(Conquistadors of the Useless)>였다.

불어판 <Le conquerant de l'inutile>을 영문으로 옮긴 책으로 370페이지나 되어 좀체 리오넬 테레이가 가까워지지 않던 차에 불현듯 이제는 정말 이 책을 읽어야 되겠다는, 지금 아니면 시간이 없을 것 같은 생각이 들었다. 정말 오랜만에 단행본 영문판 책을 읽기 시작한 셈이다. 첫날은 몇 페이지 넘기지 못했지만 끈질기게 책을 부여잡았다.

그런 중에 테레이의 어린 시절 이야기부터 시작되는 에피소드들이 재미나게 다가오기 시작했다. 가령, 생후 4일 만에 이발관에 갈 정도로 머리카락이 길게 자라난 우량아 테레이는 20대에 이미 누가보아도 인정하는 대머리가 되었다는 농담으로부터 나처럼 학교공부에는 흥미가 없어 밖에서 뛰노는 일에만 관심이 있었다는 고백 등 차츰 그의 이야기에 빠져들게 되었다.

처음으로 들어간 학교의 너무나 학업적인 분위기에 적응하지 못한 테레이가 자신의 전학을 묵살한 아버지의 뜻을 못 견뎌 한밤중에 기숙사 천장에 권총을 발사한다. 그렇게 전학에 성공한 그에게 뜻밖의 행운이 찾아온다. 새로운 학교에서 그는 스키에 보다 열중하게 되었으며, 이후 이혼한 어머니가 샤모니에 머물게 됨에 따라 처음 접한 샤모니의 침봉에 홀려 본격적인 산의 세계에 발을 들여놓는다. 게다가 1940년, 20세 때 산악부대에 입대해 암벽등반에 대한 열정이 자신보다 한 수 위였던 가스통 레뷔파를 처음 만나는 대목으로 페이지들이 넘어가자 바로 이 <**무상의 정복자**>가 결코 두껍고, 언제 다 읽을 수 있을까 하는 막연함은 사라졌다. 그래서 낮에 스키나 등반을 하고 돌아온 저녁나절에는 으레 필자의 손에 이 책이 들려 있게 되었다.

그가 샤모니로 왔듯, 나도 왔다

 그는 젊은 시절에 지금도 약간의 흔적이 남아 있는 몽탕베르 언덕의 군인캠프에서 즐겁고도 혹독한 산악교관생활을 한 후, 마리안느 페롤라즈(Marianne Perrollaz)와 결혼해 샤모니 계곡에서 농부로서 생활을 시작한다. 이때 그의 나이 22세. 4마리의 소와 두어 마리의 염소를 키워 젖을 생산하는 일은 쉽지 않았다. 산간지방에 살며 등산과 스키를 하고 싶다는 소망으로 시작한 농업은 새벽에 일어나 해가 질 때까지 일했지만 진전이 없었으며, 더구나 자기 일을 거들기로 고용한 레뷔파가 농사일에 지쳐 며칠 간 산으로 자취를 감추는 등 어려움이 많았다. 이런 와중에서도 어렵게 시간을 낸 그는 레뷔파와 몇몇 초등을 이뤄내는 열정을 보인다.

 한편 2차 세계대전 당시 산악부대원으로 활약한 그의 이야기 또한 책을 손에서 놓을 수 없게 한다. 알프스 곳곳에서 벌어진 치열한 전투에서 등산과 스키로 다져진 그의 경험과 체력은 많은 이점이 되었으며, 비록 전투중이지만 산 생활을 즐기는 모습들은 읽는 재미가 그만이다.

 이렇게 <**무상의 정복자**>에 빠져 지내던 1월 중순, 페이지들을 꽤 넘겼을 무렵이다. 방학을 이용해 이곳에 온 민경원씨와 함께 '하얀 계곡' 발레 브랑쉬(Vallee Blanche) 설원에 갔다. 토요일 낮의 화창한 날이었다. 우리는 에귀 뒤 미디(Aig. du

Midi, 3842m) 전망대에서 북동 설릉을 따라 곧장 설원에 내려섰다. 설릉에서 바라본 샤모니 쪽 풍경은 늘 시원스럽다.

 2박3일 일정으로 꾸린 배낭을 진 우리는 에귀 뒤 미디 남벽 아래로 우회해 코스믹 산장(Refuge des Cosmiques, 3613m)으로 오르는 언덕 아래에 닿았다. 여기에 큰 배낭을 내려놓고 소형 배낭만 챙겨 산장 앞에 펼쳐진 작은 암릉으로 향했다. 주변에 다른 좋은 등반대상지들이 많아 그런지 이 작은 리지에는 사람의 발자국이라곤 없었다. 호젓하게 둘이서 쉬운 리지를 오르내리며 오후 시간을 보낸 우리는 배낭을 찾아 산장으로 향했다.

 겨울철엔 산악인들을 위해 개방해두는 윈터 룸이 코스믹 리지의 시작부분에 위치해 있다. 10여 명이 묵을 수 있는 산장에는 이미 여러 산악인들이 진을 치고 있었다. 거실 겸 주방에 있는 나무탁자에선 저녁을 준비하는 버너들이 시합하듯 이글거리는 불꽃을 내뿜고 있었다. 얼마 후, 이들 사이에 끼어들어 간단히 저녁을 챙겨 먹었다.

 옆에 앉은 20대 초반의 여성 산악인은 스위스 취리히에서 왔다며 탁자 건너편에 앉은 또 다른 여성 산악인인 친구와 함께 다음날 타쿨 삼각북벽을 오를 예정이라 한다. 이제 갓 고등학교를 졸업했을 것 같은 두 여성이 파티를 이뤄 이렇게 한겨울의 산장에 와 있는 모습이 보기 좋다. 여름의 알프스도 멋지지만 이제 한국 산악인들도 알프스의 동계 등반을 좀 더 즐겼으면 싶다.

 16개의 침상에서 마

지막 남은, 커버가 벗겨진 스펀지 매트 위에 일찌감치 자리를 잡고 누웠다. 못다 읽은 <**무상의 정복자**>를 뒤적이기 위해. 이미 읽기 시작한 마칼루 초등이야기에서부터 페이지들은 잘도 넘어갔다. 이후 안데스 산맥에서의 여러 초등반들과 자누 초등 이야기가 펼쳐지자 시계바늘은 밤 11시를 넘고 있었다. 눈도 피곤하고 다음날의 등반을 위해 책을 덮었다.

과연 나에게도 그런 파트너가 있는가

 설핏 잠이 들려던 참이었다. 한밤중에 어디서 나타났는지 불쑥 산장에 들어선 두 산악인이 하필이면 내 양 옆으로 눕는 게 아닌가. 어깨를 엇갈리게 눕긴 했지만 몸을 뒤척이기 곤란할 정도로 꽉 낀 채 눕게 되다보니 얼핏 들려던 잠이 달아나 버렸다. 그래서 덮었던 책을 다시 펼쳤다. 하지만 눈에 들어오지 않아 도로 누웠다. 아마 비박 외에 내가 이곳 알프스에서 지샌 가장 불편한 잠자리였을 것이다. 할 수 없이 이제껏 읽은 <**무상의 정복자**>를 회상할 수밖에.
 테레이와 루이 라쉬날과의 인연이 유독 뇌리에 맴돈다. 2차 세계대전이 끝난 시점에서 샤모니행 기차 안에서 처음 만나 자석처럼 서로에게 이끌려 샤모니의 침봉들에서 크고 작은 등반들을 함께 한 이들. 이후 이들은 그랑드 조라스 북벽이나 아이거 북벽으로 우정을 이어간다. 두 번 비박하며 모진 눈보라를 헤쳐 나온 둘은 아이거 북벽의 제2등으로 뜻하지 않은 명예도 얻는다.
 하지만 테레이는 이때 벌써 명성이란, 대부분의 인간활동에서도 마찬가지겠지만, 특히 등산이라는 행위로 얻어진 명예란 무상함을, 즉 덧없음을 설파한다. 이후 라쉬날과의 우정은 피츠 바딜레로 이어져 당시 누구보다 짧은 시간(7시간 30분)에 오른다. 이윽고 안나푸르나 초등에서 테레이가 라쉬날을 구조하는 이야기는 이미 모리스 에르조그의 <안나푸르나 초등>으로 많이 알려진 바 있다.

지금 누워 있는 이 동계산장 아래로 발레 브랑쉬 설원이 드넓게 펼쳐져 있다. 안나푸르나 초등 후 라쉬날은 심한 동상 후유증으로 방황하다가 긴긴 병상에서 털고 일어나 5년 만에 재기에 성공한다. 하지만 그는 바로 이 빙하에서 스키를 타다가 크레바스에 빠져 생을 마감하고 만다. 테레이에겐 크나큰 충격이었을 것이다. 수많은 난관을 헤쳐 나갈 때 늘 자일의 한쪽 끝에서 든든히 확보를 봐주던 자일파트너가 아니었던가. 과연 나에겐 그와 같은 자일파트너가 있던가. 분명 테레이는 자일파트너 복이 많은 인물이다. 레뷔파나 라쉬날, 쟝 구지나 귀도 마뇽 외에도 수많은 초등반들에서 함께 한 이들은 모두 뛰어난 산악인들이 아니던가.

새벽 5시가 되자 침상 여기저기에서 인기척이 들려왔다. 다시 30분쯤 지나자 양 옆에서 온몸으로 압박했던 두 산악인이 슬그머니 일어나 어디론가 떠났다. 그래서 1시간 정도 편히 누웠다가 아침 7시가 넘어 일어났다. 아직 창밖은 깜깜하다. 따뜻한 차를 끓여 마시고 간단히 아침을 챙겨 먹는다. 산장에 남아 있는 이들은 대여섯뿐이며, 10여 명은 모처럼 좋은 날씨의 일요일을 알뜰히 보내기 위해 그렇게 일찍 떠난 것이다.

아침 8시, 차츰 날이 밝아온다. 우리도 움직일 준비를 한다. 장비를 챙기고 산장을 나서니 붉은 아침노을이 장관을 이룬다. 설원 위에 펼쳐지는 아름다운 풍경을 즐기며 눈밭에 발도

장을 찍는다. 알프스의 하루산행에서 이때만큼 푸근한 기분으로 눈이 즐거운 순간은 없다. 간밤의 불편했던 잠자리를 보상하고도 남는다.

얼마 후 우리는 그로 로뇽(Gros Rognon, 3541m) 북사면에 닿았다. 장비를 점검한 후 넓은 설사면의 하단을 동쪽으로 횡단하며 오른다. 서로 40m 정도 거리를 두고 도중에 아이스하켄 하나만 통과시켜 함께 오른다. 경사가 급하지 않아 수월하게 동쪽 능선에 올라선다. 이미 해가 꽤나 떠올라 있다. 조심스럽게 바위 능선을 따라 오르니 에귀 뒤 미디에서 이탈리아와 국경을 접한 헬브로너(Helbronner, 3462m)까지 이어지는 발레 브랑쉬 횡단 곤도라의 중간역이다. 곤도라는 여름철에만 운행하기에 이곳은 문이 닫혀 있다.

설원 가로질러 프앙트 라쉬날로

조심스럽게 콜 뒤 그로 로뇽(Col du Gros Rognon)으로 하산한 우리는 점심시간밖에 되지 않아 또 다른 등반대상지인 프앙트 라쉬날(Pointe Lachenal, 3613m) 쪽으로 향한다. 겨울철이라 응달진 설원 위의 바람은 찼다. 이 설원에서 숨진 루이

라쉬날을 기리기 위해 이 작은 봉우리의 이름을 프앙트 라쉬날로 명명한 것일까.

 곧 북사면 아래에 닿은 우리는 오전 등반 때처럼 연등을 한다. 강빙 구간에선 장딴지가 당겨왔지만 어렵지 않게 이 봉우리의 정상에 오른다. 여기서 보는 몽블랑 뒤 타퀼의 동벽은 언제 보아도 위압적이다.

 이렇게 작은 등반들을 즐기고 설원을 가로질러 산장에 돌아오니 아무도 없다. 오후 3시, 이미 기울기 시작한 겨울 한낮의 태양이 유리창으로 길게 드리워진다. 이제 몇 장 남지 않은 <**무상의 정복자**>를 펼쳐들 시간이다. 알래스카의 헌팅톤 초등이야기를 끝으로 마침내 테레이의 책을 덮는다. 잠시 후, 차 한 잔을 마시며 그의 일생을 회상해 본다. 크게 3단계로 나눠 전기는 어린 시절부터 스키를 타게 되고 샤모니를 찾아 알파인 등반의 세계를 접한 후 전쟁의 와중에 산악부대에서 가스통 레뷔파를 만나 몇몇 초등반을 한 것이다. 중기는 라쉬날을 만나 수많은 샤모니의 침봉들을 오르고서 그랑드 조라스 북벽이나 아이거 북벽, 피츠 바딜레, 마침내 안나푸르나를 오른 시기일 것이다. 후기는 그 후 안데스 산맥에서 이룬 많은 초등들, 마칼

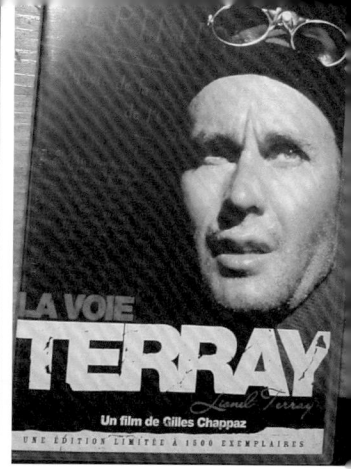

루 및 자누 초등, 알래스카의 헌팅톤 초등까지.

얼마 전 이곳 텔레비전에서 테레이에 대한 특집방송이 있었다고 한다. 그가 태어나 뛰어놀던 그르노블의 대저택에는 여전히 그의 아버지가 생존해 있으며, 그에 대한 이야기를 나눴다고. 그리고 그의 등반모습을 담은 DVD <La Voie Terray>가 올해(2007년) 초에 발매되었다. 이렇듯 테레이는 아직도 프랑스인들의 가슴에서 멀어진 인물이 아니다. 무상(無償)의 정복자인 그가 한창 자신의 뜻을 펼칠 나이에 세상을 떠났다 하여 그 누가 그의 삶이 무상(無常)하다 할 수 있을까. 무상(無償)의 가치를 추구한 그의 등반행위는 하얀 산을 추구하는 알피니스트들의 가슴에 하얀 눈의 결정체만큼이나 순수하게 아로새겨졌을 것이다.

산에서 내려와 샤모니 묘지에 잠들어 있는 그를 찾아갔다. 질문 하나를 품고서. 요즘 같은 물질만능시대에 과연 무상의 행위라는 말 자체가 말이 되느냐. 구시대적 낭만일 뿐이며, 설령 물질적 대가는 바라지 않을지라도 정신적 보상은 있어야지 않겠냐고. 샤모니 묘지 왼편 첫째의 에드워드 윔퍼의 묘에서 다섯 번째에 위치한 테레이의 묘 앞에 다가섰다. 그러나 그는 나의 당돌한 질문에 대한 어떠한 답도 하지 않으려는 듯 자신의 소박한 나무이름표마저 하얀 눈으로 감춘 채 말이 없었다.

다시 읽는 즐거움

많은 산악인들이 찾는 샤모니의 서점에는 수많은 산악서적들이 있다. 거의 대부분 프랑스어 책자들이지만 서점 한 구석에는 이웃나라 영국에서 만든 영문판 등산책들도 아주 조금 꽂혀 있다. 사모니에 있는 유일한 세 서점 중 한 곳에서 영문판 〈**무상의 정복자**〉〈LIONEL TERRAY-CONQUISTADORS OF THE USELESS〉를 먼저 샀다. 후에 또 다른 서점 한 곳에서 원서격인 프랑스어판 〈LIONEL TERRAY-LES CONQUERANTS DE L'INUTILE〉을, 100여 년 전에 머메리가 오르다가 후퇴한 플랑 북벽을 겨울에 함께 오른 지인이 선물로 구해

줬다. 간혹 조금은 다른 책들을 갖다 놓기 때문에 구경삼아 세 서점 다 들르는 경우도 있고 요즘은 나의 사진집을 팔아주는 친분이 있기에 가능하면 세 곳을 두루 이용한다. 불어판은 양장본으로 제작되었으며 제법 두껍다. 가격 또한 구입 당시 한국 돈으로 8만원 정도였다. 반면에 영문판은 네 배나 저렴한 가격으로 만들다보니 본문에 삽입된 사진들이 원서에 비하면 턱없이 부족하고 종이 질도 좋지 않다.

불어에 불통한 나로서는 당연히 영문판을 읽었는데, 아무래도 부족한 것 같아 불어판 양장본도 집어 들었다. 물론 시각, 촉감 등만 비교해 보고 다시 놓았지만. 이 책 표지는 온통 빨간색이다. 샤모니에 사무실을 두고 있는 (몇 년 전까지만 해도 내 숙소 창밖 건너편에 있던) 이 책 출판사가 만드는 모든 책은 산악서적인데 표지가 전부 빨간색이다. 산악전문출판사로서 수많은 산서들을 출판할 수 있는 역량뿐 아니라 유명산악인들의 전기를 출판해도 수요가 충분한 이곳의 지적인 산악환경이 부러울 따름이다. 너무 비싸 구입할 엄두가 나지 않는 책들이기에 심심할 때는 서점에 가서 들춰보는 것으로 만족한다. 비단 빨간책 산악서적들뿐 아니라 판매대 위에 무수히 진열되어 있는 타출판사의 산악서적들만 봐도 산악선진국의 면모를 느낄 수 있다.

각설하고. 등산을 무상의 행위라 찬양하고 리오넬 테레이를 무상의 정복자라 그렇게도 칭송하면서도 그의 책 한 권 한국에 소개된 게 없다. 그의 책 제목을 그저 우리말로 '무상의 정복자' 라 해뒀지만 아무래도 마음에 썩 다가오지는 않는다. 실상은 그렇지 않으면서 등산행위를 너무 순수하고 고상하게 높이고자 하는 위선이 혹시 이런 단어를 선택한 근저에는 없었나, 하는 의구심이 들기 때문이다. 리오넬 테레이의 철학적 유머감각으로 미루어 봤을 때 〈**무상의 정복자**〉보다는 〈**아무데도 쓸데없는 정복자들**〉이 그의 진의에 더 가깝다고 주장하면 너무 가벼운 말장난일까?

무상의 가치를 추구한다는 등산을 무상의 행위라 떠벌리는 사람일수록 등산을 유상의 행위로 전환시키는 일에 재능이 있는 것 같아 하는 말이다. 무상의 행위로 여기려면 보다 철저하게 무심하고 보다 철저하게 놀아야 하는 건데. 아무리 쓸데없는 행위라 해도 우리는 산으로부터 너무 많은 혜택을 받고 있지 않은가. 내가 이 책을 번역해 만든다면 〈**허세의 대가들**〉로 제목을 붙이게 될 지도 모르겠다. 제작비 날아가는 소리가 들리는 것 같지만······.

아서라, 세상사 어디 무상하지 않은 일이 없듯 모든 게 쓸데없는 일, 그래도 해야만 하는 것이고 그게 삶이니 어쩌랴.

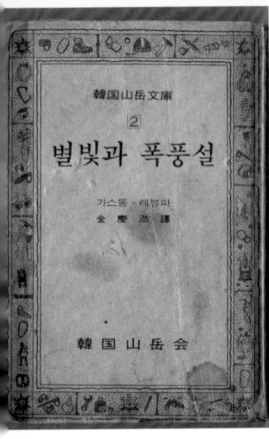

6-<별빛과 폭풍설>

레쇼 빙하에서 별빛과 폭풍설을 만나다

'파트너 선택은 루트 선택만큼이나 중요하다'

  칠흑 같은 밤하늘의 영롱한 별빛과 한낮의 거센 폭풍설만큼 알피니스트의 야성을 일깨우는 요소는 드물 것이다. 고요한 밤하늘의 별빛을 바라보며 알피니스트는 생각한다. 자신이 올라와 있는 이 산정과 자연, 그리고 인간인 자기 자신에 대해. 또한 휘몰아치는 폭풍설뿐 아니라 앞으로 자신의 인생행로를 가로막고 있는 수많은 장애들을 헤쳐 나갈 자신이 있냐고.

  별빛과 폭풍설에 연관하여 빼놓을 수 없는 인물이 있다. 바로 가스통 레뷔파(Gaston Rebuffat, 1921~1985)다. 산을 인생의 무대로 삼고 살아가는 수많은 산악인들 중에서 레뷔파만큼 그 무대에서 멋있고 화려한 연극을 펼친 인물은 드물다. 근대 알피니즘의 전도사였다고나 할까.

  책을, 산악서적을, 그것도 가스통 레뷔파의 <별빛과 폭풍설> 같은 산서를 여러 번 읽을 수 있다는 것은 큰 즐거움이다. 말인즉, 서로 다른 번역자가 같은 원서를 따로 번역한 책이 두 권인 경우, 같은 번역서를 다시 읽는 것과는 또 다른 재미가 있기 때문이다. 내가 가스통 레뷔파의 <별빛과 폭풍설>을 처음 읽은 것은 1980년대 초중반, 한창 산의 세계에 빠져들던 때였던 것 같다. 이 때 펼쳐든 책은 1975년에 한국산악회에서 발행한 손바닥 크기의 포켓북이었다. 다행히 이 책은 계속해서 나의 수중에 있게 되어 이곳 알프스까지 함께 하게 되었다. 휴대가 편해 몇 년 전의 산행에 한번 가져간 적이 있다. 내가 읽은 또 다른 <별빛과 폭풍설>은 1991년에 평화출판사에서 발행한 책이다. 물론 이것은 보다 후에 출판되어 교과서 크기의 가로쓰기라 읽기가 한결 수월했다.

얼마 전이었다. 숙소에 있는 이 두 권의 책을 처음엔 페이지마다 대조해가며 읽어볼 요량으로 도전했지만 몇 페이지 넘기지 않아 포기했다. 문장들의 차이를 비교해볼 열정이 식었기도 하지만, 나 역시 여러 권의 산서를 번역해본 입장에서 번역의 실수를 따져보니 그저 책을 즐겁게 읽는 게 우선이지 않겠냐는 생각이 들었다. 그래서 이번 겨울에 큰 판형의 <별빛과 폭풍설>은 숙소에서, 작은 판형은 산에서 읽게 되었다.

겨울철에 열어두는 산장의 윈터룸

2월 중순의 한겨울, 레쇼 빙하 (Glacier de Leschaux)에 갈 때 자연히 작은 판형의 <별빛과 폭풍설>을 배낭에 집어넣게 되었다. 그날은 한국의 설날이었다. 한국의 열혈 산악인들 또한 설날이라 하여 산으로 향하지 않을 이가 드물 터. 더구나 먼 이국의 알프스 자락에 있는 나는 명절일수록 더욱 산으로 향하게 된다. 고향생각을 덜 하게 되기도

하지만 산에 오르기 위해 이곳에 와있음을 새삼 자각하기 위해서다.

마침 설 연휴를 이용해 샤모니를 찾은 원대식 선배(우정산악회)와 함께 레쇼 빙하로 향했다. 몽탕베르(Montenvers)행 산악열차는 톱니바퀴 선로 위를 구르며 천천히 고도를 높였다. 발아래 펼쳐진 낯익은 샤모니 계곡에는 구름이 잔뜩 머물러 있었다. 산악열차는 30분 만에 몽탕베르 전망대에 많은 관광객들을 부려놓는다. 이곳도 하늘이 잔뜩 흐려 있어 건너편의 드뤼(Dru)뿐 아니라 주변의 웬만한 침봉들은 구름에 가려 있다.

메르 더 그라스(Mer de Glace)에 내려서서 배낭을 고쳐 메고 빙하를 거슬러 오른다. 초반의 모레인 지대는 가져간 설피가 필요 없을 정도로 눈이 깊지 않다. 30분쯤 걸어 오르자 발목 이상 눈에 빠진다. 배낭에 짊어진 설피를 신으려고 하니 또 눈이 내린다. 날씨가 이렇다 보니 발레 브랑쉬(Vallee Blanche)를 경유하여 메르 더 그라스를 타고 내리는 스키어들은 거의 없다. 짐을 잔뜩 지고 빙하를 거슬러 오르는 우리에게 한두 스키어들만 손을 흔들며 스쳐간다.

이윽고 레쇼 빙하가 보다 큰 메르 더 그라스에 가로막혀 형성된 모레인 지대에 이른다. 작은 모레인 언덕 몇 개를 넘어섰을 때다. 저 멀리서 두 명의 스키어가 내려오고 있다. 가까이 다가온 그는 다름 아닌 필립이다. 지난 연말에 아르장티에르 빙하에 갈 때 만난 이후 시내에서 한두 번 더 마주쳐 이젠 친하게 인사를 나누는 사이가 되었다. 레쇼 빙하 상단에서 산악스키를 하고 내려오는 중이란다. 반갑게 악수를 나눈 후, 우리는 행운을 빌며 헤어졌다.

모레인 지대를 벗어나 접어든 레쇼 빙하의 눈은 깊었다. 설피가 없다면 레쇼 산장(Refuge de Leschaux, 2431m)에 갈 엄두가 나지 않을 정도다. 또다시 1시간 정도 빙하 위 눈밭을 걸어 오른다. 그동안 내리던 눈도 그쳤다. 빙하가 그랑드 조라스 북벽으로 방향을 틀기 전의 좌측 언덕에 위치한 산장 아래에 닿았다. 누군가가 노란 텐트를 쳐놓았다. 아무런 인기척이 없다. 이런 날씨에 등반은 못할 테고 사전답사나 빙하 트레킹을 간 모양이다.

빙하 위 약 100m 지점의 바위사면에 있는 레쇼 산장에 닿기 위해선 보통 철사다리가 있는 왼편에서 올라야 하지만 겨울철, 특히 눈이 많을 때에는 눈사태의 위험 때문에 산장 우측의 화장실 쪽 작은 쿨와르로 올라야 한다. 쿨와르 하단에 설피와 스키 스틱을 둔 우리는 설사면을 올라 시멘트로 새롭게 지은 화장실 아래의 바위사면으로 오른다. 바위턱에는 고정로프가 설치되어 있어 어렵지 않다. 그러나 바위턱을 넘은 다음의 가파른 사면에 설치된 쇠줄이 눈에 묻혀 있어 조심스럽게 오른다.

이윽고 산장이다. 5시간 정도 걸렸다. 겨울철에 산악인들을 위해 개방해두는 윈터 룸은 그랑드 조라스 쪽인 우측만 개방되어 있다. 문을 열고 들어서니 아무도 없다. 침상 12개가 준비된 작은 공간에는 각종 식기와 산악인들이 남겨둔 식량들이 가지런히 놓여 있다. 산장 입구의 눈을 퍼 녹이는 사이에 원대식 선배는 빗자루를 들고 우리가 털어낸 눈을 쓸어낸다.

가이드 직업 통해 어른으로 성장 했다고 고백

오늘은 우리 외에 산장에 아무도 없으려나. 차를 마시며 창밖을 보니 구름 사이로 날이 개고 있다. 철문을 열고 산장 밖으로 나와 보니 하루 내내 모습을 감추고 있던 그랑드 조라스(Grandes Jorasses, 4208m) 북벽이 살며시 고개를 내민다. 한편 레쇼 빙하 아래 저 멀리 펼쳐져 있는 샤모니의 침봉들 너머로 저녁놀이 물들고 있다. 아름답고도 정다운 풍경이다. <별빛과 폭풍설>의 저자 가스통 레뷔파도 이런 풍경들을 수없이 지켜봤을 터.

이 때다. 빙하의 고요한 풍경에 파문을 던지듯 두 명의 알피니스트가 안자일렌을 하고서 눈밭에 선을 그으며 내려오고 있다. 잔뜩 지친 그들의 발걸음은 느리기만 하다. 한참만에야 그들은 산장 아래의 빙하에 쳐둔 자신들의 거처로 찾아들었다. 곧 어둠이 내렸다. 이로써 더는 산장에 올 사람이 없다. 둘만의 오붓한 저녁시간을 맞는다. 준비해간 음식으로 간단히 저녁을 먹고 나니 6시가 조금 넘었다.

둘뿐이라 그런지 가만히 있으니 실내가 꽤나 추워 일찍 침상에 든다. 맞은편 침상에 오른 원대식 선배는 지고 간 침낭에 들어가고 나는 위 침상에 있던 담요까지 끌어내려 6장이나 덮는다. 담요 6장의 무게가 어깨를 불편하게 하지만 추운 것보단 낫다.

이제부터 <별빛과 폭풍설>을 펼쳐들 시간이다. 랜턴 불을 밝히며 문고판 책을 넘긴다. 색 바랜 누런 종이에 세로쓰기의 깨알 같은 글씨체지만 긴긴밤을 보내기에 그만인 독서다. 이 산장에서 레뷔파는 <별빛과 폭풍설>의 첫 등반대상지인 그랑드 조라스 북벽 등반을 준비했다.

북벽의 워커 버트레스와 중앙 버트레스를 오르는 레뷔파의 이야기를 접하자 20대 후반에 나 역시 올랐던 두 루트에 대한 생생한 추억이 되살아난다. 산악인이 산서를 읽는 즐거움 중 하나다. 그랑드 조라스 북벽에 빠져 약 2시간을 보내다보니 침침해진 눈과 갈증을 달래기 위해 따뜻한 담요를 박차고 일어난다. 차를 한 잔 마신 후, 육중한 산장 문을 열고 밖으로 나온다. 차가운 겨울바람이 어깨를 움츠리게 하지만 가슴은 뜨겁기만 하다. 초저녁의 짙은 구름은 빙하 아래에 포복하고 있고, 그 위로 그랑드 조라스 북벽의 거대한 장벽이 위엄 있게 펼쳐져 있다.

1200m 높이의 거벽이 1500m 넓이로 펼쳐져 있는 그랑드 조라스 북벽은 오늘날에도 그 코스의 다양성과 곤란함으로 무수한 알피니스트들을 유혹하고 있다. 지난 1세기 동안 이 시대 최고의 알피니스트들 치고 이곳을 거치지 않은 이는 드물 것이며, 요즘의 최고 산악인들 또한 여전히 이 북벽을 오르고 있다. 이렇듯 그랑드 조라스 북벽은 알피니스트로 거듭나기 위한, 자신의 한계를 한 단계 올리는 시험무대로서의 역할을 충실히 하고 있다. 현재 약 30개 루트가 개척되어 있는 이 북벽은 아직도 개척의 여지가 많다.

달이 없어 그랑드 조라스 북벽은 더욱 검고 크게 보였으며, 그 위로 점점이 박혀 있는 별들은 다투듯 빛을 발하고 있었다. 놓치기 싫은 밤의 아름다움이다. 카메라를 두 대나 가져왔건만 삼각대를 준비하지 않아 그저 뇌리에 박아두는 것으로 만족한다. 레뷔파도 이런 아름다움을 수없이 마주했을 것이다. 한밤중에 산장 밖으로 나와 다음날의 등반을 위해 구름의 흐름과 바람의 세기, 대기의 온도 등을 확인하며 밤의 정적을 즐겼을 그를 생각한다.

알프스 최고의 가이드 중 한명이었던 가스통 레뷔파는 가이드라는 자신의 직업을 자랑스러워했다. 이 지구상에서 그래도 덜 오염된 알파인 청정지역에서 자신의 능력을 한껏 발휘할 수 있는 직업이라며. 젊은 혈기만으로 알프스 침봉들을 오르던 청년 시절, 그는 가이드라는 직업을 통해 어른으로 성장할 수 있었다고 고백하지 않았던가.

'비박으로 산의 신비와 하늘의 무한한 깊이를'

많은 위대한 산악인들과 마찬가지로 가스통 레뷔파도 어려움 즉, 곤란과 위험을 구분하고자 했다. 그도 어려움은 좋아했지만 위험은 싫어했다. 최고의 가이드들도 낙석이나 눈사태, 또는 벼락으로 목숨을 잃는 경우가 종종 있다. 이는 인간의 능력으로는 어쩔 수 없는 불가피한 일이다. 이런 위험을 피하기 위해 그저 침상에만 있어야 하는가. 위험은 피하고 곤란은 극복하자는 말을 새삼 되새김질 한다.

겨울 밤공기에 차가워진 몸을 움츠리며 산장에 들어온 나는 곧바로 여섯 장의 담요 밑으로 파고들었다. 기껏 저녁 9시밖에 되지 않아 또다시 <별빛과 폭풍설>을 펼쳐든다. 이제는 스위스의 동쪽 끝자락에 위치한 피츠 바딜레 북벽 등반이야기다. 나 역시 가보고 싶은 곳이지만 아직 기회가 닿지 않았다. 이어 드뤼 등반으로 페이지가 넘어가자 시간은 자정이 다 되어 갔으며 스르르 눈이 감겼다.

2박3일 일정이었기에 급할 게 없던 우리는 아침 7시나 되어서야 일어났다. 쾌청한 날씨. 아침을 간단히 먹고 산장을 나선 우리는 조심스럽게 빙하에 내려선다. 설피를 찾아 신고 빙하를 거슬러 오른다. 우리의 등반대상지인 에불르망(Aig. de Eboulement, 3599m)에 접근하기 위해 한동안 그랑드 조라스 북벽 쪽으로 오르다가 좌측의 프티트 조라스(Petites Jorasses,

3650m) 아래로 방향을 튼다. 겨울 찬바람을 맞으며 묵묵히 걷는다. 차츰 가팔라진 설사면을 올라 근 3시간 만에 에불르망 아래에 이른다.

우리가 오를 쿨와르 아래의 눈사태 무더기에 설피를 벗어두고 등반장비를 챙겨 오른다. 한껏 떠오른 태양이 프티트 조라스 위로 솟아올라 우리가 오르는 쿨와르에 닿는다. 춥지 않아 다행이다. 경사 약 50도의 빙설사면을 확보 없이 오른다. 꾸준히 뒤따르는 원대식 선배 뒤로 레쇼 빙하와 그랑드 조라스 북벽의 웅장한 모습이 시야에 들어온다. 산장에서와는 또 다른 위용이다.

쿨와르 중단에 접어들자 배낭에서 자일을 꺼내 함께 묶고 오른다. 이윽고 상단부 바위지대에 이른다. 암각에 슬링으로 확보하며 몇 피치 오르니 정상 능선이다. 꽤나 고도를 높였기에 그랑드 조라스 너머로 몽블랑까지 보인다. 능선을 돌아 믹스지대를 한 피치 오르니 마침내 정상이다. 오후 2시가 조금 넘었다. 사방이 트인 멋진 장관이 펼쳐져 있다. 알프스를 처음 찾은 원 선배는 더 큰 찬사를 보낸다.

반 시간 정도 알프스의 한 산정에서 한가한 시간을 즐긴 우리는 하산길에 접어든다. 올랐던 쿨와르를 클라이밍다운 한다. 태양은 여전히 우리를 비추고 있다. 설피를 놓아둔 지점까지 무사히 내려오자 해는 우리와 작별을 고하듯 몽 말레(Mont Mallet) 빙하 침봉들 뒤로 숨어버린다. 곧 빙하에 어둠이 내릴 시간이기에 급히 산장으로 향한

다. 이 추운 겨울에 비박하고 싶지는 않다.

하지만 레뷔파는 "산장에서 바로 출발하여 좋은 날씨에만 등반을 하고 한 번도 비박을 해보지 않은 사람은 산의 아름다움은 감상할 수 있을지 모르나 산의 신비와 밤의 어둠, 그리고 위로 바라다 보이는 하늘의 무한한 깊이를 이해하지 못한다." 며 비박을 찬양하지 않았던가.

어두워져서야 레쇼 산장에 도착한 우리는 눈이 둥그레졌다. 전날과는 달리 많은 산악인들로 좁은 윈터 룸이 만원이었다. 통로의 장비선반에서 겨우 차와 라면을 끓일 정도다. 매트 12장이 모자라 나는 다음날 프티트 조라스를 오를 프랑스 산악인과 매트 하나에 함께 눕는다. 다음날 등반을 위해 모두 일찍 잠자리에 들었지만 나는 못다 읽은 <별빛과 폭풍설>을 펼쳐든다.

페이지는 마터호른 북벽부터 시작하여 치마 그란데 디 라바레도와 아이거 북벽으로 이어진다. 필자 또한 학창시절에 올랐던 아이거 북벽의 흥미진진한 이야기를 끝으로 책을 덮으니

시간은 이미 자정을 넘기고 있다. 에불르망 등반으로 하루 내내 움직여 몸은 피곤했지만 <별빛과 폭풍설>의 감흥 때문인지 좀체 잠이 오지 않는다. 이리저리 뒤척이며 1시간 정도 더 지난 새벽 2시가 되자 옆 침상에 누운 이들이 하나 둘씩 일어난다. 그들이 차를 끓여 아침을 먹고 장비를 꾸리는 분주한 소리에 잠은 달아나버렸다.

 자연히 자일의 정과 파트너의 중요성을 강조한 레뷔파의 말을 회상할 수밖에. **"함께 등반하는 사람은 산을 오르면서 유쾌하고 또 고통스런 순간들을 같이 맛보고, 잊을 수 없는 많은 순간들을 함께 경험하는 사람이다. 따라 동반자의 선택은 등반의 선택만큼이나 중요한 것이다."** 자일파트너와 나누는 진솔한 인간관계의 즐거움은 등산을 통해 우리가 얻는 가장 큰 소득이 아닐까. 과연 나에게 진정한 자일 파트너는 몇이던가.

 한편 안나푸르나 초등 원정에 참가한 이후 레뷔파는 알프스를 벗어나본 적이 없다. 그러면서도 자신의 산 세계를 누구보다 충실히 살다간 레뷔파를 생각하면서 이제 이 알프스가 좁게 느껴진다느니, 또 다른 대륙의 멋진 산군으로 옮겨가 봐야 하지 않을까 하는 나의 생각이 그저 투정에 지나지 않음을 깨닫는다. 진정한 산은 다른 어디에 있다기보다는 바로 이곳에, 그리고 자신의 가슴속에 있음을……. 이렇게 레뷔파의 <별빛과 폭풍설>은 우리들 가슴에 별빛처럼 영롱하게 폭풍설처럼 매섭게 산의 의미를 되새겨준다.

다시 읽는 즐거움

〈별빛과 폭풍설〉의 저자 가스통 레뷔파만 생각하면 떠오르는 장면이 있다. 알프스의 최고봉 몽블랑의 육중한 만년설과 그 아래로 흐르는 보송 빙하를 배경으로 바늘 같은 침봉 위에 선 알피니스트가 자일을 사리는 사진이다. 이것은 대자연의 오케스트라를 연주하는 지휘자요, 만년설에 시를 쓰는 시인의 모습과 같았다. 알프스를 동경하는 숱한 산악인의 가슴에 불을 지른 이 장면의 주인공이 바로 가스통 레뷔파이다. 만년설을 배경으로 한 검은 실루엣의 모습이지만 호리한 체형과 머리 윤곽만으로도 레뷔파가 분명하다. 이 사진은 레뷔파의 또 다른 책들 〈설과 암〉에도 있으며 심지어 〈몽블랑 산군 100명선 루트〉 표지에 실려 있다.

이렇게 나를 사로잡은 장면이기에 한 때 나는 그곳을 찾아갔다. 10년도 더 전이었다. 배경으로 보아 분명 샤모니의 서산인 브레방 쪽이었는데, 좀체 찾을 수 없었다. 브레방 일대에서 침봉처럼 보이는 곳마다 찾아가 사진에 실린 침봉과 대조해 봐도 아니었다. 1년을 더 허비해서야 나는 현지 산악인 줄리앙과 함께 마침내 이 침봉을 찾았다.

브레방 전망대로 오르는 중간 케이블카 역에서 한 시간 정도 걸어 바위를 오르고 자일 하강을 해야 닿을 수 있었다. 바위 아래에 하켄이 박혀 있고 거기에 슬링이 하나 걸려 있긴 했지만 정작 바위 꼭대기에 올라설 수는 없었다. 생각보다 어려웠으며 우리가 가져간 장비도 부족했다. 더구나 태양이 서산 너머로 지면서 침봉이 만년설을 배경으로 더욱 선명하게 두드러졌지만 샤모니로 하산할 시간이 임박했다. 아쉬워 다음을 기약했지만 다시 그곳에 갈 기회란 없었다. 나이가 들어가면서 더 이상 그곳에 가고픈 마음이 생기지 않았다고 해야 맞을 것 같다. 그 침봉 꼭대기 바로 그 지점의 주인공은 내가 아니었기 때문이다. 그 공간의 주인공은 레뷔파 한 사람으로 족했다.

알피니스트는 '별빛과 폭풍설'이라는 단어만으로도 가슴이 설렌다. 18권의 산악서적과 다섯 편의 산악영화를 제작하고 출연한 레뷔파는 주옥같은 문장과 빼어난 영상으로 산의 아름다움을 누구보다 잘 표현했으며 등반행위를 예술의 차원으로까지 끌어올렸다. 한국에 번역 출판된 〈별빛과 폭풍설〉이 두 권 있는데, 한국에 있을 때 나는 둘 다 가지고 있었지만 알프스로 오면서 보다 작은 포켓북만 가져 왔다. 그것보다 뒤에 출판된 더 큰 판형의 책은 그 후 어디론가 사라져 버렸다. 이제는 둘 다 절판되어 쉽게 구할 수 없는데, 재판이든 또 다른 판형으로든 출판되어 보다 많은 이들에게 읽혔으면 좋겠다.

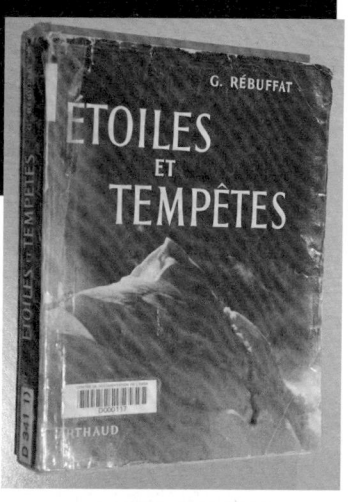

별빛과 폭풍설
불어판(우)과 영문판들(아래)

7-<아내여, 나는 죽으러 간다>

투르 빙하에서 우에무라 나오미의 삶을 생각하다

'어차피 한 번뿐인 그의 삶은 어느 누구보다 강렬하지 않았던가'

얼마 전, 내가 머물고 있는 샤모니의 시립도서관에 갔을 때다. ENSA(프랑스국립등산스키학교) 옆에 위치한 이곳에 종종 들러 산악관련 책들을 뒤적이곤 하는데, 마침 전시회가 있었다. 북극지방에 대한 문화와 생태, 극한상황에 맞서는 인간 활동 등 다양한 주제에 대해 사진 및 동영상으로 알기 쉽게 설명하고 있었으며, 관련 책들도 전시되어 있었다.

나의 눈길을 끈 것은 단연 모험가들의 활약상이었다. 요즘의 최고 모험가 마이크 혼(Mike Horn, 1966~)에서부터 지난날의 최고 모험가 우에무라 나오미(Uemura Naomi, 1941~1984)까지 그들의 책과 함께 소개되어 있었다.

마침 나오미의 <아내여, 나는 죽으러 간다>를 지난번 한국에서 돌아올 때 가져오긴 했지만 아직 읽지 않은 터라 불현듯 나오미에 대한 관심이 커졌다. 물론 아주 오래 전에 그의 또 다른 책들 <내 청춘 산에 걸고>, <안나여, 저게 코츠뷰의 불빛이다> 등을 읽어 그에 대해 어렴풋이 기억하고 있던 터라 이 북극 전시회를 통해 작으나마 그의 발자취를 느껴보는 즐거움을 가졌다. 그린란드 사람들이 생고기를 먹고 개썰매를 끄는 장면이나 북극곰 등등 모든 장면이 우에무라 나오미와 생생하게 연관되었던 것이다.

샤모니와 나오미와의 첫 만남은 아마도 그가 25세에 몽블랑을 혼자 올랐을 때일 것이며, 그 후 동계 그랑드 조라스 북벽을 오를 때까지 이어졌다. 불확실성에 대한 도전은 아마도 산악인이나 탐험가들이 첫째로 추구하는 가치일 것이다. 한편 뛰어나거나 위대한 산악인들이 훗날 모험의 세계를 넓히면서 수직의 세계에서 수평의 세계로 나아가 탐험가의 길로 들어서는 경우들을 많이 보게 된다. 그들 중 단 한명만 꼽으라면 단연 우에무라 나오미를 택해야 할 것 같다.

<아내여, 나는 죽으러 간다>는 산악인이자 탐험가였던 그의 내면에 가장 가까이 다가가볼 수 있는 책일 것이다. 데날리 동계초등 후 행방불명이 되기까지 자신의 아내에게 써 보낸 그의 편지는 위대한 모험가이기 전에 한 인간이었으며, 어째서 그가 수많은 모험들을 무사히 헤쳐 나오고서도 끝내 좌절하고 말았는지를 엿볼 수 있는 기록이다.

고지엔 아직도 겨울이 남아 있다

3000m 이상의 알파인 지대에선 여전히 매서운 겨울추위가 머물러 있던 3월 중순이었다. 나는 나오미의 책 <아내여, 나는 죽으러 간다>를 배낭에 넣고 나루미와 함께 투르(Tour) 빙하로 향했다. 겐기 나루미(Genki Narumi)는 (2007년)연초에 이탈리아에서 있었던 월드컵 빙벽대회에 참가한 후 알파인 등반을 경험하기 위해 샤모니에 체류하고 있는 20대 후반의 일본산악인이다. 그는 앞으로 반년 후에나 일본으로 돌아갈 생각이며, 이 또한 그때 가봐야 알겠다고 한다. 나루미는 나오미의

후배가 아니랄까봐 나오미가 20대에 알프스로 무작정 와 지낸 방랑의 길을 그대로 따르고 있는 것처럼 보인다. 그래서 나는 나루미와 함께 산행하며 나오미를 생각해보는 즐거움을 기대하고 투르 빙하로 갔던 것이다.

플라스틱 스키화에 침낭 등을 넣은 배낭을 짊어진 채 친구에게 빌린 자전거를 타고 약속장소에 나타난 나루미의 모습은, <내 청춘 산에 걸고>에 나오는 유쾌한 나오미의 모습을 떠올리게 했다. 그 선배의 그 후배라 할까. 우리는 샤모니 남쪽 광장의 버스정류장에서 많은 스키어들과 함께 버스를 타고 아르장티에르(Argentiere) 마을로 올라갔다. 그랑 몽테(Grands Montets)행 케이블카를 타기 위해서다.

우리는 3200m 고지의 그랑 몽테까지 오르지 않고 중간역인 로냥(Lognan, 1950m)에 내렸다. 예의 많은 스키어들이 봄 스킹을 즐기고 있었다. 스키바닥에 스킨을 부착한 우리는 곧장 스키장 좌측의 아르장티에르 빙하 쪽으로 나있는 슬로프를 따라 걸었다. 가벼운 차림으로 신나게 슬로프를 타고 내리는 스키어들은 한 짐 가득 짊어지고 땀을 뻘뻘 흘리며 걸어 오르는 두 동양인들이 재미있는지 어떤 이들은 손을 흔들기까지 한다.

약 1시간 만에 우리는 쏜살같이 내리달리는 스키어들과의 충돌을 걱정하지 않아도 되는 아르장티에르 빙하 어귀에 닿았다. 한동안 빙하 우측을 따라 오르고서 크레바스가 드문, 경사가 거의 없는 빙하 중앙을 가로질렀다. 찬바람이 빙하를 따라 매섭게 휘몰아쳐 땀에 전 몸이 떨려올 정도다. 곧 빙하를 가로지른 우리는 파송고개(Col du Passon,

3028m)까지 긴 오르막에 접어들었다. 서로 아무런 말없이 걷고 또 걸을 뿐이다.

한데 도중에 바위지대에 설치된 안테나 구조물이 보였다. 이에 나루미가 입을 연다. 저것은 눈이나 바람, 습도와 기온 등을 측정하는 기계로서 일본회사의 제품이며 극지방에서도 많이 이용되고 있다고. 즉 눈이 많은 일본의 북해도 산간지방의 도로를 관리하는 일에 그 기계를 많이 사용한다고 했다.

근 2시간 동안 쉬지 않고 파송고개로 오른다. 마침 서너 명의 산악스키어들이 고개 아래서 쉬고 있다. 그들은 곧 스키를 배낭에 짊어지고 아이젠을 차고 피켈을 들고 고개 정상으로 이어진 쿨와르를 오르기 시작했다. 우리도 잠시 쉬며 새롭게 장비를 꾸린다. 앞선 이들은 안전벨트에 서로 자일로 묶었지만 우리는 그냥 간다.

어렵지 않게 파송 고개에 올라선 우리를 맞는 것은 바람뿐이다. 세찬 바람 탓인지 먼저 오른 이들은 어디로 갔는지 보이지 않는다. 아마 투르(Le Tour, 1453m) 마을로 내려갔거나 투르 고개(Col du Tour, 3282m)를 지나 스위스의 트리앙(Trient) 빙하로 갔을 것이다.

파송 고갯마루에서 알베르 프르미에 산장(Albert Premier Refuge, 2702m)까지는 줄곧 내리막이다. 스키화를 조여 신고 스키에 몸을 얹는다. 스키를 타기에는 배낭이 다소 무겁지만 어렵지 않게 빙하 위를 미끄러져 내린다. 나루미도 잘 따라온다. 희뿌연 구름 사이를 헤쳐 투르 빙하를 북으로 가로지르니 산장이 보인다. 빙하에서 모레인 언덕에 위치한 산장까지 약 100m의 설사면을 올라야 한다. 아이젠을 신지 않아 힘차게 킥스텝을 하며 오른다.

 이윽고 산장이다. 아무도 없다. 두 개의 산장 건물 중에 산악인을 위해 겨울에 개방해두는 윈터 룸은 아래쪽 작은 나무산장이다. 물론 시멘트로 지은 위쪽 건물은 단단히 잠겨 있다. 산장 안은 시골 초등학교의 낡은 교실처럼 삐거덕거리는 나무 바닥에 나무 탁자 하나만 덩그러니 놓여 있다.
 탁자에 배낭을 풀어놓고 스키화를 벗어 스키실과 함께 말리며 버너에 눈을 녹여 차를 끓여 마시니 몸뿐 아니라 산장에 그나마 훈기가 돈다. 오후 5시가 조금 넘은 시간이라 해가 지기까지는 두어 시간 남았다. 배낭 헤드에 넣어온 나오미의 <아내여, 나는 죽으러 간다>를 펼쳐드니 나루미가 반긴다. 그도 이 책뿐 아니라 나오미의 다른 두 책도 읽었다고 한다. 그는 나오미야 말로 많은 일본인들이 영웅시하는 인물로서, 아직도 그와 견줄만한 산악인이자 탐험가는 나오지 않았다고 한다.
 이런저런 이야기를 나누다가 나는 책 속에 있는 하세가와가 알프스 3대 북벽을 겨울에 혼자 오른 바로 그인지 물었다. 나루미는 그렇다고 대답하면서 나오미와 하세가와가 다녔던 메이지 대학 산악부에 현재는 회원이 서너 명밖에 없을 정도로 요즘 일본의 젊은이들은 힘든 산악활동을 싫어한다고 했다. 이런 현상이 비단 일본에만 있는 것은 아닐 것이다. 그는 한동안 스포츠 클라이밍에 전념하다가 이제야 알파인등반에 끌려 이렇게 와 있는데, 지금 20대 후반이라 더 늦기 전에 마음을 잡아야 하지 않겠냐는 넋두리를 덧붙였다.

홋카이도에서 4년제 대학을 나왔지만 전공이 인문학이라 일자리 잡기가 쉽지 않은 마당에 계속해서 산에 다닐지 아닐지는 이번 여름까지 유럽에 있어보고 결정하겠다고 했다. 나 또한 20대 후반에 그 같은 고민들을 숱하게 하지 않았던가. 그렇다 하여 그에게 도움이 될 만한 말 한마디 하지 못하고 그저 웃음만 지어 보였다.

그런 경험쯤은 얼마든 하고 남을 시간이 있다는 것

창틈으로 들어오는 늦은 오후의 햇살을 받으며 이미 읽었던 <아내여, 나는 죽으러 간다>를 펼쳐든다. 나오미가 결혼 전에 히말라야에서 아내에게 부친 그림엽서가 인쇄되어 있는 것을 나루미에게 보여준다. 그림 옆의 글씨가 너무 작아 읽지 못해 아쉬워한 나루미는 나오미가 늘 원정을 떠나 그가 아내와 실제로 함께 보낸 시간은 얼마 되지 않았을 거라고 했다. 그리고 탐험가에게 원만한 가정생활은 쉽지 않을 거라며 만일 나오미처럼 등산이나 탐험에 전념할거라면 결혼은 재고해볼 참이란다.

저녁 7시 반이 되어 우리는 산장 밖으로 나왔다. 이제 태양도 잠들 시간이라 해는 에귀 루즈(Aig. Rouges) 산군 뒤로 기울며 멋진 풍경을 연출하고 있었다. 산장에서 맞이하는 알프스의 저녁놀은 늘 편하게 다가온다. 어깨를 움츠리며 산장에 들어온 우리는 저녁을 간단히 챙겨 먹는다. 식후 찬 공기만 가득한 실내에 더는 있지 못하고 침실로 와 침낭 속으로 들어간다. 누워 나오미의 책을 펼쳐드는데, 나루미는 도끼로 나무를 패고 주방에 있는 화덕에 불을 지핀다고 분주하다. 이 지역의 몇몇 산장엔 불을 피울 수 있게 나무까지 준비해두지만, 날이 뭉텅할 뿐더러 몇 번 내려치면 자루가 빠지는 손도끼로 나무를 쪼개어 화덕에 불을 피우기란 결코 쉽지 않다. 그런 사실을 이미 경험한 나로선 그의 노력이 헛된 것임을 알고도 그가 저녁 시간을 심심치 않게 보내는 것도 나쁘진 않을 것 같아 방관하며 나오미의 책을 읽는다.

1시간쯤 페이지를 넘겼을까. 하필 랜턴의 건전지가 다 되어 나루미의 것으로 바꿀 때까지도 그는 포기하지 않는다. 또 1시간 정도 지났을 때 나루미가 침실로 들어왔다. 그는 다음에 산장에 올 땐 불 피우는 기술을 꼭 배워와야겠다고 투덜거리며 자신이 지고 온 침낭 위에 담요를 서너 장 덮고 눕는다. 매캐한 연기에 눈물 흘리며 두어 시간 동안 불을 지피려 고생한 그를 생각하니 웃음이 나왔다. 그래도 젊음이 좋지 않은가. 그런 경험쯤은 얼마든 하고 남을 시간이 있다는 게.

그의 기분을 달래기 위해 말을 건다. 삿포로가 고향인 그는 5살 때부터 스키를 탔으며 요즘도 종종 산악스키를 하러 다니는데, 등산은 19세에 시작했다고 한다. 앞으로 어떤 등반을 더 해야 할지 확신치 못하겠지만 알파인 등반을 좀 더 하고 싶다고 한 그의 목소리는 곧 잠잠해졌다. 눈이 피곤해진 나 역시 몇 페이지 더 넘기지 못하고 그만 랜턴을 끈다. 하지만 잠이 오지 않는다. 나는 산 때문에 이별을 경험한 적이 있다. 나오미는 수많은 모험에 든든한 후원자였던 아내가 있었으면서도 불나방처럼 늘 모험을 추구했다. 스타 모험가로서 그가 너무 과욕을 부린 것은 아닌가 싶어 책을 읽는 동안 내내 마음이 무거웠다. 그의 아내 말처럼, 동계 에베레스트와 남극 원정에서 연이어 실패한 자신을 용서치 못한 결과, 동계 매킨리 원정에서 영영 돌아오지 못했다는 대목에서 만감이 교차했다. 나오미처럼 누구도 해내지 못한 큰 모험을 이루고픈 열정은 아니더라도 늘 산과 함께 하고픈 욕심에 언제 그와 같은 운명이 될지 모른다고 생각하니 잠자리가 편할 리 없었다. 밖에선 눈보라를 동반한 강풍이 나무산장에 부딪쳐 한 바퀴 휘감으며 지나가곤 했다. 이리저리 몸을 뒤척이며 어둡고 무거운 꿈의 세계에 빠져든다.

 무거운 몸을 일으켜 시계를 보니 아침 6시다. 여전히 바람이 기승을 부린다. 소변도 볼 겸 산장 밖으로 나오니 어두운 밤

하늘에 눈보라가 맹렬하게 몰아친다. 쫓기듯 침상으로 돌아와 언 몸을 녹이며 게으름을 피운다. 6시 반이 지나고 또 10분이 더 흘렀다. 어쨌든 일어나야 된다는 생각에 침낭에서 나오니 나루미도 일어나 담요를 갠다. 수통의 물이 꽁꽁 얼 정도로 찬 실내에서 몸을 떨며 우선 눈을 녹여 차를 끓여 마신다. 그리고 내가 준비한 소시지와 빵을 먹는다. 한데 나루미는 양이 부족한지 자신이 준비해 온 파스타도 끓여 먹을 정도로 왕성한 식욕을 보인다.

실내를 깨끗이 치우고 산장을 나서니 아침 8시 전이다. 날이 밝아왔지만 강풍에 휘날리는 눈보라가 사정없이 뺨을 때린다. 그래도 한걸음씩 발걸음을 밀어 올린다. 이 드넓은 투르 빙하에 우리 둘만이 이 모진 상황에 맞서고 있다는 생각에 즐겁다. 우리가 넘어갈 투르 고개는 한참 더 가야 하지만 빙하 위로 오를수록 강풍에 실려 오는 가루눈은 더욱 세차게 뺨을 후려갈긴다. 2시간이 지나 고개 아래에 도착한 우리는 바람을 피해 잠시 쉬고서 다시 약 30분 만에 고개에 올라선다. 바람은 더욱 세차다. 강풍에 실려 오는 가루눈이 얼굴을 맹타하지만 나루미는 드디어 스위스 알프스에 발을 디뎠다며 좋아한다.

투르 마을을 발아래에 두고 스킹 활강을 하다

고개에서 우리는 트리앙 빙하 상부를 동남쪽으로 이동해 블랑 고개(Col Blanc, 3405m)에 오른다. 다시 프랑스의 투르 빙하로 돌아오기 위해서다. 날씨만 좋다면 투르 봉에 다녀올 예정이었지만 곧바로 블랑 고개에서 스킹 다운을 하기로 한다. 아이젠을 신고 배낭에 스키를 매단 채 조심해서 바위지대를 내

려온다.

 이제 12시가 조금 넘은 시간이다. 간식을 먹고 이곳 투르 빙하의 최고점에서 투르 마을까지 표고 약 2000m를 타고 내릴 준비를 한다. 짙은 구름에 앞이 잘 보이지 않는 빙하 위를 좌측으로 횡단하며 줄곧 내려온다. 얼마나 내려왔을까. 언뜻 눈에 들어오는 게 있어 유심히 보니 파송고개 쪽에서 빙하를 거슬러 오르는 일단의 산악스키어들이 모진 눈보라에 맞서 오르고 있다. 이들은 투르 고개를 지나 트리앙 산장으로 가고 있었다. 멀리서나마 손을 흔들며 행운을 빈 우리는 계속해서 스키를 타고 내린다. 어릴 적부터 스키를 탔다는 나루미의 활강실력은 수준급이었다. 불규칙한 설질에 넘어질듯 하면서도 용케 자세를 잡으며 활강하는 그를 사진기에 담으며 나 또한 즐겁게 투르 빙하를 타고 내린다.

 거의 1000m 이상 고도를 낮추니 눈보라에서 차츰 벗어나기 시작한다. 지난밤의 심란했던 기분도 덩달아 풀린다. 나오미의 아내가 후기에 밝힌, 나오미의 편지를 공개하면서 이번만은 그녀 자신의 고집대로 하기로 했다는 언급이 유쾌하게까지 여겨진다. 나오미가 모험이라는 수렁의 주변을 맴돌다 불나방처럼 자멸했을지라도 어차피 한번뿐인 그의 삶은 어느 누구보다 강렬하지 않았던가. 그는 불나방이 아니라 더 높이 보다 멀리 날고자 했던 꿈꾸는 갈매기였다. 보다 높고 넓은 세계를 지향하고 한계를 초월하고픈 우리들 인간본성을 나오미는 충실히 따랐던 셈이다.

 좀 더 내려오자 따뜻한 태양이 우리를 반긴다. 우리는 즐겁게 투르 마을의 버스정류장까지 줄곧 스키를 타고 내린다. 이렇게 1박2일간 투르 빙하에서 나루미와 함께 한 시간은 나오미의 책들을 읽을 때만큼이나 즐거웠다.

다시 읽는 즐거움

아무리 생각해도 책 제목이 마음에 들지 않는다. 죽으려고 산에 가는 산악인은 없다. 제목이 그래서 그런지 우에무라 나오미의 편지와 일기, 엽서를 묶은 이 책의 내용은 무겁다. 그래도 나오미의 성숙한 인간미를 가장 잘 느낄 수 있었던 책이다. 나오미의 또 다른 책들 〈내 청춘 산에 걸고〉와 〈안나여 저게 코츠뷰의 불빛이다〉를 펼쳐 쾌활한 그의 모습을 다시 봐야겠다.

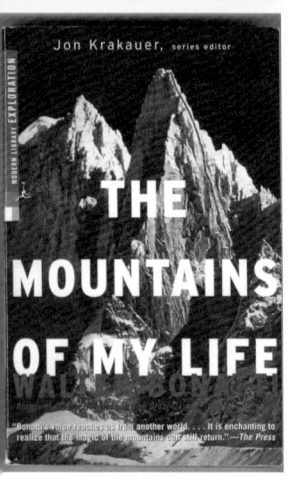

8-<내 생애의 산들>

몽블랑의 국경 능선에서 보나티의 행적을 더듬어 본다

'등산을 하되 산이 자신을 구속치 않도록 하라'

 발터 보나티(Walter Bonatti, 1930~), 그가 누구이던가. 당대 최고의 산악인이었을 뿐더러 알피니즘의 역사에서 가장 위대한 인물이라 해도 손색이 없을 알피니스트가 아니던가. 1948년부터 1965년까지, 당시 그의 나이 18세부터 35세까지 그가 남긴 발자취는 알프스에, 특히 몽블랑 산군 곳곳에 남아 있다. 이탈리아 태생의 보나티가 자신의 등반활동의 본거지로 삼은 몽블랑 남측의 쿠르마이예(Courmayeur, 1226m)를 기점으로 한 이탈리아-프랑스 국경의 헬브로너(Helbronner, 3462m) 주변은 그의 활약상을 쉽게 엿볼 수 있는 곳이다.

 보나티의 위대성이 쉽게 다가오지 않는다면, 음악의 신동 모차르트와 비교해보면 어떨까. 여기 몽블랑 산군을 위시해 알프스에서 행한 그의 등반만을 보더라도 그가 얼마나 뛰어난 등반가였는지 상상하고도 남는다. 평범한 내가 등반을 시작한 나이와 비슷한 18세에 고향땅 그리냐(Grigna)의 작은 암장에서 등반을 시작해 1년도 되지 않아 그랑드 조라스 북벽의 워커 스퍼(4등)나 피츠 바딜레 북벽을 오른 것만 보아도 보나티의 천재성을 짐작할 수 있다.

 하지만 아쉽게도 그의 천재성은 그 스스로 30대 중반까지만 발휘하고 말았으니 나와 같은 평범한 산악인들은 이해하기 힘들 뿐더러 아쉽고 안타까울 따름이다. 그가 산을 떠날 이유는 많을 수도 있고 아닐 수도 있다. K2 초등사건, 그 후에 몽블랑에서 있었던 두 번의 조난사고에 얽힌 논란들, 그 모든 일들로 인한 산악계에 대한 환멸, 또 다른 차원의 모험을 갈구한 개인적인 이유 등등. 그런 여러 가지 이유가 타당하다 하더라도 범인인 나는 산에서 더 이상 그의 활약상을 접하지 못해 아쉽기만 하다.

모래 섞인 눈까지 먹으며 이룬 그랑 카푸생 초등

3월 말, 보나티의 책 <내 인생의 산들(THE MOUNTAINS OF MY LIFE)>을 펼쳐든 지 며칠 지나지 않았을 때다. 그를 좀 더 느껴보기 위해 몽블랑 산군의 심장부라 할 수 있는 이탈리아-프랑스 국경의 헬브로너 쪽으로 향했다. 이른 아침 샤모니 계곡에는 구름이 잔뜩 머물러 있었지만 3800m 고지의 에귀 뒤 미디(Aig. du Midi) 전망대에 오르니 태양이 쨍하게 빛난다. 요즘은 케이블카를 타고 구름 위로 단숨에 솟아올라 만년설에 쉽게 다가갈 수 있으니 알파인 등반의 편리성이 예전에 비할 바가 아니다.

스키를 들고 북동 설릉을 내려간다. 저 멀리 동쪽에 그랑드 조라스가 구름 위에 솟아 있다. 등반을 시작한지 1년 밖에 되지 않은 19세의 보나티가 친구들 3명과 겁 없이 덤벼들어 등반에 성공한 워커 스퍼가 하늘을 배경으로 버티고 섰다. 그가 오른 후 40년 후에 필자 또한 올라보았던 워커 스퍼는 지금도 많은 알피니스트들의 도전의 대상이 되고 있는 거벽이다.

스키를 신고 드넓은 발레 브랑쉬 설원의 상단을 가로지른다. 쏜살같이 타고 내리며 여전히 남아 있는 겨울 찬바람을 가슴속 깊이 들이켠다. 이제 몽블랑 뒤 타퀼(Mont Blanc du Tacul, 4248m) 동벽 쪽으로 방향을 튼다. 몇몇 쿨와르 아래에선 클

제앙 빙하를 가로지르다.

라이머들이 등반을 준비하고 있다. 눈밭에 꽂은 스키에 스키화를 걸어둔 풍경은 요즘 같은 삼사월에나 볼 수 있다.

계속해서 스키를 타고 내린다. 혼자 이렇게 설원을 가로지르는 홀가분함이 좋다. 이제 제앙(Geant) 빙하의 가장 낮은 지대에 이른다. 여기서 스키를 벗고 바닥에 실을 붙인다. 이때 대여섯의 산악스키어들이 뒤를 따라 도착하고 있다. 이들도 스키를 벗어 실을 단다. 독일에서 왔다는 이들은 가이드 한 명에 손님 다섯이다. 자신들도 이탈리아로 넘어갈 거란다. 동행이 있어 적적하지 않을 거라 생각하며 먼저 크레바스 지대에 들어선다.

한동안 크레바스 지대를 오르내리다 주변에 펼쳐진 경치를 놓치기 아쉬워 뒤따르는 그들을 기다린다. 사진기에 담기는 그들도 즐거워한다. 마침 그들 뒤로 그랑 카푸생(Grand Capucin, 3838m) 동벽의 붉은 화강암이 시야에 들어온다. 수도승의 고깔모자를 닮아 이름 붙여진 그랑 카푸생. 보나티는 이 벽을 세 번째 시도에 초등한다. 그의 나이 21세에 이룬 위대한 등반이었다. 첫 시도에서 날씨가 나빠 후퇴한 보나티와 그의 친구는 3주 후, 두 번째 시도에서 세 번이나 비박하며 화강암 직벽을 오른다. 갈증에 시달린 이들은 내리는 눈까지 받아먹고, 심지어 모래가 섞인 눈을 집어먹으면서까지 등반해 벽을 거의 다 오른 상태였지만 역시 악천후로 단념한다.

1년 후인 1951년 여름, 보나티는 동료 기고(Ghigo)와의 약속을 지키며 드디어 세 번째 시도에서 한 번의 비박 후 정상에 선다. 몇 년 후 또 다른 불세출의 알피니스트 오스트리아의 헤르만 불(Hermann Buhl, 1924~1957)은 이 루트를 오르고서 알프스에서 행해진 가장 어려운 화강암 등반이라 극찬하지 않았던가. 이 등반 후 보나티는 약관의 나이에 등반계에 더욱 이름을 떨치게 된다. 그리고 25년 후 보나티는 이 루트를 다시 찾아 초등시보다 엄청 많이 박혀 있는 하켄을 목격하고 불확실성과 불가능성은 전통적인 알파인 등반에서 필수요소로서, 인위적인 요소들에 전적으로 의존하는 등반은 그저 육체적인 노동일뿐이라 설파한다.

 한편 그는 등산은 산을 오르는 것뿐 아니라 자기극복의 길로 보았다. 그에게 알피니즘은 자기인식에 이르는 길이었으며, 대자연과의 접촉을 통해 성장하고 부활하는 수단이었다.

 제앙 빙하의 크레바스 지대에서 한동안 그랑 카푸생 쪽으로 향하던 독일 산악스키어들은 이제 투르 롱드(Tour Ronde, 3792m) 앞에서 방향을 튼다. 프랑스와 이탈리아의 국경 쪽으로 가기 위해서다. 앞서 걷고 있던 독일의 젊은 산악가이드 스테판은 뒤따르는 일행의 속도에 맞춰 일정한 속도로 러셀을 한다. 직업가이드로서의 면모가 엿보인다. 줄지어가는 그들을 가로지르며 앞뒤에서 사진을 찍으니 일행 중 한 명이 사진을 보내줄 수 없냐며 자신의 명함을 건넨다.

 멋진 모델이 되어주는 그들 뒤로 저 멀리 몽블랑 동벽과 그 너머 남벽의 상단부가 펼쳐져 있다. 보나티는 몽블랑을 통해 많은 것을 배웠다고 고백한다. 1956년 크리스마스 때 찾은 동벽의 브렌바 스퍼를 모진 눈보라 속에 올라 생환하지만 우연찮게 함께 오른 다른 자일파티의 조난사에 대한 논란이나, 1961년 몽블랑 남벽의 프레네(Freney) 중앙벽의 참사에 대해 그들의 죽음을 막기 위해 좀 더 노력하지 않았다고 자신의 동포인 이탈리아인들이 유독 심하게 비난한 사건 등은 그를 더욱 혹독하게 단련시켰다고 한다. 그래서 보나티에게 몽블랑은 자신을 심하게 채찍질한 친아버지와 같은 존재였다.

 물론 보나티는 동벽 옆에 위치한 그랑 필리에 당글(Grand Pilier d'Angle)이나 프레네 옆에 위치한 레드 필라(Red Pillar)를 역시 초등으로 오르며 즐거운 시간을 가진 적이 있기에 몽블랑은 그에게 기쁨과 슬픔을 동시에 안겨준 셈이다. 몽블랑의 동벽이나 레드 필라는 10여 년 전에 나 또한 오른 적이 있기에 그의 심정을 조금은 이해할 것도 같다.

양심선언하며 보나티에게 사죄한 K2 초등자

한동안 오르막이 이어지더니 넓은 사면이 펼쳐진다. 곧 툴르 안부(Col de Toule, 3444m)다. 그 너머는 이태리 땅이다. 그런데 이 국경 능선 너머엔 구름바다가 펼쳐져 있어 그 아래로는 아무것도 보이지 않는다. 몽블랑에서 동서로 길게 뻗어 내린 3000m 이상의 거대한 알파인 능선을 사이에 두고 이렇게 날씨가 다르리라곤 생각지 못했기에 나나 독일인들이나 망설인다. 어차피 구름 때문에 몽블랑 남면을 볼 수 없을 테니 굳이 툴르 빙하(Glacier de Toule)를 따라 스키를 타고 내려갈 필요가 없었지만 여기까지 온 마당에 게다가 가이드를 앞세운 독일인들이 먼저 내려가는 것을 보니 나도 내려갈 마음이 생긴다. 가파른 사면에서 스키를 들고 조심해서 내려가는데, 그들이 먼저 가라며 길을 내준다. 그러지 못할 이유가 없어 먼저 내려와 스키를 신는다. 뒤따르던 독일인들은 구름이 흩어지길 기다리는 눈치다. 이런 짙은 구름이 언제 사라질지 모르기 때문에 그냥 혼자 빙하를 타고 내린다. 그런데 내려갈수록 구름은 짙어 1~2m 앞도 보이지 않는다. 마치 눈을 감고 스키를 타

는 것 같다.

 몽블랑 남측의 이 빙하를 타고 내리며 보나티가 살던 쿠르마이예 계곡과 몽블랑 남면을 지켜보려던 계획은 물거품이 된 셈이다. 무엇보다 이 짙은 구름층을 뚫고 무사히 몽 프레티(Mont Frety, 2174m)까지 내려가는 게 문제다. 두세 번 이곳을 타고 내린 경험을 최대한 살려 직감으로 내려간다. 최대한 빙하 왼편으로 바짝 붙어 내려선다. 급사면이 이어진다. 특히 남면이라 녹았다 얼은 사면이 짙은 구름에 녹지 않아 스키 타기가 여간 불편하지 않다. 무릎에 심한 충격이 가해질 정도다.
 그랑 카푸생을 초등하고 18개월간 군복무를 마친 보나티는 트레 치메 디 라바레도(Tre Cime di Lavaredo)를 동계에 초등한다. 곧이어 그에게 1954년 K2 원정대원에 뽑히는 행운이 찾아든다. 그는 8000m 이상에서 죽음의 비박까지 하며 정상 캠프 가까이 산소통을 옮겨 K2 초등반에 크게 공헌한다. 하지만 고의적인 진실 왜곡의 모함 때문에 오랜 세월 동안 많은 이들로부터 비난을 받으면서 소외와 갈등을 겪는다. 그가 느꼈을 답답하고 어두운 마음을 생각하며 계속해서 안개 속을 타고 내린다. 어떤 구간에선 사이드 스텝으로 미끄러져 내리기까지 한다. 이렇게 1000m 이상 내려오니 마침내 두터운 구름층 아래다. 저 아래에 중간 케이블카 역인 몽 프레티가 보인다.
 짙은 구름 아래지만 시야가 트여 수월하게 케이블카 역에 이른다. 보통 때 같으면 몽블랑 터널 쪽의 차도까지 스키를 타고 내려가겠지만 여기서 단념하고 헬브로너로 오르기로 한다. 휴게소 주인에게 케이블카 표를 달라고 하니 아래에 전화하여 다음 케이블카로 표를 올려 보내겠다고 한다. 잠시 쉬며 쿠르마이예 쪽으로 시선을 던진다. 잔뜩 흐려있는 하늘 아래에 보나티 산장(Refuge de Bonati, 2022m)이 있는 곳도 보인다. 7년 전 보나티의 세 친구들이 그를 기념하기 위해 세운 현대식 산장이 페레 계곡 너머의 알파인 트레킹 루트에 세워져 있다. 물론 겨울인 지금은 문이 닫혀 있다.

얼마 후 밑에서 올라온 케이블카 직원이 건네준 표를 가지고 헬브로너로 오른다. 대여섯 명밖에 탈 수 없는 작은 곤돌라를 두 번 갈아타고 다시 프랑스 땅에 발을 들여놓는다. 구름 위로 올라서며 전망대에 이른다. 10대 후반의 여학생 10여 명이 쌀쌀한 날씨에도 전망대의 나무 바닥에 앉아 해바라기를 하고 있다. 이제 한낮의 열기로 남쪽에 머물던 구름이 한껏 솟아올라 몽블랑 쪽은 아예 보이지 않는다. 그러나 동쪽으로 고개를 돌리니 구름바다 위에 솟은 그랑드 조라스 남면 너머에 마터호른이 자그마하게 보인다.

1965년 겨울에 단독으로 마터호른 북벽에 직등루트를 낸 보나티는 그 후 알피니즘과 영원히 결별하고 만다. 왜? 이 문제는 그가 한때 고향처럼 머물던 쿠르마이예 위에 드리워진 먹구름처럼 파헤치기 힘들 것 같다. 지면상 K2 초등사건의 전말 외에도 몽블랑에서 일어난 두 조난사건 후의 논란이나, 심지어 그의 고별등반이었던 마터호른 북벽에서 새 루트로 동계단독초등을 이루고서도 고운 시선을 받지 못한 이야기들을 전부 다루지 못해 아쉽다. 천재에 대한 범부들의 질투 때문이었을까. 진실은 언젠가 밝혀지듯 지난해(2006년)에 K2초등자 중 한 명이 양심선언을 하며 보나티에게 사죄했다.

지금도 도전받는 드뤼 보나티 필라

전망대의 수정 전시관을 둘러본 다음 곧바로 스키를 들고 계단을 내려온다. 한데 북쪽 설사면 위로 한둘씩 오르는 이들이 있다. 가만히 보니 오전에 함께 제앙 빙하를 가로질렀던 독일인들이다. 결국 그들은 짙은 구름 때문에 이탈리아 쪽으로 활강하지 않고 되올라와 이곳으로 오고 있었다. 그들이 도착하길 기다리려면 적어도 10분 이상 소요될 것 같아 어차피 저녁에 만나기로 약속했기에 그냥 사면을 타고 내린다.

북향인 설사면의 설질은 최상의 분설 상태라 신나게 미끄러져 내린다. 아무도 긋지 않은 백지상태의 사면에 멋진 굴곡을 그으며 메르 더 그라스를 따라 내린다. 이윽고 크레바스 지대 옆으로 르깽 산장(Refuge du Requin, 2516m)을 지난다. 계속해서 드넓은 빙하 위를 타고 내리니 일반 스키어들이 지나가는 슬로프가 나온다. 곧 메르 더 그라스가 레쇼(Leschaux) 빙하와 만나는 모레인 지대다.

레쇼 빙하 상부로 시선을 던진다. 정상부에 구름을 이고 있는 그랑드 조라스 북벽이 살짝 고개만 내밀고 있다. 19세의 나이에 워커 스퍼를 오른 보나티는 14년 후인 1963년 1월에 워커 스퍼를 겨울에 올라 동계초등을 이룬다. 혹독한 추위에 맞서 동료 자펠리(Zapelli)와 다섯 번 비박하며 오른 것이다. 그리고 이듬해 여름에 그는 이 북벽을 다시 찾아 웜퍼봉으로 직상하는 새로운 루트를 4일 만에 내며 또 한 번 자신의 건재함을 확인한다.

과연 그가 계속해서 산행했다면 이 알프스에서만 남긴 발자취가 어디까지 뻗쳤을까 상상해 본다. 그는 파타고니아에서도 수많은 초등을 이루었으며, 나도 등반한 적이 있는 카라코람의 가셔브룸 4봉을 초등하지 않았던가. 그의 책에는 열악한 장비로도 혹독한 상황에 맞서는 그의 활약상들이 손에 땀을 쥐게 할 정도로 가득 차 있다. 그래서 400페이지가 넘지만 결코 지루하지 않다.

빙하 건너편, 구름 아래에 그랑 카푸생이 솟아 있다.

그가 산을 떠나 극한의 오지 포토저널리스트로 활동했던 사진집이 2006년에 발간되었다. 그것을 포함하여 그가 쓴 저서가 10권이나 되지만 단 한 권도 국내에 소개된 적이 없음은 국내 산악문학의 빈약함을 반증하는 것이 아닐까.

이제 메르 더 그라스 빙하 아래로 발길을 돌린다. 이후 몽탕베르(Montenvers, 1909m)까지 드뤼를 앞에 두고 달린다. 생애에 가장 큰 악영향을 끼친 K2등반에 상심한 보나티는 단독 무산소 알파인스타일로 K2를 시도하려 했지만 뜻을 이루지 못한다. 반세기 전 당시 국가적인 차원의 행사로 꾸려져야 가능했던 8000m급 거봉 원정이었기에 끝내 실현되지 못했으며, 오늘날의 최고 산악인들도 감히 생각지 못할 대담한 계획이었다. 보나티는 혼자만의 힘으로 불가능의 등반선을 그으며, 이전에 어느 누구도 생각지 못한 등반을 바로 이 드뤼에서 감행하기로 한다. 1955년 여름이었다. 한 피치 등반에 두세 번씩 오르내리며 6일 만에 오른 그를 기리기 위해 사람들은 드뤼 남서 필라를 보나티 필라라 명명했다. 몽탕베르 전망대에서 바라보는 드뤼는 여전히 위엄을 갖추고 있었다. 물론 몇 년 전에 발생한 거대한 낙석사고로 보나티가 올랐던 필라는 많은 부분 사라지고 없다. 하지만 그 후에도 기라성 같은 후배 산악인들은 여전히 그의 길을 따르고 있다.

이후 틈틈이 보나티의 책을 펼쳐들며 거의 다 읽을 무렵이었다. 아침부터 그의 책에 빠져 지내다보니 점심때가 되었다. 창밖의 뭉게구름이 손짓하듯 유혹했다. 몸이 근질거려 그저 숙소에서만 보나티의 책을 읽을 게 아니라 또다시 그가 활동하던 무대로 가보고 싶었다. 이른 점심을 먹고 곧장 배낭을 꾸린다.

한데 3800m 고지의 에귀 뒤 미디에 올라보니 남쪽 하늘엔 지난번보다 더 짙은 구름바다가 펼쳐져 있었다. 할 수 없이 헬브로너까지 가지 않고 스키로 메르 더 그라스 빙하를 따라 내린다. 그의 위대함을 그저 곁눈질로만 느껴보려던 나의 시도가 가당찮음을 느끼며 빙하 위를 달린다. 훌륭한 산악인이 되기 위한 자질은 훌륭한 인간이 되기 위한 자질과 같으며, 등산을 하되 산이 자신을 구속치 않도록 해야 한다고 한 보나티의 말이 내내 귓전에 울렸다.

다시 읽는 즐거움

 예전에 내가 보나티의 이 책을 어떻게 다 읽었나 싶다. 이탈리아어로 된 원서가 아니라 영어로 번역된 책이긴 하지만 440페이지가 넘는데다가 깨알 같은 활자들이 페이지를 꽉 채우고 있었기 때문이다. 솔직히 그때 읽은 내용도 익히 알고 있었던 것들 외에는 기억에 없다. 여하튼 알피니즘의 역사에서 가장 위대한 인물에 대한 호기심이 없었다면 읽기 힘들었을 것이다. 지금 생각해도 이 책은 리오넬 테레이의 〈무상의 정복자〉에 비해 내용이 아주 무거웠다. 프랑스인의 유머가 넘치는 테레이의 책은 페이지가 술술 잘도 넘어갔지만 보나티의 책은 그러지 못해 매일 책과 씨름해도 2~3주 이상 걸렸던 것 같다.
 이탈리아인이라 하여 어찌 프랑스인에 비해 덜 유쾌할까. 이것은 아마도 보나티의 등반인생에 절대적인 영향을 미쳤던 K2 원정등반에서 당한 불미스런 일 때문이리라. 보나티 개인에게 불행한 일이었지만, 역설적으로 생각해보면 그런 사건 때문에 그는 알피니즘의 역사에서 길이 빛나는 업적들을 이루어내지 않았나 싶다. K2 등반 후 그가 행한 등반들 모두가 위대하지 않았던가. 드뤼 남서 필라 단독초등, 가셔브룸 4봉 초등, 동계 마터호른 북벽 단독 신 루트 등반 등등……. 그런 큰 등반을 하고서도 이른 나이(35세)에 산악계에서 은퇴한 그를 생각하면, 평범한 산악인인 나는 아쉽다고 밖에 표현할 말을 못찾겠다. 이제 그도 세상을 떠났다. 다행히 그의 책이 한국어로 번역 출판되었다고 하니 이번에는 한국어판 책을 읽으며 보나티를 다시 만나야겠다.

9-〈알프스의 3대 북벽〉

3대 북벽 중 하나인 그랑드 조라스 북벽을 앞둔 비박산장에서

'알프스는 예나 지금이나 소홀히 할 수 없는 대상'

　　　　　알프스, 그것도 '알프스의 3대 북벽'이란 말만 들어도 가슴이 두근거릴 때가 있었다. 내 경우에는 산을 알게 되고 만년설산을 꿈꾸며 한창 20대의 젊음을 산에 바칠 무렵이었다. 아마도 당시에는 동기들뿐 아니라 선후배들 또한 마찬가지였을 것이다. 내가 처음 암벽을 배웠던 고향의 해골바위 암장에 이르는 길가에 삼각 및 사각형의 볼더가 있었는데, 우리들은 이 삼각바위를 마터호른이라 부르며 언젠가는 꼭 올라보리란 결의를 다지곤 했다.

　한편 20대 초반에 내가 몸담았던 산악회 사무실 한쪽 벽면에 걸려 있던 그랑드 조라스 북벽의 시원스런 풍경은 지금도 잊을 수가 없다. 쿠베르클 산장 쪽에서 찍은, 그랑드 조라스 북벽과 그 아래를 흘러내리는 레쇼 빙하를 함께 담은 사진이었다. 그리고 아이거 북벽은 당시 문고판으로 발행된 하인리히 하러의 〈하얀 거미〉를 통해 생생하게 각인되었다. 이렇듯 아이거, 마터호른, 그랑드 조라스의 북벽들은 많은 신출내기 산악인들을 그저 고향의 산에만 머물도록 하지 않았다. 나 또한 20대 중반의 학창시절에 이곳 알프스에 처음 발을 딛고 북벽들을 오르지 않았던가.

　남성적인 웅대함을 갖추고서 언제든 번개를 동반한 폭풍설로

혹독한 시련을 안겨주는 아이거 북벽, 여성적인 아름다움을 자랑하면서도 앙칼스럽게 수많은 낙석으로 오르는 이들을 혼쭐내주는 마터호른 북벽, 앞의 두 가지 요소를 두루 갖추고 병풍처럼 펼쳐진 수려한 거벽에 수많은 등반선을 품고 있는 그랑드 조라스 북벽. 알프스의 3대 북벽을 좀 더 생각하고 느껴보기 위해 안데를 헤크마이어(Anderl Heckmair 1905~ ?)의 <알프스의 3대 북벽>을 집어 들었다. 물론 세 곳 중 한 곳인 그랑드 조라스 북벽이 잘 보이는 페리아드 비박산장(Bivouac des Periades, 3441m)에서 이 책을 읽기로 했다.

이 책을 배낭에 집어넣은 또 다른 이유는 헤크마이어의 자서전<ANDERL HECKMAIR, My Life>를 구입한 지 1년이 되어도 읽지 못한 탓에 우선 <알프스의 3대 북벽>을 그랑드 조라스를 바라보며 읽고 그의 전기는 그에게 평생 가장 큰 영향을 미친 아이거 북벽을 바라보며 읽을 기회가 있지 않을까 하는 속셈도 있었다.

느지막이 짐을 꾸린다. 이젠 배낭꾸리는 일에 이력이 날 만도 하건만 늘 무언가 빠뜨린 것 같고 쉽지가 않다. 지난번 산행 후에 제대로 정리해두지 않은 산행용 손목시계를 아무리 찾아도 없다. 할 수 없이 그냥 떠나기로 한다. 하루 이틀 시간이라는 굴레에서 벗어나는 것도 괜찮을 것이라 여기며 3800m 고지의 에귀 뒤 미디(Aig. du Midi) 전망대에 오른다.

4월 말 이제 스키시즌이 막을 내릴 단계라 발레 브랑쉬(Vallee Blanche) 설원으로 향하는 스키어들은 많지 않다. 호젓하여 좋다. 맑은 날이다. 전망대의 동쪽 난간으로 향한다. 몽블랑 산군의 파노라마가 시원스럽게 펼쳐져 있다. 그랑드 조라스 북벽은 여전히 그늘져 있으며, 왼편 저 멀리 마터호른이 자그마하게 시야에 들어온
다. 이곳서 아이거 북벽은
웬만큼 쾌청한 날이 아니
고는 보이지 않아 3대 북
벽을 한눈에 볼 기회는 좀
체 없다.

 곧 스키를 들고 에귀 뒤 미디 북동 설릉을 내려간다. 몇몇 스키어들 뒤로 그랑드 조라스 북벽과 오늘밤 묵을 페리아드 비박 산장이 위치한 침봉 등이 한눈에 들어온다. 스키를 신고 발레 브랑쉬 설원을 가로지른다. 이윽고 몽블랑 뒤 타퀼 동벽 아래를 경유해 제앙(Geant) 빙하에 들어선다. 당 뒤 제앙(Dent du Geant, 4013m) 쪽으로 큰 원을 그리며 우회해야 페리아드 빙하 하단부의 좀 더 높은 지점에 다다를 수 있다. 발레 브랑쉬를 경유해 곧바로 르깽 산장(Refuge du Requin, 2516m) 쪽으로 진입하면 오르막을 더 올라야 한다. 몇몇 스키어들을 지나치며 크레바스 지대 옆 사면을 타고 내린다. 마침 뒤따르는 이는 프랑스국립등산스키학교(ENSA)의 교수로 있는 쟝 세바스티앙이다. 이 지역에선 꽤나 알려진 이로서 2년 전 스위스의 모바장 빙장에서 만난 적이 있다. 손님 하나와 신나게 스키를 타고 내리는 그를 뒤로 하고 배낭을 내린다.

 여기서부터 스키에 스킨을 달고 올라야 한다. 올라갈 드넓은 사면을 살피니 아무도 없다. 빙하 상단의 세락이 무너져 그 잔해들이 주변 곳곳에 흩어져있다. 신설이 내린 지 1주일 이상 되어 별 걱정 없이 스키를 끌고 오르기 시작한다. 그래도 일말의 불안감이 발걸음을 재촉한다. 진땀을 흘리며 세락의 위험지대에서 벗어나서야 한숨을 돌린다. 바람 한 점 불지 않는 한낮의 설원 위라 덥다. 재킷을 벗어 배낭에 매달고 오른다. 이 드넓은 사면에 나 혼자라는 사실이 즐겁다.

 브레쉬 퓌주(Breche Puiseux, 3432m)의 쿨와르가 시작되는 지점이 가까워질수록 경사가 심해진다. 곳곳에 크레바스들이 숨을 죽이고 숨어있다. 스키의 장점을 살려 웬만한 넓이의 히든 크레바스나 스노 브리지는 그냥 지나친다. 이윽고 쿨와르 하단부에 이른다. 2시간 이상 걸어 오른 것 같다. 배낭을 벗어 쉬면서 스키 스킨을 떼고 스키를 배낭에 매단다. 이어 아이젠을 신고 피켈을 들고 오른다. 한낮의 열기에 설사면이 허벅지 이상 빠진다. 이럴 줄 알았으면 최대한 스키를 신고 올라보는 건데 하는 뒤늦은 후회가 밀려온다.

 쿨와르 하단의 작은 얼음 턱까지 50m 구간은 수영을 하듯 허우적거린다. 겨우 얼음 턱에 올라서서 본격적인 쿨와르 등반이 시작되자 더는 발이 빠지지 않는다. 경사가 약 50도인 350m 높이의 쿨와르를 오르고 또 오른다. 다행히 위에서 떨어지는 낙석이나 눈덩이는 없다. 쉴 때마다 뒤로 고개를 돌린다. 고도를 차츰 높이자 몽블랑이 고개를 내민다.

 마침내 브레쉬 퓌주 고개에 올라선다. 고개 너머 펼쳐진 몽말레(Mt. Malet) 빙하와 그랑드 조라스 북벽이 한눈에 들어온다. 여기서 페리아드 비박산장은 북쪽으로 이어진 바위능선을 따라 약 50m 오르면 있다. 조심해서 바위능선을 따른다. 스키를 맨 배낭이 불편하게 느껴질 정도로 균형을 잡으며 칼날능선을 지난다.

 한 구간을 지나면서 오른손으로 멀리 있는 큰 홀드를 잡았을 때다. 오른발을 옮기려는 순간, 딛고 있던 눈이 꺼지는 바람에 오른쪽 가슴이 그대로 바위에 부딪친다. 격한 통증이 느껴지지만 오른손을 놓을 순 없다. 급히 몸을 끌어올려 안전한 지점에 이르러서야 한숨을 크게 내쉰다. 갈비뼈가 심하게 아프지만 설마 부러졌겠냐며 걸음을 계속해 바위능선 꼭대기에 오른다. 바로 이 꼭대기에 마치 큰 새가 둥지를 튼 듯 나무로 지은 3인용 비상대피소인 페리아드 비박산장이 있다.

그랑드 조라스의 또다른 전망대 페리아드 비박산장

 배낭을 내려놓고 주위를 둘러본다. 사방에 펼쳐진 풍경이 시원스럽다. 무엇보다 그랑드 조라스 북벽을 또 다른 각도에서 조망할 수 있어 좋다. 흔히 우리들은 레쇼 산장이나 쿠베르클 산장 쪽에서 찍은 그랑드 조라스 북벽의 모습에 익숙해 있다. 특히 이곳에서 보는 북벽의 워커 스퍼나 크로 스퍼는 각각 하나의 거대한 바위능선임을 여실히 보여준다. 아직 해가 많이 남아 있어 배낭을 풀고 담요며 식기류 등이 어지럽게 놓여 있는 비박산장의 실내에 눕는다. 욱신거리는 가슴을 반듯이 누인 채 서쪽으로 트인 희뿌연 창틈으로 들어오는 햇살에 <알프스의 3대 북벽>을 비춰 읽는다.

 헤크마이어에게 그랑드 조라스 북벽은 아이거에 비해 인연이 없는 듯하다. 그는 1931년 처음 이곳을 찾았지만 나쁜 날씨, 그리고 같은 뮌헨 출신 친구 둘의 추락사로 등반을 단념한다. 이들은 토니 슈미트와 프란츠 슈미트 형제가 마터호른 북벽에 성공했다는 소식에 자극을 받아 조라스 북벽에 붙었지만 희생양이 되었던 것이다.

이후 헤크마이어는 거의 매년 이곳을 찾다시피 하지만 기회가 오지 않는다. 특히 1935년에는 그랑드 조라스 북벽을 반드시 오르겠다는 열정으로 온몸을 던지지만 암벽훈련을 하다 잘못 뛰어내려 발뒤꿈치를 다쳐 깁스를 하고 뮌헨으로 돌아가야 했다. 침울한 기분으로 고향에 돌아간 그에게, 1년 전에 레쇼 산장에 함께 머물며 그랑드 조라스 북벽을 노렸던 친구들(페터스와 마이어)에 의해 북벽이 정복되었다는 소식이 기다린다. 이들이 오른 루트는 중앙측릉 즉, 크로 스퍼였다. 이때 그의 심정은 어땠을까. 풀이 더욱 죽은 헤크마이어에게 남은 것은 이제 아이거 북벽뿐이었던 것이다.

시간이 얼마나 흘렀던가. 얼핏 창틈으로 스며드는 빛의 질감이 다르게 느껴졌다. 벌떡 일어난다. 가슴팍이 화끈거린다. 카메라를 챙겨 밖으로 나온다. 한두 시간 전에 구름이 몰려와 저녁 경치는 볼 것이 없을 거라는 예상을 뒤집으며 멋진 저녁놀이 펼쳐지고 있었다. 낮게 가라앉은 구름 위로 몽블랑 산군의 침봉들이 솟아 있는 가운데, 붉고 노란색의 연한 구름들이 서녘 하늘에 마구 흩뿌려져 있다. 고생하며 이 추운 비박산장에 와 있는 것에 대한 보상이 되고 남는다. 이제 알프스의 밤을 맞이할 차례다. 찬바람에 어깨를 움츠리며 비박산장에 기어든다. 얼른 버너를 켜 눈을 녹여 저녁을 먹는다.

데워진 몸의 열기를 잃지 않기 위해 나무문을 닫고 바닥에 깔린 담요를 챙긴다. 먼지투성이의 담요일망정 추위를 피하기 위해선 덮어야 한다. 그리고 창가에 있는 타다 남은 양초 두 자루에 불을 붙이니 좁은 공간에 온기가 도는 듯하다. 이제 읽다만 <알프스의 3대 북벽>을 펼쳐든다. 물론 촛불로는 빛이 약해 가져간 헤드랜턴을 켜 읽는다.

이제 헤크마이어의 무대는 이곳 그랑드 조라스에서 아이거로 넘어간다. 깁스를 한 채 침울하게 있던 헤크마이어에게 귀가 솔깃한 뉴스가 날아든다. 또 다른 뮌헨 출신의 막스 세들마이어와 칼 메링거가 아이거 북벽에 붙은 것이다. 하지만 이들은 4일간 힘겹게 제3설원까지 오르고 불귀의 객이 되고 만다. 이때부터 헤크마이어의 관심은 오직 아이거 북벽에 집중되어 자료를 모으고 답사까지 하게 된다.

하지만 1936년 헤크마이어는 자신이 아이거 북벽을 시도하기에는 아직 부족함을 느낀다. 당연히 그해 여름에 북벽에서 발생한 참극(힌터슈토이서와 토니 일행 4명의 비극적 종말)에 영향을 받았을 것이다. 다음 해 여름, 만반의 준비를 하고 아이거 북벽을 찾은 헤크마이어는 6주일이나 기회를 노렸지만 이번에도 날씨 운이 없었다. 그의 이야기가 막 재미있으려던 참에 침침해진 눈도 쉬고 소변도 볼 겸 나무문을 박차고 밖으로 나왔다. 바로 앞은 낭떠러지라 조심스럽게 발을 딛고 하늘을 본다. 별들의 물결 아래 밤의 어두움보다 더 검은 형체가 거대하게 우뚝 서 있었다. 바로 그랑드 조라스 북벽이었다.

국적 불문하고 산악인들을 친구로 만드는 산

어깨를 움츠리며 비박산장에 들어온다. 시계가 없으니 시간을 가늠할 순 없다. 그리고 이제 막 헤크마이어가 아이거 북벽에 붙으려는 마당에 잠자리에 들 수도 없다. 또다시 <알프스의 3

대 북벽>을 펼쳐든다. 20대 중반이었던 학창시절, 나 또한 올랐던 아이거 북벽의 초등루트에 대한 이야기는 시간가는 줄 모르게 읽혔다. 17년이란 세월이 지났건만 그들 헤크마이어와 푀르크, 하러와 카스파레크가 고군분투하며 오른 한 구간 한 구간이 생생하게 떠오른다. 별빛 쏟아지는 산정의 비박산장에서 산서를 읽는 즐거움이다.

모진 난관을 헤치며 북벽에 오르는 대목까지 페이지를 넘긴 후, 이제는 눈을 붙여야 하지 않을까 싶어 랜턴을 끄고 세 장의 담요를 어깨 위로 끌어 덮는다. 창가에 켜둔 양초는 거의 다 타들어 가고 있었다. 그냥 둔 채 눈을 감는다. 얼마나 잤던가. 그 사이에 양초는 꺼졌으며, 나무문을 열어보니 아직도 칠흑의 밤이다. 다시 담요 속으로 파고든다. 하지만 초저녁에 비해 기온이 많이 내려가 무릎이 특히 시리다. 도저히 잠이 오지 않는다. 할 수 없이 <알프스의 3대 북벽>을 마저 읽는다.

헤크마이어가 그랑드 조라스를 처음 대면하고서 20년이 지난 1951년에 마침내 오르는 이야기다. 2차 세계대전 이후라 예전처럼 자유롭게 이곳에 올 수 없었던 헤크마이어를 초청한 이들은 리오넬 테레이와 루이 라쉬날이었다. 이들은 아이거 북벽을 두 번째로 오른 샤모니의 산악인들이 아니던가. 이들은 헤크마이어가 동료와 함께 악천후를 뚫고 워커 능을 등반하는 동안에도 혹 자신들의 친구가 잘못되지 않을까 싶어 구조대를 결성하는 등 각별한 우정을 보인다. 이렇듯 예나 지금이나 산은 국적을 불문하고 산악인들을 친구로 만든다.

마지막 페이지를 넘기고 밖을 살피니 날이 밝아오고 있었다. 그 많던 별들이 사라진 아침 하늘에는 구름 한 점 없다. 너무 맑아 오히려 풍경이 별로다. 프티트 조라스 너머로 햇살의 기운이 뻗친다. 이윽고 빛을 발하며 태양이 솟아올랐지만 너무 건조했다. 햇살은 눈이 부실 정도로 강렬했지만 차가운 아침의 대기를 데우기에는 부족했다.

아침을 간단히 챙겨 먹고 짐을 꾸린다. 산장 안을 대충 정리하고 밖으로 나와 배낭에 스키를 매단다. 하룻밤 동안 정든 비박산장을 뒤로 하고 바위능선을 내려와 브레쉬 퓌주 고개에서 몽 말레 빙하까지 약 100m 믹스지대를 클라이밍다운 한다. 그리고는 곧 스키를 신고 빙하를 가르며 내려온다. 대체로 빙하 좌측을 따르는데, 그랑드 조라스 북벽을 좀 더 잘 보며 내려오기 위해 최대한 크레바스 지대에 붙어 활강한다. 가파른 몽 말레 빙하를 내려올수록 정면으로 대면하게 되는 그랑드 조라스 북벽은 측면에서 볼 때보다 더욱 거대하고 가파르게 보인다.

이제 레쇼 빙하에 접어들어 북벽 아래쪽으로 큰 원을 그리며 미끄러져 내린다. 빙하 우측 바위사면에 위치한 레쇼 산장이 시야에 들어온다. 멀리서 보아 그런지 아무런 인기척이 없다. 계속해서 스키를 타고 내린다. 이어 레쇼 빙하가 메르 더 그라스 빙하에 가로막혀 생긴 모레인 지대에 이르러 바위에 앉아 쉰다. 아직 시간이 일러 발레 브랑쉬에서 내려오는 스키어들은 보이지 않는다. 또다시 발길을 떼니 몽탕베르(Montenver) 언덕이 눈에 들어온다. 드넓은 빙하에 봄기운으로 녹아 생긴 빙하호가 에메랄드빛으로 반짝이고 있다. 좀 더 내려오니 헤크마이어가 샤모니를 처음 찾았던 1931년에 오른 그랑 샤모즈 북벽이 보인다.

몽탕베르에 올라 산악열차에 몸을 싣는다. 덜컹거리는 객차의 나무의자에 앉아 지난 하룻밤 동안 독파한 <알프스의 3대 북벽>을 떠올려본다. 마지막으로 회상되는 부분이 있다. 알프스나 히말라야 어디에도 가본 적이 없다고 한 역자의 말이다.

'세계 등반사에 이름을 남긴 기라성 같은 알피니스트들 즉, 세계가 낳은 위대한 등산가나 한 시기를 풍미한 알피니스트들은 결코 하루아침에 히말라야에서 그 명성을 얻은 것이 아니다. 이미 그들은 알프스에서 식견과 기량을 갈고닦아 거기서 쌓은 업적으로 얻은 당연한 영예임에 주목할 필요가 있다. 그런데 우리 한국산악계의 동향을 보면 히말라야만이 알피니스트의 궁극 목표요, 알피니즘의 전부인 것처럼 온갖 귀중한 재력과 정력을 쏟아붓는 경향에는 나는 전적으로 동의할 수 없다.'

우리 산악계의 보다 나은 발전을 위해선 알피니즘의 발전단계에서 커다란 징검다리 역할을 하고 있는 알프스를 소홀히 할 수 없다는 말은 예나 지금이나 변함이 없을 것이다.

다시 읽는 즐거움

 아이거 북벽 초등자로 유명한 안데를 헤크마이어는 사실 아이거 외의 활동에 대해선 그다지 알려진 바가 많지 않다. 물론 〈알프스의 3대 북벽〉에 그랑드 조라스와 마터호른에 대한 이야기가 있지만 이것만으로는 그의 모든 등반, 아울러 인생까지 엿보기는 힘들다.
 헤크마이어의 얼굴을 보면 운동선수나 특수 부대원처럼 아주 강인하고 차가운 인상을 풍긴다. 물론 그랬기에 '공동묘지' 라는 별명까지 붙은 아이거 북벽을 초등할 수 있었으리라. 하지만 인간이란 한 면만 보고는 알 수 없듯이 헤크마이어의 또 다른 책〈ANDERL HECKMAIR, My Life〉를 보면 그러한 생각은 선입견일 뿐이라는 걸 확인할 수 있다. 그의 자서전인 이 책에는 성장기 이야기부터 아이거 등반후의 활동도 실려 있다. 카라코람이나 아프리카, 남미까지 활동한 그의 모습뿐 아니라 수많은 사진들이 실려 있어 그를 이해하는데 많은 도움이 된다. 오래 전에 구입만 해두었지 정독하지 못해 이 책에 대해 좀 더 많은 것을 쓰지 못해 미안할 따름이다.

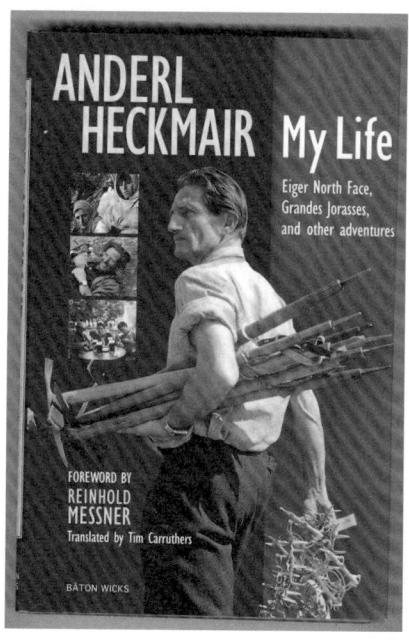

10-〈자일파티〉

하얀 호수에서 소설의 무대 드뤼와 그랑드 조라스를 보다

'생명을 걸어도 아깝지 않을 만한 대상이 있을 때 그것이 곧 삶의 목적이 된다'

10여 년 전 산을, 그것도 이곳 알프스를 무대로 한 소설을 읽고 눈시울이 젖었던 적이 있다. 소설이라는 허구의 세계일망정 그 속의 등장인물들이나 활동공간들이 너무나 친숙하고 생생하게 느껴졌었다. 더구나 그 당시 나는 난생처음 알프스에서 3개월 이상 지내고 한국으로 돌아간 지 몇 년 지났을 때였고, 알프스 등반의 경험 때문에 소설 속의 무대에 대한 향수에 젖어 있었다. 게다가 지금보다는 삶에 훨씬 덜 찌들어 순수한 감성이 남아 있던 시절이라 이 소설 이야기에 가슴이 아팠다. 바로 닛타 지로의 〈자일 파티〉였다.

그리고 미혼이었던 당시, 두 여자 주인공의 아름다움에 반해 혹 현실 속에서도 그들처럼 멋진 여성 산악인은 없을까 하고 상상의 날개를 펼쳤던 추억이 있다.

산은 남녀노소 누구나 가까이 하고 경험할 수 있다. 등반 또한 누구나 즐길 수가 있는데, 그들 중에서 가장 아름답고 활동적인 이들은 청춘남녀가 아닐까. 이들은 자연스럽게 자일 파티 즉, 등반 조를 이뤄 대자연의 수직암벽에서 고락을 함께 나눈다. 그러다 보면 어느새 서로의 가슴에 큐피터의 화살이 꽂히고 만다.

처음 이 소설을 읽던 당시, 사랑의 화살이라곤 결코 꽂혀 보지 않은 내가 품은 의문이 있었다. 사랑하는 이와 자일을 묶고 과연 극한등반을 할 수 있을까 하는 것이다. 상대를 너무 아껴 경직된다거나 상대에게 의지하다보면 안이해져 사고로 이어질 수 있지 않을까 하는 생각이 들었다. 물론 그 해답은 아직도 잘 모르겠다.

 소설의 결정적인 무대인 드뤼(Dru, 3730m)와 그랑드 조라스(Grand Jorasse, 4208m)를 바라보며 다시 한 번 아름다운 두 주인공을 만나볼 기회가 왔다. 하지를 며칠 앞둔 6월 중순이었다. '하얀 호수' 라는 이름의 락 블랑(Lac Blanc, 2352m)으로 <자일 파티>를 지고 올랐다.

'꽃의 언덕' 플레제르 전망대

 마침 동행하는 이들이 있었다. 현재 독일에서 거주하며 그림 작업을 하고 있는 봉선기 선배(봉암산악회)와 형수 안자나(Anjana Konig), 그리고 그들의 친구 구드룬(Gudrun Tatge)이었다. 그들의 애견 조이도 함께 했다. 그들은 본격적인 여름 바캉스가 시작되기 전의 조용한 알프스를 찾아 2주간 샤모니에 머무는 중이었다. 이른 아침에 샤모니 시내에서 만난 우리는 아르브 강가를 따라 레 프라(les Praz) 마을로 향했다. 힘차게 흐르는 희뿌연 빙하물이 물안개와 함께 시원하게 피부에 닿았다.

 함께 걷던 봉선기 선배는 마치 설악골에 들어서는 기분이라 했다. 그렇다. 한여름, 한 짐 가득 짊어지고 이마에 흐르는 땀을 훔치며 곧 있을 등반에 들떠 캠프지를 찾아 설악골 초입에 들어설 때의 추억이 새삼스럽다. 70년대 말의 고교시절부터 산에 다녔다는 봉 선배와 몇 년 차이나지 않게 산을 다닌 나는 이역만리의 타향생활을 하다 보니, 옛 시절의 산행추억에 대해 서로 쉽게 공감대가 생기는 것 같다.

30분 만에 레 프라 마을의 플레제르 케이블카 역에 닿았다. 곧이어 꽃의 언덕이란 이름의 플레제르 전망대(Flegere, 1877m)에 오른다. 고도를 높이자 샤모니 계곡 건너편에 펼쳐져 있는 몽블랑 산군의 침봉들이 보다 웅장하게 시야에 들어온다. 이 파노라마의 정중앙 즉, 플레제르 바로 건너편에 '얼음바다'인 메르 더 그라스(Mer de Glace)가 반짝이며 계곡으로 흘러내리고 있다. 이 빙하 좌측에 드뤼가 마치 엄청난 위력을 지닌 핵폭탄의 탄두처럼 솟아 있으며 그 뒤로 그랑드 조라스 북벽이 펼쳐져 있다. 이 두 곳이 <자일 파티>의 두 주인공 미사코와 도시코가 자신들 삶의 결정적인 순간을 맞이한 무대다. 북쪽으로 길게 완경사로 이어진 산길 좌우로 이제 막 알펜로제가 꽃망울을 맺고 있었다. 양지 바른쪽 사면에서는 꽃망울을 활짝 터뜨려 알파인 지대의 초록바다에 제법 붉은 색을 더했다. 봉선배의 애견 조이는 무엇이 그리 좋은지 일행들 앞뒤를 신나게 오간다. 하지만 갑자기 바위 뒤에서 난, 쐑 하는 거친 소리에 조이는 걸음을 멈추고 경계 자세를 취한다. 자신보다 덩치가 조금 작은 마모트가 내는 소리임을 확인하고서야 녀석은 자신의 체면을 차릴 심산인지 마구 짓는다.

걸음을 재촉한다. 우리 앞에 서너 명의 건장한 남자들이 한 짐 가득 짊어지고 있다. 마침

이들도 독일인들이라 안자나와 구드룬은 반갑다며 한동안 수다를 떤다. 그들은 봉 선배 일행이 살고 있는 하노바에서 멀지 않은 곳에서 왔다며 이제 막 몽블랑 일주를 시작한다고 했다. 그러고 보니 우리가 걷고 있는 길이 바로 몽블랑 일주 코스의 일부인데, 이들은 시계방향으로 돌고 있는 셈이다.

산중의 작은 호수들 락 세서리

이윽고 우리는 락 블랑에서 흘러내리는 작은 개울에 놓인 나무 다리를 건넌다. 그리고 얼마 가지 않아 알파인 목초지에 세워진 작은 샬레(Chalet de Cheserys, 1998m)에 닿았다. 아르장티에르 마을에서 올라오는 길과 만나는 삼거리에 세워진, 개인 소유의 이 건물에서 바라보는 경치도 일품이다.

잠시 목을 축인 우리는 한동안 오르막을 걷는다. 언덕에 올라서니 북쪽에서 불어오는 바람이 시원하다. 북쪽으로 난 산길을 200m 더 걸어 락 블랑으로 향하는 일반 등산로에서 벗어난다. 대여섯 개의 크고 작은 호수들로 이뤄진 락 세서리(Lacs des Cheserys)를 둘러보기 위해서다. 북측 비탈에는 잔설이 군데군데 남아 있었다.

한여름에는 말라 없어지는 작은 호수들을 따라 걷는다. 이곳까지는 아직 알펜로제가 피지 않았다. 호수 옆을 끼고 도는데, 조이는 그동안 힘들게 오르다 만난 물이 반가운지 물속으로 뛰어든다. 녀석은 춥지 않은지 물속에서 한껏 놀고 나와 몸을 턴다. 작은 호수 두 개를 지나 양지바른 곳에서 우리는 각자 싸온 점심을 맛있게 나눠 먹는다. 저 멀리 드뤼가 구름에 싸였다가 나타난다.

하늘에 구름이 많아 트레킹하기에는 좋은 날이지만, 만일 지금 누군가 드뤼를 오르고 있다면 무척 걱정스러울 것이다. 드뤼와 바로 옆의 에귀 베르트를 둘러싸고 있는 구름만으로도 그곳에 충분히 눈을 뿌릴 상황이다. 물론 이 정도의 구름으로는 소설의 주인공 미사코와 후미오 부부가 당한 번개를 만들 수는 없을 테지만, 산봉우리에 머물고 있는 구름은 알피니스트에게는 충분히 위협적이다.

바게트와 치즈 등으로 점심을 맛있게 먹은 우리는 계속해서 크고 작은 세서리 호수를 끼고 오른다. 이윽고 마지막 호수에 올라 락 블랑으로 오르는 일반 산행로에 접어든다. 몇몇 트레커들을 지나친다. 마침 초등학교 상급반 학생 10여 명이 인솔 선생님과 우리 뒤를 따르고 있다. 애들은 이곳까지 올라온 조이를 보고 어쩔 줄 몰라 하며 품에서 놓아줄 줄 모른다. 어릴 적부터 야외활동으로 이런 곳에 오는 이곳 어린이들의 교육환경이 부러울 따름이다.

철 계단을 오르고 가파른 오르막을 올라 마침내 락 블랑에 닿았다. 호수는 가장자리를 따라 조금 녹아 있을 뿐 다 녹지 않았다. 보다 큰 뒤쪽 호수에 비해 앞쪽 호수가 좀 더 녹아 있다.

우리는 두 호수의 중간쯤 언덕에 자리를 잡고 쉰다. 찬바람이 불어오지만 간간이 구름 사이로 비치는 햇살이 따뜻해 해바라기하기에 그만이다. 하늘에선 까마귀들이 이리저리 날아든다. 그들을 바라보며 한동안 쉬다 다들 자리를 털고 일어난다. 다른 이들은 내려갈 시간이다.

산과 사회생활의 조화 또는 균형감각

봉선기 선배 일행 셋을 호수 어귀까지 배웅하고 배낭을 둔 호숫가로 돌아온다. 호수 건너편의 산장 쪽에 몇몇 트레커들이 있지만 갑자기 주변에 정적이 감도는 듯하다. 우선 텐트 칠 장소를 찾는다. 마침 호수에서 약 50m 위쪽 언덕에 돌로 담을 쌓은 캠프지가 있었다. 텐트를 치고 신발을 벗고 쉰다. 하늘에 구름이 많아 땡볕은 아니지만 오후 3시도 되지 않은 시간이라 텐트 안은 꽤나 덥다. 침낭이나 재킷을 텐트 위에 널어 그늘을 만든다. 이제 지고 간 <자일파티>를 읽을 시간이다. 상하 두 권이라 이번 산행에서 못 다 읽을듯하여 상권은 이미 읽고 왔다. 그래도 다시 한 번 상권을 훑어본다.

한겨울에 북알프스 야쓰가다케 산행에 나서서 모진 눈보라를 피해 대피소에 들어섰다가 처음 만나게 된 도시코와 미사코. 이후 둘은 재그(JAGG) 산악회에 가입해 전문등반의 세계에 빠져들어 곧 둘만의 등반을 하기 시작한다. 두 번째로 함께 자일을 묶고 오르며 맞이한 벽상의 비박에서 둘은

191

희미하게나마 산과 자신들의 인생목적을 인식하게 된다. 미사코의 말처럼 '생명을 걸어도 아깝지 않을 만한 대상이 있을 때 그것이 곧 삶의 목적이 된다.'고. 이제 미사코에겐 삶의 목적이란 가마쿠라보리(일본전통목공예)와 산이며, 도시코에겐 의학과 산이 되는 셈이었다.

그럼 나는? 인간인 이상 사회생활을 하면서 산에 다닐 수 밖에 없다. 산 하나만이 삶의 목적일 순 없다. 산과 사회생활과의 균형 잡힌 삶이 바람직할 텐데 산이 좋아 이곳까지 와 지내는 나로선 삶의 의무를 다하지 못하는 것만 같아 부끄럽기까지 하다.

결코 눈물이라곤 보이지 않는 도시코와 눈물로 자신을 표현하는 미사코의 성격은 너무나 다르다. 하지만 암벽에서만은 둘의 마음이 일치한다. 둘은 마터호른 북벽을 여성 최초로 오른다. 이 등반에서 남자 동료들은 자신들을 희생하면서까지 둘의 원정에 참가해 지원을 아끼지 않는다. 동료 산악인으로서의 순수한 호의, 같은 산악회에서 고락을 나눈 우정 그리고 이성적인 감정 등이 남자 동료들의 마음에는 복합적으로 얽혀있다.

전통목공예 조각가인 미사코는 등반 중에 순간적으로 발견한 구름 및 계곡의 문양을 혼신의 힘을 다해 손거울에 표현해 낸다. 이것을 들고 마터호른에 오른 그녀, 그녀는 어찌 보면 등반을 통해 자신의 예술혼을 불사르는 진정한 예술가요 등반가가 아닐까. 이런 생각들로 소설의 상권을 덮는다.

눈을 식히기 위해 밖으로 나와 보니 계곡 건너편의 몽블랑 산군에는 오전보다 더 짙게 구름이 머물러 있다. 드뤼나 그랑드 조라스는 아예 보이지 않는다. 오후 4시가 넘어, 산을 내려갈 사람은 다 내려가고 락 블랑 산장에 머물 사람들만 남아 있다.

호수 주변에는 한두 명 외에는 보이지 않는다. 다시 텐트로 돌아와 <자일파티> 하권을 집어 든다.

도시코와 함께 마터호른 북벽을 여성 팀 초등으로 오른 미사코는 귀국하면서 매스컴에 영합하려는 재그산악회를 이해할 수 없어 탈퇴를 결심한다. 그저 오르고 싶어 올랐을 뿐이며, 그 결과가 우연히 세인의 주목을 끌게 되었지만 그것이 그녀에게는 오히려 언짢은 일이었다. 열정적으로 오르고 조용히 그 산을 뒤돌아보고 싶었을 뿐인 그녀에게 기록이나 명성이란 쓸모없는 것이었다. 산에서는 다른 사람의 힘을 빌려서는 안 되며 어디까지나 자신의 힘만으로 어려움을 타개해 나가야 한다고 생각한 그녀, 아무런 속박 없이 남을 의식하지 않고 산하고만 대화하고 싶었던 미사코의 자세는 현실 속의 우리 산악인들에게 많은 생각을 하게 한다.

도시코와 미사코 중 누굴 선택했을까

한편 같은 산악회 동료 시라세로부터 '묘한 프로포즈'를 받은 도시코는 자일 동료와의 사랑에 대해 다음과 같이 말한다. 사랑하는 두 사람이 자일을 묶고 생사를 알 수 없는 위험한 상황에서 배려심 비슷한 감정을 주고받으며 상대에게 기대거나 받아주려 해서는 안 된다고. 물론 현실에서도 사랑하는 많은 남녀 등반가들이 함께 자일을 묶곤 한다. 하지만 그들 대부분은 그저 안전이 확보된 정도의 등반에서일 뿐이다. 과연 극한 등반에서도 함께 자일을 묶을 수 있을까. 나 또한 고심하지 않을 수 없는 문제다. 상대에게 의지하다가 안이해져 사고로 이어질 수 있음은 비단 극한등반에서 만은 아닐 것이다.

저녁 7시가 넘자 찬바람이 텐트 속으로도 불어왔다. 한쪽으로만 누워 책을 읽다 뻣뻣해진 목도 풀 겸 일어나 저녁을 먹는다. 그리고 카메라를 들고 호숫가로 내려온다. 드뤼 서벽에 석양이 비추어 빛나는 순간을 포착한다면 훌륭한 가마쿠라보리가 될 수 있으리라 생각한 미사코와 붉게 물든 드뤼가 반쯤 녹은 락 블랑에 비치는 순간을 포착하고 싶었던 나의 기대는 허망한 것일까. 한층 짙어진 구름 때문에 붉은 저녁놀은 없었다.
무거운 걸음으로 텐트로 올라오니 이제 막 털갈이를 하고 있는 산양 새끼 두 마리가 텐트 옆에서 풀을 뜯고 있었다. 드넓은 풀밭에서 유독 그쪽의 풀 맛이 좋은지 녀석들은 연신 아래위를 쳐다보며 경계심을 풀지 않으면서 열심히 풀을 뜯었다. 텐트에 들어와 어두워지기 전에 몇 페이지라도 더 넘긴다.
이제 도시코가 아이거 북벽 직등 팀에 합류하는 부분이었다. 1990년 여름에 나 또한 아이거 북벽을 올라봤기에 직등 팀의 등반이야기는 더욱 생생하게 다가왔다. 물론 나는 초등루트로 올랐지만 그때 지켜본 아이거 중앙 직벽의 위압감은 실로 대단했다. 물론 도시코 일행이 오른 등반방식의 옳고 그름을 여기서 논하고 싶지는 않다.
이제 제법 어두워져 랜턴까지 켜 읽다보니 아이거 등반이야기를 끝으로 눈이 침침해졌다. 지퍼를 열어보니 여전히 하늘 가득 구름이 덮여 있어 혹시나 싶어 텐트플라이를 친다. 다시 책을 펼쳐든다. 자일 축제의 밤으로 재그 산악회가 해산하는 줄거리에서 그만 책을 놓고 잠들고 만다.
눈을 뜨니 새벽 4시다. 아직 밖은 어두운데, 그 많던 구름은 어디로 사라졌는지 별들이 흩뿌려져 있었다. 더 이상 잠은 오지 않았지만 책을 펼쳐들고 싶진 않아 그저 미사코와 도시코

를 생각한다. 단지 산악인으로서 나는 두 주인공 중에 어느 쪽에 가까운 인물일까, 상상일망정 과연 내 앞에 도시코와 미사코 같은 여성 등반가가 나타난다면 누굴 선택할까, 하는 망상을 하며 침낭 속에서 꼼지락거렸다.

 차츰 날이 밝아왔다. 카메라를 들고 호숫가로 내려왔다. 하지만 구름이 한 점도 없어 그런지 호수에 담기는 몽블랑 산군의 풍경은 별로였다. 허탈한 심정으로 텐트로 돌아오는데, 마침 어미 산양 한 마리가 이제 막 떠오른 햇살을 받으며 반긴다. 산양의 배경에는 메르 더 그라스와 드뤼, 그리고 그랑드 조라스가 있었다. 미사코와 도시코가 자신들 삶의 결정적인 순간을 맞이했던 무대다. 소설적인 허구일망정 드뤼의 저 수정동굴에서 번개로 산화한 미사코가 바로 이 아름다운 자태의 산양으로 환생하지 않았을까 하는 상상을 해본다.

 곧바로 텐트로 돌아와 아침을 먹으며 못다 읽은 <자일파티>를 집어 든다. 태양이 한껏 떠올라 텐트 속을 달굴 때까지 읽으며 마지막 페이지를 넘긴다. 드뤼와 그랑드 조라스를 올라본 나에겐 두 주인공의 마지막이 너무나 사실적이고 생생하게 다가

와 결코 소설적 허구의 허망함이 느껴지지 않는다. 텐트 바깥의 풀밭에서는 언제 왔는지 어린 산양 둘이 풀을 뜯고 있었다. 둘은 무심히 고개를 들어 나를 빤히 쳐다본다. 눈물이 많았던 미사코의 눈망울을 상상하며 그들의 맑은 눈동자에 윙크하고 텐트를 걷어 하산길에 접어들었다.

다시 읽는 즐거움

나는 이 책을 생각할 때마다 산악소설과 실제 등반기와의 차이를 생각하게 된다. 대자연의 난관에 부딪쳐 좌절하고 극복하는 자체가 충분히 드라마틱하기에 굳이 픽션을 가미한 이야기에 무슨 감흥이 있을까 싶어서다. 하지만 소설에서는 실제 등반기에서 읽을 수 없는 주인공의 내면과 파란만장한 삶을 속속들이 알 수 있다는 점이 다르다. 현실에서 우리는 관심 있는 이의 모든 것을 알고 싶어도 불가능하다. 학창시절부터 수십 년간 자일을 묶었다는 파트너에 대해서도 우리는 얼마나 알까. 심지어 사랑하는 이의 가슴속도 들여다볼 수는 없다. 반면 소설에서는 현실에선 불가능한 면들을 알 수 있어 즐겁다.

굳이 소설이 아니더라도 나는 유명 등반가의 책을 읽을 때 이제는 그 책이 등반 이야기만 기술되어 있으면 재미가 없다. 그래서 학창시절 이후 나는 산악잡지에 실린 등반기라고는 제대로 읽어본 적이 없다. 한정된 지면상의 이유도 있지만 대개는 거기 실린 사진 몇 장 보는 것이 전부다. 사진만 봐도 등반자가 그 등반에 가지는 애착을 느낄 수 있다.

그가 어떤 사람이며 어떤 생각을 하고 어떻게 자랐으며 어떻게 살아갔기에 그 등반을 하게 되었는지 등등에 대한, 가능한 한 등반이라는 행위 주체자의 면면들을 알 수 있는 책이 좋다. 등반동작의 육체적 과정과 결과가 아무리 극적이라 한들 그 행위자의 인생 전체에서는 아주 짧은 순간의 활동이다. 설사 그 사건이 그의 인생에 많은 영향을 미치는 중대 사건이라 하더라도 나는 산을 대하는 그의 마음과 동기에 더 관심이 간다. 그래서 나는 논픽션 산악서적을 읽을 때도 가능하면 호흡이 긴 내용을 좋아한다. 전기나 자서전 같은 책을 더 즐겨 읽는 이유다. 또 다르게 말하면 나는 등반의 업적보다는 등반가의 등반 동기와 인간성에 더 관심이 많다. 등반보다는 사람이 더 중요하고 또 그 사람이 어떤 동기와 목적으로 산에 오르는지가 중요하기 때문이다. 관계라는 면에서 보더라도, 파트너와의 관계도 중요하겠지만 종국에는 자신과 산과의 관계가 더 중요하지 않을까. 산에 가는 사람이라면 산을 먼저 생각하는 순수한 마음이 기본이 되어야 한다. 우리는 자연의 주인이 아니기 때문이다.

 대개 빛나는 등반성과를 이룬 이들은 인품 또한 빼어난 경우가 많다. 그렇지만 산에 다니는 사람이라 하여 다 좋은 사람만은 아니듯 훌륭한 등반을 했다하여 전부 훌륭한 사람은 아니다. 오늘날 멋진 등반은 많은 것 같은데, 훌륭한 등반은 드문 것도 같은 맥락이 아닌가 싶다. 이런 현실 때문에 나는 소설을 통해서라도 훌륭한 산악인을 만나고 싶다.

 소설은 소설로서 재미가 있다. 〈자일파티〉는 소설적인 짜임새뿐 아니라 등반에 대한 묘사 또한 흠이 거의 없는 뛰어난 소설이다. 한국에도 이와 같은 산악소설 하나 정도는 나오기를 바란다. 뛰어난 소설가이면서 등반가이거나 뛰어난 등반가이면서 소설가가 아니더라도 이만한 작품은 쓸 수 있겠지만, 이런 소설을 쓸 수 있는 사람이 한 명만이라도 우리나라에 있었으면 좋겠다. 상상의 아름다움과 훌륭한 전개는 현실을 살아가는 나침반으로 간혹 필요하기 때문이다. 허구의 망망대해에서 건져올리는 진실의 의미는 바다 속의 진주보다 가치가 있기에.

11-〈8000미터 위와 아래〉

국경을 오가며 헤르만 불의 8000미터 위와 아래의 생을 살피다

'나는 낭가파르바트를 당신의 말대로 공평한 수단으로 올랐다'

 헤르만 불(Hermann Buhl, 1924~1958)을 생각하면 으레 떠오르는 사진이 있다. 하룻밤 사이에 젊은 청년에서 늙은 노인으로 변한 그의 모습은, 특히 한창 산의 세계에 빠져든 나에게는 충격이었다. 히말라야 8000m 봉우리를 단독으로 올라 초등한 후 극한의 지대에서 하룻밤 비박하며 혹독한 시련을 이겨낸 인간의 모습이 과연 저럴까 싶었던 것이다.

 8000m 고지의 천길 낭떠러지 위에서 확보도 없이 꼿꼿이 선 채 극한의 비박을 이겨낸 후, 입술이 부르트고 이마엔 수많은 주름이 진 그의 모습은 70세 노인보다 더 나이가 들어 보였다. 하룻밤 사이에 알피니즘이란 화두를 완전히 깨친 위대한 알피니스트의 모습이 저렇지 않을까 싶었다. 하여튼 그는 20세기, 아니 전 알피니즘 역사를 통틀어 가장 영향력 있는 산악인 중 한 명이다.

 7월 말에 접어들자 한국에서 알프스를 찾는 산악인들이 줄을 이었다. 이곳서 처음 만나는 이들이나 이미 알고 지내던 이들 모두 반가운 분들뿐이다. 이들과 어울려 나누는 산 이야기는 어느 것 하나 즐겁지 않은 게 없다. 당연히 혼자만의 시간이 줄게 되어, 심지어 지인들과 며칠 그린델발트 지역으로 떠난 산행에 헤르만 불의 〈8000미터 위와 아래〉를 가져갔지만 단한 페이지도 넘겨보지 못했다. 이래선 안 되겠다 싶어 샤모니로 돌아온 다음날 배낭을 꾸렸다. 혼자만의 호젓한 산행을 하며 헤르만 불을 만나보기로 마음먹었다.

아침을 먹고 느지막이 샤모니를 떠난다. 프랑스와 스위스의 국경으로 향하는 몽블랑 익스프레스 산간열차는 곧장 샤모니를 벗어나 계곡 위로 향했다. 곧이어 레 프라(les Praz) 마을을 지난다. 20대 중반의 헤르만 불이 맨 처음 샤모니에 왔을 때 머문 마을이다. 당시엔 그를 초청한 프랑스국립등산스키학교(ENSA)가 이 마을에 위치해 있었다. 몽테 고개의 터널을 지난 열차는 러 뷔에(le Buet, 1303m)에 도착한다. 아담한 산골마을의 분위기가 느껴지는 이곳에서부터 산행이 시작된다. 샤모니 쪽과는 다르게 돌로 지은 샬레들을 지나 전나무 숲으로 들어간다.

코르보 고개 넘어 스위스 땅으로

이마에 땀이 맺힐 무렵, 전나무 숲에서 벗어나 베라르(Berard) 계곡 초입에 이른다. 수십 미터 높이의 폭포로 떨어지는 세찬 물줄기가 시원하다. 계속해서 계곡을 따라 오른다. 마치 설악산의 어느 계곡처럼 맑은 물이 흐르는 계곡 건너편에 한여름의 더위를 식히는 가족들이 옹기종기 모여 있다. 내 앞을 걷는 일가족 다섯은 이제 막 영글기 시작한 밀티유라는 작고 까만 알파인 열매를 따먹으며 걷고 있다. 밀티유의 새콤달콤한 맛에 침이 솟지만 갈 길이 멀다.

약 30분 만에 계곡을 건너는 다리에 닿는다. 초등학생 열댓 명이 인솔교사와 함께 나무그늘에서 점심을 먹고 있다. 나 또한 배낭을 내려놓고 먹을 것을 뒤진다. 전날 볼더링을 하다 다친 이빨과 혀 때문에 연한 빵을 먹어야 하는 나는 질기고 단단한 바게트를 맛있게 물어뜯는 그들이 부럽다. 계곡을 건너 한동안 아래로 이어지던 오솔길은 방향을 급회전하여 숲길로 들어간다. 곧이어 나타난 숲속의 오두막 베란다에서 할아버지 한 분이 흔들의자에 누워 땅콩 같은 것을 열심히 주워 먹고 있다. 인간 베짱이가 아닐까 싶은 생각에 웃음이 절로 나온다.

숲을 벗어난 양지바른 풀밭에선 노부부가 점심을 준비하며 인사말을 건넨다. 모두 여유로운 노년의 모습들이다. 아마 헤르만 불이 생존해 있다면 그 분들 또래가 아닐까. 이제부터 본격적인 오르막이 시작된다. 차츰 낮아지는 나무 사이로 난 좁은 길을 거슬러 오른다. 고도가 높지 않은 한낮이라 덥다. 30분 정도 오르자 급경사 바위사면이 나타난다. 오른편에 쇠사슬이 설치되어 있다. 조심해서 오르다 그만 오른쪽 팔꿈치를 찧고 만다. 이를 악물며 100m 높이의 바위구간을 올라 한숨을 돌린다.

이어 나타난 야생화 밭에는 먼저 오른 트레커 셋이 쉬고 있다. 나이든 아버지와 큰딸, 그리고 아들은 즐겁게 환담을 나누고 있다. 나도 배낭을 내려놓고 물 한 모금 마신다. 그들보다 먼저 출발한 나는 깊어지는 계곡의 오른쪽 사면을 오르내리며 걷는다. 트레커 둘이 내려오며 반긴다. 그들은 이른 아침에 스위스의 에모송(Emosson) 댐을 출발해 국경인 코르보 고개(Col des Corbeaux, 2602m)를 넘어 내려온다고 한다. 좀 더 오르니 길이 평탄해지고 야생화가 지천으로 피어있다. 뒤따르는 일가족 셋을 기다려 카메라에 담는다. 이제부터 그들 뒤를 따르며 오른다. 차츰 고도를 높이고 계곡 깊숙이 들어가자 7월 말인데도 잔설이 꽤나 남아 있다.

또다시 급사면이 이어져 한동안 땀 흘리며 오른다. 이윽고 일명 '물의 계곡'인 트렐레조 계곡(Val de Tre les Eaux) 상단부다. 큰 바위 언덕의 바위표면이 빙하에 씻겨 매끈매끈하다. 전망 좋은 작은 언덕 하나를 골라 바위 위에 자리를 잡는다. 5시간 걸렸다. 이제껏 함께 오른 일가족 셋이 코르보 고개로 오르는 모습을 보며 텐트를 친다. 곧 정적이 감돈다. 오랜만에 맛보는 호젓함이 좋다. 이제부터 <8000미터 위와 아래>를 펼쳐들 시간이다.

가난으로 담금질한 유년시절

우선 목차부터 펼쳐보니 8000m 아래쪽 이야기, 즉

헤르만 불이 알프스 지역에서 성장하며 등반했던 이야기가 대부분이다. 4살 때 어머니를 여의고 한 해 늦게 학교에 갈 정도로 허약했던 헤르만이 어떻게 불굴의 알피니스트로 자랄 수 있었는지 짐작이 간다. 고향 인스브루크 외곽 연봉들을 보며 자란 헤르만은 열 번째 생일 기념으로 아버지와 인스브루크 외곽의 글룽게쩌(2600m)를 오르고 산의 세계에 빠져든다. 이후 산악회 소년부에 들어 자신의 넘치는 정열을 주체하지 못할 정도로 인스브루크 북쪽 연봉들을 오르내린다. 아마도 어머니에 대한 그리움에 더욱 산을 찾지 않았나 싶다.

넉넉지 못한 집안형편으로 낮에 배달업체 일을 도와 번 용돈으로 싸구려 음식점을 찾아 식사를 해결하고 남은 돈으로 일요일마다 산에 갈 돈을 모았던 헤르만 불. 다행히 기차 값 걱정 없이 인스브루크 외곽 산을 오를 수 있어 마냥 행복해 한 그였다. 그러고 보니 나의 학창시절, 밥값까지 아낀 푼돈을 모아 고향의 팔공산이나 그렇게나 그리던 설악산으로 향할 때의 행복했던 순간들이 떠오른다.

이제 소년티를 벗은 십대 후반의 헤르만은 고향 연봉에서 북티롤 산군, 그리고 돌로미테까지 활동영역을 넓힌다. 선배들이 오른 루트를 답사하며 더욱 산의 세계에 매료되는데, 정상에 올라 케른 아래에 감춰진 방명록에 자신의 이름을 써넣을 때의 감흥은 누구나 쉽게 맛볼 수 있는 게 아니리라. 이후 더욱 혹독하고 철저하게 자신을 단련하는 그의 모습을 보며 과연 위대한 등반가란 그저 길러지는 게 아님을 느낀다.

계곡이 깊어 텐트에 일찍 그늘이 졌다. 금방 한기가 느껴져 재킷을 껴입고 이른 저녁을 먹는다. 또다시 책을 펼쳐든다. 열여덟의 나이에 군에 입대한 헤르만 불은 규율에 얽매이는 생활에서도 틈만 나면 산으로 향한다. 그는 굳은 빵과 치즈만 가지고도 시끄러운 병영을 빠져나와 대자연을 접하며 자유와 독립을 만끽하곤 했다. 마우크 서벽을 초등했을 때는 복무규정 위반과 외출시간 초과로 닷새 동안 영창 신세를 지고 일선부대에 배속된다. 이후 전쟁과 포로생활로 2년의 공백이 있었지만, 산에 대한 그의 열정적 충동은 억눌리지 않아 오히려 더 타오르기만 한다.

이제 저녁 9시가 넘어 눈이 침침해진다. 랜턴을 켜지만 그다지 밝게 느껴지지 않는다. 눈이 침침해 눈을 감는다. 어느새 잠들었는지 캄캄한 밤이다. 시계를 보니 새벽 1시다. 밤하늘에는 은하수가 흐르고 있다. 침낭에 파고들어 랜턴에 의지해 책장을 넘긴다. 헤르만 불은 한때 스키에 매료되어 시합에 출전하기까지 하지만, 스키선수로서의 생활은 왠지 맞지 않아 등산에 매진한다. 그러던 중 크레바스를 건너뛰다 다리를 다쳐 몇 달 간 깁스를 하게 된 헤르만에게 예쁜 아가씨가 나타난다. 나 또한 이십대 후반에 울산바위에서 야바위하다 다쳐 몇 달 간 깁스를 한 상태로 첫사랑을 만났던 생각을 하니 피식 웃음이 나온다.

내기등반으로 돈을 벌다

이후 헤르만 불의 활동영역은 돌로미테에 집중된다. 내가 가본 적이 있는 마르몰라타 남벽을 오르는 헤르만의 이야기를 읽으며 손에 땀을 쥔다. 암벽용 해머를 아이스 피켈로 대신하며 빙벽을 오르고 모진 비박까지 감행하며 그는 마침내 남벽을 오르고 만다. 이후 그는 돌로미테 산군을 종횡으로 누빈다. 그리고 그는 꿈에도 그리던 서부 알프스 산행을 위해 동계에 암벽을 오르고 평소 눈덩어리를 손에 쥐고 다니며 추위에 대한 저항력을 기르기도 한다. 이 모든 게 그가 앞으로 행할 등반에의 탄탄한 준비과정일 따름이었다.

한밤중에 이렇게 1시간 정도 책을 읽다 다시 눈을 감는다. 이른 아침의 일출을 맞이하고 싶었기에. 눈을 뜨니 새벽 5시 반이다. 텐트 밖을 살핀다. 차츰 날이 밝아온다. 하지만 기대한 멋진 모습은 찾을 수가 없다. 구름 한 점 없는 한여름의 희뿌연 파노라마만 펼쳐졌다. 다만 아르장티에르와 투르 빙하 주변의 흰 봉우리들이 붉게 피어났다.

자세히 보니 아르장티에르 빙하 깊숙이 위치한 트리올레 북벽이 보인다. ENSA의 초청으로 그토록 원하던 이곳 몽블랑 산군을 찾은 1948년 여름에 헤르만 불이 오른 벽이다. 날씨가 나빠 그랑드 조라스 북벽을 단념한 헤르만 일행은 그랑 샤모즈를 오른다. 몽탕베르 언덕에서 가까운, 샤모니 계곡 어디에서든 보이는 침봉이다. 이 등반 후 계속해서 나쁜 날씨가 이어지는 와중에 헤르만은 ENSA 베란다에 걸린 그림 한 장을 보고 매료된다. 바로 트리올레 북벽의 거대한 빙벽이었다.

배가 고파 빵으로 아침을 먹는다. 그 사이에 아침 해가 텐트에 닿는다. 갈 길이 멀긴 하지만 이제 한창 읽는 재미가 붙은 <8000미터 위와 아래>를 좀 더 읽기로 한다. 헤르만 불은 다음 해도 몽블랑 산군을 찾는다. 하지만 이때도 날씨가 나빠 제대로 등반을 못한 채 고향으로 돌아간다. 다음해인 1950년 겨울, 그는 그랑드 조라스 북벽을 오르기 위해 겨울에 마르몰라타 남서벽을 오른다. 그리고 봄에는 영화촬영 일을 도우며 산행경비를 모은다.

오래 전에 나도 가본 적이 있는 베르니나 산군의 모르테라츠 빙하에서 그는 등반내기, 즉 보발산장에서 피츠 베르니나 (4052m) 정상에 빨리 다녀오는 내기를 걸어 돈을 딴다. 정통파 산악인들이 고귀한 행위로 돈을 버는 짓이라 혹평할지라도 그는 그 돈으로 보다 높이 보다 멀리 자신의 이상을 추구할 수 있다며 개의치 않는다. 등산이라는 행위를 통해 많은 돈을 벌고 있는 오늘날의 산악인들은 과연 어떨까. 보다 나은 등반이나 이상을 위한 것이 아닌 단지 돈을 벌기 위한 수단으로 고귀한 행위를 격하시키는 경우는 없는지 스스로 되짚어볼 내용이다.

해가 중천에 뜬 아침 10시가 되어서야 책을 덮는다. 일어나 길 떠날 채비를 한다. 좀 있으니 이른 아침에 러 뷔에를 출발한 중년의 트레커 한 명이 올라온다. 잠시 땀을 식힌 그는 곧장 코르보 고개로 향한다. 나도 배낭을 짊어진다. 이때 또 다른 트레커 둘이 올라오고 있다. 중년의 부부 트레커다. 그들 앞을 걸으며 지난밤을 보낸 계곡 상단을 돌아본다. 차츰 오르니 설사면이 나타난다. 그리고 모레인 돌밭이다. 고개 정상에선 바람이 강하게 불었다. 반대편에서 온 트레커 셋이 우리가 올라온 계곡으로 내려간다.

이제부터 스위스 땅이다. 지도에 고개 아래에 공룡 발자국이 있다고 표시되어 있어 그쪽으로 내려간다. 하지만 한참을 내려가도 찾을 수 없다. 할 수 없이 단념하고 에모송 댐 쪽으로 내려가는데, 중년의 부부가 작은 호수 옆에 쉬고 있다. 그들에게 물으니 한참을 더 내려가야 하며 공룡 발자국은 생각만큼 그렇게 크진 않고 주먹만

하단다. 그래서 미련 없이 곧바로 하산한다. 한참을 내려가니 드디어 에모송 댐이 내려다보인다. 그 뒤로 저 멀리 아이거가 있는 베르너 오버란트 산군이 보인다. 헤르만 불이 낭가파르바트 초등하기 바로 전해에 오른 아이거 등반이야기는 너무나 유명하다. 이 이야기는 등반을 함께 한 가스통 레뷔파의 <별빛과 폭풍설>에도 자세히 나와 있다.

 코르보 고개에서 2시간 걸어내려 에모송 댐 전망대에 이른다. 여기서 로리아 산장(Refuge de la Loriaz, 2020m)으로 가기 위해 전망대 못미처에서 우회전한다. 몇 군데 쇠사슬이 설치된 구간들을 지나 오솔길을 오르내린다. 이윽고 큰 산모퉁이 하나를 돌자 몽블랑 산군이 한눈에 들어온다. 6시간 만에 로리아 산장에 이른다. 산장에는 함석지붕으로 된 막사가 줄지어 있는데, 대부분 소를 키우는 우리로 쓰이며 트레커를 위한 산장은 위쪽에 있다.

 샘물을 떠 산장 위 풀밭에 텐트를 친다. 마침 20대 초반의 프

랑스 아가씨 둘도 옆에 텐트를 친다. 바람이 꽤나 불어 큰 돌을 주위와 텐트 속 귀퉁이에 놓아둔다. 구름이 짙어 멋진 저녁놀은 기대치 이하다. 오히려 잘 되었다 생각하며 못다 읽은 <8000미터 위와 아래>를 펼쳐든다. 드디어 세 번째 찾은 그랑드 조라스 북벽에서 헤르만 불은 동료 쿠노와 함께 워커 스퍼를 오른다. 그리고 이들은 바로 이곳 로리아 산장 너머 저 멀리 건너다보이는 그레퐁에서 플랑을 지나는 샤모니의 침봉들을 종주한다.

한편 고향으로 돌아간 헤르만은 140km의 시골길을 자전거로 달려 피츠 바딜레 북벽을 단독으로 오르며 자신을 시험한다. 그가 아이거 북벽을 오르고 페이지가 다음 해의 낭가파르바트 이야기로 넘어가자 밤이 깊었다. 여름밤은 짧기에 이 책의 마지막 이야기는 다음 날 아침으로 미루고 눈을 감는다.

눈을 뜨니 새벽 5시가 넘었다. 차츰 날이 밝아왔다. 하늘에는 여전히 구름이 많았지만 지난 저녁보다 경치가 나은 편이다. 마침 텐트 아래의 풀밭에서 황소들도 하루 일과를 시작하고 있다. 한동안 목가적인 풍경에 빠져든다. 이어 <8000미터 위와 아래>를 마저 읽기 시작한다. 도중에 빵으로 아침을 먹으면서까지 줄곧 읽고 마지막 페이지를 넘기니 해가 꽤나 솟아 있다. 두 프랑스 아가씨들도 길 떠날 채비를 하고 있다. 아침 9시가 다 되어 그들은 테라스 고개(Col de la Terrasse, 2648m)로 올라가고 나는 러 뷔에로 내려온다.

전나무 숲길을 따라 내려오며 상쾌한 아침 공기를 들이켠다. 헤르만 불을 다시 생각한다. 자신의 낭가파르바트 초등을 머메리와 그 때까지 낭가파르바트을 오르다 희생된 수많은 선배들의 공으로 돌리는 그의 모습을 보며 진정한 알피니스트의 면모를 엿본다. <8000미터 위와 아래>는 분명 산악고전에 속하지만 그가 행한 알프스 등반만 하더라도 아직도 우리 산악인들이 배우고 따라야 할 많은 내용들로 가득 차 있다.

 알피니즘의 근간을 이루는 머메리즘의 창시자 머메리에게 자신의 낭가파르바트 등반을 헌사한 말이 뇌리에 맴돈다. "**나는 낭가파르바트를 현대의 기술적 보조수단을 쓰지 않고 당신의 말대로 '공평한 수단으로' 순전한 자기 힘으로 올랐다.**" 그 5년 후, 브로드피크를 역시 '공평한 수단'으로 오르고 초골리사에서 만년설의 품에 영원히 안긴 헤르만 불은 알피니즘의 역사가 계속되는 한 영원히 큰 별로 빛나리라.

다시 읽는 즐거움

〈8000미터 위와 아래〉는 헤르만 불의 숱한 등반기록들을 묶은 책이다. 고향의 산들과 돌로미테, 그리고 몽블랑 산군의 침봉들을 오르내린 8000미터 아래의 등반들은 모두 그가 8000미터 위에서 행할 준비과정이었다. 그처럼 철저하게 준비한 이가 또 누가 있었을까. 낭가파르바트를 초등하고 단신으로 하산하면서 절체절명의 상황에서 서서 비박하는 장면이 너무나 생생하게 묘사되어 있어 등골이 오싹할 정도다. 그야말로 초인적인 한 인간의 기록들이다. 다만 교과서 판형으로 490페이지나 되는 많은 양의 기록들이 순전히 등반에 관한 내용뿐이기에 처음 이 책을 보다간 질리기 십상이다. 나 또한 처음에는 도무지 페이지가 넘어가지 않았지만 차츰 알프스를 알게 되고 산행경험이 쌓이다보니 재미있게 읽히기 시작했다.

아울러 이 책만으로는 헤르만 불의 인간미를 쉽게 느낄 수 없었는데, 그의 어린 시절 이야기와 이 책 이후의 활약상이 기록된 〈헤르만 불의 일기〉를 통해 보다 그를 가깝게 느낄 수 있었다. 두 아이를 둔 가장으로서 그 또한 한 인간이었으며 뭇 여성들의 마음을 설레게 한 호남이었으며 그녀들의 환호에 기쁨으로 답한 사내였다. 아울러 낭가파르바트에서 살아 돌아온 초인이었지만 영웅대접에 시달려 또 다른 8000미터 봉 브로드 피크 초등에서 그 대가를 톡톡히 치르며 고생하는 모습은 여느 산악인과 별반 다르지 않았다. 두 책을 비교해 읽는 즐거움도 가져볼만 하다.

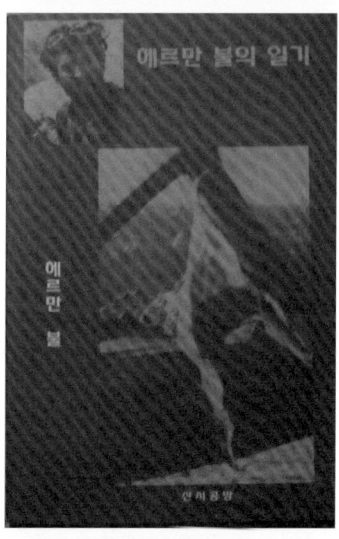

12-<수직의 도전자>

모험과 안전의 경계를 넘나든 프리종 로쉬의 대표소설을 지고 발므 고개에 오르다

'불필요하게 생명을 위험에 노출시켜서는 안 된다'

아마 3년 전이었던 것 같다. 샤모니 시립 전시관에서 한 인간의 삶과 산, 모험에 대한 전시회가 있었다. 1년간 대규모로 열린 이 전시회의 주인공은 <수직의 도전자>의 저자 프리종 로쉬 (R. Frison-Roche 1906~1999)였다. 그의 전시회를 눈여겨 보며 놀란 점은 어떻게 한 인간이 그처럼 많은 책들을 저술할 수 있을까 싶을 정도로 그의 이름이 인쇄된 책들이 많았다. 주로 등산이나 탐험에 대한 책들이었다. 요즘도 샤모니 시립 도서관에는 그의 책들이 진열장 하나를 가득 채우고 있고, 서점에도 그의 문고판 책들이 특별코너를 차지해 독자들의 사랑을 받고 있을 정도다.

내가 프리종 로쉬를 처음 알게 된 것은 한국의 옛 산악잡지 <산악>에 '자일의 톱'이란 연재 기사를 읽고부터였다. 내가 기억하기에 '자일의 톱'은 4회까지 연재된 후 미완으로 끝나 버렸다. 한창 바위 맛에 빠져 두려움 없이 선두에 섰던 20대의 나에겐 '자일의 톱'이란 제목만으로도 그가 뇌리에 깊이 새겨졌다.

그 후, 세월이 흘러 나는 몽블랑 산군으로 삶의 터전을 옮겼다. 매주 토요일 몽블랑 광장에

서는 장터에서 <수직의 도전자>의 원본인 <Premier de Cordee>를 구입하게 되었다. 하지만 부끄럽게도 불어에 까막눈이라 제대로 읽을 기회가 없었다. 그러던 참에 한국에서 번역판이 나와 곧바로 읽어봤으며 이번에 또 읽기로 했다.

8월 말이라 더위가 한풀 꺾이기 시작했다. <수직의 도전자>의 배경무대가 된 몽블랑 산군과 샤모니 계곡을 한눈에 내려다볼 수 있는 발므 고개에 오르기로 했다. 몽블랑 익스프레스 산간 열차는 곧장 계곡 위로 향했다. 약 20분 후 몽테 고개의 터널을 지난 열차는 국경 한 정거장 전인 발로신(Vallorcine) 마을에 섰다. 호젓한 산악마을에 몇몇 트레커와 현지인들을 내려놓은 열차는 국경으로 유유히 떠났다.

몽블랑 산군과 샤모니 계곡이 한눈에 펼쳐지는 곳

기차선로를 건너 숲속 산행 길에 접어든다. 오전이라 북서 산비탈의 숲길에 아직 해가 닿지 않아 좋다. 겨울철에 스키 슬로프로 이용되는 넓은 길을 쉬엄쉬엄 걸어 오른다. 이마에 땀이 맺힐 즈음 차츰 시야가 트인다. 발로신 마을이 내려다보인다. '곰이 많은 계곡'이란 뜻이 있을 정도로 오지였던 이곳에도 개발의 열풍이 한창인지 높게 솟은 크레인이 공사현장에서 부지런히 움직이고 있다.

발걸음을 계속 움직여 1시간 정도 오르니 2000m 대의 알파인 지대다. 이제 전나무 숲길에서 벗어나면서 시야가 트인다. 오르막길은 계속해서 이어진다. 중년의 여성 트레커 셋이 즐겁게 이야기를 나누며 오르고 있다. 그들 앞으로 저 멀리 샤르도네가 솟아 있다. 드디어 포제트 고개(Col des Posettes, 1997m)

다. 몽블랑 산군을 한눈에 볼 수 있는 곳이다.

배낭을 벗어놓고 땀을 식힌다. 투르 빙하에서부터 아르장티에르 빙하, 그리고 몽블랑의 보송 빙하까지 시야에 들어온다. 조금 있으니 개를 데리고 중년의 부부가 나타난다. 그들은 곧 포제트 봉(Aig. des Posettes, 2201m)으로 향한다. 또 다른 두 명의 트레커는 그다지 멀지 않은 발므 목장(Chalets de Balme)으로 가고 있다. 그곳에선 여름철에 이곳 알파인 지대에 방목하는 소들을 키우고 있다. 지금은 발므 봉(Tete de Balme, 2321m) 쪽 언덕에서 방울소리가 요란하게 들려온다. 점심때가 지나 간식으로 점심을 대충 해결하고 발걸음을 옮긴다.

어차피 발므 고개(Col de Balme, 2191m)에서 자기로 했기에 여유가 있다. 천천히 오르막을 오른다. 마침 네다섯 살의 여자애 둘이 부모님과 할머니와 함께 오르고 있다. 그들은 뭐가 그리 신나는지 어른들보다 먼저 오르며 즐거워한다. 나풀거리듯 가볍게 걷는 아이들의 해맑은 모습이 귀엽기만 하다. 마침 풀밭에 소떼들이 놀고 있다. 베르트와 드뤼 등 알파인 침봉들을 배경으로 열심히 풀을 뜯고 있는 소들이 신기한지 꼬마 둘은 한참이나 지켜본다.

그들과 헤어지며 언덕을 오르니 바람이 차다. 이제 길은 발므 고개까지 비스듬히 이어져 걷기 편하다. 곧이어 개를 동반한 할아버지 할머니와 어린이가 지나며 인사를 나눈다. 남녀

노소 누구나 즐길 수 있는 트레킹 코스라 가족 단위의 트레커들을 많이 만난다. 발므 고개에 다다를 즈음, 이곳 풀밭에도 소들이 모여 있다. 목에 건 방울소리가 요란하다. 이어 프랑스와 스위스의 국경에 접해 있는 발므 고개 산장(Refuge du Col de Balme)이다. 몇몇 트레커들이 산장 앞 의자에 앉아 휴식을 즐기고 있다.

아버지의 사망과 아들의 구조작업

산장 옆 언덕에 자리를 잡는다. 우선 매트리스를 펴 못다 먹은 점심을 먹고 <수직의 도전자>를 펼쳐든다. 2년 전에 읽었지만 기억에 남아 있는 거라곤 거의 없기에 페이지를 넘기는 기분이 새롭다. 등산가이드 집안 출신의 청년 삐에르 세르베따와 프랑스 산악계에서 가이드의 왕이라고까지 불리던 삼촌 조세프 라바나가 샤모니에서 몽블랑을 거쳐 이태리의 쿠르마이예로 향하는 대목에서 이야기는 시작된다. 슬쩍 고개를 들어 샤모니 계곡과 몽블랑을 바라본 후 책에 빠져든다.

일류 가이드로 활동 중인 아버지 장 세르베따는 아들 삐에르를 산과 떼어놓으려 호텔업을 배우게 하지만, 친구들과 어울려 산을 오르는 것을 가장 큰 즐거움으로 여기는 삐에르는 호텔에 흥미가 없었으며, 일 년 내내 자유분방하고 모험적인 삶을 살아가는 산악가이드를 부러워할 뿐이다. 대부분의 알피니스트들처럼 삐에르 또한 알파인 초원지대를 지나 눈 덮인 봉우리의 얼음과 바위벽, 그리고 그 속에서의 적막과 고독을 즐기고 싶어 했다. 그리고 단순하고 소박한 동료들과 함께 햇볕에 따뜻하게 데워진 화강암을 오르며 갖는 휴식의 기쁨과 바짝 긴장하며 힘들게 오른 후 찾아오는 희열을 포기할 수 없었다.
 더구나 두 여자 손님을 동반한 삼촌과 함께 몽블랑을 오르내리던 중 일행의 선두에 선 삐에르는 자신감마저 얻는다. 자신의 능력 여하에 따라 손님의 생명을 좌우할 수 있는 리더가 되어 본 삐에르의 가슴에 앞날이 보장된 호텔경영자의 꿈은 거품처럼 사라져 버린다. 안정된 직장을 박차고 산으로 향하는 우리네 산악인들의 심정과 별반 다르지 않으리라.
 언뜻 시계를 보니 오후 4시가 넘었다. 바람 또한 차 더는 누워 있지 못하고 일어난다. 풀밭 여기저기에 흩어진 소똥을 피해 텐트를 친다. 입구는 샤모니 계곡에서 불어오는 바람을 등지고 스위스 쪽으로 향한다. 바람 없는 따뜻한 텐트 안에 누워 다시 <수직의 도전자>를 펼쳐든다. 자신감으로 충만한 채 삼촌과 헬브로너 국경 능선을 넘어오던 삐에르는 충격적인 소식을 듣는다. 드뤼를 오르던 아버지가 벼락을 맞아 사망한 것이다.
 목이 말라 물 한 모금을 마시며 밖을 보니 구름이 발므 고개를 에워싸고 있다. 종종 이곳에 오긴 하지만 이렇게 고갯마루에서 하룻밤 자긴 처음이라 내심 멋진 일몰의 풍경을 기대했건만 허탕이다. 오히려 책 읽을 기회라 생각하며 다시 페이지를 넘긴다.
 아버지 장 세르베따는 포터 조르주와 함께 미국인 손님 헨리를 안내해 샤르푸아 산장에서 드뤼에 오르고 있었다. 이 이야기의 시대적 배경인 1920년대는 요즘과 달리 산악가이드가 포터와 함께 손님을 안내하는 게 일반적이었던 모양이다. 즉 포터로 수년간 궂은일을 하며 산악가이드를 도운 후에나 산악가이드가 될 자격을 얻을 수 있었던 모양이다.
 새벽에 드뤼로 떠나려 할 때 장 세르베따는 불길한 예감을 느끼며 등반을 시작한다. 얼마 되지 않아 서풍에 쫓긴 구름이 몽블랑을 감싸 버린다. 바로 이 지방에서 흔히 말하는 당나귀 구름이었다. 요즘도 당나귀 구름은 순식간에 악천후를 몰고 오는 징조로 여기고 있다. 여기서 장 세르베따는 돌아서려 하지만 미국인 위휠드의 고집에 비겁하다는 말을 듣기 싫어 등반을 강행한다. 운명은 가끔 하잘 것 없는 자존심 때문에 뒤바뀌지 않던가.

 저 멀리 남쪽의 당 뒤 제앙 쪽에서 천둥치는 소리가 들릴 즈음 정상에 선 그들은 하산을 서두르지만 곧바로 악천후에 휩싸이고 만다. 이런 급박한 상황에서 두 사람을 무사히 하강시키던 장 세르베따는 그만 벼락을 맞아 즉사하게 된다. 발므 고개에서 바라보이는 드뤼에서 발생한 사고였다. 사실 알프스에서 벼락사고는 흔하며, 산정의 십자가나 성모상에는 벼락의 흔적이 꽤나 있다.

 자일을 몸에 감고 일행을 살피는 자세로 벼락을 맞아 굳어진 장 세르베따를 운구해 내려오기 위해 샤모니의 가이드들은 한마음으로 나선다. 이 구조작업에 아들 뻬에르가 동참하는데, 신설이 너무 많아 동행한 일류가이드들도 더 이상 오르지 못하고 포기하고 만다. 하지만 아들은 아버지에 가까이 가기 위해 그 누구도 감히 시도하지 못한 등반을 해내며 오른다. 그러나 뻬에르는 30m나 추락하게 되고, 간신히 목숨을 건지지만 그의 코와 귀에서 피가 흘러내린다. 그런 상태에서도 그는 엄청난 정신력으로 버티며 위험지대를 벗어나서야 정신을 잃고 실려 내려온다. 물론 1주일 후 구조대가 장 세르베따의 시신을 회수해 온다.

 졸지에 남편을 잃고 아들마저 병원신세를 지게 된 뻬에르의

어머니 마리의 심정은 보통 사람들이 감당하기 힘든 역경이리라. 우리네 어머니와 별반 다르지 않게 마리가 아들마저 산에서 잃을까, 혹 삐에르가 다시 산으로 돌아가지 않을까 싶어 노심초사하는 모습이 잘 묘사되어 있다. 늘 산으로만 돌고 특히 장기산행을 떠난 적이 많던 나는 이 대목에서 이제는 만나 뵐 수 없는 어머니 생각에 목이 메여 온다. 산으로 향하는 모든 이들이 과연 삐에르처럼 부모의 뜻에 반하면서까지 산에 오를 자격이라도 있는지 회환이 밀려온다.

가이드는 타인의 생명을 맡고 책임지는 숭고한 일

이 때 텐트 밖에서 인기척이 들려 내다보니 3명의 트레커가 막 도착하여 잠자리를 마련하고 있다. 그들은 몽블랑 일주 중인데, 스위스의 트리앙(Trient)에서 올라왔다고 한다. 바람에 맞서 텐트를 치는 그들을 뒤로하고 버너를 피워 저녁을 지어먹는다. 몸에 온기가 돌았지만 기온이 많이 내려가 침낭 속으로 들어가 책을 펼쳐든다.

페이지 곳곳에는 1920년대의 샤모니 거리 풍경이나 가이드 조합 사무실과 그 앞의 카페 등이 잘 묘사되어 있는데, 예나 지금이나 달라진 게 없는 것 같다. 사고가 있은 지 6개월이 흘러 삐에르는 퇴원해 창가에서 알파인 봉우리를 보며 안정을 찾는다. 하지만 추락의 후유증으로 인한 현기증에 시달린 그는 다시는 등반할 수 없을 거라는 생각에 괴로워한다. 그런 그에게 친구들은 용기를 북돋워주기 위해 이곳 발므 알파인 지대에 함께 오르는 이야기도 있다.

어느새 어둠이 찾아와 랜턴 없이는 책을 읽을 수 없을 정도다. 밖을 보니 몇 미터 앞도 보이지 않을 정도로 구름이 자욱하다. 우측엔 어느새 텐트가 한 동 더 쳐져 발므 고개의 풀밭에 총 4동의 텐트가 세워졌다. 급히 소변을 보고 들어와 침낭 속에 든다. 피곤한 눈을 감으니 멀리서 들려오는 방울소리가 자장가처럼 들려온다. 발므의 이 목초지에서 삐에르는 친구 훼르낭의 소를 '뿔의 여왕', 즉 투우시합에 보내어 통쾌하게 우승하지 않았던가.

포근한 침낭에 싸여 잠들었던 모양이다. 시계를 보니 새벽 2시다. 밖을 보니 빠르게 흩어지는 구름 사이로 별들이 빛나고 있다. 눈을 감고 눕지만 잠이 오지 않아 랜턴을 켜 <수직의 도전자>를 읽는다. 삐에르는 사랑하는 약혼자 아린느에게조차 자신의 괴로움을 이해시키지 못한다. 그녀는 호텔과 가축의 수입만으로 생활하며 산은 아마추어로만 다녀도 행복하지 않겠냐고 그를 설득한다. 하지만 삐에르는 그런 안락한 삶은 자신에게 아무런 의미가 없다며 괴로워한다. 현실의 많은 산악인들은 어떨까? 삐에르처럼 고소공포증에 시달리지 않는 건강한 이들이라 할지라도 같은 상황에서 대부분은 산과 거리를 둔 안락한 삶을 즐기는 쪽을 택하지 않을까.

잠시 눈을 감고 일어나니 아침 6시가 되어간다. 발므 고개에는 더 이상 구름이 없어 시야가 훤하게 뚫려있다. 카메라를 들고 나온다. 높은 구름 아래 저 멀리 몽블랑 산군이 장엄하게 펼쳐져 있다. 하지만 동쪽 하늘의 짙은 구름 때문에 멋진 일출

은 기대만 못하다. 하나둘 일어난 트레커들은 아침을 먹는 기척도 없이 곧바로 텐트를 걷고 포제트 고개로 향한다.

일출장면을 위해 1시간 이상 밖에 있었더니 춥고 배도 고파 텐트로 돌아와 스프와 라면을 끓여 먹는다. 급할 게 없어 침낭에 드니 몸이 노곤하다. 아침의 기분 좋은 게으름을 한껏 부려본다. 곧 못다 읽은 책을 펼쳐든다. 사랑하는 아린느와 친구들의 도움으로 어느 정도 고소공포증을 극복하고 삶의 의욕을 되찾은 삐에르는 아버지와 함께 드뤼 등반에 나섰다가 동상으로 발을 절반 이상 절단한 조르주와 가이앙 암장에서 훈련하며 에귀 베르트 북벽을 오르기로 다짐한다. 발므 고개에서 건너다 보이는 거대한 빙설벽이다.

남들 몰래 아르장티에르 빙하 아래에서 만난 둘은 곧장 빙하를 거슬러 오른다. 도중에 편안한 로냥 산장에서 묵고 싶은 마음을 억누르고 춥고 불편한 자르뎅 산장, 즉 지금의 아르장티에르 산장까지 오르는 대목에서 시계를 보니 아침 9시다. 마냥 책을 읽고 있을 수는 없어 짐을 챙긴다. 배낭을 지고 발므 정상으로 향한다. 평소에 비해 트레커들이 하나도 보이지 않는다. 1시간 후에 정상에 오르니 해진 룬다 깃발만 펄럭이고 있다.

잠시 쉬며 사방을 둘러보고 포제트 고개로 내려온다. 마침 산악자전거로 열심히 페달을 밟으며 오르는 3명이 있어 그들을 카메라에 담는다. 포제트 고개를 지나 포제트 봉에 오를 즈음 빗방울이 쏟아진다. 발므 정상에 섰을 땐 그렇게나 맑던 몽블랑 산군이 채 2시간도 되지 않아 짙은 구름층에 휩싸여 이

렇게 비를 뿌리기 시작했다. 곧바로 투르 마을로 내려오는데, 소낙비에 놀랐던지 대여섯 마리의 소들이 겨울에 스키 슬로프로 이용되는 산길을 따라 내리 달린다. 저만치 앞서 걷던 트레커 일가족은 기겁을 하고 길 한쪽으로 피한다. 그들 중 아버지는 스틱으로 고함을 치며 소들을 쫓아내고 어머니는 겁에 질려 우는 둘째 딸을 달래며 나에게 웃음을 지어 보인다.

 곧이어 투르 마을이다. 점심때라 샤모니행 버스가 오려면 1시간 반이나 기다려야 한다. 할 수 없이 배낭을 내려놓고 빵으로 점심을 먹으며 <수직의 도전자>를 마저 읽는다. 마침내 베르트의 정상에 선 삐에르와 조르주는 필자 또한 오른바 있는 윔퍼 쿨와르를 경유해 천신만고 끝에 하산을 완료해 무사히 등반을 마친다. 자신을 극복하고 이렇게 베르트 북벽까지 오른 삐에르는 행복한 마음으로 진정 산악가이드가 되고자 결심하며 가이드조합 사무실에 가 등록서를 제출하는 이야기를 끝으로 책을 덮는다.

 고개를 들어 계곡 오른편의 루즈 산군 쪽 사면을 보니 삐에르가 약혼자 아린느와 친구들의 도움으로 고소공포증을 이겨낸 암장이 눈에 들어왔다. 그리고 왼편 높은 곳에는 베르트 북벽이 구름에 반 이상 잠겨 있다. 삐에르와 전설적인 가이드 왕 루지와의 대화가 떠오른다. 삶은 부단한 투쟁이어야만 하지 않겠냐는 청년 삐에르에게 이제는 은퇴해 산장지기나 하는 루지는 '불필요하게 생명을 위험에 노출시켜서는 안 된다' 며 젊은 혈기의 무모함을 경계토록 이른다. 또한 오르는 것뿐 아니라 내려오는 것도 중요함을 강조하면서 모험에 나설 때는 몇 번이나 숙고하고 세밀하게 준비해야 하며, 곤란에 봉착할 때 그것을 극복할 준비가 되어 있어야 진정한 산악가이드라고 강조한다. 분명 산악가이드란 좋은 직업이지만 힘들고 위험하며, 산이라는 대자연의 무대에서 타인의 생명을 맡고 책임져야 하는 숭고한 일이라고.

다시 읽는 즐거움

1920년대 샤모니 계곡의 분위기와 가이드의 삶을 생생하게 묘사한 〈수직의 도전자〉는 2차 세계대전 후 정신적으로 방황하는 프랑스 젊은이들의 정신을 고양시킨 작품이었다. 주인공이 온갖 역경을 딛고 정상에 서는 모습이 프랑스인들의 사기를 북돋았다고 한다.

지은이 프리종 로쉬는 샤모니 태생이 아닌데도 산악가이드가 된 첫 번째 이방인이었다. 17세에 샤모니에 와 산의 매력에 빠진 그는 얼마나 좋았을까. 좋아한 산을 열정적으로 다녀 주위에서 인정해 가이드가 되었던 것이다. 그에 대한 보답으로 그는 이 책을 샤모니 가이드 조합에 헌정했다. 프리종 이후 가스통 레뷔파 등도 외지인으로서 가이드가 된 경우인데, 그 후 샤모니 가이드 조합의 문이 많이 개방되었다. 그렇지만 오늘날에도 250명 내외의 가이드가 소속된 샤모니 가이드 조합에 들어가기는 쉽지 않다. 오늘날에는 옛날과 달리 우선 프랑스 국립등산스키학교(ENSA)에 입학(정원 50명)하여 4~5년 동안 엄격한 교육과 훈련을 거쳐 (40~45명 정도만) 졸업한 이에게 가이드 자격이 주어지는데, 이러한 엔사 출신의 가이드라 하여 샤모니 가이드 조합에 들어갈 수 있는 건 아니다. 정원에서 사망이나 불구 등으로 결원이 생겨야 가능하며 또한 샤모니 태생일 경우 유리하지만 1년에 한 명도 들어가지 못하는 경우도 있다.

오늘날의 산악가이드는 이 소설 속의 당시 가이드에 비해 안정된 생활을 하고 있다. 당시에는 주로 여름철에만 일거리가 있었지만 요즘은 특히 케이블카 시설이 발달하여 겨울철에도 산악스키나 등반가 등 손님이 많기 때문이다. 시즌이면 약 4~500명의 가이드가 샤모니에서 활동하지만 전업으로 생계를 꾸리는 이들도 있고 부업을 가지는 경우도 많다. 과거에 비해 등산이 보편 대중화 되어 가이드의 사회적인 지위가 낮아지긴 했지만 여전히 그들의 자긍심은 대단하다. 일급 가이드인 경우 세계적인 등반가의 수준은 되며 보통의 산악가이드들이라도 그 수준은 상당하다. 산악활동으로 생계를 이어가는 이들의 삶이 순탄하지만 않겠지만 산을 좋아하는 이에겐 더없이 좋은 직업이 아닐까 싶다.

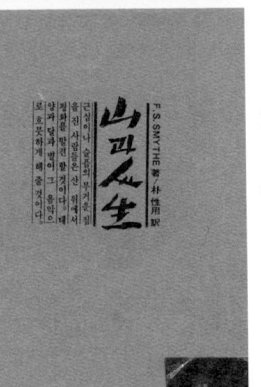

13-〈산과 인생〉

살렝통 고개를 넘으며 〈山과 人生〉을 음미하다

'등산은 인간과 우주 사이의 행복스런 결합이며, 생존과 존재의 완성이다.'

산을 즐겨 오르는 사람들에게는 자신의 삶에서 산이 차지하는 비중은 그 무엇보다 크다. 그들 중에는 산이 인생의 전부인 이들도 적지 않을 것이다. 프란시스 시드니 스마이드(Francis Sydney Smythe, 1900~1949)는 자신의 인생에서 산이 전부였던 인물이다. 영국에서 태어난 그는 허약했던 어린 시절 요양을 위해 알프스를 찾은 이후 산의 세계에 매료되었다. 그 이후 줄곧 알프스를 찾아왔고 이곳 몽블랑 산군에서 새로운 루트들을 개척하기도 했으며, 1930년대에 다섯 차례나 히말라야 원정을 했다. 그 뿐 아니라 등산에 대한 책만도 27권을 저술한 인물이다. 하지만 히말라야 원정에서 얻은 질병으로 그는 이른 나이에 세상을 등졌다. 그를 산이 인생의 전부였던 대표적인 산사나이라 해도 무리는 아닐 것 같다.

나의 자그마한 책꽂이에는 유일한 복사본 책이 하나 있다. 바로 스마이드의 〈山과 人生〉이다. 이 책은 1968년에 발행된 책인데, 나는 이 책을 복사본으로 우연히 알게 되었다. 1980년대 초에 등산을 시작한 나는 복사본을 보고서야 이 책이 한국어로 출판되었다는 사실을 알았다. 다행히 지인으로부터 복사본이나마 구해 이곳까지 가져와 읽게 되었다.

세로쓰기에 활자도 깨알만 하여 읽는 속도가 붙지 않고, 드문

드문 있는 멋진 사진들도 흐릿하여 읽는 내내 아쉬움이 있었다. 하지만 이 복사본만으로도 스마이드의 산 세계를 접할 수 있어 여간 다행이 아니다. 한편 스마이드의 여러 저서들 중에 <The Spirit of Hills>가 번역된 <山과 人生>은, 1990년에 다른 출판사와 다른 번역자에 의해 나온 <산의 영혼>과 몇몇 단원만 제외하고 같은 책이라는 사실을 얼마 전에야 알게 되었다.
 가을이 시작되는 9월이었다. 호젓하게 산행하며 이 책을 음미하기 위해 샤모니를 떠났다. 여름시즌이 끝나 바뀐 열차시간표를 확인치 않아 1시간이나 기다린 후에야 다음 열차를 타고 샤모니를 떠나니 점심때가 다 되었다. 행선지는 세보즈(Servoz)다. 샤모니 계곡의 맨 아래쪽 부분을 벗어나 해발 800m 고지 남향의 너른 분지에 자리 잡은 세보즈는 언뜻 보아도 살기 좋아 보이는 마을이다.

세보즈에서 오르는 초록빛 베르 호수

 가을꽃들이 한창인 마을에 들어선다. 소박한 교회 옆을 지나니 오르막길이 시작된다. 곳곳에 서 있는 나무들 모두가 유실수다. 특히 가로수처럼 골목마다 흔하게 서 있는 자두나무의 가지에는 탐스런 열매들이 주렁주렁 달려 있다. 약간의 바람만 불어도 가지가 부러질 것 같다. 그 밖에 사과나무와 살구나무, 배나무 등이 눈에 띈다. 이것만 보아도 이 땅이 얼마나 풍족한 지 알 것 같다.
 이마에 맺히는 땀을 훔치며 일명 초록 호수인 락 베르(Lac Vert, 1200m)로 이어지는 산길을 오른다. 이정표가 잘 되어 있다. 슬쩍 고개를 돌리니 구름에 반 정도 가려 있는 몽블랑의 서면이 눈에 들어온다. 전망 좋은 언덕에 자리 잡은 멋진 통나무집들 옆으로 길이 이어진다. 마침 할아버지 할머니가 겨울에 쓰려고 통나무를 쪼개고 있다. 할아버지가 도끼로 쪼갠 화목을 할머니가 손수레에 나르는 모습이 정겹다. 긴긴 겨울철에 이 화목으로 지핀 따뜻한 난로를 사이에 두고 몽블랑을 바라보며 즐길 노년의 운치를 상상해 본다.

계속해서 길을 걷는다. 초등학생 대여섯이 인솔교사와 내려오고 있다. 베르 호수에 다녀오는 모양이다. 세보즈에서 1시간 후 이제 길은 울창한 숲속으로 이어진다. 침엽수인 전나무도 있지만 샤모니 쪽과는 다르게 활엽수가 태반이다. 그만큼 고도가 낮기 때문이다. 오후 시간이라 몇몇 트레커들이 내려오고 있다. 좀 있으니 일단의 산악자전거 마니아들이 쏜살같이 내려간다. 어느새 비가 내린다. 그래도 급할 게 없는 나는 느긋하게 걷는다.

한동안 비를 맞으며 숲길을 걸어 락 베르에 이른다. 휴게소 처마에서 잠시 비를 피한다. 곧 비가 그쳐 호숫가로 다가간다. 날이 흐리고 어두워 초록색은 맑을 때만 못하다. 마그네슘 함량이 많아 이렇게 초록빛을 띤다는 호수를 한 바퀴 돌아본다.

숲과 잘 어울리는 호수를 돌아보며 스마이드를 생각한다. 스마이드는 <산과 인생>에서 산을 오르는 이유를 아름다움, 즉 미의 탐구가 동기이며

목적이라 하지 않았던가. 이곳을 찾는 많은 이들 또한 이 초록 호수의 아름다움에 끌렸을 터.

비는 더 이상 오지 않아 배낭을 짊어진다. 이 호숫가 숲속도 하룻밤 묵기 좋은 곳이지만 해가 지기까지 아직 3시간이나 남아 있어 계속해서 오르기로 한다. 1시간 가까이 숲길을 따라 오른다. 몇몇 여름철 별장을 지난다. 작은 굴뚝에서 연기가 퐁퐁 피어나는 오두막 한 채에선 늦은 휴가를 즐기는 일가족의 단란한 모습이 눈에 들어온다. 이어 갈림길이다. 이왕이면 2000m대의 알파인 호숫가에서 하룻밤을 묵고 싶어 포르메나 호수(Lac Pormenaz)로 향한다.

급류가 흐르는 계곡을 건너 본격적인 오르막이 시작된다. 가파른 바위사면 곳곳에는 쇠줄이 설치되어 있다. 1시간 이상 오르니 호수다. 주변에서 풀을 뜯고 있는 양 몇 마리만 반겨준다. 적막한 호숫가 서편 언덕에 자리를 잡는다.

16개 주제에 대한 편린들 담아

이미 저녁 8시가 가까워져가는 황혼녘이다. 급히 텐트를 치고 저녁을 지어먹는다. 표고 1200m를 무거운 짐을 지고 올라 피곤해진 다리를 누이며 침낭에 든다. 아직 잠들기에는 이른, 서쪽 하늘이 붉은색에서 보라색으로 바뀔 시간이다. <산과 인생>을 펼쳐든다. 각기 다른 16개의 주제에 대한 스마이드의 단상들은 도중에 건너뛰며 읽는 재미가 있어 종종 마음에 드는 제목만 찾아 읽을 때가 많다.

황혼 편을 펼친다. 이미 밑줄이 쳐져 있는 그의 글을 음미한다. '**황혼 무렵 등산가는 회상 속에서 하루의 생탄과 청**

춘과 성숙을 힐끗 되돌아본다. 인생도 그와 같이 지나가는 것이다.' 화강암 침봉에 저녁놀이 물들 무렵 산장의 베란다에 기대어 앉은 알피니스트가 하루의 산행을 회상하고 자신의 인생도 반추해보는 낭만이 과연 요즘의 산악인들에게도 남아 있으려나. 한 치의 여유도 없는 첨단산업사회의 그물망이 만년설산에도 쳐져 있지 않은가.

 피곤해 몇 페이지 더 읽지 못하고 잠이 든다. 스르르 눈을 뜨니 새벽 2시다. 밖을 보니 초저녁에 잔뜩 흐렸던 하늘이 맑게 개어 있다. 카메라로 밤하늘의 무수한 별들을 담아보지만 잘 되지 않아 침낭 속으로 돌아온다. 곧 <산과 인생>을 집어 든다. '9장, 밤'을 찾아 펼친다. **'밤은 낮에 비하면 무한한 것에 사람을 보다 가까이 접촉시켜 준다. 우주의 여러 영광이 보이는 것은 실로 밤 이외에는 없기 때문이다.'** 랜턴을 끄고 가만히 누워 바람 소리마저 들리지 않는 정적에 휩싸인다. 살짝 텐트 밖으로 고개를 내밀어 밤하늘에 펼쳐져 있는 은하수를 올려다본다. 은하수를 볼 수 있다는 것만도 영광이라는 생각이 들어 별빛들을 가슴에 담고 잠자리에 든다.

 일어나니 아침 7시다. 서쪽에 솟은 웅장한 장벽 피즈 암군(Rochers des Fiz)도 깨어나고 있었다. 차를 끓여 마시고 <산과 인생>을 펼쳐들 즈음 바위벽에 아침 햇살이 드리워진다. 해가 차츰 바위벽 전체를 비추는 모습을 보며 침낭에 누워 책을 뒤적인다. 제목만 들어도 기분이 좋은 '새벽, 청춘, 음악과 꽃' 편을 읽는다. 이런 아침 시간의 느긋함이 좋다.

 어느새 동쪽 언덕 위로 솟은 태양이 텐트에 닿을 즈음에 일어난다. 출출한 배를 채우기 위해 아침을 먹는데, 두 명의 트레커가 앙테른(Anterne) 산장 쪽에서 오더니 호숫가에 자리를 잡는다. 낚싯대를 가져온 그들은 곧 잔잔한 호수에 낚싯줄을 던진다. 알파인 호수에서 잡히는 물고기가 어떻게 생겼을까 궁금했지만, 드러누워서 낚싯줄을 멍하니 보고 있는 그들에게 낚일 물고기는 좀체 없을 듯하여 배낭을 꾸린다.

샤모아 우아하게 풀 뜯는 살렝통 고개

 마침 트레커 한 명이 지나간다. 조금 후, 나도 그가 간 방향으로 향한다. 도중에 이정표 주위에 모여 있는 일단의 양떼를 지나 앙테른 산장에 이른다. 지난해에 앙테른 호수에 갈 때 지나친 후 처음이다. 이어 갈림길에서 살렝통 고개(Col de Salenton, 2526m)로 길을 잡는다. 가벼운 차림을 한 젊은 트레커가 급한 발걸음으로 휙 지나간다.
 그를 따라 얼마 가지 않았을 때다. 길 한편의 작은 언덕에서 할아버지 한 분이 느긋하게 누워있다. 젊음과 늙음의 대조를 보는 것 같아 웃음이 나온다. 그럼 이제 중년인 나는 어떻게 할까 생각하다 급할 것도 없고 마침 점심때라 배낭을 내려놓는다. 30분가량 쉬며 점심으로 빵을 먹는다. 이어 언덕에서 쉬고 있던 할아버지 트레커가 슬며시 일어나 나와 같은 방향인 살렝통 고개로 움직인다. 나 또한 배낭을 지고 함께 걷는다.
 흰 수염을 휘날리며 목에는 지도를 건 할아버지 트레커는 배낭을 진 행색으로 보아 장기산행을 떠나온 모양이다. 하지만 그는 트레킹을 빨리 끝내고픈 생각이 없는지 사진을 찍으며 천천히 걸으려는 나보다도 더 여유 있게 걷는다. 나는 노인의 느긋함을 더 이상 이기지 못하고 휑하니 그를 앞서 걷는다. 길은 완만하게 계곡 위로 이어져 있어 걷기 편하다.

곧이어 알파인 목장이다. 소도 없고 목장지기도 없어 조용하다. 산장처럼 깨끗하게 정돈된 오두막 앞에 앉아 신발을 벗어 우물가에서 발을 씻은 후 쉰다. 발바닥이 태양빛에 바짝 말라 기분이 좋다. 마침 살짝 열려 있는 오두막의 나무문을 밀고 들어가 보니 실내는 깨끗하게 정돈되어 있다. 누구든 필요하면 자고 가도 된다는 안내문까지 있다. 다시 밖으로 나와 한동안 해바라기를 하며 쉬는 동안에도 할아버지 트레커는 나타나지 않는다.

마냥 할아버지를 기다릴 수 없어 배낭을 짊어진다. 이제부터 살렝통 고개까지는 급한 오르막이 이어진다. 드넓은 알파인 지대에 아무도 없이 혼자 걷는 적막감이 싫지 않다. 30분 후, 드디어 두 쌍의 부부 트레커가 내려오고 있다. 그들은 살렝통 고개에 꽃들이 많이 피어 있다고 한다. 또 한 남자는 손가락 두 개를 머리에 들어 보이며 산양이 있다는 시늉까지 한다.

웃으며 그들과 헤어져 계속되는 오르막을 오른다. 철 지난 몇몇 야생화들이 여기저기에 피어있다. 이윽고 고갯마루가 멀지 않은 야생화 밭을 끼고 도니 얼룩소 대여섯 마리가 풀을 뜯고 있다. 평화로운 그들을 잠시 지켜보고서 고개로 이어진 마지막 오르막을 오른다. 땀을 훔치며 고개에 막 다다를 즈음, 1시간 전에 만난 트레커들의 말마따나 10여 마리의 산양 떼가 풀을 뜯으며 모여 있다. 자세히 보니 산양과에 속하는 샤모이다. 그들의 우아한 모습을 구경하며 살렝통 고갯마루서 이제껏 올라온 디오자 계곡(Vallee de la Diosaz)을 내려다본다.

시간은 이미 오후 5시가 되었기에 잠자리를 어디서 잡는 게

좋을까 생각해본다. 마침 고갯마루에 누군가가 텐트를 친 자리가 있다. 하지만 가만히 생각해보니 물이 충분치 않다. 물론 응달진 사면에 남아 있는 잔설을 녹일 수도 있지만 베라르 계곡(Vallee de Berard)으로 내려가기로 한다. 한동안 급사면의 돌밭을 내려가 100m 이상 되는 설사면을 이용해 미끄러져 내려간다. 30분 정도 돌길을 내려가니 한참 아래에 베라르 산장(Berard Refuge, 1924m)이 보인다. 마침 중년의 한 산악인이 한 짐 가득 짊어지고 오르고 있다. 곧 이어 만난 그는 몽 뷔에(Mont Buet, 3096m)에 오를 예정이라며 내려오던 중에 야영할 적당한 장소가 있는지 묻는다. 경사진 바위지대뿐이라 얘기하며 행운을 빈 후, 계속해서 내려온다.

다리가 후들거릴 정도로 돌길을 걸어 내려오니 마침내 베라르 산장이다. 산장 앞 벤치에는 다음날 산행을 위해 올라와 있는 산악인들이 휴식을 즐기고 있었다. 산장 주변에는 적당한 캠프지가 없어 계속해서 내려오는데, 내 또래의 부부가 어린애 셋을 데리고 밀티유라는 콩알만 한 새까만 열매를 열심히 따고 있다. 환하게 웃는 그들과 헤어져 계곡으로 내려오니 숲에서 연기가 피어오른다. 가보니 텐트 옆에서 일가족 넷이 모닥불을 지피고 있었다.

'산은 허영심을 위해서 있는 것이 아니다'

마침 그들과 좀 떨어진 곳에 적당한 캠프지가 있어 텐트를 친다. 모닥불을 피워본 지 오래되어 나도 그래 볼까 싶다가도 엄두가 나지 않아 저녁만 먹고 금방 눕는다. 어느새 잠들었는지 밖은 어둡다. 시계를 보니 밤 10시. 더 이상 잠이 오지 않아 <산과 인생>을 펼쳐든다. '폭풍설'편을 보니 다음과 같은 스마이드의 말이 들려온다. '등산가는 기계적인 개입이나 원조를 받지 않고 자신의 힘만으로 자신의 식별력과 판단력에 의존해 산을 올라야 하며, 천박한 정복욕이란 감정은 있을 수 없으며, 박수갈채를 보내는 관중도 기대해서는 안 된다. 등산이란 성취라는 말로 평가할 수 있는 것과 같은 가치를 추구하는 것이 아니다. 인간과 우주 사이의 행복스런 결합이며 생존과 존재의 완성이다.'

 또한 '휴식'편에서 그의 다음과 같은 말을 음미하며 잠이 든다. '군인이 다른 군인이 정복한 도시를 짓밟는 것처럼 (산의) 정상을 밟는 일은 없어야 하며, 오직 감사한 마음으로 방문해야 한다. 산은 요새가 아니며, 사람들의 즐거움을 위해 있는 것이지 인간의 허영심을 채우기 위해 있는 것이 아니다.'

 아침이었다. 계곡이 깊어 해가 닿으려면 정오나 되어야 할 것 같다. 최대한 게으름을 피우며 침낭에 들어 반시간 정도 책을 뒤적이다 더 누워 있지 못하고 일어난다. 못다 읽은 수십 페이지에 대한 미련이 남지만 산과 인생에 대해 조금이나마 생각해 볼 기회를 가졌다는 것만으로 만족한다. 옆 텐트의 일가족들도 길 떠날 채비를 하는 것을 보고 베라르 계곡을 내려온다. 1시간 반 정도 내려오니 러 뷔에 마을이다.

 얼마 후 도착한 몽블랑 익스프레스 산간열차를 타고 샤모니 계곡으로 내려온다. 덜컹거리는 열차 통로에 내려놓은 배낭 윗주머니에 든 책을 꺼내다 말고 도로 집어넣는다. 이렇게 산과 함께 할 수 있는 생활 자체가 좋아 만족스런 웃음이 나온다. 내 인생에서도 산이 전부가 되어도 나쁘진 않을 것이라는 확신을 가지며 열차 창밖으로 펼쳐지는 몽블랑 산군의 파노라마로 시선을 던진다.

다시 읽은 즐거움

요즘처럼 풍족한 시대에는 책을 아무리 좋아하더라도 책을 빌려 복사본으로 만들어 소장하는 경우는 드물 것이다. 아주 어렵게 자란 세대가 아닌 나도 종종 복사본을 만들어봤는데, 절판된 책이나 구하기 힘든 외국 산악서적 정도였다. 요즘이야 좀체 그런 책을 만들어 읽지 않는데, 샤모니 숙소에만 해도 복사본이 대여섯 권은 된다. 그중 하나가 〈산과 인생〉이다.

언어문화사에서 1968년에 처음 발행한 이 책은 1981년까지 세 번 출판되어 산악서적치고는 제법 잘 팔린 책이다. 그 때문인지 이 책의 원서인 〈The Spirit of the Hills〉는 그 후 수문 출판사에서 다른 번역자에 의해 〈산의 영혼〉으로 다시 출판되었다. 당시에는 읽을 만한 산악서적이 많지 않았다고는 하지만 그만큼 이 책의 가치가 크다는 뜻이다. 복사본일 망정 책 내용이야 같기에 아직 읽지 못한 절판된 산서를 찾게 되면 꼭 만들어 읽고 싶다.

14-<그들은 왜 오늘도 산과 싸우는가>

몽블랑산군을 보며 그들은 왜 오늘도 산에 오를 수 밖에 없는지를 생각하다

'뛰어난 등반가가 되려면 자기 내면의 소리를 들어야 한다'

산서를 읽다보면 자신이 속해 있는 곳이나 자신이 등반해본 곳에 대한 내용일 때, 더구나 등장인물도 익히 아는 이들일 때 독서가 훨씬 즐겁다. 그리고 나쁜 날씨 등 여러 가지 이유로 등장인물들이 오르지 못한 산이나 벽을 독자는 올랐을 경우 가당찮은 자부심마저 생겨 읽는 재미는 그만이다. 바로 <EIGER DREAMS>가 나에게는 그런 산서에 속하는 셈이다.

이 책 속의 12가지 이야기 중에 아이거와 샤모니, 그리고 데날리 쪽 이야기는 손에서 책을 떼어놓지 못하게 만들었다. 그 후 몇 년이란 세월이 흘러 이 책이 한국에서 <그들은 왜 오늘도 산과 싸우는가>로 번역 출판되었음을 알고 이번에 또 읽어볼 기회를 가졌다.

9월 중순의 화창한 가을날이었다. 이 책을 배낭에 넣고 샤모니 계곡을 내려다보며 즐길 수 있는 트레킹에 나섰다. 몽블랑 익스프레스 산간열차를 타고 레 프라(Les Praz, 1060m) 마을에 내린 나는 곧바로 플레제르(Flegere, 1877m)행 케이블카에 오른다. 고도를 차츰 높일수록 가을색이 완연하다. 곧이어 랑덱스(l'index, 2385m)행 체어리프트에 오른다. 2000m 고도를 넘어서니 따뜻한 태양 아래서도 바람이 차다.

랑덱스 주변에는 몇몇 트레커들이 오가고 있었다. 이곳에서

 조망할 수 있는, 북측 끝 투르 빙하에서부터 남측 끄트머리의 구테봉까지 펼쳐지는 몽블랑 산군의 파노라마는 언제 보아도 장관이다.

 2박3일치 배낭을 짊어지니 꽤나 무겁다. 몽블랑 쪽을 보며 남쪽으로 향한다. 한동안 랑덱스봉(Aig. l'index, 2595m) 아래를 돌아간다. 도중에 길을 잘못 들어 시간만 낭비하고 가던 길을 되돌아와 큰길을 따라 걷는다. 약 1시간 내리막을 걸은 다음부터 오르막이다. 쉬엄쉬엄 걸어 오르는데, 저만치 아래에 산양 한 마리가 반긴다. 2m까지 다가가도 녀석은 도망가지 않고 건너편의 드뤼와 메르 더 그라스 빙하를 배경으로 포즈를 취하고 있다. 배낭을 내려놓고 카메라 앵글을 이리저리 돌려보지만 만족스럽지 않아 단념하고 가던 길을 재촉한다.

 1시간 정도 오르막을 올라 글리에르 고개(col de la Gliere, 2461m) 아래에 이르니 트레커 넷이 반갑게 인사하며 랑덱

스로 내려간다. 이윽고 글리에르 고갯마루다. 몽블랑 산군 반대편인 서쪽 지역이 환하게 눈에 들어온다. 코르뉘 호수(lac Cornu, 2276m)는 발아래에 펼쳐져 있다. 고갯마루에 배낭을 벗어두고 서쪽으로 길을 잡는다. 느와르 호수(lacs Noirs, 2494m)에 찾아가기 위해서다. 삼사년 전에 찾아가 하룻밤 자고 처음이다.

오르막 돌길을 두어 개 넘어서니 작은 알파인 호수가 나타난다. 마침 양떼들이 몰려오더니 멈칫거린다. 녀석들은 겁을 먹고 오던 길로 돌아간다. 산양보다 더 사람을 무서워하는 양들의 모습에 피식 웃음이 난다. 그들 뒤를 따라 바위 언덕을 도니 느와르 호수가 오후의 강렬한 햇살에 반짝이고 있었다.

조심해서 바위들을 타고 내려 호숫가에 닿는다. 가을 가뭄에 수면이 낮아져 있다. 호수에 비치는 몽블랑은 예전과 다름없다. 멀리 양들의 가냘픈 소리만이 들려오는 가운데 정적에 휩싸인 호수를 천천히 둘러보고 배낭을 벗어둔 글리에르 고개로 돌아온다. 곧바로 짐을 지고 코르뉘 호수 고개(col du lac Cornu, 2414m)로 향한다. 이제 한두 시간 후면 해가 지기에 잠자리를 찾기 위해서다.

채 1시간이 되지 않아 코르뉘 고갯마루의 적당한 풀밭에 텐트를 친다. 동쪽으로 몽블랑 산군이 훤하게 건너다보일 뿐 아니라 서쪽의 피즈 산군 너머로 지는 일몰도 볼 수 있는 자리다. 아직 해가 떨어지려면 1시간 정도는 남아 있기에 가져온 책을 집어 든다. 책을 펼치다 다시 표지를 바라본다. 알파인 설릉을 횡단하는 알피니스트들의 모습만 보아도 가슴이 뛴다.

하지만 제목을 가만히 생각해보니 과연 산과 싸우며 산에 오를 산악인들이 몇이나 될까 싶다. 그릇된 욕망의 덫에 걸린 몇몇 이들 외에는 자신의 목숨을 담보로 그렇게나 투쟁적으로 산에 오를 까닭이 있겠느냐 말이다. 대중성과 상업성을 염두에 둔 출판사의 입장을 이해는 하지만, 원제 그대로 했으면 더 좋지 않았을까 생각하며 페이지들을 넘긴다.

멀티 피치 등반시대에 볼더에 몰두한 존 길

첫 장 '아이거, 꿈을 꾸다'부터 읽는다. 17년 전 나 또한 올라본 아이거 북벽을 시도하지만 나쁜 날씨에 등반을 단념해야 했던 크라카우어. 등반은 못했으면서도 재미나게 실패담을 늘어놓는 그의 이야기에 페이지들이 잘도 넘어간다. 그의 동료 마크 트와이트나 종종 보는 샤모니의 유명 가이드 크리스토프 프로피마저 나쁜 날씨에 아이거 북벽을 포기하는 대목을 보면서 등반기술이나 경험, 열정 이전에 날씨 운을 실감하지

않을 수 없다.

 바로 건너편에 보이는 드뤼와 에귀 베르트 너머의 동북쪽에 있을 아이거 북벽은 여전히 알피니스트의 마음을 끌어당기고 있다. 언젠가 꼭 다시 한 번 더 오르고 싶다는 생각이 든다. 그때는 아마 하계등반이 아닌 동계등반이 되지 않을까.

 이제 해가 서쪽 바위산들 아래로 떨어져 한기가 돈다. 방한복을 꺼내 입고 밖으로 나오니 몽블랑의 하얀 설사면이 붉게 물들어 있다. 그와 더불어 샤모니 계곡의 가로등 불빛이 하나둘 켜지고 몽블랑 산군 위의 드넓은 하늘이 보라색으로 바뀌면서 어둠이 찾아왔다.

 텐트로 돌아와 저녁을 먹고 침낭 속에 들어 책을 펼쳐든다. 볼더링의 개척자 존 길에 대한 내용이다. 전통산악인들이 여전히 멀티 피치 등반을 고수할 때 그는 9m도 되지 않는 낮지만 극한의 등반선을 추구하며 볼더링의 수준을 한층 드높인 인물이다. 수학자이기도 한 그는 '뛰어난 등반가가 되고자 한다면 다른 사람의 말만 들을 것이 아니라 자신의 내면의 목소리를 들을 수 있어야 한다.'고 했다. 1980년대 중후반, 암벽등반에 한창 재미를 붙인 내가 그의 훈련과 등반에 대한 잡지의 기사에 자극을 받아 전국의 몇몇 유명 암장을 찾아다닌 추억이 새롭다.

 잠시 눈을 붙이고 일어나니 자정이 조금 지났다. 밖으로 나오니 초저녁 때의 풍경과는 또 다른 장관이 펼쳐져 있다. 샤모니 시가지의 현란한 조명을 받은 침봉들이 하늘 위로 우뚝 솟아 있고 그 위의 검은 하늘에는 수많은 별들이 점멸하고 있다. 깊이를 가늠할 수 없는 밤의 아름다움이다. 잠시 후 텐트로 돌아와 '발디즈의 빙벽'에서 이본 취나드가 샤모니 계곡 건너편의 보송 빙하에서 피켈의 피크를 일자형에서 곡선형으로, 획기적인 발상의 전환을 하는 대목을 읽다가 잠이 든다.

 아침이다. 해가 텐트에 닿아서야 눈을 뜬다. 샤모니 계곡에는 구름이 잔뜩 머물러 있지만 그 위로는 쨍한 하늘만 펼쳐져 있다. 급할 게 없어 차 한 잔을 마시고 침낭 속에서 좀 더 게으름을 피워본다. 책을 펼쳐 '텐트에 붙박이가 되어'를 읽으며 1시간을 더 보낸다. 학창시절 동하계 장기산행이나 히말라야 원정등반에서 겪은 고립된 텐트생활들이 떠오른다. 함께 한 이들이 아무리 친한 사이더라도 위험한 등반을 하며 긴장 속에서 장기간 가까이 지내다보면, 더구나 며칠씩 좁은 텐트에서 발이 묶여 있다 보면 신경이 날카로워지고 사소한 일에도 쉽게

237

짜증나게 마련이다. 이런 경험을 한번이라도 해본 이들은, 그리고 장기등반을 떠나고픈 이들은 이 '텐트에 붙박이가 되어'를 읽어볼 필요가 있다.

이제 아침 해가 텐트에 닿아 따뜻해진다. 벌떡 일어나 텐트를 걷으니 9시가 지났다. 조금 있으니 아래에서 사람 소리가 들린다. 아침 첫 케이블카를 타고 이곳까지 트레킹을 온 이들 셋이 나타난다. 그들은 아마 랑덱스를 거쳐 락 블랑까지 갈 모양이다.

그들과 헤어져 이제 프랑프라(Planpraz, 1999m) 쪽 긴 완사면의 길을 내려간다. 길은 샤를라농봉(Aig. de la Charlanon, 2549m) 앞으로 돌아간다. 코르뉘 고개로 오르는 트레커들 몇몇과 아침인사를 하며 지나친다. 1시간 만에 프랑프라의 풀밭에 닿았다. 잠시 앉아 쉬며 샤모니로 패러글라이딩 하는 모습을 지켜본다. 약 30분간 몽블랑을 배경으로 하늘을 나는 형형색색의 패러들을 보고서 브레방 안부(col du Brevent, 2368m)로 오른다. 등에 진땀을 흘리며 채 한 시간이 걸리지 않아 고갯마루에 올라 브레방(Brevent, 2525m) 정상으로 이어진 서쪽 산비탈을 걷는다.

30분 만에 도착한 브레방 전망대에는 케이블카로 오른 관광객들이 여기저기서 몽블랑을 배경으로 기념사진을 찍고 있었다. 북적이는 전망대 언덕을 뒤로하고 남쪽으로 난 돌길을 따라 내린다. 브레방 호수(lac duBrevent, 2127m)가 눈앞에 있다. 큰 길에서 20분은 내려가야 하기에 그냥 지나친다. 잘 곳이 우쉬봉(Aig. de Houches, 2285m) 쪽이기 때문이다.

곧이어 벨라샤 산장(Refuge Bellachat, 2136m) 뒤편 언덕이다. 산장 쪽으로 가지 않고 카를라베이롱(Carlaveyron) 자연

 보호구역 쪽으로 난 오솔길을 걷는다. 한두 트레커들이 우쉬봉에서 내려온다. 가을색이 완연한 알파인 초원 위를 지나 우쉬 정상에 선다. 몽블랑 북서면을 가장 가까이서 건너다볼 수 있는 곳이라 이곳서 보는 풍경은 그만이다. 특히 서쪽으로 시원하게 뚫린 풍경이 좋다.

 조금 있으니 개를 데려온 부부 트레커가 올라와 조망을 즐기고 내려간다. 이제 시간은 오후 4시가 가까워져 한두 명의 트레커들도 모두 하산길을 서두르고 있다. 발걸음은 브레방봉(Aig. du Brevent, 2305m)으로 향한다. 그곳 알파인 초원에서 하룻밤 자기 위해서다. 마침 양떼들이 평화롭게 풀을 뜯고 있다. 몽블랑 및 침봉들을 배경으로 풀을 뜯는 그들을 바라보며 배낭에 기대어 쉰다. 잠시 후 100m 정도 떨어진 건너편 언덕을 보니 누군가가 나와 마찬가지로 배낭에 기대어 쉬고 있다.

 어차피 그쪽 언덕에 텐트를 치고 싶어 드문드문 흩어져 풀을 뜯고 있는 양들 사이를 지나 그곳에 가보니 키 큰 네덜란드 청년이 오후의 한가한 시간을 즐기고 있다. 그는 한 달간의 일정으로 샤모니에 와 등반도 하며 이렇게 트레킹을 하는데, 이곳이 마음에 들어 하루 더 자고 싶다며 이미 자리를 펴고 있었다.

텐트도 가져오지 않은 그는 얇은 침낭과 매트리스 하나에 의지해 이틀 밤이나 같은 곳에서 밤을 맞이하고 있었다. 산이 없는 네덜란드에서는 찾을 수 없는 뭔가가 그를 끌어당겼던 것이다.

붉게 물드는 서녘 하늘을 바라보며 텐트를 치고 저녁을 맞이한다. 반대편의 몽블랑 또한 장밋빛이 되더니 차츰 희미해져 어둠의 장막으로 사라졌다. 이제 텐트 안으로 들어와 못다 읽은 페이지를 펼친다. '탈키트나의 조종사들'의 삶과 애환을 읽는다. 10여 년 전 나는 매킨리 남벽 등반을 위해 탈키트나에서 경비행기를 타고 알래스카의 하늘을 난 적이 있다. 삼사십 분 후 2200m 고지의 빙하에 사뿐히 내려앉은 조종사의 실력은 대단했다. 바로 이 이야기에 등장하는 그들 선배 조종사들로부터 전수받은 실력이 아닐까.

1시간이 지났을까, 사방이 캄캄한데 어디에선가 양들의 방울 소리가 들려온다. 쉬지 않고 내내 풀을 뜯어야만 하루의 생을 이어가는 그들의 삶도 결코 평화롭지만은 않게 보인다. 인간들의 보금자리인 계곡 아래의 마을 불빛들을 보며 그래도 인간으로서의 삶이 보다 행복하지 않을까 하는 생각을 해본다.

쌀쌀해진 저녁 기온에 어깨를 움츠리며 텐트로 들어와 침낭에 든다. 잠들기에는 이른 시각이라 다시 책을 펼친다. '데날리클럽'이다. 북미최고봉 매킨리를 오르는 이야기다. 지은이 크라카우어는 이번에도 나쁜 날씨로 인해 가장 만만한 웨스트버트레스 루트로도 정상에 서지 못한다. 등반 이야기에서 등정 이야기가 무엇보다 큰 비중을 차지하는데도 그의 실패담은 재미가 있다.

한편 그가 묘사한 매킨리 빌리지의 얼음동굴을 읽을 때는 가슴이 서늘하다. 10여 년 전 후배들 셋과 온갖 고난을 극복하고 남벽을 넘어 하산루트인 이곳으로 내려와 바로 이 춥고 축축하고 끔찍스러울 정도로 좁고 답답했던, 지옥과도 같았던 미로의 설동에서 이틀 밤을 보낸 내 경험 때문이다. 그 춥고 괴로운 기억이 밤새 잠자리를 뒤숭숭하게 했다.

 깨어나니 아침 7시다. 아직 태양이 침봉들 위로 솟아오르기 전이다. 샤모니 계곡에는 구름이 잔잔히 깔려 있다. 아마도 가을에 접어들어 심해지는 일교차 때문이리라. 약 10여m 떨어진 풀밭에서 비박하고 있는 네덜란드 청년은 꼼짝도 않고 침낭을 보듬은 채 누워있다. 지난 저녁의 멋진 일몰과 같은 아침 풍경을 은근히 기대했건만 침봉들 위로 솟아오른 해는 모든 풍경을 평이하게 만들고 말았다. 실망스러워 텐트로 돌아와 아침을 먹고 드러눕는다. 서너 시간이면 샤모니까지 하산할 수 있으니 급할 게 없어 다시 책을 집어 든다.

 샤모니에 대한 이야기다. 텐트 바로 앞, 계곡 바닥에 위치해 있는 '스키와 등반의 세계적인 수도' 샤모니에 대해 크라카우어는 깊은 인상을 받았는지 갖가지 찬사와 놀라움, 그리고 부러움을 표하고 있다. 이곳에서 살고 있는 내 시각으로는 잠시 이곳을 찾은 그의 과장스런 표현에 웃음이 절로 나지만, 파카르 거리의 까마귀클럽에 대한 언급은 적절하지 않았나 싶다. 선술집 까마귀클럽은 여전히 수많은 알피니스트와 스키어, 익스트림 스포츠맨들의 만남의 장이 되고 있기 때문이다.

 샤모니에 대한 이야기를 거의 다 읽었을 무렵, 인기척이 나 밖을 내다보니 두 명의 트레커가 올라와 있다. 그리고 얼마 후, 또 다른 두 명의 트레커가 큼지막한 배낭을 지고 왔다. 가만히 보니 그들은 패러를 지고 있었다. 이곳에서 활강할 준비를 하고 있다. 잠시 그들이 순풍을 기다리는 동안 텐트를 걷는다. 곧이어 순풍을 받은 두 패러글라이더는 곧장 땅을 박차 올라 우쉬 마을 쪽으로 구름을 뚫고 사라졌다. 네덜란드 청년과 함께 멋진 활강모습을 카메라에 담고 싶었지만 잽싸게 날아가 버린 그들의 모습을 제대로 담지 못한 아쉬움을 가지며 그는 우쉬로, 나는 샤모니로 긴긴 하산길에 접어들었다.

 우쉬봉 쪽 완사면으로 내려가는데, (아마 엊저녁에 본) 양떼들이 열심히 풀을 뜯고 있다. 다시 벨라샤 산장 쪽으로 내려오는데, 두 명의 프랑스 트레커가 다가오며 그와 내 카메라가 같은 것을 확인하고 반가웠던지 엄지손가락을 치켜들고 좋은 사진 많이 찍으라는 말을 잊지 않는다. 곧 산장 앞으로 난 샤모니 쪽 하산길에 접어든다. 계곡에는 여전히 구름이 자욱이 깔려 있다. 흩어지는 구름들 사이로 샤모니가 깨어나고 있었다.

다시 읽는 즐거움

사람의 기억력에는 한계가 있는지 내 머리에 문제가 있는지 이 글을 쓰려고 다시 〈우리는 왜 오늘도 산과 싸우는가〉를 손에 들어도 도통 기억나지 않는다. 존 크라카우어가 산 주변 이야기 12개를 쓴 것 중에 한두 개만 어렴풋이 기억난다. 1장(아이거, 꿈을 꾸다)에서는 클라이네 샤이데크에 친 텐트를 폭풍우에 날려 먹고 등반은 시도도 못하고 포기했다는 것과 9장(샤모니)에서 글쓴이는 몇 번 찾은 적 있는 샤모니에서 투르 롱드 북벽을 올랐으며 시내에 있는 선술집 까마귀클럽의 분위기를 묘사한 것만 기억난다. 오래 전에 샤모니에서 구입한 원서(EIGER DREAMS)까지 치면 최소한 두 번은 읽었을 텐데도 이렇다. 획 스쳐지나가는 창밖 풍경처럼 크라카우어의 글이 너무 속도감이 있어 그런가 싶지만 아무래도 내 머리에 문제가 있다. 오래 전에 읽었지만 역시 기억에 없는 〈희박한 공기 속으로〉뿐 아니라 이 책 또한 다시 읽어봐야겠다.

여담을 하나만 더 하면, 샤모니 시내에서 유명했던 까마귀클럽이 이젠 문을 닫았다. 세월의 흐름은 어쩔 수가 없던지 몇 년 전까지만 해도 스키어와 알피니스트들이 즐겨 찾던 선술집이었지만 골목 건너편의 새로운 술집에 밀리기도 했고 목조건물도 세월의 무게에 견디지 못한 결과였다. 책에 기록되어 더 영원할 것 같았던 한 공간도 그렇게 사라져 버렸다.

원서와 한국어판을 비교하니 원서가 크기도 작고 놀랍게 무게는 거의 배나 가볍고 페이지도 절반 가까이 적다. 나처럼 멀리 들고 다니는 이들에겐 무게나 부피가 상당히 중요하다. 한국에선 크고 무겁고 때깔 나게 만들어야 책이 팔리는지 아리송하기만 하다. 책이란 책장에 꽂아놓기 위해서 만드는 건 아닐 것이다. 내가 만드는 알프스 시리즈들도 그렇게 되지 않았으면 좋겠다. 구겨지고 탈색되더라도 책 주인과 자주 멀리멀리 여행 다니는 운명이었으면 싶다.

15-<알프스의 풍광에 내 생애를 걸고>

몽탕베르 언덕에 올라 알프스의 풍광에 내 생애도 걸고 싶었다

'자신을 풍부하게 하는 것은 운이 아니라 정확한 판단력에 따른 것이다'

 12월 초순, 알프스 자락은 이미 백설의 세계에 들어섰다. 지구온난화라는 말이 무색할 정도로 이번 겨울은 일찍 추위와 눈이 닥친 것 같다. 가을 비수기에 늘 다녀오는, 보다 따뜻한 한국생활을 하다 와 그런지 추위는 더 심하게 느껴진다. 그리고 항상 정답게 맞아준 고향의 악우들을 떠나 갑자기 홀로 된 외로움도 한 몫 하는 것 같다.

 이 외로움과 추위를 잊게 한 책이 있다. 한국의 악우들이 건네준 고마운 선물 중에 효순 선배가 간직하고 있던 <알프스의 풍광에 내 생애를 걸고>다. 형과는 20여 년 전에 히말라야뿐 아니라 이곳 알프스의 북벽들을 함께 오른 사이였기에 더없이 고마운 산서인 셈이다.

 시차적응이야 하루 이틀 지나니 자연스럽게 해결되었지만 무엇보다 추위에 적응하기 위해 이리저리 눈밭을 쏘다녔다. 낮에 녹초가 될 정도로 움직이고 저녁에는 자연히 <알프스의 풍광에 내 생애를 걸고>를 집어 들었다. 이 책의 저자 로베르 테즈나 뒤 몽셀(Robert Tezenas du Montcel, 1903~1986)은 우리 산악인들에겐 낯설지만 100여 년 전에 태어난 프랑스 산악인이다. 16세에 몽블랑 산군을 처음 접하고 산의 세계에 매료되어 훗날 GHM(고산등산그룹 Groupe de Haute Montagne)

회장까지 하였으며, 특히 몽블랑 지역에서 왕성한 산악활동을 하였기에 더욱 흥미가 있었다.

며칠 동안 <알프스의 풍광에 내 생애를 걸고>에 빠져 겨울밤을 보내고 이 책을 지니고 산행할 만한 곳을 떠올렸다. 몽셸이 책속에서 활동한 무대를 찾아보고 싶었던 것이다. 가을 비수기에는 겨울 스키시즌의 시작인 12월 중순까지 모든 케이블카가 운행하지 않기에 활동반경이 좁아진다. 그래도 갈 곳은 있기 마련. 몽탕베르(Montenver) 언덕이 떠올랐다. 저자 몽셸이 몽탕베르 언덕을 기점으로 많은 산행을 했기에 안성맞춤이었다.

상쾌한 전나무 숲 하이킹

느지막이 아침을 먹고 숙소를 떠난다. 아침 9시가 지났는데도 옹기종기 모여 있는 샬레의 굴뚝들에서는 연기가 퐁퐁 피어나고 있다. 겨울철의 흔한 풍경이다. 마을 외곽을 천천히 벗어나 플라나르(Planard) 스키장으로 향한다. 시내에서 가장 가까이 있는 이 스키장은 아직 개장하지 않았다. 며칠 전에 내린 자연설 위에 인공설을 잔뜩 뿌려 큰 눈 언덕들이 군데군데 쌓여 있다. 크러스트가 된 설사면 위를 한 발 두 발 옮긴다. 바스락거리는 소리가 좋다. 곧 스키 슬로프를 지나 전나무 숲길로 접어든다.

아름드리 전나무 숲에서는 언제나 상쾌한 기분이 든다. 얼마 가지 않아 숲속 오두막집에 이른다. 이 집 주인은 작은 키의 다부진 몸매를 가진 산악가이드이다. 몇 년 전에 이곳을 지나다 그의 모습을 담고 싶어 카메라를 들이댔더니 한사코 손을 내저었던 적이 있다.

이 숲에서 몇 대 째 내려온 그 집에 아들이 있는데, 20대 초반으로 암장에서 종종 만나는 사이다. 아들 또한 아버지의 대를

이을 생각인지 ENSA(프랑스국립등산스키학교)에 입학할 준비를 하고 있다. 한번은 우연히 3600m 고지의 가파른 설사면에서 그를 만났는데, 대담하게 스키활강을 하며 사라져버리는 그의 모습을 보고 혀를 내두른 적이 있다.

 오두막에서 멀지 않은 숲속의 작은 목초지를 지나 산길은 꾸불꾸불 이어진다. 모퉁이 하나를 도니 가파른 바위사면에서 인부 넷이 작업을 하고 있다. 돌사태를 예방하기 위한 작업으로, 가만히 보니 그들 중 한명은 산에서 종종 보는 인물이다. 손을 흔들며 그 아래를 급히 지난다. 비브람 등산화와 각종 등반장비를 착용한 채 바위사면에 매달려 있는 그들 모두 산악인이 아닐까 싶다.

 꼬불꼬불 올라가던 길은 이제 산허리를 휘돌아간다. 드뤼와 에귀 베르트가 살짝 고개를 내밀고 있다. 한참을 걸어 다시 작은 숲길에 접어든다. 얼마 가지 않아 두 명의 사냥꾼을 만난다. 위장복을 입고 사냥총을 어깨에 멘 둘은 잠시 이야기를 나누더니 헤어진다. 자신들의 목표를 포획하기 위해 한 명은 아래쪽에서, 한 명은 멀리 돌아올라 위에서 숲으로 들어갔다. 한겨울이 오기 전이면 종종 목격하는 풍경이다. 이들의 목표는 주로 산양인데, 일정량의 개체수를 유지하기 위해 사냥꾼에게 추첨으로 배당된 수만을 잡을 수 있도록 허가가 난다고 한다.

 길은 이제 드뤼가 빤히 올려다 보이는 로쉐 데 모테(Rochers des Mottets, 1638m)다. 메르 더 그라스 빙하의 끝자락이다. 발레 브랑쉬에서 빙하 스키를 타고 샤모니로 내려가기 위해서는 빙하 끝에서 이곳으로 올라와 숲길로 내려가야 한다.

 여기서 몽탕베르에 오르기 위해 남쪽 방향으로 난 숲길을 오른다. 이제 길은 좁아져 깊은 눈을 헤쳐 오르기가 쉽지 않다. 다행히 군데군데 산양들이 지나간 발자국을 따르니 좀 낫다. 산양 발자국에 고마움을 느낄 정도로 깊은 심설을 걸어 오른다. 좀 전에 만난 두 명의 사냥꾼을 생각하니 같은 인간으로서 산양에게 미안함 마저 든다.

 이제 샤모니를 떠난 지 2시간 반이 지났다. 몽탕베르 전망대에 못 미친 숲길이다. 여름철 트레커들을 위해 세워둔 안내판이 보인다. 100여 년 전, 산악열차가 생기기 전에는 관광객들이 조랑말을 타고 올랐다는 내용이다. 1860년 나폴레옹 3세와 황후가 이곳에 올라 빙하의 빙벽을 등반하는 가이드의 모습을 관전했다는 기록도 있다.

 곧이어 1913m 고지의 몽탕베르 전망대에 올라 한숨 돌린다. 연중 가장 비수기라 관광객은 몇 되지 않는다. 설피를 고쳐 신고 전망대 뒤로 난 길을 걸어 오른다. 웅장하게 흘러내리는 메르 더 그라스(Mer de Glace) 빙하가 차츰 눈에 들어온다. 그 좌우로 드뤼와 그랑 샤모즈, 그리고 저 멀리 그랑드 조라스가 한눈에 들어온다.

 2000m 이상부터 눈은 더 깊다. 설피를 신었지만 가파른 사면의 심설을 헤쳐 나가기가 쉽지 않다. 7월 초면 이곳은 알프스의 장미 알펜로제가 지천으로 피어나 많은 이들이 찾는다. 빙하와 침봉, 알펜로제 이 세 가지만으로도 알프스의 풍광을 대변하고도 남는데 산양이나 마모트와 같은 야생동물들마저 반겨준다. 하지만 이미 한겨울에 접어든 지금은 황량하기 그지없다.

 가파른 사면을 지그재그로 오르며 진땀을 흘린다. 2시간 이상 올라 마침내 몽탕베르의 돌탑 언덕(Le Signal, 2204m)이다.

전망대에서 약 300m 고도를 올리는데 이처럼 힘든 경우는 처음이다. 이곳은 메르 더 그라스 빙하를 가장 조망하기 좋은 언덕으로서 드뤼 서벽이 바로 건너다보이며, 그랑 샤모즈가 지척이다. 케른을 쌓기에 좋은 돌들이 흔해 그 수가 날로 늘어나 헤아릴 수 없을 정도다.

돌탑 사이의 눈밭에 짐을 부린다. 점심때가 훨씬 지난 시간이라 빵으로 허기진 배를 채우고 텐트를 친다. 고도가 낮은 태양은 그랑 샤모즈 뒤로 숨어 있어 급히 텐트 속 침낭에 들어 땀으로 차가워진 몸을 데운다.

이제 <알프스의 풍광에 내 생애를 걸고>를 읽을 차례다. 이미 읽어본 내용이지만 새롭게 다가온다. 1914년 그의 나이 11세에 몽셀은 산의 세계를 발견하게 된다. 자신의 형들이 바로 전년도에 이곳 몽블랑, 즉 보송 빙하 중앙의 그랑 뮐레에서 찍은 사진을 본 뒤부터다. 눈과 바위, 눈부신 봉우리들을 배경으로 한 자일파티를 보고 그는 본능적으로 자일의 의미를 포착한다. 그것은 위험을 받아들여 그걸 나눠 갖는 것이라고.

하지만 전쟁으로 그는 5년 후에나 꿈에 그리던 몽블랑을 마주하게 된다. 이때 그는 제앙 안부에 올라 알피니즘의 무대에 첫발을 내딛는다. 이후 몽셀은 대학에 들어 GMH(고산등산그룹)의 사무장 지골을 만나면서 매년 샤모니를 찾아 본격적인 산행을 시작한다. 곧 이 단체 회원이 된 그는 가이드 없이, 심지어 등반기록에도 의존하지 않고 자신의 능력과 순수한 개척 정신으로 어렵고 힘든 등반을 추구해 간다. 이 단체의 결성목적인 순수 알피니즘의 정신을 이으려 노력했다. 그 후 그는 이 단체의 회장까지 된다.

오늘날 GMH는 세계최고의 정예산악인모임으로 발전해 있다.

고산등반그룹 회장까지 지낸 독신

 침낭 속에 누워 1시간쯤 읽었을까. 몸이 좀 데워져 밖으로 나온다. 오후 3시가 넘었을 때다. 아직 남아 있는 오후 햇살을 즐기기 위해 서쪽 언덕을 넘는다. 텐트 친 돌탑 언덕에서 100m 거리의 작은 언덕에 올라서니 햇볕이 반긴다. 눈밭이지만 선글라스가 필요 없을 정도로 태양빛의 세기가 약하다. 샤모니 계곡이 한눈에 내려다보인다. 성냥갑처럼 작게 보이는 가옥과 나무들의 그림자가 길게 늘어져 있다.
 한동안 플랑 더 레귀(Plan de l'Aiguille, 2310m)로 이어지는 그랑 발콩 노르(Grand Balcon Nord)를 따른다. 하지만 곳곳에 가파른 설사면이 이어져 있어 신경을 바짝 쓰며 횡단한다. 50m 전방에 산양 한 마리가 귀를 쫑긋하며 나를 바라보고서 잽싸게 도망간다.
 1시간 이상 걷자 태양이 한껏 고개를 숙여 서산으로 넘어가기 직전이다. 기울어진 태양이 마지막 빛의 가루들을 뿌려 화강암 침봉들을 금빛으로 물들인다. 이렇게 해가 있을 때 최대한 멀리 와 보고 싶었던 것은 <알프스의 풍광에 내 생애를 걸고>의 저자 몽셀이 바로 몽탕베르에서 이 길을 따라 그레퐁을 횡단했기 때문이다. 책속의 세 번째 이야기인 '필수코스'에 나온다.
 발길을 돌려 돌탑 언덕으로 돌아온다. 샤모니 계곡은 이미 어둠의 장막이 드리워지고 있었으며, 태양의 반대편인 동북쪽 하늘이 보라색으로 물들어 있다. 급히 텐트가 있는 언덕에 올라서니 메르 더 그라스 빙하 쪽의 일몰 풍경은 아쉽게도 끝난 뒤였다. 눈을 녹여 저녁을 먹고 나자 사방은 암흑의 세계다. 텐트로 들어와 침낭 속에서 다시 책을 집어 든다.

12가지 이야기 중에 이제 네 번째인 '미지에의 제1보' 편이다. 그리고 다음으로 '그랑 샤모즈 북벽'이다. 지금 이 텐트에서 가장 가까이 위치한 침봉이 그랑 샤모즈이며, 곧장 올려다보이는 눈 덮인 벽면이 북벽이다. 이곳서 몽셀은 친구 폴과 함께 등반을 시작하지만 악천후에 뜻을 이루지 못하고 처절하게 생환하는 이야기가 압권을 이룬다. 재미난 것은 발을 배낭에 넣고 신문지를 옷에 잔뜩 집어넣은 채 쏟아지는 눈보라 속에서 비박한 옛 산악인의 모습이다.

한편 그는 '**체력과 유연성, 기술 등은 연습을 통해 얻을 수 있지만 창조성과 자발성, 결단력은 결코 그렇지 못하기에 산사나이는 그를 나약하게 하는 다른 사람의 도움이나 가이드북에 너무 의존해서는 안 된다**'고 주장한다.

책을 읽기 위해 랜턴을 두 개나 밝히며 읽지만 1시간도 되지 않아 눈이 피곤해 밖으로 나온다. 저녁 먹을 때보다 훨씬 더 짙어진 어둠 때문에 진정한 알프스의 겨울밤 풍경이 눈에 들어온다. 사방으로 펼쳐진 침봉들의 어두운 형체가 마치 거대한 성당처럼 위엄을 갖추고 있으며, 그 위로 수많은 별들이 가루를 뿌려놓은 것 같이 암흑의 공간에 박혀 있다. 바로 이런 아름다움 때문이었을까, 저자 몽셀이 알프스의 풍광에 자신의 생애를 걸었던 이유가. 급히 삼각대를 펼쳐 카메라를 장착해 밤의 아름다움을 담는다. 추위도 잊은 채 1시간 정도 눈밭을 오가며 사진을 찍는다.

구름이 빠르게 흩어지며 밤하늘을 점령하기 시작했다. 밤부터 날씨가 나빠진다는 일기예보에 따라 텐트를 다시 점검하고 안으로 들어온다. 시계를 보니 밤 8시가 조금 지났다. 또다시 책을 펼칠 시간이다. 이제 책은 중반부에 접어들었다. 오후 해질 무렵에 보았던 침봉들 중에 그레퐁 바로 옆의 블레티에르 북사면을 몽셀이 초등반하는 내용이다. 그리고 그는 텐트를 친 이곳에서 건너다보이는 에귀 베르트의 머메리 루트를 오른다. 몇 년 전 나는 바로 이 루트를 오르기 위해 샤르푸아 산장에서 자고 루트 초입까지 갔지만 심설 때문에 포기한 적이 있어 더욱 와 닿는 대목이다.

 1시간 정도 읽다 랜턴을 끄고 눈을 감는다. 얼마쯤 잤을까. 후드득 거리는 소리에 잠에서 깬다. 바람에 실린 눈송이가 텐트에 부딪치는 소리다. 시계를 보니 새벽 1시가 지났다. 침낭 속에서 꼼지락거리며 책을 몇 페이지 읽다 랜턴을 끈다. 텐트를 두들기는 눈의 소리를 자장가 삼아 잠이 든다. 눈을 뜨니 아직 밖은 어둡다. 그러나 눈은 내리지 않는다. 차 한 잔을 마시고 몽셀의 책속에 빠져든다. 열 번째 이야기 '유럽의 지붕 위에서'다.

'단란한 가정 꾸리면 위험한 등반에 나설 수 있을까'

 몽블랑으로 출발하기 전 그는 친구 넷이 체르마트의 브라이트호른에서 전원 사망한 소식을 접하고 등산은 무욕의, 또한 가족과 같은 세속적인 끈에서 벗어난 정신으로 임해야 한다고 생각한다. 그래서 그는 평생 독신으로 살지 않았나 싶다. 결코 독신론자가 아닌 내가 만일 단란한 가정을 꾸리게 되면 진정 위험한 등반에 나설 수 있을까.

 이제 날이 밝아오고 있다. 아침 8시인데도 해는 뜨지 않았다. 아침을 먹고 밖으로 나온다. 돌탑 언덕의 가장자리로 가 샤

모니 계곡을 내려다보니 구름이 낮게 깔려 있다. 주변 침봉들에도 짙은 구름들이 걸려 있다. 이 언덕에서 멋진 아침 풍경을 기대했건만 단념하고 다시 텐트 속으로 든다. 침낭 속에서 몸을 웅크리고 앉아 책을 펼친다. 이제 후반부다. 낙석에 맞아 죽음을 앞둔 친구를 보며 몽셀은 되뇐다. '알피니스트는 (전쟁에 임한 병사와는 달리) 의도적으로 곤란에, 위험에, 더구나 적어도 그가 있다고 생각하여 정확하게 계량된 위험 앞에 몸을 노출시킨다. 그 곤란이나 위험을 그는 숙련, 저항력, 그리고 용기로써 극복할 수 있다고 확신하는 것이다. 알피니스트가 자기의 기쁨과 보람으로 삼고 있는, 자기 자신을 풍부하게 한다는 것은 운에 의해 얻어지는 것이 아니고 그의 판단력의 정확함에 따른 것이다.'

아침 10시가 지났을 무렵 구름 사이로 얼굴을 드러낸 햇살이 텐트에 닿았다. 책을 던져 놓고 밖으로 나간다. 여전히 짙은 구름이 침봉들을 에워싸고 있지만 햇살을 받으니 기분이 좋다. 평생 독신으로 살며 순수 알피니즘의 정신을 지키려한 몽셀과 이제 헤어질 시간이다. 잠시 수많은 돌탑들 사이를 오가며 하룻밤 그의 책과 함께 한 향기를 음미하며 텐트로 돌아와 짐을 싼다. 텐트를 걷어낸 눈밭에는 하룻밤 머문 한 인간의 무게가 고스란히 드러나 있었다. 다음엔 알펜로제가 필 7월초에 와 자리라 생각하며 돌탑 언덕에서 긴긴 하산길에 접어든다.

얼마 후 몽탕베르 전망대에 이르니 저 아래서 누군가 설피를 신고 올라오고 있다. 산악열차를 운전하는 직원이다. 쉴 때 잠시 설피를 신고 올라온 것이다. 서로 좋은 하루 보내라는 인사를 건넨 뒤, 나는 알프스의 풍광에 내 생애 또한 걸어 볼 만하지 않겠냐는 생각을 하며 샤모니로 내려왔다.

다음날 샤모니 시립도서관에 가 몽셀의 <알프스의 풍광에 내 생애를 걸고>(1979년 한국어판)의 원작을 찾았다. 산악서적만 따로 모아두는 서가의 두 번째 칸에서 <Ce monde qui n'est pas le notre>(1965년 출판)를 찾을 수 있었다. 원본 제목의 문자 그대로 '우리의 것이 아닌 이 세상'에서 몽셀을 보다 가까이 만나 보는 기쁨이었다.

다시 읽는 즐거움

알프스를 끼고 사는 이들의 시각에선 이 책의 지은이는 결코 뛰어난 산악인이 아니다. 하지만 그가 알프스의 풍광에 자신의 생애를 걸었던 인물임에는 분명해 보인다. 한국산악계에도 뛰어나거나 유명하지 않은, 그러나 산에 자신의 생애를 걸었던 이들은 많을 것이다. 그들이 쓴 책이 좀 많았으면 좋으련만……

16-〈雪과 岩〉

눈보라 치는 코스믹 리지에서 레뷔파의 설과 암을 오르다

'이 왕국에서 모험을 시도하기 위한 유일한 무기는 의지와 애정뿐'

20대 초반, 비좁은 산악회 사무실의 한쪽 면에 작은 나무 책꽂이가 있었다. 으레 몇몇 산악서적들이 꽂혀 있었지만 손으로 밀면 삐꺽거리며 넘어질 모양새에 걸맞게, 거기에 꽂혀 있던 산서들의 종류는 빈약하기만 했다. 회원들이 대출 후 반납치 않은 산악잡지들은 제대로 모여 있지 않았으며, 재미없고 두꺼운 등반기술백과 한 권과 아무도 탐내지 않던 복사본 산서 외에 특별한 책이 없었던 것으로 기억한다.

그런 내핍의 서가에서도 나에게 알피니즘의 바이블이 있었으니 바로 그 복사본 산서였다. 가스통 레뷔파(Gaston Rebuffat, 1921~1985)의 〈雪과 岩〉(교진사, 1971년)이다. 복사본이었을망정 레뷔파의 멋진 사진과 시적 문장들은 만년설의 꿈을 영글게 하기에 충분했다. 오랜 시간이 지난 후, 복사본이 아닌 천연색 커버의 원본을 봤을 때, 원본을 보고 꿈을 키웠을 이들의 호사스러움이 부러웠지만 복사본의 흑백 장면들로도 알프스의 꿈을 키우기에 충분했다. 채워지지 않은 부족함이 보다 큰 열망을 키워 결국 이곳 알프스에 와 있지 않은가.

지난 가을, 그동안 수차례의 산악회 사무실 이전으로 사라진

그 복사본 <雪과 岩>을 근 20년 만에 재회하고서 이곳 알프스까지 가져왔다. 페이지를 뒤적이는 내내 설레는 마음은 20여 년 전과 다름없었으며, 간혹 샤모니 시립도서관에 가 원서인 불어판 <Glace, neige et roc>(1959년)과 대조하며 읽는 즐거움도 가졌다.

가스통 레뷔파가 자주 오른 암릉을 찾아

 겨울이 한창이던 1월 중순이었다. 책에 실린 수많은 사진들의 무대를 찾아가 보기로 했다. 가스통 레뷔파의 고향은 지중해 연안 마르세유이지만 10대 중반에 등산을 시작하고 머지않아 가이드가 된 그에게 이곳 몽블랑 산군은 진정한 고향이나 다름없었다. 1950년 안나푸르나 원정 외에는 알프스를 떠나지 않은 그에게, 특히 몽블랑 산군은 그의 주 활동무대였다. 페이지 곳곳에 등장하는 무대들도 대부분 몽블랑 산군인데,

자세히 보니 낯익은 곳들의 많은 부분이 에귀 뒤 미디(Aig. du Midi, 3842m) 주변이다. 그래서 나는 겨울방학을 이용해 이곳을 찾은 민경원씨와 함께 에귀 뒤 미디로 올랐다. 1월 중순의 한겨울이라 3800m 고지는 무척 추웠다. 복장을 단단히 고쳐 입고 북동 설릉을 내려서는데, 남쪽에서 불어오는 바람이 뺨을 세차게 때린다.

곧이어 설원으로 내려서기 전, 큰 배낭을 내려놓고 우리는 미디-플랑(Midi-Plan) 능선으로 향한다. 시간 여유가 있어 이 아름다운 설릉을 걷고 싶었다. 강풍이 능선상의 분설을 동반해 사정없이 휘몰아친다. 겨울산행의 진수가 바로 이런 것. 허벅지까지 빠지는 심설을 헤치며 그랑드 조라스를 앞에 두고 걷는다. 하지만 가도 가도 끝이 없는 것 같아 할 수 없이 돌아선다.

책에서 레뷔파는 '**목표를 앞에 두고 단념하는 것은 등반을 속행하는 것보다 더 큰 용기를 필요로 하는 경우가 많다**'고 하지 않았던가. 큰 배낭을 둔 곳까지 겨우 온다. 우선 이 배낭을 코스믹 동계산장에 옮겨 놓기로 한다.

이제 설원을 가로질러 미디 남벽을 우측에 두고 걷는다. 남벽의 정중앙을 가르는 멋진 코스가 하나 있는데, 레뷔파가 1956년에 개척한 레뷔파 코스(TD+/200m)나. 몇 년 전에 후배 둘과 함께 등반해본 이 코스는 남벽의 대표적인 루트다. 책에도 레뷔파가 이 루트를 등반하는 장면이 몇 개 있다. 체크무늬 스웨터를 입고 저 멀리 그랑드 조라스를 배경으로 오버행에 매달려 있는 그의 대표적인 사진 중 하나도 200m 높이의 이 화강암에서 찍은 것이다.

이제 남벽을 뒤로 하고 코스믹 동계산장으로 오르는 설사면이다. 산장 뒤로 두 산악인이 코스믹 리지(Arete des Cosmiques, AD/200m)를 오르고 있다. 에귀 뒤 미디로 오르던 케이블카에서 나에게 어디로 가는지 묻던 남녀 한 쌍의 스위스 산악인이다. 산장에 도착하니 그들이 놓고 간 배낭이 아래 침상에 가지런히 놓여 있다.

시간이 늦어 우리는 코스믹 리지 등반은 다음 날로 미루고 옛 코스믹 산장 쪽으로 발길을 옮긴다. 발레 브랑쉬 설원이 내려다보이는 50m 높이의 화강암 직벽에 새둥지처럼 아담하게 자리 잡고 있는 이 오래된 산장은 레뷔파가 활동할 무렵 사용했던 산장이다. 지금은 언덕 위에 초현대식으로 지은 코스믹 산장 아래쪽에 폐허가 된 채 방치되어 있는데, 약 10명 정도 잘 수 있는 좁은 공간의 바닥엔 눈이 가득 차 있었다.

옛 산악인들의 정취를 느끼며 잠시 실내를 둘러본 우리는 산장 앞 절벽으로 자일을 던진다. 설원에 곧장 내려서기 위해서다. 두 번 자일에 매달려 내려가는데, 직벽에 뻗어 있는 크랙 군데군데에 박혀있는 녹슨 하켄들이 눈에 띈다. <雪과 岩> 표지와 내지에 나오는, 레뷔파가 인공등반으로 직벽의 크랙을 오르는 곳이 여기다. 레뷔파는 이 바위를 좋아했던지 그의 영화에도 나온다. 안전벨트와 하강기를 사용치 않고 자일을 S자로 몸에 감은 채 깃털처럼 가볍게 허공을 가로질러 설원에 내려서서 바이올린을 켜고 있는 동료를 찾아가 악수하며 끝을 맺는 장면이다.

벨트와 하강기를 사용한 우리도 사뿐히 설원에 내려선다. 이제 태양이 기울어 우리는 산장으로 올라간다. 도중에 작은 믹스구간에서 몸을 풀고 산장에 들어선다. 산장에는 아무도 없다. 우선 차를 끓여 마시고 저녁을 지어 먹는다. 창밖을 보니 저녁놀이 한창이다. 배낭을 두고 간 스위스 산악인이 오는가 싶어 종종 창밖을 살피지만 그들은 오지 않는다.

〈설과 암〉 표지에 나오는 등반루트

 무료함을 달래기 위해 수차례 읽은 책을 펼친다. 레뷔파의 글은 어느 대목이든 시적 정서가 풍겨난다. '**수많은 저녁을 황홀 속으로 이끌어준 인간의 대지 저 멀리 하늘 끝과 같은 꼭대기에 젊은 알피니스트는 그의 몸과 마음을 그리고 혼과 동경을 끌어올려 우뚝 섰다.**' 이 첫 문장만 읽고서도 창밖의 풍경을 즐기기에 충분하다. 설원 위에는 보랏빛 하늘이 펼쳐져 있었다.
 30분가량 책을 뒤적이자 눈이 침침하다. 책을 덮어두고 밖을 본다. 이미 어둠의 장막이 내려진 3600m 고지의 눈밭 위로 별들은 사라지고 바람만이 맹렬히 분다. 낮 보다 거세게 불어대는 바람 탓에 산장 지붕이 사정없이 들썩인다. 1층 침상에 놓인 두 배낭의 주인이 은근히 걱정된다. 이런 바람에 코스믹 리지를 등반하기란 쉽지 않기 때문이다. 그래도 그들이 무사히 등반을 마쳤으리라 믿으며 우리는 침낭에 들기로 한다. 두 배낭의 주인이 이런 날씨에 산장으로 돌아오지 않고 샤모니로 내려갔거나 에귀 뒤 미디 전망대의 복도에서 비박할 거라 장담한 민경원씨는 두 배낭이 놓여 있던 1층 침상에, 비록 날씨가 험하긴 하지만 돌아올 거라 생각한 나는 2층 침상에 자리를 잡는다.

침낭에 누워 또다시 책을 펼쳐든다. 몇 시간 전에 마주한 직벽 크랙 사진이 실린 페이지에서 레뷔파의 글이 눈에 띈다. '테크닉은 과제를 해결하고 만족감을 안겨준다. 그러나 이것을 이끈 정신으로부터 테크닉을 분리시킨다면 다른 어떠한 세계에서와 마찬가지로 아무 쓸모없는 것이 되고 만다. 만일 오르기 위해서만 오른다면 알피니스트의 마음속에 구가하던 정상의 이름은 벌써 귀에 들어오지 않을 것이며, 아무 곳에도 도달하지 못할 것이다.' 몸의 단련뿐 아니라 마음의 수양도 중요하다는 사실을 일깨우는 대목이다.

얼마나 읽었을까. 스르르 잠이 든다. 잠결에 침낭의 지퍼를 끝까지 밀어 올려 번데기 자세로 웅크린다. 한겨울이라 산장 안인데도 영하 15도는 될 것 같다. 1시간쯤 잤을까. 소변이 마려워 일어난다. 산장 문을 여니 숨도 못 쉴 정도로 눈보라가 극성이다. 간신히 볼일을 보고 산장으로 뛰어든다. 아래층에 누운 민경원씨도 괴로워 일어나 몸을 떤다. 우리는 버너를 피워 따뜻한 차로 몸을 데우며 긴긴 겨울밤과 지루한 싸움을 벌인다. 차를 많이 마시는 게 좋긴 하지만 소변보러 나가기 괴로워 두 잔 이상 마시지 않고 침상에 오른다.

바로 잠이 오지 않아 잔뜩 웅크린 채 랜턴을 비춰가며 책을 뒤적인다. '산은 하나의 다른 세계며, 지구의 일부라기보다는 동떨어진 독립된 신비의 왕국이며, 이 왕국에 모험을 시도하기 위한 유일한 무기는 의지와 애정뿐'이라는 대목을 음미하며 랜턴을 끄고 눈을 감는다. 춥고 지저분한 코스믹 동계산장이 아닌, 따뜻한 환상의 설원이 펼쳐지면서 몽환의 세계로 빠져들었다.

산장 지붕이 날아갈듯 밤새 극성을 부리던 눈보라는 아침이 되어도 그칠 줄 모른다. 희뿌연 아침이 밝아왔다. 이런 날씨라면 등반이고 뭐고 모두 포기할 수밖에 없다. 그래도 주린 배는 채워야겠기에 중무장을 하고 밖으로 나가 비닐봉지에 눈을 가득 담아온다. 눈을 녹여 아침을 지어먹으니 이제는 뒤가 마렵다. 각오를 단단히 하고 밖으로 나간다. 사방 어디에도 눈보라가 미치지 않는 곳은 없다. 그래도 엉덩이엔 동상이 걸리지 않겠지 싶어 적당한 곳에서 바지를 내린다. 무엇보다 옷자락을 부여잡은 손이 시리다. 산에 다닌 이제껏 이런 상황은 처음이다. 긴긴 고역의 시간을 무사히 마치고 산장으로 뛰어드니 손가락이 굳어있다. 피가 통하며 아파오는 손가락을 주무르며 침낭 속으로 파고든다.

책의 '장비' 편을 펼친다. 이미 구식이 된 1950~60년대의 장비에 대한 이야기이지만 곳곳에 새겨들을 대목들이 눈에 들어온다. '**불필요한 것을 함부로 집어넣어서는 안 된다. 중량은 적이다. 그 대신 어느 하나라도 잊어서는 안 된다.**' 한편 페이지에 실린 레뷔파의 니커보커스와 키슬링 배낭을 보니 나 또한 20대 초반에 선배가 물려준 구멍 뚫린 니커보커스를 입고 키슬링을 져본 추억이 새삼스럽다. 당시 니키보커스에 긴 스타킹으로 종아리를 감싸고 가죽 비브람을 신고 암벽을 오르곤 했다. 완전한 키슬링 세대가 아닌 나는 키슬링 배낭은 장기 산행에서나 짊어져본 기억이 있다.

강풍에 사정없이 휘날리는 가루눈

2시간이 지나고 오전 10시쯤 되자 바람이 수그러들었다. 몸

또한 따뜻해져 얼른 침낭 밖으로 나온다. 밖을 살피니 눈보라가 한결 자다. 2박3일 일정으로 왔는데, 종일 산장에만 머물 수 없어 장비를 챙긴다. 코스믹 리지를 오르기 위해서다. 우모복까지 챙겨 입으며 복장을 단단히 여미고 산장을 나선다. 아침에 비해 바람의 세기가 약하다고는 하지만 리지에 올라서니 여전히 강풍에 가루눈이 사정없이 휘날린다.

어제 오른 두 명의 산악인들이 남긴 발자국은 찾을 수 없다. 바람에 균형을 잃지 않으려 노력하며 첫 번째 피크에 이른다. 우선 피켈을 등과 배낭 사이에 찔러 넣고 암벽면을 따라 걷듯 차분히 하강한다. 이런 동작들은 모두 암·빙·설에 대한 등반기술서인 <雪과 岩>에 나오는 내용들이다. 등에 피켈을 꽂는 동작은 숙달만 되면 손쉽게 넣었다 뺄 수 있어 시간을 절약할 수 있으며, 피켈의 존재를 느낄 수 있어 몸에 밴지 오래다. 곧이어 한 번 더 하강한다. 그리고 몇몇 바위구간을 오른다. 장갑을 벗을 수 없어 여름철에는 그렇게나 수월하던 구간이 꽤나 어렵다.

코스믹 리지 중간쯤에 이르자 오른편 쿨와르 쪽으로 자일 하나가 길게 드리워져 있다. 누군가 설원으로 내려가기 위해 사용한 것 같다. 리지에서 탈출할 만한 곳이라곤 이곳뿐이기 때

문이다. 하지만 우린 계속해서 등반하기로 한다. 책에서 레뷔파는 '위험과 곤란이라는 전혀 다른 두 개의 관념을 혼동치 말아야 한다. 전자는 병적이나 후자는 건전하고 씩씩하다'고 하지 않았던가. 날씨가 아무리 험할지언정 이 정도의 곤란은 극복할 수 있다는 느낌이 든다.

설릉 하나를 조심해서 지나니 5m 직벽이 기다리고 있다. 슬링에 조심스럽게 아이젠 앞 이빨을 걸어 딛고서 오른발 프론트 포인팅을 미세한 홀드에 딛는다. 이어 피켈을 수평 벙어리 크랙에 집어넣어 간신히 올라선다. 이윽고 대각선으로 뻗은 침니 구간을 지나고 한두 바위구간을 오르내린 다음, 마지막 두 피치의 믹스구간을 오른다. 등반을 시작해 4시간 이상 걸려 마침내 에귀 뒤 미디 전망대에 이른다. 날씨가 험해 관광객은 아무도 없다. 케이블카도 운행하지 않는 것 같다. 복도에서 한숨 돌리며 짐을 챙긴다. 이제 산장으로 돌아갈 길만 남았다.

얼음동굴을 빠져나와 북동 설릉에 내려서니 한치 앞도 보이지 않는다. 10여m 떨어진 눈밭에 있던 몇몇 사람들이 다가온다. 그들은 경찰 산악구조대원들로서 이런 날씨를 택해 GPS 훈련을 하고 있었다. 그들은 안자일렌을 하고 있지 않은 우리에게 설원에 숨은 크레바스가 수없이 많으니 자일을 묶으라고 했다. 그리고 이런 화이트아웃에 산장에 제대로 찾아갈 수 있

는지 여러 번 확인한다. 그들보다 더 자주 이 설원에 올라오는 나에겐 잔소리로만 들렸지만 그들의 말에 고마

움을 표하며 우리는 자일을 묶는다. 무릎 이상 빠지는 심설을 헤치며 드넓은 설원을 가로질러 동물적인 감각으로 산장에 찾아든다.

 온통 눈을 뒤집어쓰고 찾아든 산장 안은 떠날 때 그대로였다. 두 배낭의 주인은 오늘도 나타나지 않았다. 급히 버너를 피워 따뜻한 차를 마시며 한숨 돌린다. 해가 질수록 바람은 더 거칠어져 전날 밤처럼 지붕을 사정없이 흔들어 대며 지나간다. 두 배낭의 주인이 돌아오지 않을 것임을 이제야 확신한 나는 보다 편한 1층 침상에 합류한다. 지붕이 멀어 그런지, 바로 옆에 사람이 있어 그런지 지난밤에 비해 훨씬 아늑하다.

 한 숨 자고 일어나 꼼지락거리며 책을 펼쳐든다. 암벽과 빙벽, 빙하와 설벽에 대한 등반기술서인 이 책이 많은 이들의 사랑을 받은 이유 중 하나는 필시 수많은 동작들을 사진으로 보여주는 데 있을 것이다. 페이지를 넘기며 사진만 봐도 설명을 따로 들을 필요가 없어 페이지를 넘기는 속도가 빠르다.

 어느새 잠들었는지 눈을 뜨니 아무런 소리도 들려오지 않는다. 지난 이틀 밤 내내 극성을 부리던 바람이 멎은 것이다. 이럴 수가. 창밖을 보니 구름 사이로 멋진 일출이 펼쳐지고 있었다. 환희다. 산에 올라 이런 대자연의 극적인 변화를 경험하는 일은 진정 즐겁다.

 느지막이 아침을 먹고 짐을 챙긴 우리는 샤모니로 내려오기 위해 아무도 밟지 않은 설원을 가로지른다. 하얀 눈의 결정을 온몸으로 부대끼며 설원에 '**깨끗한 자국을 남기며 나아가는 것은 마치 사인을 해가는 것과 같다**'고 한 레뷔파의 말을 음미하며 만년설 위를 걷는 기쁨을 한껏 누렸다.

다시 읽는 즐거움

 몽블랑 자락 샤모니에는 도서관이 두 개 있다. 샤모니 시립도서관과 국립등산스키학교(ENSA) 도서관이다. 산악도시답게 이 두 도서관에는 수많은 산악서적들이 있는데, 시립도서관에는 등산 관련 책들 외에도 공공도서관답게 다양한 책들이 구비되어 있다. 반면 엔사 도서관에는 등산 및 스키에 관련된 각종 자료들만 구비되어 있는데, 그 전문성은 가히 세계 최고 등산학교의 위상에 걸맞다.
 나는 종종 두 도서관에 들러 산악서적들을 둘러보곤 하는데, 〈설과 암〉도 즐겨본다. 낡은 복사본만 볼 수 있었던 나는 그 미진함을 달래기 위해 불어판 원서를 펼쳐 보곤 하는데, 각 페이지에 실린 천연색 사진들만 봐도 즐겁다. 흑백의 복사본으로는 느낄 수 없는 알프스의 이모저모를 살펴본다. 〈설과 암〉 불어판 원서 옆에는 똑 같은 판형

의 일어판도 꽂혀 있다. 몇몇 다른 유명 산악서적들도 상황은 비슷한데, 불어판 원서를 번역한 책이면 그 옆에 일어판이 있는 경우가 흔하다. 우리보다 나은 등산 선진국의 한 단면이다. 한국에도 번역 소개된 불어판 등산 책들이 몇몇 있는데, 한국어판도 이곳 도서관에 꽂혔으면 하는 바람이다.

각국에서 발간한 〈설과 암〉들.
좌측부터 독일어판, 영문판, 불어판, 일어판이다.

17-〈알프스에서 카프카스로〉

머메리를 만나기 위해 그의 책을 지고 에귀 베르트를 넘다

불멸의 경구 'by fair means'를 생각하다

 현대 알피니즘이란 명제에서 머메리즘을 뺄 수 있을까. 그리고 누군가가 알피니즘은 곧 머메리즘이다, 라고 주장한들 이의를 제기할 사람은 없을 것 같다. 보다 어렵고 다양한 루트로, 그것도 정당하게 산의 위험과 곤란을 극복해야 한다는 머메리즘은 곧 알피니즘의 기본적인 개척정신이 아니던가. 등정보다 그 과정(어려움)을 중시하는 현대 알피니즘은 곧 머메리즘과 맥을 같이 하고 있다.

 이 머메리즘의 주인공 알버트 프레드릭 머메리(Albert Frederick Mummery 1855~1895)를 단순히 영원불멸의 기준을 제시한 위대한 인물로만 여길 게 아니라 그저 한 인간으로, 진솔한 산악인으로 만나 봐야하지 않을까. 그의 책 〈알프스에서 카프카스로〉를 보는 것이야말로 그의 실체에 좀 더 깊숙이 다가가는 길일 것이다. 이 책은 그가 숙명의 산 낭가파르바트로 떠나기 전에 쓴 것이다. 그가 낭가의 품으로 영원히 사라지기 전에 이 책 한 권이라도 남긴 것은 후세의 산악인들에게 대단히 다행스런 일이다.

 이 책은 알프스에 올 때 가져와 이제껏 두 번 읽었다. 이제 또 기억이 희미해진 상황에서 한 번 더 읽어 보기로 했다. 이번에

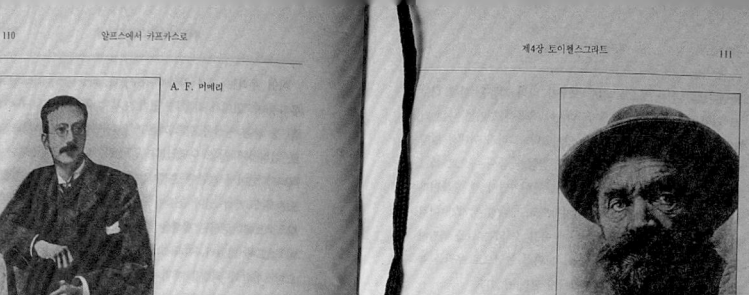

는 책 속에 기술되어 있는 그의 초등루트 하나를 오르며 그의 숨결을 느껴보기로 했다. 대상지는 에귀 베르트(Aig. Verte, 4122m)의 Y 쿨와르다. 이 루트는 그가 알렉산더 부르게너 (Alexander Burgener, 1845~1910)와 함께 1881년 7월 30일에 초등했다. 100여년이 흐른 훗날 자신이 초등한 루트를 오르며 자신을 기억해줄 누군가가 있을 것이라고 머메리는 상상이나 했을까. 그것도 자신의 등반이야기를 담은 책을 짊어지고서.

샤르푸아 산장으로 오르다

머메리가 초등하던 여름철과는 달리 2월 중순의 한겨울이었다. 동행한 이는 프랑스 외인부대에 근무하는 김대완씨였다. 어느 산을 오를 때 자일 파트너와의 인연은 따로 있나 보다. 정확히 1년 전 겨울에 나는 일본 산악인 나루미와 이 루트를 오르기 위해 샤르푸아 산장(Charpoua Refuge, 2841m)에서 자고 루트 초입까지 갔지만 눈이 깊어 등반을 포기했었다. 한데 김대완씨와는 등정 후 하산길로 이용하려고 했던 윔퍼 쿨와르를 통해 에귀 베르트 정상에 함께 선 적이 있다. 5년 전이었다.

267

샤모니에서 산악열차를 타고 몽탕베르 언덕에 닿은 우리는 빙하에 내려서자마자 설피를 신고 메르 더 그라스 빙하를 따라 올랐다. 그랑 샤모즈 쪽으로 이어지던 빙하가 왼편으로 방향을 틀고 다시 서쪽으로 휘어지기 전, 에귀 베르트의 샤르푸아 빙하 아래의 급경사 너덜지대에 닿는다. 우리는 잠시 쉬며 이제껏 신고 온 설피를 벗어 배낭에 매단다. 그리고 아이젠을 신고 헬멧을 착용하고서 간간이 떨어지는 주먹만 한 돌들을 피해 오른다.

여름철의 접근로는 드뤼 서벽이 보이는 훨씬 아래쪽에서 오르는데, 겨울철에는 낙석의 위험을 감수하고서라도 이 길이 수월하고 눈사태의 위험이 적다. 약 100m 높이의 너덜 협곡을 허겁지겁 올라 다시 설피를 신고 샤르푸아 산장으로 이어지는 설사면을 오른다. 오를수록 구름이 짙어진다. 익히 아는 길이지만 설피를 신고 오르는 길은 언제나 초행처럼 힘겹다. 짙은 구름 때문에 산장을 제대로 찾을지 걱정이다. 빙하 왼편의 암릉 위에 자리 잡은 산장을 찾기 위해 가파른 설사면을 한참 올라 암릉 상단부에 조심스럽게 올라선다.

갑자기 하늘이 열렸다. 이제껏 우리가 갇혀 있던 먹구름 위로 올라온 것이다. 구름바다 위로 샤모니의 침봉들과 몽블랑이 건너다보인다. 경험상 산장보다 높이 올라온 것을 알고 약 100m 내려가니 산장이 있다. 심설 때문에 몽탕베르에서 5시간이나 걸렸다. 굳게 닫혀 있는 산장 덧문을 열고 들어선다. 아무도 없는, 10여 명이 묵을 수 있는 자그마한 산장 내부는 깨끗하게 정돈되어 있다. 곧 눈을 녹여 차를 끓여 마시고 늦은 점심으로 빵을 먹는다. 그리고는 산장 앞 돌계단에 앉아 따뜻한 오후 햇살을 즐기며 구름바다 위에 두둥실 떠 있는 몽블랑 산군의 풍광을 즐긴다. 이어 무료해지자 지고 온 <알프스에서 카프카스로>를 펼친다.

머메리가 초등한 Y 쿨와르로 오르다

 적어도 두 번은 읽었기에 목차에 나와 있는 제목만으로도 머메리가 몽블랑 산군에서 행한 등반들이 어땠는지 짐작하고도 남는다. 바로 이 샤르푸아 산장 건너편 즉, 남서쪽으로 메르 더 그라스 빙하 너머에 솟은 샤모즈나 그레퐁, 플랑과 르껭 등이 지척이다. 이것들 중 어느 하나도 올라보지 못한 나는 책을 덮고 머메리가 오른 루트를 답사할 즐거운 계획을 세워본다. 알파인 지대의 따뜻한 햇살을 즐기며 이 얼마나 행복한 상상인가.
 또다시 책을 펼친다. 머메리가 샤모니의 침봉들을 오른 페이지들을 넘긴다. 그레퐁 쪽의 한 페이지에 실린 정상부 그림에 눈이 간다. 자세히 보니 그레퐁 정상 바위 뒤의 배경이 내일 우리가 오를 벽면이다. 물론 100여 년 전에 비해 눈의 양 등으로 등반조건이 변

했지만 큰 산의 거대한 골격은 거의 변함이 없어 보인다. 이어 머메리가 에귀 베르트의 Y 쿨와르를 오르는 장을 펼친다. 동행한 이는 그와 절친한 알렉산더 부르게너로서 스위스 출신 가이드이다. 머메리의 초창기 알프스 등반에서 부르게너는 좋은 등반 파트너였을 뿐 아니라 훌륭한 스승이었던 것 같다. 160cm의 단신에 몸무게가 90kg인 그는 머메리와 함께 알프스에서 많은 초등루트를 개척한 인물이다. 머메리즘의 탄생에 공헌한 최고의 조력자였다.

이제 해가 꽤나 기울어 구름바다 아래로 잠기기 직전이다. 책을 덮어두고 급변하는 일몰 풍광을 즐긴다. 1년 전, 이곳에서 나루미를 비롯해 4명의 미국 산악스키어들과 이와 비슷한 일몰을 지켜봤었기에 단 둘이 지켜보기에 아깝기까지 하다. 해가 사라지자 한기가 온몸을 감싸 산장 안으로 뛰어들다시피 한다. 저녁을 지어먹으며 차가워진 몸을 데운다. 식후, 등반장비를 한 번 더 점검하고 일찍 침상에 든다. 아래쪽 침상에 담요를 다섯 장이나 덮고 눕지만 한기가 들어 몸을 잔뜩 웅크린다.

잠이 오지 않아 <알프스에서 카프카스로>를 집어 들다가 도로 놓는다. 어려운 등반은 아닐지언정 4000m 이상의 한 봉우리를 타고 넘기 전이라 느긋하게 책을 펼쳐들 마음의 여유가 생기지 않는다. 그저 눈을 감고 몇 시간 전에 읽은, 머메리와 부르게너가 오른 Y 쿨와르의 등반기를 회상한다. 여름철인 7월 말, 자정이 되기 전에 몽탕베르 언덕을 출발해 샤르푸아 빙하에 닿은 그들이 쿨와르 초입의 베르그슈룬트를 지나 내가 아직 가보지 않은 높이로 오르는 장면을 떠올리자 스르르 잠이 들어버렸다.

다리 쪽이 추워 눈을 뜨니 자정이 지난 시각이다. 춥다하여 어깨 위로 담요를 바짝 끌어당겨 발이 바깥으로 나갔기 때문이다. 아직 두세 시간은 더 누워 있을 여유가 있었기에 담요를 잘 펼쳐 덮고 눕는다. 잠이 오지 않지만 곧 있을 등반에 대한 긴장과 흥분으로 책을 펼칠 심정이 아니다. 이렇게 비몽사몽 뒤척이다보니 새벽 3시다. 담요를 박차고 일어나니 옆에 누운 김대완씨도 벌떡 일어나 두 손으로 몸을 비빈다. 냉기가 가득한 산장내부에 가스버너를 켜니 약간은 온기가 돈다. 지난밤에 준비해둔 물로 스프를 끓여 빵과 함께 먹는다. 텁텁한 입맛이지만 먹어야 한다.

산장 안을 깨끗이 치우고 밖으로 나오니 새벽 4시다. 두둥실 뜬 만월이 사방을 비추고 있다. 그래도 헤드랜턴을 이용, 눈길을 밟아 오른다. 한동안 암릉 위를 따르던 길은 급경사 설사면으로 이어졌다. 우측 상단에서 발생한 눈사태 흔적들이 길을 가로막지만 타고 넘는다. 이윽고 등반출발점인 베르그슈룬트에 이른다. 산장에서 2시간 이상 걸렸다. 날이 희뿌옇게 밝아오지만 여전히 랜턴이 필요할 정도다.

자일을 묶고 내가 먼저 출발한다. 50m 자일이 거의 끝나자 후등자도 따라 오른다. 좌측 벽면의 가파른 통로에 이르기까지 100m 정도 함께 오른다. 좁은 통로의 바위면에 얼음이 얇게 얼어있어 등반이 조심스럽다. 급기야 5~6m의 직벽이 앞길을 가로막는다. 이제 날이 훨씬 밝았다. 쿨와르에 접어들기 위해서는 오른편 상단으로 가야 하지만 드넓은 믹스지대에서 길이 보이지 않는다. 쿨와르 하단부가 눈이나 얼음으로 연결되지 않았기 때문이다. 그래서 우리는 불안하게 얼어있는 하단부의 드넓은 사면을 좌우로 오가다보니 본격적인 루트에 접어들자 정오가 지나버렸다.

특히 하단부 믹스지대를 오를 때 지독히도 말을 듣지 않는 김대완씨와 말씨름까지 하느라 시간이 더 걸렸다. 그는 하단부에서 첫 번째 만난, 좌측 상단으로 이어진 쿨와르가 우리가 오르기로 한 루트라 우겼다. 또한 내가 바위지대에서 그렇게나 긴장하며 심지어 팬듈럼까지 하며 좌우상하로 오르내린 것을 길을 잃어 그렇다며 처음의 그 쿨와르로 갔어야 옳았다고, 우리가 본격적인 Y 쿨와르에 접어든 정오까지 노래삼아 주장했던 것이다. 이후 본격적인 쿨와르에 접어든 우리는 길고 지루한 오름을 계속했다.

　루트 중단에 이르러 Y자 갈림길에서 좌측으로 향한다. 도중에 바위가 있는 혼합지대가 나타나 바짝 긴장하며 오른다. 자일 하나에 연결해 함께 오르는 중이라 한 명이라도 미끄러지면 둘 다 끝장이다. 한참을 오르니 또 다른 갈림길이 나타났다. 인생의 갈림길을 포함한 모든 갈림길에선 누구나 갈등하듯, 고민 끝에 두 쿨와르 중에서 훨씬 더 넓은 오른편으로 길을 잡았다. 묵묵히 뒤따르던 김대완씨도 이의를 제기치 않는다. 분명 그쪽이 더 확실한 길 같아 보였기에. 하지만 그게 잘못된 길이었을 줄이야.

쿨와르 잘못 들어 비박하다

　해가 지기 시작해서도 쿨와르는 끝이 없었다. 상단으로 다가가자 가파른 바위벽이 앞길을 가로막

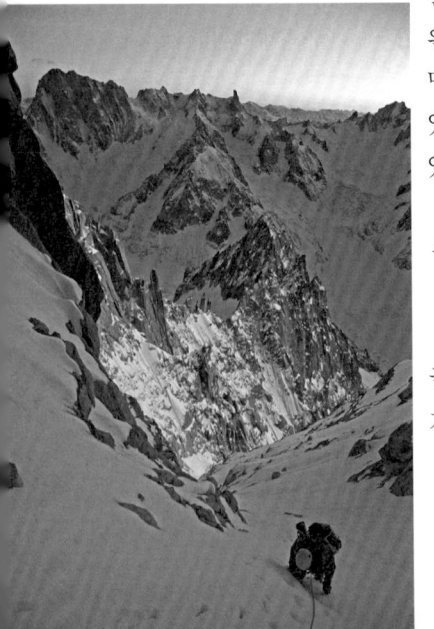

앉다. 좁아진 쿨와르의 설사면이 끝나고 바위벽이 시작되었다. 사방은 어둠에 쌓여 버렸다. 그래도 계속해서 오르는데, 뒤따르던 후등자는 그만 오르고 비박하자고 소리친다. 나 또한 이 어둠을 뚫고, 확보물이라곤 아이스 하켄 몇 개와 다수의 슬링 밖에 없는 상태에서 어떤 어려움이 있을지 모를 바위벽을 맞이하긴 싫어 그의 제안에 따른다.

피켈 피크를 불안하게 암각에 걸고 10여m 내려가 간신히 얼음에 아이스하켄 하나를 박아 둘의 몸에 자일을 묶는다. 피켈로 대충 앉을 자리만 쪼아 내고 배낭을 깔고 앉는다. 이제부터 긴긴 밤을, 그것도 한겨울의 4000m 고지에서 춥고 지루한 밤을 맞아야 한다. 우선 버너를 꺼내 눈을 녹여 차를 끓여 마신다. 속을 데우니 좀 낫지만 채 10분이 가지 않는다. 우선 허벅지가 추워 문지른다. 무릎이 특히 시리다. 장갑 낀 두 손으로 무릎을 감싸지만 두 손으로 하늘을 가리는 것처럼 부질없는 짓이다. 그래도 이거라도 해야만 할 것 같다.

끝없이 이어진 시간, 해가 뜨려면 적어도 10시간은 더 기다려야 한다니 미칠 지경이다. 기온은 벌써 영하 십 몇 도는 내려간 것 같다. 허리가 아프고 발이 시려 일어나 제자리걸음을 한다. 이렇게 끝없이 이어진 밤. 이것저것 수많은 생각들이 떠오르지만 무엇 하나 또렷하게 자리를 잡지 못한 채 뒤죽박죽이다. 깔고 앉은 배낭 속에 <알프스에서 카프카스로>가 있지만 생각조차 하기 싫다. 즐거움을 위한, 문자화된 등반의 추억거리는 이런 한겨울의 비박에서는 아무런 도움이 되지 못하는 것 같다.

추워 이대로는 도저히 안 되겠다, 미쳐 버리겠다 등등의 생각으로 랜턴에 의지해서라도 머리 위의 바위벽을 오르자고 내가 한 번, 김대완씨가 두 번 주장했지만 듣고 있던 상대의 만류에 마음을 접는다. 꽁꽁 언 자일로 확보물도 없이 어둠에 쌓인 미지의 바위벽을 오르기란 이성적으로 생각해 엄두가 나지 않았다. 100여 년 전에 초등된 루트라며 만만하게 여겨 가져온 자일은 방수가 되지 않는 가늘고 짧은 자일이었다.

 두 시간마다 버너를 켜 무언가를 끓여 마시기로 한다. 다행히 지니고 있는 가스 한 통이 새 것이라 이 밤 동안은 충분히 물을 마실 수 있다. 이제 자정이 지나자 두 시간이 아니라 한 시간에 한 번씩 눈을 녹여 마신다. 이렇게라도 해야 살 것 같다. 데워진 코헬을 번갈아 들고 홀짝 거리며 두 모금 마실 때의 단 몇 십초 간의 따뜻함이 긴긴 밤의 혹독한 추위에서 즐길 수 있는 유일한 낙이다. 이런 때와 장소에서 함께 할 수 있는 이가 있다는 사실이 든든하다. 오전에는 그렇게나 밉던 그가 이 밤에는 고난을 함께 하는 벗이니 말이다.

 그는 지난 이야기를 하며 이제 산을 좀 다르게 대해야겠다고 한다. 이번 여름에 보름간 휴가를 받아 (도둑등반으로) 에베레스트를 하루에 1000m씩 약 1주일이면 충분히 오를 것이라 호언장담했던 자신이 산을 너무 가벼이 대하진 않았나 하고, 솔직한 심정을 터놓는다. 나 또한 그의 마음과 별반 다르지 않다. 100여 년 전 초등루트가 어려워봐야 얼마나 어려울까 싶어 등반장비도 제대로 챙겨오지 않은 등 반성할 점이 많았다.

 다행히 날씨는 좋다. 밤하늘에 약간의 구름이 떠다녔지만 바람이 심하지 않다. 물론 약간의 미풍이라도 불 때마다 살을 에는 추위에 이빨 부딪는 소리만 들려온다. 판초라도 하나 넣어왔으면 이 정도는 아니었을 텐데 싶다. 이렇게 길만 잃지 않고 밤새 등반해 정상에만 섰다면 하산길은 5년 전에 오른바 있는 루트라 밤길이라도 충분히 하강할 수 있을 텐데 싶지만 뒤늦은 후회다.

 동상의 두려움으로 발가락을 쉴 새 없이 꼼지락 거린다. 동상으로 발가락을 잃은 적이 있는 나로서는 이 밤의 추위가 걱정되지만 아이젠을 풀고 신발을 벗어 발을 주무를 순 없다. 약간의 실수로 무엇 하나 떨어뜨린다면 끝장이다. 다행히 스패츠를 풀고 아이젠 밴드를 느슨하게 하고서 등산화 끈을 약간 풀어놓을 수 있었다. 아! 긴긴 밤 동안 바라본 몽블랑 산군의 변화무쌍한 밤 풍경을 어찌 잊을 수 있으랴. 만년설 위를 떠가던 구름들과 계곡 아래의 불빛들, 그리고 별빛들.

 드디어 날이 밝아왔다. 아침 7시, 굳은 몸을 움직여 출발한다. 오를수록 바위벽은 가팔라졌으며 등반이 곤란해졌다. 거친 바위면을 맨손으로 움켜잡으면서까지 오른다. 네 피치를 올라 정상으로 이어지는 능선에 올라서니 아침 햇살이 반긴다. 그

러나 바람이 차다. 좌측을 보니 Y 쿨와르 상단부 통로가 얄밉게 손을 흔들고 있다. 그쪽으로 올랐다면 비박만은 면했을 테지만 이미 지난 일이니 멋진 경험일 따름이다. 이제 설릉을 따라 정상까지 힘겨운 발걸음을 딛는다. 드디어 정상이다. 사방으로 펼쳐진 몽블랑 산군이 시원하게 눈에 들어온다. 저 멀리 동쪽에 마터호른이 자그마하게 보인다. 이제야 또다시 머메리가 생각난다. 바로 저 곳의 두 능선을 초등한 그가.

정상에서 1시간 이상 체류한 머메리와는 달리 바람이 차 채 10분도 있지 못하고 하산길에 접어든다. 남면에 위치한 웜퍼 쿨와르로 내려간다. 100m 정도 칼날 능선을 횡단해 800m 높이의 쿨와르로 긴긴 자일하강을 시작한다. 보조자일까지 연결해 3시간 이상 하강해 안전한 사면에 이르니 이미 오후 2시가 넘었다. 샤모니로 내려갈 시간은 늦은 셈이다. 무거운 걸음을 내딛으며 쿠베르클 산장에 이른다. 2박3일 일정으로 떠나왔지만 하룻밤 더 묵기로 한다. 거대한 바위 아래에 둥지를 틀고 있는 쿠베르클 동계산장에는 남녀 산악스키어 둘이 먼저 와 있었다. 간단히 요기를 하고 산장 앞 바위 위에 앉아 막 지기 전의 오후 햇살을 즐긴다.

그 햇살 속, 남서쪽에 솟은 당 뒤 제앙이 눈에 들어온다. 머메리가 'by fair means'란 불멸의 경구를 남긴 봉우리다. 모진 비박에 지친 상태라 <알프스에서 카프카스로>를 펼칠 여유라곤 없다. 하지만 몇 차례 읽어 머릿속에 남아있던 그의 등반기를 알파인 지대의 따뜻한 오후 햇살을 즐기며 회상한다. 바로 저 침봉들처럼 등반사에 영원히 우뚝 솟아 있을 머메리를 추앙하며.

다시 보는 즐거움

 인간으로서 히말라야 8천 미터 급 봉우리를 최초로 도전한 머메리는 1895년 6월에 낭가파르바트로 떠나기에 앞서 이 책의 원고를 출판사에 넘겼다. 낭가파르바트 최초의 도전자이자 희생자가 된 머메리의 유고집인 이 책은 400페이지가 조금 넘는다. 마터호른의 츠무트와 푸르겐 능선에서부터 몽블랑 산군의 수많은 봉우리들, 그리고 카프카스 지역의 산들에서 머메리 자신이 실천한 머메리즘의 활동 보고서인 셈이다. 새삼 머메리즘을 논하고 싶지는 않다. 몽블랑 산군에서만도 그가 남긴 발자취는 숱하다. 그 모든 것들을 더듬을 수 없는 대신 그의 기록으로나마 대면할 수 있어 다행이다. 그래도 위대한 산악인의 자취 한 자락 정도는 따라가 보는 재미도 필요하지 않을까. 내 경우는 에귀 베르트뿐 아니라 플랑 북벽과 당 뒤 제앙, 그리고 그레퐁 쪽에서 잠깐 그의 족적을 더듬어봤다. 그럴 때마다 100여 년 전의 그의 활약상에 놀라곤 했다. 등산의 역사가 이어지는 한 머메리는 잊히지 않을 것이며 이 책 또한 그럴 것이다.
 이 책 맨 첫줄에 머메리는 다음과 같이 썼다. "등산가가 조만간에 저술광이 되어야 하는 것은 운명이 명하는 일이다." 산에 오르는 이들은 기록을 남겨야 한다는 말로 나는 받아들인다. 운명이 명하는 일이니만큼 나도 그에 따를 생각이다. 머메리 같은 위대한 산악인은 되지 못할망정 흉내라도 내고 싶지만 이 또한 잘 되지 않을 것 같다. 어설픈 흉내는 아니 하는 것만 못하겠지만 그 일이 즐겁고 후회스럽지 않다면 그것으로 족하다.

18-〈산의 환상〉

국경 고개들을 넘나들며 산의 환상에 사로잡히다

'너무 많이 마시면 물리고, 건성으로 마시면 헛 마신 것이다'

올해 알프스의 봄은 유독 궂은 날씨가 연이어졌다. 북극성 찬 기온이 알프스 산맥까지 영향을 미친 탓에 마치 겨울로 되돌아간 듯 추웠으며 많은 눈이 내렸다. 4월 초순이었다. 예년의 4월 날씨면 샤모니 마을 주변에는 봄꽃들이 만발할 때지만 이번에는 갓 돋아난 크로커스가 추위와 잦은 눈 때문에 제대로 꽃을 피우지 못했다.

그러던 어느 날, 계속적인 일기불순에도 불구하고 이틀간 날씨가 좋아진다는 기상정보를 알고 이 기회를 놓칠 수 없다는 생각에 배낭을 꾸렸다. 배낭에는 프랭크 스마이드(Frank Sydney Smythe, 1900~1949)의 〈산의 환상〉을 넣었다. 2박 3일 간 설피를 이용해 프랑스와 스위스 사이의 고개들을 넘기로 했다. 알프스를 제대로 경험해보기 위해 반 년 정도의 일정으로 이곳에 와 있던 산악회 후배가 동행했다.

스마이드는 마흔아홉이라는 결코 길지 않은 생애를 살다갔지만 무려 27권의 산악서적을 남겼으며, 〈산의 환상〉 외에도 우리에게 〈산의 영혼〉이나 〈산과 인생〉의 한국어판으로 익히 알려져 있다. 나는 이 중 특히 〈산의 환상〉을 좋아한다. 대자연의 품에서 스마이드처럼 평화롭고 자유롭게 명상하고 사색하는 알피니스트의 모습은 다른 산서에서는 좀체 찾을 수 없기 때문이다. 그래서 이 책은 내가 알프스에 와서 두 번 더 읽었다.
 스마이드를 처음 알게 된 것은 물론 그의 책들 때문이기도 하지만, 그가 초등한 몽블랑 동벽의 한 루트를 10여 년 전에 후배 둘과 함께 오르고 난 후였다. 4000m 이상 고지의 크레바스 지대에서 비박까지 하며 오르고 샤모니로 내려와 초등기록을 확인하고서였다. 1900년대 초반에 이미 그런 멋진 루트를 초등했다는 것만으로도 그의 이름이 뇌리에 각인되었던 것이다.

파송 고개 넘어 알베르 프르미에 산장으로

 샤모니를 떠난 우리는 버스를 타고 곧장 아르장티에르(Argentiere) 마을로 올라간다. 여기서 그랑 몽테(Grands Montets, 3295m)행 케이블카를 타기 위해서다. 케이블카에는 우리 외에는 스키어들뿐이다. 곧이어 중간역인 로냥(Lognan, 1930m)에서 내린 우리는 한동안 빙하 끝자락까지 이어진 스키 슬로프를 따라 걷는다. 구름이 점점 짙어지나 싶더니 이내 눈이 내린다. 일기예보에는 오후부터 날씨가 갤 거라 했지만 알파인 지대는 제외인 듯.
 그랑 몽테에서 타고 내린 스키어들이 신나게 활강하며 스쳐 지나간다. 저들처럼 스키나 즐기지 이 고생은 왜 하나 싶은 생각에 마음이 불편하다. 산악인으로서의 숙명인가. 멋지게 활강하며 내려가는 스키어들 몇몇은 내 이름까지 부르며 지나간다. 장비점 점원인 벤자민, 스웨덴 산악인 몰간, 그리고 가이드 지망생인 크리스토프 등이다.
 1시간 정도 걸어 이제 아르장티에르 빙하 우측 하단부에 이른다. 눈은 점점 굵어지고 있다. 불안한 마음에 원래 산행

계획을 바꾸기로 한다. 처음에는 샤르도네 고개(Col du Chardonnet, 3323m)를 넘어 첫날은 앙베르 데 도레 비박 산장(Envers des Dorees Bivouac, 2983m)에서 자고 투르 빙하로 넘어가기로 했는데, 순서를 바꾸기로 한다. 이런 날씨에 국경을 넘어 한 번도 가보지 않은 산장을 찾아가기란 무리였다. 그래서 익히 알고 있는 파송 고개(Col de Passon, 3028m)를 넘어 투르 빙하 하단에 위치한 알베르 프르미에 산장(Albert Premier Hut, 2702m)에 먼저 가기로 한다.

이제 빙하를 가로질러 파송 고개로 이어지는 설사면을 오른다. 경사가 심할수록 설피가 밀려 여간 힘겹지 않다. 산악스키의 편리함을 새삼 실감한다. 스키를 타지 못하는 후배를 위해 함께 설피를 신고서 국경을 넘어 몽블랑 산군의 동면을 둘러볼 생각이었다. 설피가 스키보다 속도가 늦다면 그만큼 더 느긋이 풍광을 즐길 수 있지 않겠냐고 마음을 먹으니 한결 발걸음이 가볍다.

눈은 계속해서 내린다. 산행을 시작한지 4시간이 지나 파송 고개 아래에 이른다. 설피를 벗어 배낭에 달고 아이젠을 착용하고 가파른 설사면을 오른다. 마침 프랑스 산악스키어 둘이 배낭에 스키를 메고 자일하강을 하고 있다. 그들은 트리앙 빙하에서 투르 고개를 넘었다고 한다. 서로의 건투를 빌며 헤어진 얼마 후 고갯마루에 올라선다. 날씨가 좋다면 이곳서 보는 경치가 그만이지만 지금은 아무것도 보이지 않는다.

이제 투르 빙하를 북서 방향으로 가로질러 알베르 프러미에 산장을 찾아야 한다. 아무도 밟지 않은 설원을 가로지른다. 눈이 깊어 발걸음이 무겁기만 하다.

저만치 빙하 중간에 무언가가 아른거린다. 마치 사람들이 캠핑하고 있는 것 같다. 마침 산장이 있는 방향과 엇비슷해 그쪽으로 발걸음을 옮긴다. 열심히 심설을 헤쳐 가보니 이럴 수가. 바위 몇 개만 흩어져 있었다. 7시간 이상 무거운 배낭을 지고 쉼 없이 걸었더니 헛것을 본 것이다. 정신을 바짝 차리고 최대한 기억을 살려 산장의 위치를 가늠하고 전진한다.

배낭이 한층 무겁게 느껴질 무렵, 흩어진 구름 사이로 산장이 보인다. 다행이다. 산장이 다시 구름 속으로 숨기 전에 최대한 속도를 낸다. 이제 빙하에서 산장이 위치한 모레인 언덕에 오른다. 산장에 거의 다다를 즈음 고생하며 오른 수고에 대한 보상인지 눈이 그치고 주변에 머물던 구름마저 물러간다. 하지만 우리가 산장에 들어서자마자 또다시 눈이 내리고 안개에 휩싸여 버린다.

'순례의 미덕은 목적지가 아니라 그 과정'

밤새 바람이 산장을 휘돌아가는 소리가 요란하다. 바깥에 나가볼 엄두가 나지 않는다. 해지기 전에 도착해 곧바로 저녁을 지어먹고서 피곤한 몸을 뉘였는데 저녁 8시밖에 되지 않았다. <산의 환상>을 배낭에서 꺼내 펼친다. 스마이드가 서두에 쓴 말이 눈에 꽂힌다. '산을 오른다는 것은 지구의 높은 지대를 밟는 데서 그치지 않고, 천국의 언저리에 다다르는 하나의 모험이다.' 산악인에게 산보다 나은 놀이터가 어디 있던가 라는 생각에 피식 웃음이 난다. 이후 몇 개 주제들에 대한 스마이드의 글들을 오랜만에 대한다.

2시간쯤 페이지를 넘겼을까. 눈이 피곤해 잠자리에 든다. 얼마 정도 잤을까. 목이 말라 일어난다. 보온병에 담아둔 차를 한 잔 마시고 실내에 있는 화장실에 다녀오며 조심스럽게 밖을 내다본다. 밤하늘의 별들은 무수히 떠 있지만 산장 지붕을 휘감는 강풍에 가루눈이 휘날리고 있다. 밖에 나가볼 생각은 접고 잠자리로 돌아온다. 후배는 피곤했던지 꼼짝도 않고 잘도 잔다.

곧바로 잠이 오지 않아 또다시 <산의 환상>을 펼친다. '순례의 미덕은 그 목적지가 아니라 거기에 다다르는 과정에서 찾아야 마땅하다'면서 '단순히 정상에 다다르거나 근육운동을 위해 산을 오르는 사람은 많은 것을 놓쳐버리고 만다. 등산은 포도주를 음미하는 것과 비슷하다'는 스마이드의 말이 눈에 들어온다. 즉 '너무 많이 마시면 물리게 되어 참된 맛에 대한 관심이 없어지고, 훌륭한 포도주를 건성으로 빨리 마시는 것은 헛 마시게 되는 셈이다.' 그러고 보면 산으로 향할 때 종종 마음이 무거울 때가 있다. 너무 자주 산을 대해 등산의 참맛이라곤 느끼지 못하고 건성으로 오르는 것은 아닌가 하는 반성을 하며 랜턴을 끈다.

아침 7시, 여전히 강한 바람이 산장을 휘돌아가는 소리가 들려온다. 꼼지락거리며 게으름을 피우다 용기를 내어 침낭을 박차고 나온다. 스산한 기운이 감도는 나무식탁에서 간

단히 아침을 챙겨먹고 산장을 나선
다. 하늘은 맑았지만 매서운 바람
이 뺨을 시리게 해 방한모를 두 개
나 눌러 쓰고 고개를 잔뜩 숙인 채
설사면을 오른다. 우선 투르(Aig.
du Tour, 3544m) 방향으로 이어
진 설원을 오른다. 눈이 깊고 강풍
에 날리는 분설이 시야를 가린다.

 설피를 신었지만 분설에 발목 이
상 빠지는 가운데, 2시간이나 허우
적거리며 눈밭을 올랐을 때다. 갑
자기 3명의 산악스키어가 저 멀리

눈 언덕에 나타났다. 불현듯 출현한 그들은 은빛 설원에 S자를
그으며 쏜살같이 미끄러져 내린다. 콩알만 하던 그들은 멋진
턴을 하며 우리 앞에 다가와 인사를 한다. 스위스에서 국경을
넘어온 그들은 우리가 묵은 알베르 산장으로 가 잠시 쉬고 다
시 올라올 거란다. 훈련 차 말이다. 그러고 보니 그들의 복장만
봐서도 산악스키대회를 염두에 둔 차림이 분명하다.

 서로에게 건투를 빌며 헤어진 우리는 곧장 투르 고개(Col du
Tour, 3282m)로 향한다. 거칠게 불어오는 바람에 맞서 걷고
또 걷는다. 이제 고갯마루 아래의 설사면이다. 이때 4명의 산
악스키어들이 고개를 넘어오더니 활강을 시작한다. 잠시 그들
의 멋진 활강을 지켜보고 우리는 오르막을 올라 마침내 국경
을 넘는다. 이제부터 스위스 땅이다. 몽블랑 산군에 와 처음으
로 스위스 땅을 밟는 후배는 아무런 절차 없이 자유롭게 국경
을 넘는다는 사실에 기분이 좋은 모양이다.

오트 루트 산악스키어들 여럿 만나

이제 에귀 도레(Aig. Dorees, 3519m) 쪽으로 향한다. 살레나 고개(Col de Saleina, 3267m)를 넘어야 하기에. 트리앙 빙하 남쪽 상단부를 가로질러 살레나 고개에 이른다. 좁은 설릉 하나를 조심해서 지나 고갯마루에 이른다. 독일에서 온 산악스키어 셋이 쉬고 있다. 그들은 아르장티에르 산장에서 아침에 출발해 샤르도네 고개를 넘어왔다고 한다. 그들의 목표는 산악스키로 여기서 약 5일 거리에 있는 체르마트까지 가는 거였다. 트리앙 산장으로 떠나는 그들에게 행운을 빌며 잠시 쉬고 있으니 대여섯 명의 오스트리아 산악스키어들이 무거운 스키를 메고 올라온다. 모두 체르마트행 스키여행자들이다. 그만큼 이 코스는 알프스의 대표적인 산악스키 투어코스다.

그들과 헤어진 우리는 아이젠을 신고 살레나 고개를 내려온다. 얼마 내려오지 않았을 때다. 딛고 있던 설사면이 갑자기 무너져 배낭을 진채 균형을 잃고 만다. 아무리 피켈로 제동하려 해도 멈추지 않아 엉덩이를 깔고 앉은 채 글리세이딩 자세로 급경사 설사면을 미끄러져 내린다. 한낮의 열기에 설사면이 젖었음을 생각지 않아 어처구니없게 추락한 것이다. 아래에 크레바스가 없어 다행이었다. 완사면에 이르러 멈춰보니 온 전신에 눈을 뒤집어썼다. 선배 체면이 말이 아니라 천천히 내려오는 후배에게 쓴 웃

음을 짓는다.

이제 살레나 빙하 상단을 가로질러 에귀 도레 쪽으로 방향을 튼다. 작년에 줄리앙과 도레를 등반하며 봐둔 앙베르 데 도레 비박산장을 찾기 위해서다. 하룻밤 더 묵을 곳이다. 남쪽으로 뻗어 내린 큰 지능선을 돌아서도 산장이 보이지 않는다. 은근히 걱정하며 작은 언덕 하나를 더 오르니 마침내 저 멀리 산장이 보인다. 산장까지 가려면 적어도 1시간은 걸어야 할 거리다. 맥이 빠지지만 할 수 없다. 가장 가까운 다른 산장도 대여섯 시간은 걸어야 하기에 이제 곧 해가 지려는 마당에 그곳이 유일한 희망이었다.

마지막 힘을 다해 설사면을 가로지르고 눈 언덕을 올라 마침내 산장에 이른다. 온통 검은색으로 칠한 산장에 들어서니 의외로 실내는 깨끗하게 잘 정돈되어 있다. 지난밤에 묵은 알베르 산장에 비하면 호텔이라는 말까지 후배 입에서 나온다. 차를 끓여 마시며 간식으로 허기진 배를 채운다. 해가 지기까지 2시간은 남아 침낭에 들어가 책을 펼친다. 후배는 헤크마이어의 <알프스의 3대 북벽>을 집어 든다. 나는 지난밤부터 읽던 <산의 환상>을 펼친다. 이 책의 좋은 점 중 하나는 자신이 좋아하는 주제를 골라 읽을 수 있다는 거다. 그 중 '눈과 얼음', '스키의 길', '단독등반' 과 '두려움' 을 읽는다.

1시간 반 정도 지났을 무렵이다. 산장 주변은 이미 햇빛이 사라지고 찬 기운이 감돌았다. 동쪽 먼 곳에 솟아 있는 그랑 콤뱅만이 지는 해의 붉은빛을 반사하고 있었다. 이런 장면이나마 처음 대하는 후배는 연신 감탄사를 내뱉지만 내 기준에서는 사진기를 꺼낼 정도는 아니었다. 자연의 아름다움에 차츰 무뎌지는 것 같아 마음이 불편하다. 분홍빛 하늘이 보랏빛으로 바

꾀고 곧 어둠이 내렸다. 몇 차례 눈을 퍼와 물을 만들어 파스타로 저녁을 지어 먹는다. 다음날 일찍 움직일 준비를 해두고 침상에 든다. 이제 읽다만 페이지로 돌아와 책 속으로 빨려든다.

눈이 침침해 책을 덮어두고 밖으로 나오니 밤하늘에 은하수가 장관을 이루고 있다. 전날 밤에 비해 너무 평온한 밤이다. 마지막 장인 '별이 빛나는 밤'에서 스마이드는 '**밤하늘의 아름다움을 언급하지 않는다면 산에 대한 어떠한 기록도 완전할 수 없으며, 이때만큼 육신이 무의미하고 영혼이 소중하게 여겨질 때도 없다**'고 했다. 밤하늘의 아름다움을 좀 더 마주하면서 카메라를 가져와 그 아름다움을 담아둘까 싶다가도, 밤의 정적을 즐기기에는 너무 춥다는 사실과 내일의 일정을 위해 일찍 잠자리로 돌아온다.

새벽 5시. 알람시계의 요란한 소리에 급히 일어나 스프를 끓인다. 빵을 먹으며 짐을 챙긴다. 그 사이에 이제껏 무겁게 지고 온 사진기의 삼각대가 눈에 밟혀 곧장 다리를 펴 카메라를 들고 밖으로 나간다. 간밤에 그렇게나 별들이 많던 밤하늘에 어느새 구름이 몰려와 있다. 잠시 동안 산장 주변의 밤풍경을 카메라에 담고서 헤드랜턴을 밝히며 산장을 떠난다.

샤르도네 고개 넘어 다시 프랑스로

한동안은 전날 오후에 걸었던 러셀 자국을 따라 걷는다. 1시간쯤 걷자 구름 사이로 해가 솟기 시작했다. 일출 광선은 동쪽 하늘의 짙은 구름에 가려버렸다. 그래도 구름 사이로 간간이 비치는 아침 햇살은 살레나 빙하 주변에 솟은 봉우리들에 닿아 대자연의 웅장한 아름다움을 연출한다. 산의 아름다움은 주로 구름에 의해 좌우된다는 스마이드의 글 '구름' 편에 있는 대목이 떠오른다. '**구름은 하늘의 지배자이기도 하면서 산의 노예**'라면서 산에다 한없는 존엄성과 생명력, 신비감을 부여한다는 그의 말을 음미하며 구름 아래에 펼쳐진 살레나 빙하를 거슬러 오른다. 이렇게 드넓은 설원을 가로지르며 알파인 지대의 아침을 만끽한다.

산장을 떠난 지 2시간이 지나 샤르도네 고개로 이어지는 사면에 닿는다. 고개 아래로 접근할수록 눈이 깊고 경사가 세다. 발걸음을 무겁게 옮기며 고개 아래의 쿨와르에 이른다. 다행히 예년에 비해 빙벽 대신 50~60도 경사도의 설사면만 이어져 있어 어렵지 않게 샤르도네 고개에 이른다. 스위스에서 다시 프랑스로 넘어온 셈이다. 고개에는 이미 많은 스키어들이 도착해 있었다. 그들 대부분은 아르장티에르 산장에서 자고 이 고개를 넘어 스위스의 체르마트로 간다. 날씨가 맑은 주말이라 더 많은 이들이 고개를 오르고 있다.

아르장티에르 빙하 상의 거벽들인 드르와트와 베르트 북벽을 배경으로 산악스키를 끌

고 오르는 그들을 보며 샤모니까지 긴긴 하산길에 접어든다. 이제 반나절의 하산길만 남은 우리에 비해 5일이나 더 가야 하는 저들은 무슨 이유로 저런 열정을 보일까. '스키의 길'에서 스마이드는 '아무런 도움도 받지 않고 자신만의 힘으로 올라가기 전에는 산을 제대로 음미하기 불가능하다'고 하지 않았던가. 보다 큰 즐거움을 위해 땀 흘리며 오르는 그들의 힘찬 몸짓이 더없이 보기 좋았다.

다시 읽는 즐거움

 프랭크 스마이드의 또 다른 책 〈산의 환상〉만큼 내 지난날 산행의 추억을 불러일으켜 즐겁게 해준 책은 없다. 그의 유려한 문장을 따라가다 보면 아, 나도 그런 때가 있었지 싶어 피식 웃음이 나고 행복해 진다. 좋은 책은 손이 가게끔 유혹하는데, 이 책도 그렇다.
 볼거리들이 너무 많은 비주얼 시대에 자신만의 환상에 젖어든다면 구닥다리로 여겨지기 십상이겠지만 그래도 좋다. 남이 만든 비주얼을 보는 재미도 있지만 자신이 만들어가는 환상의 주인공이 되는 게 나로서는 더 행복하다. 나만의 생각이지만 자기 삶의 주인공이 될 수 있는 한 방법이 아닐까 싶다.

19-〈리카르도 캐신, 알피니즘 50년〉

페레 계곡에서 캐신의 알피니즘 50년을 회상하다

산행, 평생을 다녀도 부족할 것 같다.

 6월 중순에 접어든 알프스의 2000m대 트레킹 코스에는 군데군데 잔설이 덮여 있다. 설사면 사이의 양지바른 풀밭에는 크로커스 등 몇몇 봄꽃들이 한창 피어 있다. 그래도 각종 야생화들이 만발하려면 2~3주는 더 있어야 할 듯. 이처럼 알프스의 봄은 더디기만 하다. 샤모니에서 몽블랑 터널을 지나 40분 걸려 이태리의 쿠르마이예(Courmayeur)에 닿는다. 11.6km 길이의 터널 하나만 지났는데 공기부터 다르게 느껴진다. 그만큼 몽블랑 산군이 크기 때문이리라.

 이번 산행은 몽블랑 산군의 남측, 즉 쿠르마이예 주변을 트레킹하며 리카르도 캐신(Riccardo Cassin, 1908~)을 만나볼까 한다. 물론 캐신이 등반활동을 시작해 평생 살고 있는 곳은 이곳서 멀리 떨어진 이태리 북부의 산악도시 레코(Lecco)지만, 그는 이 몽블랑 산군에서도 여러 루트를 개척했다. (이 글은 2008년에 쓴 것이며 캐신은 2009년에 세상을 떠났다.) 이 지역에서 행한 그의 대표적인 등반은 그랑드 조라스 북벽의 워커 스퍼로, 알프스 3대 북벽 중 맨 나중에 등반된, 가장 우아한 루트다.

 우선 쿠르마이예 시내를 한 바퀴 돌아본다. 몇 백 년 이상 살아온 옛 가옥들이 줄지어선 골목길에 접어든다. 대대로 살아오며 개보수를 한 알프스 산골마을의 정취가 느껴지는 골목이다. 붉은 벽돌이 깔린 골목을 한참 들어가니 오래도록 수많은 이들의 안녕을 기원했을 낡은 교회가 우뚝 솟아 있다. 수백 년은 됐음직한 교회의 종탑 뒤로 캐신 일행이 그랑드 조라스 북벽을 등반하기 위해 넘은 국경고개가 보인다.

교회 옆으로 난 골목을 빠져나와 강을 건너 신시가지에 들어선다. 구시가지에 비해 활기에 차 있는 골목을 돌아 산악문화회관과 가이드 사무실 앞에 온다. 에밀 레이(Emile Rey) 등 이 지역을 대표하는 산악인의 동상들 앞을 지나 본격적인 산행에 접어든다. 산악회 후배가 한 명 동행했다. 이곳은 돌집이 많다. 특히 지붕은 온통 넓은 돌로 얹었다. 마침 두 노인네가 지붕 위의 굴뚝 옆에서 한담을 나누고 있다. 작업화 대신 가죽 비브람을 신은 차림이 정답다. 그들 뒤의 배경이 빙하이기에 더 어울리는 산골마을의 정취다.

인물에겐 뛰어난 스승 있게 마련

 마을을 벗어나고부터 숲속의 오솔길이다. 키 큰 침엽수림 사이로 난 길을 계속해서 오른다. 2시간쯤 오르자 트레커 둘이 인사하며 지나간다. 곧이어 숲길을 벗어난다. 베르토네(Bertone) 산장 아래다. 이제부터 전망이 트인다. 뒤따르는 후배 너머로 몽블랑 남동 사면의 웅장함이 한눈에 건너다보인다. 샤모니 쪽 북면과는 달리 수직의 직벽들이 펼쳐져 있다. 10여 년 전 후배 둘과 저 벽들을 오르며 길을 잃고 정상 부위의 크레바스 속에서 혹독한 밤을 보낸 추억이 새삼스럽다. 이런저런 생각을 하며 발걸음을 딛는다. 마침 산장이다. 보수공사 중이라 문이 닫혀 있다. 비가 내려 처마에서 잠시 쉰 후, 다시 걷는다. 산장 뒤의 작은 호수를 둘러보고 언덕을 오른다. 발 페레(Val Ferret) 계곡으로 곧장 내려가는 길과 알파인 초원인 라 삭스(La Saxe)로 오르는 갈림길에 이정표가 있다. 둥근 구리 원판에는 알프스의 주요 봉우리와 유럽 대도시까지의 거리와 방향을 표시해두었다. 갈림길에서 우리는 알파인 초원으로 오른다. 간간이 비가 뿌리지만 덥지 않아 좋다. 양지바른 사면에는 봄꽃들이 한창이다.

이윽고 언덕 위에 이른다. 하얀 야생화가 흩뿌려 놓은 듯이 피어있다. 꽃밭을 지나 멀지 않은 곳부터 눈밭이다. 마침 비가 내려 이곳서 하룻밤 묵기로 한다. 텐트를 칠 마땅한 장소가 없어 작은 꽃밭에 자리를 잡는다. 꽃들에겐 미안하지만 어쩔 수 없다. 아직 해가 지려면 멀었지만 주변에 이보다 나은 곳이 없

계곡 건너편이 캐신이 그랑드 조라스 북벽 워커 능을 초등하고 하산한 남면이다.

기 때문이다. 물론 배낭에 지고 온 리카르도 캐신의 책을 뒤적이기 위해서기도 하다.

 책을, 특히 산악서적을 구입할 때면 나는 날짜와 이름을 적어두곤 한다. 이 책 <Riccardo Cassin, 50 Years of Alpinism>을 처음 만난 날은 1991년 3월 23일이었다. 한동안 그저 책 속의 수많은 사진들만 즐겨보며 캐신의 영웅적인 활약상을 상상했었다. 그러고 나서야 사전을 들춰가며 읽은 기억이 있다. 20대 후반이었던 당시에는 영문판 원서를 읽기 위해 많은 노력이 필요했지만, 어릴 적부터 익히 들어온 산악영웅 캐신을 만나는 기쁨에 비하면 그 정도 노력은 아무것도 아니었다. 선배들이나 산악잡지에서 캐신이 위대한 산악인이라고는 했지만 도대체 어느 정도인지 알고 싶었던 것이다.

 텐트 안에 기대어 손때가 묻은 캐신의 책을 펼친다. 18세 때부터 산의 세계에 빠져든 그는 타고난 체질을 바탕으로 친구

들과 레코나 그리냐(Grigna) 주변 암장에서 젊은 혈기를 발산하며 등반에 빠져든다. 선수급의 권투도 포기하고 나서부터다. 뛰어난 인물에겐 영향을 끼친 스승이 있게 마련. 천둥 벌거숭이처럼 아무런 체계 없이 등반하던 그에게 돌로미테의 전설적인 등반가 에밀리오 코미치가 그리냐에 나타난다. 그에게서 암벽등반의 진수를 새롭게 익혀 노력에 노력을 거듭한 캐신은 돌로미테로 진출해 수많은 초등반을 행하며 일급등반가로 성장한다.

그런 후, 피츠 바딜레 북동벽을 초등하고 서부 알프스로 눈길을 돌려 그랑드 조라스 북벽의 워커 스퍼를 초등해 일약 세계적인 산악인이 되었다. 그리고 알래스카로 가 매킨리 남벽에 캐신 루트라는 걸출한 등반선을 긋기도 했으며, 안데스 산맥까지 그의 초등기록을 남겼다. 한편 월터 보나티나 라인홀드 메스너 같은 이 시대 최고의 산악인 후배들을 이끌고 가셔브룸4봉을 초등하기도 했으며, 로체 남벽을 시도했다. 물론 로체 남벽 원정은 자신의 인생에서 최초의 실패를 안겨준 등반이었다.

최초의 실패를 안겨준 로체 남벽

캐신처럼 많은 이들에게 영향을 끼친 산악인도 드물 것이다. 그리고 1940년대 후반부터 자신의 이름을 딴 등반장비 브랜드 캐신으로 우리에게 더 친숙한 그가 아니던가. <Riccardo Cassin, 50 Years of Alpinism>에 첨부된 수많은 캐신의 등반 사진들만 뒤적여도 그의 활약상을 충분히 확인할 수 있다. 이미 오래 전에 읽어본 거라 처음부터 페이지를 넘기고픈 생각은 없다. 우선 그랑드 조라스 북벽에 대한 이야기를 펼친다. 나 또한 대학 4학년 때인 1990년에 올라본 곳이라 각 페이지의 대목들이 눈에 선하게 와 닿는다. 쿠르마이예 산악인의 냉대에도 불구하고 초행길에 워커 능을 찾아가 열악한 등반장비로 초등한 그가 대단하게 여겨질 뿐이다.

한 분야의 뛰어난 인물에겐 남들이 가지지 못한 능력이 있기 마련. 당시 그는 서부 알프스 출신의 기라성 같은 산악인들이 갖추지 못한, 돌로미테에서 연마한 암벽등반기술을 발휘해 초등에 성공한 것이다. 이처럼 등반기술적인 면에서만 보더라도 알피니스트는 암, 빙, 설 어느 것 하나도 등한시 할 수 없다.

텐트 바깥에는 구름이 짙게 깔려 있다. 몽블랑뿐 아니라 바로 건너편의 그랑드 조라스 쪽도 온통 구름에 덮여 있다. 그래도 카메라를 들고 나와 주변 풍경을 몇 컷 담는다. 눈밭이 시작되는 동쪽 언덕까지 갔다가 주변을 한 바퀴 돌며 저녁 풍경을 즐긴다. 물론 캐신을 생각하지 않을 수 없다. 그랑드 조라스의 거대한 남면이 바로 건너다보인다. 1938년 캐신이 워커 능을 초등하고 자신의 조국 이탈리아 땅으로 내려온 하산길이었다. 악천후에도 불구하고 세 번이나 비박하며 이룬 알프스 최고의 성과였다.

텐트로 돌아오니 후배가 저녁을 지어놓아 맛있게 먹는다. 차 한 잔을 마시며 밖을 내다보니 이미 주변은 어두워져 있다. 다시 캐신의 책을 펼친다. 관심 있는 부분은 단연 나와 관련 있는 대목이다. 50대 중반의 나이에 아들 같은 후배들을 이끌고 그는 북미 최고봉 데날리 남벽에서 가장 멋진 등반선을 긋는다. 바로 캐신 리지다. 10여 년 전 나도 캐신 리지 오른편의 한 루트를 오른바 있기에 캐신의 등반기는 한층 실감이 난다. 당시의 열악한 장비로 혹독한 추위에 맞서 오르는 이들의 모습이 눈에 선하다. 지친 동료들을 모두 안전하게 하산시키는 그의 헌신적인 리더십도 엿볼 수 있다. 이제는 후배들과 더 자주 등반하게 되는 나에겐 더없이 좋은 본보기지만 쉽지는 않을 듯. 그래도 노력은 해야지 하는 상념에 잠기며 책을 덮는다.

새소리에 눈을 뜬다. 밖을 살피니 하늘엔 온통 구름이다. 그래도 카메라를 들고 살며시 텐트를 빠져나온다. 구름 사이로 빠져나온 아침햇살의 줄기가 그랑드 조라스 남면을 살짝 비추더니 이내 사라져 버린다. 기대한 아침 풍경이 아니지만 한적한 알파인 초원을 두 가슴으로 느끼는 자체가 좋다. 목가적인 풍경을 둘러보는 것만으로도 마음은 한없이 푸근해진다. 상쾌한 아침공기를 들이켜며 텐트로 돌아온다. 침낭 속으로 들어가 몸을 녹이며 커피 한 잔을 마신다.

한여름이면 이곳 알파인 초원 곳곳에 소들이 노닐고 있을 텐데 아직 풀이 없어 조용하다. 아침을 간단히 챙겨먹고 길을 떠난다. 스산한 아침바람을 받으며 동쪽으로 난 길을 걷는다. 설사면 사이사이의 풀밭에선 몇몇 야생화들이 피어 있다. 갑자기 그 사이에서 마모트 한 마리가 고개를 내민다. 녀석도 하루를 시작하나 보다. 구릉지대를 얼마 가지 않아 나무 울타리에 닿는다. 실은 울타리가 아니라 여름철에 소들이 악천후에 대피하는 장소다.

고도를 차츰 높이자 눈밭이 많아진다. 산양 두 마리가 우리를 보더니 줄행랑을 친다. 좀 더 가자 아직 날지 못하는 꿩 새끼 두 마리가 아장아장 설사면에 도장을 찍으며 달려간다. 새소리까지 들려, 이 모든 광경이 봄의 행진곡을 연출한다. 이윽고 2584m의 트롱쉬

(Tete de la Tronche)에 오른다. 흩어지는 구름 사이로 쿠르마이예 계곡뿐 아니라 그랑드 조라스와 몽블랑 남동면이 건너다보인다. 잠시 쉬고 사팡 고개(Col Sapin, 2435m)로 내려간다. 마침 트레커 둘이 올라오고 있다. 그들은 우리가 말라트라(Malatra) 계곡으로 간다니 고개를 가로젓는다. 눈이 깊어 자기들처럼 스패츠를 하지 않고서는 힘들지 않겠냐며 걱정해준다. 배낭에 피켈까지 지참한 그들의 호의에 고마움을 표하고 사팡 고개에 내려선 우리는 계속해서 눈밭 길을 걸어 내린다.

한국 나이로 100세인 풍운아 캐신

스패츠를 차지 않아 신발에 눈이 가득 찰 정도로 눈밭에서 허우적대며 아르미나즈(Arminaz) 계곡에 내려선다. 온통 눈뿐인 계곡 아래에 돌로 지은 막사가 한 채 있다. 잠시 쉰 후, 두 색스 고개(Col d'Entre Deux Sex, 2521m)로 오른다. 숨을 헐떡이며 가능한 한 설사면을 피해 오른다. 1시간 만에 고개를 넘으니 이윽고 말라트라 계곡이다. 계곡 상단을 병풍처럼 둘러싸고 있는 봉우리들 북면에서 쏟아진 눈사태가 계곡 바닥을 가득 메우고 있다. 6월인데도 저런 거대한 눈사태가 발생하다니. 최대한 그 지역을 빨리 벗어나기 위해 눈밭을 열심히 걸어 내린다. 아래로 내려올수록 계곡은 넓어져 빙하가 녹은 급류의 물살이 세졌다. 몇 번 급류를 건너며 마침내 눈밭을 빠져나와 풀밭에 닿는다. 여름철이면 사용하는 고원목장의 막사 옆 풀밭에 텐트를 치고 하루 산행을 마감한다.

마침 한 줄기 소낙비가 내리더니 이내 햇살이 든다. 오후의 따뜻한 햇볕에 텐트를 말리며 느긋한 시간을 즐긴다. 이번에 집어든 책은 후배가 지고 온 <위험의 저편에>다. 캐신 등 10

여 명의 세계적인 산악인들을 니콜라스 오코넬이 인터뷰 형식으로 소개한 책이다. 10여 년 전에 필자가 젊은 혈기로 무책임하게 만든 번역서다. 책을 펼쳐 캐신을 다룬 부분을 읽는다.
 이 책의 저자가 인터뷰했을 당시인 85세의 나이에도 캐신은 여전히 등반을 즐긴다고 했다. 아침마다 턱걸이나 다리운동을 30분 이상 한다는 그는 위험에 직면하기를 즐기지만 오직 계산된 위험들만 감수한다며 남들보다 뛰어난 등반기술을 익히고 피나는 노력을 하면 위험을 극복할 여지가 충분하다고 했다. 숱한 극한등반에서 살아 돌아온 백전노장의 일침이다.
 곧 밤이 오고 하늘에 어둠이 짙어졌다. 산정의 적막을 깨는 눈사태 소리가 계곡 건너편에서 간간이 들려오는 가운데 밤은 깊어졌다. 잠시 텐트 밖 풍경을 지켜보고 추위에 몸을 움츠리며 침낭 속에 든다. 랜턴을 켜 <위험의 저편에>에서 캐신을 마저 읽는다. 캐신은 자신도 암벽등반을 좋아했지만 요즘의 스포츠 클라이밍과는 다른 면이 있다며, 과거에 비해 등반장비와 기술의 획기적인 발전에도 불구하고 오히려 요즘은 모험적인 요소가 부족하다고 했다. 새로운 모험에의 추구를 강조한 것이다.
 한편 등산은 다른 스포츠들과는 달리 육체적인 능력이 떨어져도 자신의 능력에 맞게 얼마든 즐길 수 있다며, 자신이 1937년에 초등했던 피츠 바딜레 북동벽을 75세 때 오른 예를 들었다. 이제 막 중년의 나이에 접어든 필자에게 많은 것을 생각하게 한다. 책을 덮고 평생을 다녀도 부족할 산행들을 꿈꾸며 눈을 감는다.
 아침이 밝았다. 아직 비수기라 샤모니로 돌아가는 버스편이 오후 3시 한 대뿐이기에 그 시간에 맞추기 위해 서두른다. 스산한 아침 바람을 받으며 길을 걷는다. 1시간쯤 내려가 보나티

산장에 닿을 즈음 어제 만난 트레커 둘이 올라오고 있다. 그들은 산장에 묵으며 주변을 트레킹한다고 했다. 이윽고 산장이다. 또 다른 위대한 산악인 보나티를 기리기 위해 그의 친구들이 지은 산장이다. 여기선 그랑드 조라스가 전위봉에 가려 보이지 않지만 바로 산장 건너편에 캐신이 초등한 에귀 레쇼가 솟아있다. 그가 1940년에 북벽을 초등한 봉우리다. 이렇듯 캐신은 몽블랑 산군에 그의 흔적을 많이 남겼다.

이제 발길을 돌려 발 페레 계곡으로 내려간다. 고도를 차츰 낮춰 침엽수림에 접어든다. 나무들 사이로 치솟은 침봉들을 보며 캐신을 생각한다. 의학의 발달로 인간수명이 길어졌다고는 하나 올해 우리 나이로 100세인 캐신은 풍운아임이 분명하다. 숱한 극한등반을 해온 산악인치고 예외적이지 않을 수 없다. 그의 장수는 그 자신뿐 아니라 우리에게도 행운이다. 처음 등반을 시작했던 1920년대부터 숱한 초등반들을 행한 캐신은 2차세계대전 전 유럽 전역의 알피니즘을 주도했을 뿐 아니라 전전과 전후 세대를 연결한 이탈리아 등산계의 대부다. 그 후에도 그는 첨예한 등반들을 행하면서 현재까지 거의 한 세기에 이르는 동안 알피니즘의 변천사를 몸소 실천하고 지켜본 산증인이다. 그의 책<Riccardo Cassin, 50 Years of Alpinism>이 '알피니즘 50년'이 아니라 '알피니즘 100년'이란 부제가 붙어 발간되길 기대해 본다.

다시 읽는 즐거움

 1981년에 발간된 캐신의 유일한 자서전 〈RICCARDO CASSIN, 50 YEARS OF ALPINISM〉은 그가 65세 되던 1975년에 라인홀드 메스너 등 쟁쟁한 후배들을 이끌고 로체 남벽 원정에 나섰다가 7500미터까지 도달하고 패퇴한 다음에 쓴 것이다. 늘 불같이 도전하여 성공만 하던 그의 인생에서 최초의 패배였다. 쓰라린 경험과 오랜 은거 후 자신의 등반인생을 정리하며 쓴 회고록이 이 책이다.
 그 전에도 그는 후배들을 이끌고 원정에 나섰는데, 1957년에는 가셔브룸 4봉에 도전해 발터 보나티와 카를로 마우리가 정상에 섰다. 그리고 52세가 되던 1961년에는 데날리 남벽에 도전해 후배들과 함께 성공적인 루트를 개척했는데, 이것이 바로 캐신 리지였다. 1969년에는 안데스의 지리산카 서벽을 후배들과 오르기도 했다. 이렇듯 그는 평생 알프스뿐 아니라 세계 곳곳의 거벽에서 세운 초등기록이 30개 가까이 된다. 그 기록이 이 책에 고스란히 담겨 있다. 캐신이 비록 강인한 인상의 소유자이지만 이 책을 보면 그가 아주 감성적이고 예술적 직관을 지니고 있음을 알 수 있다.
 "나는 산악인을 선원과 시인에 비유한다. 나 자신은 책벌레가 아니며 시도 읽은 적이 없지만 나는 시인이 따분한 일상에서 강렬한 상상력이 창조하는 세계로 탈출하려 한다는 것을 안다. 시에 대한 공감 없이는 산악인이 산과 맞서거나 선원이 바다와 맞설 수 없다."
 "자유로운 시간을 모두 산에서 보냈던 많은 세월은 내 성격을 강하게 해 주었을 뿐만 아니라 어떤 일을 깊이 생각하는 데도 많은 도움이 되었다. 어려운 등반에서 나는 거듭 성공하여 자신감이 넘쳤다. 그처럼 신중하게 준비했는데도 로체에서 패한 것은 의지력으로 넓힐 수 있는 인간능력의 한계에 부딪친 탓이다. 산은 인생의 스승이며 우리에게 긴장감을 주고 우리를 지도하는 매력적인 스승이었다."

 내가 이 책을 구입한 날은 1991년 3월 23일로 뒤표지 안쪽에 적혀 있다. 대학을 졸업하던 그해 봄, 취직은 하지 않고 무슨 생각으로 이 책을 구입했는지 모르겠다. 여하튼 나는 (이미 전년도인 1990년에 캐신의 초등루트인 그랑드 조라스 워커 스퍼를 올랐기에) 또 다른 그의 등반이 눈에 들어왔는데, 데날리 남벽이었다. 결국 5년 후 나도 데날리 남벽을 올랐고 루트는 캐신 리지 우측의 한 등반선이었다. 캐신은 회고록을 낸 후에도 왕성한 등반활동을 했다. 1987년에는 자신이 초등한 피츠 바딜레 초등 50주년 기념으로 78세의 나이에도 10시간 만에 완등하는 놀라는 기력을 과시했다. 유명산악인치고는 가장 장수한 캐신은 100세가 되던 2009년 여름에 세상을 떠났다. 파란만장했던 그의 삶은 회고록 한 권으로는 부족하기에 산악서적을 좋아하는 독자로서는 아쉬울 따름이다.

20-〈하얀 거미〉, 〈아이거〉

'죽음의 벽' 밑을 걸으며 〈하얀 거미〉와 〈아이거〉를 마주하다

최후의 역량을 투입한 자만이 행복을 누릴 수 있다

올해가 아이거 북벽이 초등된 지 70년이 된다. 이를 기념하기 위해 각종 행사들이 이어지고 있다. 초등 당시 자신의 장비를 사용했다고 주장하는 어느 업체에서는 각국의 산악인들을 초청해 함께 아이거 북벽을 오르기도 했으며, 한국에서도 관련 산악영화를 상영했다고 하니 30년 뒤인 초등 100주년에는 더 큰 행사가 치러지리라.

아이거 북벽이 어떤 벽이기에 이처럼 많은 이들의 관심을 끄는가. 베르너 오버란트의 그린델발트(Grindelwald) 계곡 위에 우뚝 솟아 있는 아이거는 실상 해발고도가 4000m에 미치지 못한다. 하지만 1800m 높이의 검붉은 북벽은 알프스의 다른 어느 봉우리들도 갖추지 못한 위엄과 위험을 갖추고 있어 알피니스트들의 시험무대로서 역할을 톡톡히 하면서 알피니즘의 발전에도 많은 공헌을 하고 있다.

그리고 세계적으로 단일 암벽에서 희생된 산악인의 수가 아이거 북벽보다 많은 벽도 없을 뿐더러 융프라우요흐(Jungfraujoch)행 산악열차로 인해 세인들이 쉽게 이 북벽을 지켜볼 수 있다. 초등 당시인 1930년대에는 북벽에서 행해지는 알피니스트들의 활동상이 연일 뉴스의 초점이 되었다고 하니 아이거의 영광은 지난날의 일이 아니었나 싶다.

마침 아이거 북벽 아래를 가로지르는 아이거 트레일(Eiger Trail)을 걸을 기회가 있었다. 2박3일간 느긋이 아이거를 지켜보며 북벽 초등기인 하인리히 하러(Heinrich Harrer, 1912~2006)의 <하얀거미>와 북벽 직등기인 예르그 레네와 페터 하아그 공저의 <아이거>를 읽어보기로 했다. 하인리히 하러는 그의 저서 <티벳에서의 7년>이 영화화되면서 우리에게 친숙하지만 레네와 하아그는 생소한 편이다. 이들은 1966년 겨울에 존 하린과 함께 아이거 북벽에 직등루트를 개척한 독일팀의 주역들이다.

두 책 다 1978년 여름에 공동문화사에서 발간한 문고판이다. 지난번 한국에 다녀올 때였다. 알프스가 좋아 몇 번이나 다녀간 조효현 선배가 중학교 3학년 때부터 이 책을 가지고 있었다며 자랑을 했다. 그래서 부탁해 이곳 아이거 북벽 아래까지 지니고 온 것이다. 아이거 트레일에 동행한 이는 이태리 볼자노에 거주하는 임덕용 선배와 한국서 온 산악회 후배 나현숙이다.

그린델발트에서 점심때가 지나 걷기 시작한다. 한낮의 열기가 절정에 달하지만 계곡 아래의 하천을 지날 때는 빙하 녹은 급류의 시원한 기운에 잠시 땀을 식힌다. 이것도 잠시뿐, 본격적인 오르막이다. 우선 알피글렌(Alpiglen)으로 향한다. 산비탈에 점점 둥지를 틀고 있는 샬레들 사이의 풀밭에서는 농부들의 손길이 바쁘다. 6월 말이지만 이미 웃자란 풀들을 베어 건초를 말리고 있다. 오르막이 연이어져 땀이 비 오듯 쏟아진다. 며칠간 묵을 잠자리며 식량을 잔뜩 짊어진 탓이다. 눈앞에 펼쳐진 목가적인 풍경이 눈을 시원하게 하니 그나마 다행이다. 유행가의 가사처럼 저 푸른 초원 위에 그림 같은 집을 짓고 살고픈 곳이 바로 이런 곳

이 아닐까 싶다.

 그런데 이곳에서 일상을 살아가는 이들의 눈에도 과연 천국일까. 작업복 주머니에서 꺼낸 숫돌로 큰 낫을 갈고 있는 초로의 남자와 집 앞 작은 풀밭에서 얼굴을 잔뜩 찌푸리며 혼자 풀을 베고 있는 어린 아이, 그리고 저 멀리 드넓은 초원을 트랙터로 이발을 시키고 있는 농부의 눈에도 이곳이 낙원일까. 그들은 캠핑 장비를 둘러메고 산을 오르는 우리를 더 부러워하지 않을까.

알피글렌의 소떼들

 길은 완만한 동선을 그리며 이어져 있다. 갈림길마다 이정표가 잘 되어 있다. 몇몇 언덕을 넘어 브란데그(Brandegg) 역을 지난다. 오후지만 클라이네 샤이데크(Kleine Scheidegg, 2061m)로 오르는 산악열차에는 많은 관광객들이 타고 있다. 서로 손을 흔들고 톱니바퀴 기차선로를 가로지른다. 또다시 오르막이다. 경사가 완만한 풀밭에서는 소들이 한가하게 풀을 뜯고 있다.

 출발한지 1시간이 되어 길가에 배낭을 놓고 쉰다. 마침 산악자전거 마니아가 구슬땀을 흘리며 우리 앞을 지나쳐 오른다. 그 뒤로 저 멀리 아이거 북벽이 솟아 있건만 구름에 가려 있어 아쉽다. 다시 배낭을 메고 걷는다. 오늘의 목적지인 알피글렌으로 이어지는 이정표를 따른다. 한동안 기차선로 좌우를 따르더니 이제부터 숲길에 접어든다. 조용해서 좋다.

 한적한 산길을 걷다가 마침 폭포가 나타난다. 무더위에 지친 우리는 너무 반가워서 큰길에 배낭을 내려놓고 달려간다. 무겁게 지고 온 맥주와 함께. 약 50m 폭포수는 그 기운만으로도 땀을 식히기에 충분했다. 임 선배는 그것도 부족해 팬티만 입고 물속에 뛰어든다. 아이거
북벽에서 발원한 이 차디찬
빙하물에 정신이 팔린 형은
그만 맥주 한 캔을 빠뜨리
고 말았다. 시원한 맥주를
들이켜며 땀을 식히겠다는
바람은 단숨에 날아가 버리고 우리는 또다시 산길을 걷는다.
 수많은 야생화 밭을 지나 굴곡진 산길을 오른다. 마침 산악자전거 한 대가 쏜살같이 내려간다. 웃으며 지나간 그는 1시간 전에 우리를 지나쳐 오른 이였다. 알피글렌까지 가서 그린델발트로 내려가는 모양이다. 이제 고도가 제법 높아져 나무들의 키가 낮다. 저 멀리 풀밭 언덕에 알피글렌이 자리 잡고 있다. 농가 몇 채와 기차역, 그리고 레스토랑이 전부다. 축사 한 편에 딸린 창고에서는 거대한 솥단지 아래에 장작불이 이글거린다. 열댓 살 먹은 아이가 장화를 신고 그 주변을 오간다. 저 멀리 풀밭에선 젖소들의 울음소리가 끊이지 않는다. 우리들은 마을 위 풀밭 언덕에 짐을 푼다. 알피글렌뿐 아니라 그린델발트가 훤히 내려다보이는 곳이다.
 텐트를 치고 각자 자유 시간을 가진다. 나는 <아이거>를 먼저 펼쳐든다. <하얀거미>는 이미 읽었기 때문이다. 아이거 북벽의 존 하린 루트에 얽힌 이야기는 북벽의 초등이야기만큼 드라마틱해 널리 알려져 있다. 익히 아는 내용이지만 이제껏 <아이거>를 읽은 기억은 없다. 책을 펼치자마자 나타나는 북벽사진에 거의 일직선으로 그어진 직등선이 인상적이다.
 다음 페이지는 직등을 완등 후, '**존 하린을 추모하기 위해 아이거 북벽 디레티시마를 존 하린 클라이밍이라 명명하고 이 책을 그의 부인에게 바친다**'는 문구가 마음을 숙연하게 한다. 그렇다. 페이지들을 넘길수록 바로 이 직등루트 개척에 대해 존 하린보다 큰 관심과 애정을 쏟았던 이는 없었음을 확인할 수 있다. 당시 그는 크리스 보닝턴, 돈 윌란스, 듀갈 헤스턴, 레이튼 코어와 같은 걸출한 산악인으로 구성된 영미 합동대의 리더였다. 이 책의 저자들이 참여한 독일팀과 함께 나란히 북벽을 오르다 하얀거미 아래의 바위 턱에서 고정자일이 끊어져 자기 삶의 결정적인 마지막 순간에도 북벽에서 일직선을 그어버린 이가 존 하린이다.

물론 대규모 인원과 물자, 고정로프를 깔며 장기간에 걸쳐 이룩해 낸 아이거 직등에 대해 당시에도 많은 논쟁이 일었다. 무분별한 직등행위는 분명 비난받아 마땅하지만 알피니즘의 저변을 확대하고 고무한 사실은 인정할 수밖에 없다. 아이거 디레티시마(직등)에서 행해진 등반방식이 그대로 히말라야로 옮겨져, 그 몇 년 후 안나푸르나 남벽 초등 등 수많은 히말라야의 거벽등반에 영향을 미쳤기 때문이다.

사방에 구름이 자욱이 내려앉아 어둠이 일찍 찾아왔다. 저녁을 지어 맛있게 먹고 차 한 잔씩 마시며 제발 내일은 날이 맑아 아이거 북벽을 훤히 올려다볼 수 있길 기대한다. 이제 잠자리를 펴고 헤드랜턴을 켜서라도 <아이거>를 마저 읽으려 한다. 한데 갑자기 소 방울소리가 요란하다. 이런, 10여 마리의 젖소가 우리가 있는 풀밭 언덕으로 기어오르고 있다. 책이 눈에 들어올 리 없다. 심지어 몇몇 소들은 뜨거운 콧김까지 뿜어내며 텐트 주변을 서성인다. 한 놈은 텐트 플라이까지 물어뜯는다. 나중에 보니 스키스틱의 손목 끈까지 그 강한 이빨로 녹여놓다시피 했다.

더 이상 참을 수 없어 밖으로 뛰쳐나가 스키스틱으로 얄미운 놈의 소 엉덩이를 후려친다. 따끔한 맛에 10여m 도망가지만 녀석들은 또 되돌아본다. 할 수 없이 계란만한 돌까지 집어 녀석의 엉덩이에 던져도 본다. 이런 실랑이를 몇 번이나 하다 보니 지쳐버린다. 소들이 왜 텐트 주변을 맴도는지 그 원인을 생각해본다. 노란색 텐트 때문이다, 아니 텐트에 둔 빵 냄새 때문이다 등등 의견이 분분하다. 결론은 우리가 먹을 빵에서 나는 냄새라는 생각에 빵을 침낭 깊숙이 감추고 그것도 모자라 그 냄새를 제거한다고 쓰레기를 태우는 등 별짓을 다 한다. 그래도 두 녀석만은 밤새 텐트 주변을 서성인다. 모두에게 피곤한 밤이었다.

1980년 초반에 이곳 알피글렌에 베이스캠프를 치고 아이거 북벽을 오른 선배들이 소떼 때문에 잠을 설쳤다는 게 이제 실감이 난다. 1990년에 이 북벽을 오른 나는 클라이네 샤이데크에 머물렀기에 이런 고초를 겪진 않아 천만다행이었다.

간밤의 소떼에 잠을 설쳐 느지막이 일어나지만 몸이 천근만근 무겁다. 천천히 짐을 꾸려 알피글렌으로 내려가 본격적인 아이거 트레일을 걷는다. 한동안 키 작은 소나무 사이로 난 지그재그 길을 걸어 오른다. 그런 후, 고도가 높아지자 나무들은 없어지고 풀밭에 각종 야생화들이 피어있다. 발아래 그린델발트 분지에는 햇살이 닿아 있지만 아이거 북벽은 짙은 구름에 휩싸여 있다. 북벽 하단부의 출발지점만 겨우 분간할 수 있을 뿐이다. 북벽에서 흘러내린 급류도 건너고 거대한 물줄기의 폭포도 지나친다. 이것만 보아도 북벽의 규모를 짐작하고도 남는다.

대부분의 트레커들은 위에서 내려오고 있다. 아이거글레처(Eigergletscher, 2320m)역에서 출발한 것이다. 헤크마이어와 하러의 초등루트 아래쪽 풀밭에서 점심을 먹을 때에야 밑에서 올라오는 트레커 둘이 지나간다. 잠시 후 트레커 둘이 위에서 내려오

며 지나간다. 그 중 한명이 아이스스크류 케이스를 작은 배낭에 달고 내려가다 30m 정도 거리에서 쉬고 있다. 며칠 전 뮌히 산장으로 가는 설원에서 그것을 잃어버린 생각이 언뜻 든 임 선배가 그들에게 가 물어보니 바로 그것이었다. 스코틀랜드 출신의 그 산악인은 주인을 찾아주기 위해 그렇게 달고 다닌 거였다며 물건을 찾아주는 그가 더 반가워했다. 알피니스트들만의 우정이다.

 또 길을 걷는다. 북벽 아래의 너덜 사면을 가르는 아래 위 풀밭에는 흰 꽃들이 펼쳐져 있다. 얼마 후에는 눈밭도 나타난다. 마지막 언덕 하나를 오르니 큰 안내판에 아이거 북벽 초등루트가 그려져 있다. 정확히 70년 전에 <하얀 거미>에 등장하는 4명의 주인공이 1800m 높이의 이 큰 북벽을 좌우로 오가며 길을 찾아 오른 자체만도 대단하게 여겨졌다. 초등자들에게 주어지는 영예는 당연했다. 물론 <아이거> 직등의 주인공 존 하린에게는 또 다른 차원의 영예만 남았지만 말이다.

 이제 아이거 트레일 마지막 구간이다. 우리는 아이거글레처로 오르지 않고 사면을 가로지른다. 마침 작은 오솔길이 있어 그 길을 따라 가니 클라이네 샤이데크로 이어지는 길과 만난다. 이제부터 너른 길이다. 길 양옆으로 노란 민들레가 밭을 이루고 있다. 곧이어 많은 관광객들로 붐비는 클라이네 샤이데크다. 융프라우요흐에 다녀오는 수많은 관광객들이 그린델발트로 내려가는 기차에 몸을 싣고 있다. 우리는 기차역 서편 언덕에 오른다. 작은 언덕의 편편한 풀밭에 자리를 잡고 텐트를 친다. 1990년에 내가 몇 주 동안 머물며 아이거 북벽을 오른 바로 그 자리다. 이곳서 보는 풍경은 변함이 없다.

이 언덕에는 소가 한 마리도 없어 전 날 밤에 비해 조용하고 편한 밤을 맞이한다. 북벽에는 여전히 구름이 자욱이 머물러 있다. 아이거와 어깨를 나란히 하고 있는 묀히와 융프라우에도 구름이 짙게 드리워져 있어, 이번 산행에는 날씨 운이 없다고 생각하며 텐트 문을 닫는다. 못 다 읽은 <아이거>를 펼쳐든다.

존 하린의 추락사 후 더욱 힘을 합친 독일인과 영미 등반가들은 혹독한 겨울추위에도 불구하고 마침내 성공을 이뤄낸다. 책을 덮고 그 여운을 즐기며 눈을 감았는데, 어느새 잠들었는지 깨어보니 새벽 1시가 넘었다. 혹시나 싶어 살며시 텐트 지퍼를 여니 놀랍게도 밤하늘에는 별들이 초롱초롱 빛난다. 그 많던 구름들이 어디로 사라졌는지 하나도 없다. 거대한 검은 덩치의 아이거 북벽은 한층 더 위엄 있게 솟아 있다. 가만히 보니 북벽 중앙에 밝은 빛이 한줄기 빛나고 있다. 아이거반트

(Eigerwand, 2865m)에서 흘러나온 빛이지만 마치 존 하린이 그 높이에서 하늘을 가르며 빛을 발하고 있는 것만 같다. 그만큼 그는 후세 산악인들의 가슴에 빛으로 남아 있다.

 잠시 눈을 감고 얼마 후 밖을 보니 해가 뜨기 시작했다. 아이거, 묀히, 융프라우의 삼두마차가 경쟁이라도 하듯 웅장한 모습을 드러냈다. 해가 뜨고 기온이 오르자 옅은 구름들이 다시 아이거 북벽 주변으로 몰려들기 시작한다. 느긋하게 아침 시간을 보내며 <하얀 거미>를 뒤적이다 그린델발트로 긴긴 하산 길에 접어든다. 오를 때와는 달리 알피글렌으로 가지 않고 전나무 숲길로 하여 곧장 내려간다. 왼편 하늘 위를 본다. 침엽수림 위로 응달진 북벽에는 하얀 거미의 거대한 형체가 드러나 있다. 아이거 북벽의 상징인 하얀 거미가 수많은 팔다리를 펼쳐 북벽 상단에 매달려 있는 모습이다.

 초등기인 <하얀 거미>의 절정은 바로 저 하얀 거미에서 하러 일행이 겪는 악전고투이다. 정상 설원에서 쏟아져 내리는 눈사태를 온 몸으로 받아내며 끝내 이겨내는 분투장면이 눈에 선하다. 나도 그 눈사태에 호되게 당한 적이 있기 때문이다.

 '최후의 역량을 투입한 자만이 행복을 누릴 수 있지 않냐'며 하러 일행 넷은 악천후에 맞선다. 이런 상황에서 하러는 '자기시련 그 자체가 등산행위의 동기가 될 순 없지만 최대의 위험에 봉착했을 때 동지의 처지를 근심하고 동료를 위해 자신을 헌신한다면 참된 도

리를 다 하는 것'이라고 했다. 바로 이런 마음으로 그들은 악천후를 이겨내고 초등의 영광을 안을 수 있었던 것이다.

 그늘진 전나무 숲길은 시원했다. 마침 주말이라 많은 산악자전거 마니아들이 구슬땀을 흘리며 오르고 있다. 무엇인가에 열중하는 모습이 보기 좋다. 그들 뒤의 전나무 숲 위로 우뚝 솟은 아이거 북벽에는 해가 솟아 기온이 오르자 다시 뭉게구름이 몰려들기 시작했다. 과거의 숱한 알피니스트들 또한 바로 저 북벽의 마력에 끌려 몸과 마음을 바치지 않았던가. 그 자체가 행복이었다. 그게 바로 산을 오르는 이유요, 즐거움이었다. 그것만으로도 족했다.

다시 보는 즐거움

〈하얀거미〉의 작가 하인리 하러, 2006년에 93세로 세상을 떠난 파란만장한 산악인. 그의 〈티벳에서의 7년〉도 읽어볼만 하다. 또 다른 아이거 북벽 초등기가 실린 안데를 헤크마이어의 〈알프스 3대 북벽〉은 비교하며 읽어보는 재미가 있다.

나는 학창시절 아이거 북벽을 오르기 전에 당시 구할 수 있는 아이거 북벽 등반기는 다 읽어 보았다. 레뷔파의 〈별빛과 폭풍설〉이나 언솔드의 〈알프스의 북벽〉, 정광식의 〈아이거 북벽〉 등도 보았다. 등반을 앞두면 관련 책들을 읽고 사전답사를 하곤 한다. 물론 한 때는 이 또한 등반의 순수성이랄까 즐거움을 헤치는 일이라며 무시했지만 말이 그랬다는 것이지 전혀 사전정보라곤 없이 등반에 임할 수는 없다. 벽까지의 접근은 어떻게 하나 싶어 유심히 살폈으며, 등반 난이도와 코스뿐 아니라 하산로까지 머리에 새기고 가게 된다. 이런 행위가 미지의 세계에 들어가는 신비감을 해치기는 하지만 등반을 안전하고 즐겁게 해주는 건 사실이다. 어느 쪽을 택하든 자신이 선택할 문제이다.

21-〈어느 등산가의 회상〉

에밀 자벨의 초등루트에서 〈어느 등산가의 회상〉을 회상하다

무엇이 인간을 완성시키는가?

샤모니 숙소의 책꽂이에는 같은 책이 두 권인 것이 몇 종류 있다. 네 가지 중 하나를 제외하고 모두 산악서적인데, 그 중에 두 개는 개정판이다. 그리고 똑 같은 책이 두 권인 나머지 하나는 에밀 자벨(Emile Javelle, 1847~1883)의 〈어느 등산가의 회상〉이다. 어떻게 해서 두 권을 소유하게 되었는지 모르겠다. 책을 새롭게 구입하면 반드시 읽기에 두 번은 읽은 셈이다.

그러나 겉핥기식 독서 탓에 특별히 기억에 남아 있는 거라곤 없다. 다만 이 책의 역자인 김장호 선생이 '〈투르 느와르의 초등정〉은 주옥같은 작품이며 몽블랑 산군 특유의 아름다움과 진실된 모습을 이처럼 훌륭하게 묘사한 작품은 달리 그 유례가 없을 정도다.'라고 해설한 대목이 있어 언젠가 투르 느와르(Tour Noir, 3837m)를 올라보리라 생각하곤 했었다.

이번 여름에 기회가 닿아 투르 느와르를 오르며 에밀 자벨의 발자취를 더듬어보고자 했다. 이 봉우리는 몽블랑 산군의 북동쪽, 프랑스와 스위스 국경선상에 위치한 4000m가 채 되지 않는 봉우리다. 이 봉 남쪽에는 3개국 경계에 솟은 몽돌랑이 있고, 북쪽에는 아르장티에르 빙하의 맹주 아르장티에르가 있다.

에밀 자벨은 남프랑스의 생에티엔느에서 태어나 이후 몽블랑 산군에서 멀지 않은 레만 호숫가의 베베에서 살며 늘 저 멀리 바라보이는 알프스의 침봉들을 보며 생활했다. 그러던 중 투르 느와르가 사람의 손길이 닿지 않았음을 알고 초등길에 나선 것이다. 때는 1876년 여름이었다.

7월말의 화창한 날, 마침 알프스에 와 있는 산악회 후배 둘과 함께 산행에 나섰다. 샤모니에서 버스로 아르장티에르 마을에 도착한 우리는 곧장 그랑 몽테(Grand Montet)행 케이블카에 오른다. 중간역인 로냥(Lonan)에 내리기 위해서다. 로냥이 산행출발지다. 우선 아르장티에르 빙하 하단부로 이어지는 완경사 산길을 걷는다. 길이 좋아 어린아이까지 동반한 가족들이 단란한 모습으로 빙하로 피서를 가고 있다. 길 양옆으로는 알프스의 장미 알펜로제가 활짝 피어있다.

1시간쯤 걷자 빙하 하단부의 세락지대 옆 모레인 언덕에 닿는다. 이제부터 아르장티에르 빙하 우측을 따라 오른다. 처음에는 너덜바위지대를 지난다. 곧이어 빙하의 얼음 위를 걷는다. 1시간 정도 걷자 길은 빙하에서 벗어난다. 우측 사면으로 길이 나 있다. 여기서 배낭을 벗어놓고 늦은 점심을 먹는다. 빙하 건너편의 샤르도네가 지척이다. 3000m 이상 고도에는 전날 내린 눈이 그대로 바위에 붙어 있다. 여름이라고는 하지만 기온이 차 녹지 않은 탓이다.

다시 배낭을 멘다. 너덜바위지대를 조금 오르자 가파른 절벽이 나타난다. 약 50m 바위벽에 2단으로 철 난간이 설치되어 있다. 이후 돌길을 오르내리자 빙하를 아래로 보며 걷는다. 드넓게 펼쳐진 빙하의 주름살이 한눈에 보인다. 이렇게 완만하게 흘러내리는 빙하는 1년에 약 100m 움직인다고 한다.

그랑 몽테 쪽에서 흘러내리는 녹 눈은 개울을 몇 개 건너 바위사면을 내려간다. 또다시 아르장티에르 빙하에 내려선다. 이제부터 남동쪽으로 완만한 빙하 위를 걷는다. 한낮의 열기에 몇몇 군데에서는 눈이 질펀거린다. 발목 이상 빠지는 곳도 있다. 한동안 드르와트 북벽을 보며 오르다가 아르장티에르 산장(Refuge d'Argentiere, 2771m) 쪽으로 방향을 튼다. 물론 우리는 좀 더 빙하를 거슬러 올라 투르 느와르 빙하 하단부의 모레인 지대에 야영할 예정이다. 산장은 마침 보수공사중이라 연신 헬리콥터가 자재를 나르고 있으며 쇠망치 소리가 요란하다. 산장에서 묵지 않아 천만다행이라 여기며 이제는 빙하 좌측의 모레인 지대를 따라 오른다.

이윽고 4시간 반 만에 투르 느와르 빙하 아래의 모레인 지대에 닿았다. 눈과 얼음이 없는 돌밭에 자리를 잡는다. 하늘에는 구름 한 점 없다. 동쪽의 빙하 위로 우리가 오를 투르 느와르가 솟아 있다. 4000m가 되지 않는 봉우리지만 정상부의 바위지대가 특히 당당해 보인다. 결코 얕잡아볼 대상이 아님을 느낀다. 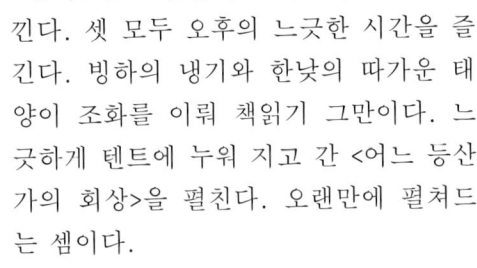 셋 모두 오후의 느긋한 시간을 즐긴다. 빙하의 냉기와 한낮의 따가운 태양이 조화를 이뤄 책읽기 그만이다. 느긋하게 텐트에 누워 지고 간 <어느 등산가의 회상>을 펼친다. 오랜만에 펼쳐드는 셈이다.

우선 에밀 자벨이 투르 느와르를 오른

이야기 '투르 느와르의 초등정' 편을 펼친다. 그가 이 봉우리를 어떻게 올랐으며, 우리 또한 어떻게 오를까 싶은 생각에서다. 1876년 8월 초, 친구 셋과 함께 초등길에 나선 에밀은 투르 느와르를 '**고산의 원형극장 한복판에 참으로 곧게 날씬하게, 마치 대성당의 첨탑처럼 완전히 균형 잡힌 화살을 창공에 우뚝 세우고 있다**'고 묘사한다. 레만 호숫가에서 늘 투르 느와르를 지켜본 그로서는 이 침봉을 주목하기란 쉬웠을 것이며, 이것을 더구나 초등으로 오르고 싶다는 소망은 아주 자연스러웠을 것이다. 이것만으로도 투르 느와르와 에밀의 인연을 짐작하고도 남는다. 이후 페이지를 넘기며 에밀의 발자취를 따라 다음날의 등반을 미리 상상해보는 즐거움을 가진다.

이제 해가 기울고 한기가 온몸을 감싼다. 책을 덮고 차 한 잔 마시며 저녁을 지어먹는다. 텐트 바깥을 보니 어느새 황금빛 저녁놀이 침봉들을 비추고 있었다. 일명 알피니스트들의 에덴동산이라는 아르장티에르 빙하 상의 수많은 벽들을 둘러본다. 지금 이 빙하에 텐트를 치고 있는 이들은 우리뿐이다. 이런 호젓함이 좋다. 곧이어 텐트로 돌아온다.

이제 페이지를 앞으로 돌려 '두 여름의 추억' 편을 읽는다. 첫 대목에서 에밀은 '**나란 사람은 그저 정처 없이 떠돌아다니는 등산가**'라며 자신을 평한다. 19세기 중엽, 알프스 등반 황금기가 끝날 무렵에 산을 올랐던 에밀은 사실상 등반사적으로 뛰어나고 기록할만한 업적을 남기진 못했다. 하지만 그는 '**맑은 시냇물과 자잘한 꽃들을 사랑하며, 이름난 봉우리의 정복에만 집착하지 않고 마음 내키는 대로, 그러나 꾸준히 산을 즐기는 자유인**'이었다. 그야말로 '**알피니즘의 본바탕에서 알피니스트로서의 진정한 모습을 몸소 드러내어 보**

'여준 정수'라는 역자의 평과 함께 자유인으로서의 산악인을 생각해본다. 진정 자유롭게 산을 대하고 오르는 이만이 누릴 수 있는 특권을 생각하면서 다음날 이른 출발을 위해 일찍 잠자리에 든다.

'마음 내키는 대로 꾸준히 산을 즐기는 자유인'

새벽 4시. 꼼지락거리며 뒤척이다 일어난다. 차 한 잔씩 끓여 마시고 아침을 먹는다. 이어 출발준비를 서두른다. 5시가 다되어 출발하니 희뿌옇게 날이 밝아오고 있다. 한동안 너덜바위지대를 오른다. 그리고 설사면이다. 기온이 차지 않아 눈이 꺼진다. 어떤 곳은 발목 이상 빠져 힘겹다. 길은 투르 느와르 빙하 좌측을 따르면서 도중에 나타나는 몇몇 크레바스를 우회한다. 1시간쯤 오르자 아침 햇살이 침봉들을 비추기 시작한다. 고도를 차츰 높이자 아르장티에르 빙하의 침봉들 너머로 그랑드 조라스며 몽블랑이 보이기 시작한다. 이윽고 2시간 반 만에 아르장티에르 고개(3552m)에 닿는다. 이 고개 너머는 스위스 땅이다. 어제 에밀의 초등기를 읽으며 안 사실은 그가 스위스 쪽에서 이 고개를 올라 정상으로 향했다는 것이다. 하지만 오늘날은 케이블카의 덕으로 아르장티에르 빙하를 따라 이 고개를 경유해 정상에 오르는 게 일반적이다. 물론 고개 아래의 스위스 쪽 사면도 어렵지 않지만 아르장티에르 빙하로 오르는 것에 비해 많은 시간과 노력이 들

기 때문이다.

 고갯마루의 바위에 앉아 아침 햇살을 즐기며 쉰다. 구름 한 점 없는 화창한 날이라 저 멀리 마터호른이 있는 발리 산군이 한눈에 건너다보인다. 에밀 자벨은 몽블랑 산군뿐 아니라 발리 산군에서도 많은 산행을 했다. 마터호른뿐 아니라 바이스호른, 치날로트호른, 당데랑 등 비록 초등은 아니지만 당시로서는 쉽지 않은 등반들이었다. 그의 유고집 <어느 등산가의 회상>에는 그런 봉우리들을 오르는 등반기가 실려 있는데, 초등정기 못지않게 읽는 재미가 있다.

 이제부터 본격적인 등반이다. 아이젠을 단단히 조이고 피켈을 든 채 가파른 설사면을 오른다. 뒤따르는 후배들 너머로 삼국봉인 몽돌랑이 솟아있다. 스위스 이태리 프랑스의 3개국이 정상에서 만나는 몽돌랑은 작년에 이태리 쪽에서 오른 적이 있는데, 그 반대편에서 대하니 꽤나 위압적이다. 여느 알프스의 북벽 못지않아 보인다.

한동안 투르 느와르 정상부 암벽지대의 남면을 오른 후, 오른편인 동면으로 돌아간다. 이 남면을 곧장 오르면 전위봉인 남봉인데, 너무 가파른 바위벽이다. 그래서 에밀의 초등기에 나와 있듯 동면의 바위지대를 횡단한다. 오른편 아래로는 라 뇌브 빙하(Glacier de la Neuve)가 펼쳐져 고도감이 꽤나 크다. 그만큼 눈앞에 펼쳐진 파노라마가 장관이다.

100m 이상 바위사면을 횡단하고서 이제 직상한다. 몇몇 피치에서는 바짝 긴장하며 오른다. 셋 모두 자일 하나에 묶고 일일이 확보하며 움직이는 구간이 많다. 좁은 암릉 구간도 지난다. 이윽고 남봉과 주봉인 북봉의 안부에 이른다. 이제부터 길은 바위능선을 오르내린다. 잡을 데가 많아 등반이 어렵지 않지만 130여 년 전에 변변찮은 장비로 올랐을 에밀 자벨을 생각하니 그가 대단하게 여겨진다. 이윽고 정상이다. 사방에 펼

쳐진 파노라마를 둘러본다. 저 멀리 아이거가 있는 베르너 산군에서부터 마터호른의 발리 산군, 그리고 그 반대편의 몽블랑 산군 등 에밀 자벨이 초등으로 정상에 서고 지켜봤을 그대로의 풍광이다.

 초등 후 그가 정상에 남겼다는 흔적을 찾아본다. 그러나 찾을 수 없다. 당시에는 정상 등정자들이 병에 쪽지를 적어놓곤 했다는데, 그가 올랐을 때는 마침 병을 가져가지 않아 납작한 돌에 메모지를 끼워놓았다고 했다. 그리고 그가 친구들과 정상에 케른을 쌓았다고 했는데, 100여 년이 지난 지금 자그마한 돌탑이라곤 없다. 에밀은 그것을 단순히 초등을 표시하기 위한 허영심으로만 세우진 않았고 다른 많은 것을 뜻한다고 했다. 전인미답의 정상에는 '*영혼의 밑바닥을 건드리는, 가슴을 찌르는 듯한 어떤 감각이 있으며, 이 세상이 비롯된 이후 여기에 계속되었던 침묵을 최초로 깨뜨린 것이 그대 음성이고, ……중략…… 대지와 인간과의 결혼이 성립되는 순간에는 어떤 신성함마저 느끼게 된다.*'고 에밀은 초등 순간

의 감회를 술회했다.

알프스가 지닌 새로운 양식의 아름다움

 우리도 에밀 일행 못지않게 느긋하게 등정을 즐긴다. 후배들은 지도를 펼쳐보며 알프스의 여러 봉우리들을 살핀다. 날이 맑아 아주 먼 곳까지 또렷이 보인다. '그것은 베르너 산군의 밀집된 원주며, 발레 고봉의 숲렬대는 물결이며, 이태리의 온갖 산괴의 우아한 자태였다. 그리고 레만 호의 한 모퉁이와 함께 온화한 브오의 산들, 그보다 더 멀리 쥬라의 단조롭고 긴 기복의 저편에서 그 큰 물결이 안개 속으로 녹아들고 있는 프랑스의 구릉 지대였다.'며 에밀은 자신이 그때까지 알프스의 다른 곳에서 본 어떤 광경도 이만 못했다며 알프스가 지니는 새로운 양식의 아름다움에 반했다고 했다.
 천천히 점심을 먹고 이제 하산길에 접어든다. 오른 길을 조심해서 되돌아 내려간다. 마침 도중에 수정 광맥이 눈에 들어온다. 에밀의 초등기에는 극적인 사건은 없었다, 다만 수정에 혹해 그 광맥을 따라가다 보니 홀드 하나 없는 바위벽에서 오도가도 못해 동료의 도움이 없었다면 천 길 낭떠러지로 추락했을 거라며 그렇게 된 이유가 절벽에 대한 사랑에서가 아니라 물욕 때문이었다고 실토했다.
 그러니 '암벽등반의 즐거움 이외의 것을 위해 절벽으로 가는 것은 위험하다. 오로지 암벽등반만을 목적으로 바위에 오르는 자는 단 일순간도 그 목적과 수단에서 눈을 떼지 않는다. 암벽 등반은 그에게 있어 하나의 예술이기 때문이다. 그의 정신은 다른 어떤 세상사에도 쏠리지 않으니 그는 늘 자신이 어디에 있는가를 알고 있다. 위험을 무릎

쓰고 위험한 장소로 나갔다가 죽게 되는 산양은 대부분 언제나 먹보 산양'이라고 그는 내기해도 좋다고 했다.

 농담기가 다분한 그의 말마따나 적어도 먹보 산악인은 되지 말아야지 싶은 생각에 웃음마저 나온다. 에밀이 지나치며 보았을 게 분명한 수정 광맥을 자세히 살펴니 귀한 수정은 없고 작고 깨진 수정들로 띠를 이루고 있었다. 요즘도 몽블랑 산군에서 귀한 수정이 나오는데, 작년에도 수억 원에 달하는 수정이 발견되기도 했다.

 또다시 하산이다. 몇몇 구간에서는 자일하강까지 한다. 한낮의 열기에 잔뜩 녹은 설사면이 위험하지만 한 발 두 발 조심해서 내려간다. 이윽고 안자일렌을 한 자일을 풀어도 될 고갯마루 근처에 이른다. 이후 발목 이상 빠지는 눈밭 길을 걸어 투르 느와르 빙하를 거슬러 내린다. 하산을 시작한지 2시간 반 이상 걸려 모레인 지대에 친 텐트에 닿는다. 왕복 10시간은 걸린 셈이다.

 곧바로 짐을 꾸려 샤모니로 하산하기에는 늦은 시간이라 허기진 배부터 채운다. 그리고 느긋하게 <어느 등산가의 회상>을 마저 읽는다. 어느새 태양이 고도를 낮추자 계곡에 머물던 구름이 빙하를 타고 올라와 주변 침봉들을 가리고 있었다. 전날 저녁처럼 멋진 저녁놀을 대하나 싶었지만 기회는 한 번뿐이었다. 욕심을 접고 또 책을 집어든다.

 이곳서 멀지 않은 살방과 살랑쉬에 대한 알프스 산골의 이야기가 좋다. 살방은 아르장티에르 빙하가 흘러내리는 계곡 건너편의 스위스 땅이다. 페이지를 넘길수록 수 백 년 전의 산골풍경이 생생하게 다가온다. 당시, 현재 프랑스령인 발로신 마을을 사이에 두고 사보아인들과의 투쟁은 몽블랑 산군의 역사였다. 그리고 산골 사람들의 풍속과 종교, 생활상을 엿볼 수 있는 대목이라 페이지가 잘도 넘어간다.

이른 새벽, 이제는 등반이 없어도 일찍 눈이 떠진다. 텐트 밖을 살피니 침봉들 위로 높은 구름만 조금 있다. 멋진 아침 풍경을 기대하며 카메라를 들고 나온다. 텐트 주변을 서성이며 빙하에 아침이 밝아오는 풍경을 즐긴다. 아침을 먹고 하산준비를 하자 짙은 구름이 빙하를 에워싸기 시작했다. 날씨가 나빠질 모양이다. 하산을 서두른다. 아직 빙하 표면이 녹지 않는 시간이라 수월하게 걸어 내린다. 구름 사이로 얼핏 투르 느와르가 살짝 고개를 내민다. 마치 잘 가라는 인사 같다. 답례하고 긴긴 빙하를 걸어 내리며 회상에 잠긴다.

<어느 등산가의 회상>을 생각하면 으레 생각나는 분이 있다. 바로 이 책의 역자인 김장호 선생이다. 선생이 서문으로 쓴 '**무엇이 인간을 완성시키는가?**'라는 글이 뇌리를 스친다. 과연 무엇이 인간을 완성시킬까. 평생토록 산에 다녀도 제대로 된 인간이 될까 싶은 두려움만 생긴다. 내가 20대 후반에 어설프게 만든 번역서 <창가방 그 빛나는 벽> 서평에 선생이 당부한 말이 생각난다. 산을 오름에 있어 등반기술 못지않게 글도 갈고 닦아야 한다고. 이것은 또한 나의 인간됨을 당부한 말로 여기고 싶다. 산에 다닌 지 30년이 다 되어가는 지금껏 과연 나의 인간됨이 나아졌는지 모르겠다. 자꾸만 어려워지는 것 같다.

다시 보는 즐거움

지난여름에 나는 몽블랑 산군 북서쪽으로 동떨어진, 스위스의 레만 호수가 얼핏 바라다 보이는 몽 리앙 일주를 했었다. 아내와 단 둘이서 행한 호젓한 산행이었지만 한 배낭씩 짊어지고 2500미터 내외의 고개를 오르내리는 힘든 트레킹이었다. 4일째 되던 날, 그날도 고개 하나를 넘어 몹시 지친 늦은 오후에 피곤을 풀기 위해 스위스의 아담한 산장에서 맥주와 햄, 치즈 등으로 허기를 때웠다. 그때 탁자에 놓여 있던 지도가 눈에 띄었다. 우리가 다음날에 넘어갈 수장프 고개에서 가까운 봉우리가 당 뒤 미디(3257m)였다. 결코 올라보지 않았지만 아주 낯익은 이름이라 그날 하루 내내 뇌리에서 맴돌았다. 도대체 어디서 이 산 이름을 들었을까 싶어 궁금했는데, 다음날 고개를 넘어가 당 뒤 미디의 웅장함을 대하니 그제야 떠올랐다.

바로 에밀 자벨의 〈어느 등산가의 회상〉에서였다. 그가 살던 레만 호숫가의 베베에서 늘 바라보이는, 그가 알프스의 파르테논이라 부른 알프스 3000미터 명봉 당 뒤 미디는 자벨이 처음으로 오른 알파인 봉우리였다. 이렇게 나는 그의 책을 다시 뒤지게 되었다. 당 뒤 미디 동쪽 산자락은 그가 이 책에서 서술한 살방 마을이 위치해 있으며 계곡 건너편 남동쪽에는 그가 초등정한 투르 느와르가 있다. 이제는 자벨의 책에 나오는 거의 대부분의 지명을 알고 많은 곳은 가보기도 했기에 책 읽는 재미가 더 있다. 책 표지의 그림도 한 눈에 알 수 있는데, 몽블랑 남벽을 배경으로 하는 트레킹 언덕으로서 몇 번이나 지나친 장면이다. 지은이나 역자에 대해선 새삼 논할 필요가 없을 것 같다. 당시 최고 산악인은 아니었지만 그의 등반이야기뿐 아니라 산골마을 이야기까지 남긴 자벨의 책이 있어 자못 즐겁다.

수장프 호수에서
본 당 뒤 미디

22-〈위험의 저편에〉

르팽 산장에서 〈위험의 저편에〉를 돌아보다

〈위험의 저편에〉에 있는 것은?

몽블랑 산군에서 가장 길고 웅장하게 흘러내리는 빙하가 있다. 얼음의 바다라는 뜻의 메르 더 그라스이다. 눈과 얼음, 빙하의 역사는 인류 역사와 비교할 수 없을 정도로 오래되었을 것이다. 2000미터 이상의 알파인 지대에서는 그 역사가 아직도 계속되고 있다. 하늘을 날듯 가볍게 내리는 솜털 눈이 얼음이 되고 그것이 빙하가 되어 역사는 흐르고 있다.

창공을 가르며 가볍게 흩날리던 눈송이가 쌓이고 쌓인 하중으로 얼음이 된 다음, 무거운 얼음덩어리들은 중력의 법칙에 의해 아래로 밀려 내려간다. 이 산정 저 산정의 얼음덩이들이 모이고 모여 빙하를 이룬 후, 거대한 여세를 몰아 빙하의 웅장한 흐름을 이룬다. 이윽고 빙하의 중심부에선 엄청나게 비대해진 자신의 몸무게로 수많은 균열이 생기는데, 바로 크레바스이다. 갖가지 형태의 크레바스는 간혹 알피니스트들을 집어삼키기도 한다. 수십, 심지어 수백 미터 이상 되는 심연의 크레바스 속은 지옥의 나락이나 다름이 없다. 그래서 옛날 사람들은 빙하를 저주받은 곳으로 여겼다.

수백 년 전만 하더라도 샤모니 계곡까지 흘러내린 빙하의 저주를 풀기 위해 가톨릭의 주교까지 왔다. 하지만 현대사회의 발전과 더불어 진행된 지구온난화로 빙하는 차츰 세력을 잃으

며 물러가고 있다. 이제 메르 더 그라스의 영토는 겨우 몽탕베르 언덕까지 끝자락을 유지하고 있을 뿐이다. 11월 말, 메르 더 그라스를 조용히 거슬러 올랐다.

홀로 빙하의 바다를 거슬러 오르다

 산악열차를 타고 몽탕베르 전망대에 내린다. 비시즌이라 일반관광객도 몇 되지 않을뿐더러 빙하로 내려가는 산악인은 아무도 없다. 조심해서 가파른 절벽에 놓여있는 철사다리를 타고 내린다. 이틀 전에 내린 눈이 빙하의 모레인 지대를 살짝 덮고 있다. 아이젠을 신고 돌밭 길을 걸으려니 여간 불편하지 않다. 고도를 차츰 높이니 눈의 양이 많아져 조금 수월하다. 좌우로 드뤼와 그랑 샤모즈의 침봉들을 보며 그랑드 조라스 쪽으

로 계속해서 걷는다. 빙하 위에 얹혀 떠내려 오는 바위들이 차츰 적어지자 한결 걷기 편하다. 발레 브랑쉬 계곡에서 여기까지 흘러내리는 빙하는 V 협곡의 가장 깊은 곳이 400미터나 된다. 가장 완만한 지대의 빙하는 1년에 약 100미터 흘러내린다고 한다.

이제 메르 더 그라스가 레쇼 빙하와 만나 우측으로 꺾이는 부분 아래쪽이다. 빙하 표면이 깊게 파인 곳에 다다른다. 특히 여름철, 빙하 표면이 녹아 엄청난 양의 물이 이곳으로 모여 빙하 속으로 흘러내리는 곳이다. 겨울철이 되어 빙하의 표면이 녹지 않으면 입구가 이렇게 드러난다. 그리고 많은 눈이 내리면 곧 덮여버려 연중 약 한 달, 즉 11월에나 들어갈 수 있다. 이맘때가 되면 종종 빙하 과학자들이 이곳에서 며칠간 연구를 한다. 빙하호를 관찰하기 위해서다. 빙하호는 빙하 속에 숨어 있는 거대한 호수다. 약 100여 년 전, 메르 더 그라스 하단부의 빙하 속에 숨어있던 거대한 빙하호가 터져 샤모니 계곡으로 엄청난 양의 급류가 순식간에 흘러내렸다. 그 결과 계곡 아래의 주민 400여 명이 숨진 대형 참사가 있었다. 그만큼 빙하 연구는 중요하며 빙하 속으로 가장 깊게 들어갈 수 있는 이곳이 중요한 지점이다. 나는 이곳으로 두 번 들어가 봤다. 사오 년 전에 줄리앙와 함께, 그리고 2년 전에 넉용형과 함께였다. 우리는 자일을 입구에 고정시켜놓고 빙하를 따라 얼음동굴을 내려갔다. 백여 미터 들어가자 어두워 더는 들어갈 수 없었을 뿐더러 자일도 모자랐다.

 이제 빙하가 오른편으로 방향을 튼다. 왼편은 그랑드 조라스 쪽에서 흘러내린 레쇼 빙하가 메르 더 그라스에 저지당한 모레인 언덕들이 굽이쳐 있다. 빙하 위에 쌓인 신설이 차츰 많아 걷기 힘들어진다. 발목 이상 빠지는 눈은 어떤 사면에서는 무릎까지 빠진다. 무엇보다 이제는 크레바스들을 좌우로 오가며 넘어야 하기에 시간이 꽤나 걸린다. 앞으로 엄청난 눈이 내려 이 모든 크레바스들이 덮여야 발레 브랑쉬에서 스키를 타고 내려올 수 있다. 그러려면 1월 중순은 되어야 하는데, 한 달 반 동안 내릴 눈의 양을 생각하면 엄청나다. 크레바스 속에서 그렇게 쌓인 눈이 얼음처럼 단단해져 2~3미터 간격으로 띠를 이루는데, 그 간격이 바로 한 해의 적설량이다.
 이제 한 구간의 크레바스 지대를 지나 완만하게 빙하를 걸어 오른다. 가만히 보니 저 앞에 발자국이 있는데, 산양이 이 높은 곳까지 왔다간 흔적이다. 한 마리의 발자국이 사방으로 이어져 있어 녀석도 크레바스를 피해 돌아다닌 모양이다. 이제 전방에 르깽 산장(2516m)이 조그마하게 보인다. 큰 바위 언덕에 자리 잡은 산장은 하늘을 배경 삼아 눈에 쉽게 들어온다. 하지만 산장에 닿으려면 2시간은 더 가야 할 형편이다. 무거워만

가는 발걸음에 그냥 적당한 곳에서 침낭을 펴고 잘까도 싶다. 몽탕베르에서 많이 걸려야 서너 시간이면 될 것 같았는데, 6시간 가까이 걸릴 것 같다.

가파른 바위 사면에 설치된, 산장으로 오르는 철 난간은 모두 눈에 묻혀 있다. 그쪽으로 오르는 것은 도저히 불가능할 것 같아 훨씬 오른편에 형성되어 있는 좁은 쿨와르를 택한다. 가파른 설사면을 타고 오르는데 눈은 더 깊기만 하다. 눈사태의 위협마저 느껴진다. 무거운 배낭은 자꾸만 어깨를 파고든다. 산장에서 적적하면 읽을 요량으로 책 한 권을 넣어왔는데, 괜히 가져왔나 싶다. 이 순간, 내가 무슨 이유로 10여 년 전에 이 책을 만들었나 싶은 생각이 든다. 나른한 일상의 직장을 박차고 나와 퇴직금으로 만든 것이었기에 나에게는 특별한 산서인 것만은 사실이다. 하지만 그런 나의 선택에 대해 아직도 회의가 일 때가 있다.

오를수록 폭이 좁아지는 쿨와르를 따라 한참 오른다. 이제 해가 지고 있다. 등 뒤로 저 멀리 드뤼와 에귀 베르트가 붉게 물들고 있다. 피켈을 깊숙이 꽂고 조심해서 뒤돌아보며 사진을 몇 장 찍지만 쿨와르 좌측 바위사면에 가려 만족스럽지 못하다. 포기하고 계속해서 킥스텝을 하며 오른다. 몇몇 구간은 경사가 꽤나 되어 바짝 신경을 쓰며 오른다. 이윽고 쿨와르 상단부다. 이 정도면 산장 높이는 될 것 같아 긴 바위사면을 조심해서 횡단한다. 100미터 정도 지나 작은 모퉁이를 도니 마침

내 산장이 나타난다. 해
는 이미 진 상태다.

산장에는 아무도 없었
다. 굳게 가로놓인 빗장
을 풀고 문을 연다. 시즌
에 산장지기가 있을 때
사용하는 1층의 넓은 식
당 겸 로비는 굳게 닫혀 있고 2층에 작은 주방과 침상이 비시
즌의 이용자를 위해 개방되어 있다. 땀에 젖어 떨려오는 몸을
따뜻한 차 한 모금으로 녹인다. 곧 짐을 정리하며 저녁을 짓는
다. 눈을 녹여 밥을 지어 먹는 틈틈이 무겁게 지고 온 <위험의
저편에>를 읽는다. 10여 년 전에 손수 번역하고 교정, 교열까
지 하며 수없이 읽었다. 그 후 한 번도 손이 가지 않았는데, 그
내용이 아주 새롭게 다가와 새삼스러웠다. 서두에 실린 등산
의 역사만 읽었는데도 왜 진작 틈틈이 읽어보지 않았나 싶을
만큼 흥미가 있었다.

혼자 르깽 산장에서 맞이한 겨울밤 풍경

저녁을 배불리 먹고 두툼한 우모복을 껴입고 밖으로 나온다.
빙하를 타고 내리는 찬 공기가 방한복을 여미게 한다. 그래도
가슴 깊이 심호흡을 하며 하늘을 본다. 어두워진 밤하늘에 별
들이 초롱초롱하다. 카메라를 급히 가져와 별들과 함께 어두운
그림자의 침봉들을 담아본다. 카메라의 셔터를 장노출로 맞추
고 밤하늘의 별을 본다. <위험의 저편에>에 소개된 17명의 기
라성 같은 인물들 모두 알피니즘이라는 밤하늘에 빛나는 별들

이 아니던가. 발터 보나티, 리카르도 캐신, 에드먼드 힐러리, 라인홀드 메스너, 볼프강 귈리히 등등 그들 모두는 알피니즘의 역사가 계속되는 한 영원히 빛을 발할 인물들이다.

 야경 사진을 몇 컷 찍고 추워진 몸을 웅크리며 침상으로 돌아온다. 지고 간 침낭에 담요를 두 장이나 덮으니 추위가 가신다. 책을 읽다 피곤해 랜턴을 끄고 눕는다. 몇 시간이 지났을까. 목이 말라 일어나 시계를 보니 새벽 2시다. 주방에 나가 차 한 잔을 끓여 마시고 밖으로 나오니 한층 솟아오른 반달이 인사를 한다. 사방이 흰 눈이라 반달이지만 훤하다. 정적에 싸인 밤의 풍경을 즐기는 동안, 간간이 세락 무너지는 소리가 들려온다. 발레 브랑쉬 설원 아래쪽이다. 달님에게 인사하고 곧바로 침상으로 든다. 잠이 오지 않아 다시 책을 펼친다. 카트린 데스티벨을 만난다. 샤모니 시내에서 종종 보는 인물이다. 지난해 겨울, 어느 한 모임에서 그녀를 만난 적이 있다. 그녀는 대뜸 산에서 나를 본 적이 여러 번 있다며 반가워했다. 몽골계 동양인 혼자 빨빨거리며 돌아다니는 모습이 특이했던 모양이다. 다음에 그녀를 만나면 자일을 함께 묶어봐야겠다는 생각을 하며 잠자리에 든다.

 눈을 뜨니 아침 7시가 넘었다. 바깥 창문까지 그냥 닫아 두면 한낮에도 어두운 침실이라 마냥 미적거리며 누워있을 수 없어 밖으로 나온다. 아직 해가 뜨지 않았다. 주방으로 와 차를 한 잔 마신다. 차츰 날이 밝아온다. 빙하 아래 쪽, 드뤼와 에귀 베르트 쪽 경치는 구름 한 점 없어 별로다. 하지만 빙하 위쪽인 발레 브랑쉬 쪽 하늘에 아침놀이 붉게 물들고 있다. 이곳에서 보니 투르 롱드가 조그마하게 보인다.

 카메라를 가져와 몇 장면 찍고 산장으로 들어온다. 아침은 바게트로 간단하게 때운다. 나무로 된 바깥 창문을 열어도 실내는 어둡다. 산장 주변에 태양빛이 닿으려면 정오가 지나야 될 것 같다. 시간 여유가 있어 침상에 든다. 게으름을 피우며 책을 펼치지만 볼프강 퀄리히를 읽다가 잠이 들고 만다. 한 시간쯤 잤을까. 이층 침상에서 나무 사다리를 타고 내려 창밖을 보니 햇살은 여전히 멀기만 하다. 그래도 그냥 있을 수 없어 옷을 고쳐 입고 비브람을 신고서 산장 위 언덕으로 올라간다.

산장의 적막함을 즐기다

 백여 미터 올라갔을까. 눈이 깊기도 하고 더 올라가도 특별히 경치가 달라질 것 같지 않아 산장으로 돌아온다. 차 한 잔을 마시고 하산할 채비를 한다. 배낭을 꾸리고 주방의 식기를 정돈하고 바닥에 흩어진 눈을 쓸어낸 후, 산장 문을 굳게 닫는다. 혼자 그 큰 산장을 전세 낸 듯 사용해 미안하기까지 하다. 시계를 보니 정오가 다 되었다. 그래도 태양은 당 뒤 제앙과 로슈포르 능선에 가려 있다. 따뜻한 햇살을 받으며 산장 앞 벤치에 앉아 커피 한잔 마시지 못한 아쉬움을 뒤로 한다. 한겨울이 와 눈이 많이 내리면 발레 브랑쉬에서 스키를 타고 내리면서 언제든 이 산장에 들를 수 있다. 하지만 이렇게 아래에서 올라와 하루 묵고 가니 훨씬 더 정감이 간다.

 산장 뒤로 돌아가 전날 저녁에 올라온 쿨와르를 타고 내린다. 경사가 급한 곳에선 프런트 포인팅 자세로 내려온다. 아무도 없는 이곳에서 조그마한 실수라도 하면 끝장이다. 한 시간 이상 걸어 오른 쿨와르를 10분 만에 내려간다. 곧이어 드뤼와 에귀 베르트를 보며 메르 더 그라스를 걸어 내린다. 30분 정도 걸은 후에야 따뜻한 햇살을 받는다. 동지가 가까워 태양의 고도가 한층 낮아진 때문이다. 이윽고 레쇼 빙하 하단의 모레인 지대에서 왼편으로 방향을 틀어 몽탕베르 쪽으로 향한다.

 눈길을 한없이 걷는다. 걷는 동안 지난밤 <위험의 저편에>에서 만난 인물들이 떠오른다. 17명 전부는 아니었지만 7~8명 중 특히 리카르도 캐신이 떠오른다. 이 책의 저자 니콜라스와 인터뷰할 때 그의 나이가 85세였는데도 여전히 왕성하게 등반 활동을 했던 그는 나에게 좋은 본보기이다. 나 역시 평생 산과 가까이 지내고 싶다. 몽탕베르 언덕이 차츰 가까워진다. 절벽에 난 사다리를 타고 빙하로 내려오는 산악인들이 대여섯 보인다. 앞으로 며칠간 날씨가 좋을 모양이다. 처음 만난 두 명의 산악인은 쿠베르클 산장으로 간다고 했으며, 두 번째 만난 안면이 있는 샤모니의 젊은 가이드는 레쇼 산장으로 간다며 어깨에 스키를 메고 있다. 메르 더 그라스를 거슬러 오르는 그들 모두에게 행운을 빌며 몽탕베르 언덕으로 올라 샤모니행 산악열차에 올랐다.

다시 보는 즐거움

 문서화된 글, 더욱이 출판까지 된 책에는 책임감이 무겁게 따른다. 이 책을 볼 때마다 나는 그 사실을 절실히 느낀다. 바위에 새기는 글이나 인체에 그려 넣는 문신처럼 한번 만들어진 책은 쉽게 그 흔적을 지울 수 없다. 그런데 그것이 장점이기도 하지만 단점이기도 하다. 글을 쓰고 책을 만드는 나는 이 책 한 권으로 큰 책임감을 느낀다. 나의 무책임으로 인해 독자들에게 미안한 마음이 많이 든다.

다름이 아니라 이 책 마지막 부분에 소개된 등반가 토모 체슨 때문이다. 원서가 발간되고 내가 이 책을 번역할 시점에도 나는 몰랐는데, 몇몇 해외산악잡지에 토모 체슨의 등반에 대한 의혹이 제기되었다. 그런 불미스런 소식을 나도 차츰 알게 되었지만 설마하며 반신반의했다. 하지만 그가 주장한 많은 등반들이 시간이 지날수록 거짓으로 판명되었다. 최고의 등반으로 여겨진 로체 남벽이나 자누 북벽 단독등반뿐 아니라 몽블랑 산군의 그랑드 조라스 북벽 단독등반도 거짓으로 드러났다. 결국 그는 자국 산악계에서 제명되었을 뿐 아니라 세계 산악계에서도 외면당하고 말았다.

그는 왜 무엇 때문에 거짓으로 세계 최고의 알피니스트가 되고 싶어 했을까. 어느 분야에서든 최고의 위치에 서면 명예와 돈이 따르는 경우가 많다. 본인이 올랐다고 주장하면 인정해주는 알피니즘의 황금률을 배반한 이가 체슨 혼자만은 아닐 것이다. 그렇지만 그 또한 산이 좋아 산에 다닌 사람일 텐데 더 이상 산에서 그를 볼 수 없다는 아쉬움은 남는다. 그도 인간이기에 어두운 유혹에 빠질 수는 있겠지만 넘지 말아야할 선을 넘어버렸다. 최고의 명예를 위해선 그만한 노력, 즉 증거를 확보하고 제시해야 하는 게 오늘날 최고 알피니스트의 의무요 덕목이다.

이런 사실을 알고 난 후에도 나는 이 책에 아무런 수정작업도 못하고 유통시켰다. 눈 밝은 독자들은 이미 체슨의 사기극을 알았을 테지만 그를 최고의 알피니스트라 치켜세운 책을 버젓이 만들었던, 실수라고도 할 수 있는 나의 잘못에 용서를 구한다. 글을 쓰고 책을 만드는 어려움을 더 실감하게 된다.

종종 체슨의 사건 같은 불미스러운 경우를 보게 되면 도대체 산을 왜 오르나 싶다. 그렇지만 산악인도 현실을 살아가는 인간들 중 하나일 뿐이다. 간혹 산에 다니지 않는 일반인들이 내가 산악인이라는 사실을 알고 호의를 보이곤 한다. 그럴 때마다 나는 그들에게 말하고 싶다. 나를 포함하여 산악인이라 하여 모두 호인이며 좋은 사람만은 아니라고. 물론 좋은 사람이고자 노력하는 이들은 많지만.

셋 - 즐거웠던 책들

*읽을거리가 부족했던 알프스 생활에서 특별한 장르의 책을 골라 읽을 순 없었다. 어떤 부류의 책이었던 즐겁지 않은 적이 없었으며 등산한 분야의 편향된 시각에서 벗어날 수 있었던 좋은 기회였다. 다음 내용들은 내가 읽은 일부의 책들과 관련된 글로서 길게는 십여 년 전에 쓴 것부터 짧게는 몇 달 전에 쓴 것도 있기에 다소 시간적인 차이가 있으며, 몇몇 것들은 다른 지면에서도 실린 것임을 밝힌다.

더그리(덕용) 형의 책

5~6년 전이었다. 그러니까 이 책 중반부에 소개한 **책 속의 산을 찾아** <하얀 거미>를 읽으며 아이거 트레일을 걸을 때였다. 그때 더그리 형과 나는 베르너오버란트 산군에서 4000미터 봉우리 4개를 오르고 내가 당시 모 잡지사에 연재하던 <산서와 함께 하는 산행>에 형도 기꺼이 동행한 산행이었다. 우리는 첫날 알피그렌에서 잔 다음, 이틀째 밤을 아이거 북벽이 건너다보이는 클라이네 샤이데크 언덕에서 보냈다. 다음날 아침, 강렬한 아침 햇살이 막 아이거와 묀히 위로 솟구쳐 텐트에 닿을 시점이었다.

이 풀밭 언덕에서 대면하는 아이거 북벽의 장관은 언제나 잊을 수가 없다. 내가 학창시절에 아이거 북벽을 오를 때도 이 언덕 이 풀밭에서 지내면서 올랐기에 여기서 보는 북벽의 모습은 너무나 익숙하다. 우리는 곧 짐을 챙겨 그린델발트로 내려가야 할 시간이었지만 <하얀 거미>를 마저 읽어야 하는 나로서는 늘 부지런한 형에 비해 느긋하게 굴었다. 그래도 형은 끈기를 가지고 텐트 밖에서 기다려주었는데, 아마도 아이거와 묀히, 융프라우 등 베르너 오버란트의 삼두마차를 지켜보며 언뜻 든 생각을 나에게 질문으로 던졌던 것 같다.

"열, <하얀 거미> 다음엔 무슨 책이야?"

"글쎄요, 아직 생각해보지 않았는데요."

"그럼 내 책 하면 어때?"
 여기서 나는 대답을 잘 했어야 했는데, 그러지 못했다. 가까운 이와의 관계에서도 내가 얼마나 모질었는지 여실히 증명되는 것 같아 낯 뜨겁다. 더구나 20회 째 연재기사인 <하얀 거미> 이후 알프스와 관계되는 책이 다 끝나가기에 형의 책도 할만 했다. 그런데 나는 뻗댔다. 산악서적과 함께 하는 알프스 산행 기사가 그리 대단하게 인기 있는 꼭지도 아니었고 권위라곤 없었지만 나는 또다시 글쎄요, 하면서 형의 책은 내 연재기사의 격을 낮출 뿐이라는 느낌까지 주지 않았는지 모르겠다. 사실 당시에 나는 어느 책이나 저자에 대한 평가는 사후에나 제대로 할 수 있고, 적어도 그가 말년은 되어야 어떻다는 게 드러난다는 생각을 가지고 있었다. 형의 책은 이제 갓 나왔으며 아직 왕성한 활동을 하는 형이 내게는 청춘의 젊은이로 여겨졌기에 형의 끈질긴 요구가 내키지 않았던 것이다.
 그 정도였으면 자존심이 상할만 했건만 끈기 있는 형은 재차, 특별히 기사 쓸 책이 없으면 저자와 함께 산행하며 책 읽는 기사만큼 좋은 게 어디 있겠느냐면서 멋진 곳에서 산행까지 같이 해주겠다고 제안했다. 여기서 보통의 경우였으면 아주 좋은 글감이요, 좋은 조건인 셈이다. 지금도 마찬가지지만 당시 내 성미가 몹시 까칠했고 유하지 못했던지라 형이 채근할수록 오히려 더 반감이 생긴 나는 딱 잘라 힘들겠다고 했다. 그랬더니 형은 나를 회유하기 시작했다. 맛있는 라면까지 한 박스 덤으로 주겠다고. 이에 나는 신성한 산의 세계에서 더구나 진실을 담아야 하는 산악서적에 대한 글을 쓰는 마당에 뇌물공세까지 하나 싶어 더욱 반감이 들었으며 소름까지는 아니더라도 두드러기가 생길 것 같아 쏘아붙이고 말았다.
"라면 한 박스로는 어림없죠!"
 텐트를 두고 안팎에서 나눈 대화였기에 형의 얼굴은 볼 수 없었다. 물론 나는 농담반 진담반으로 퉁기며 말했지만 형의 얼굴이 일그러지진 않았나 모르겠다.

"에이!"

 형이 짧게 내뱉었다. 좀 더 길었다면 (?)펄이란 단어까지 나왔겠지만 차마 나에게 할 말은 아니었나 보다. 그리고 더는 아무 말을 하지 않았다.

 당시 내가 왜 형의 제안을 거부했는지 나도 잘 모르겠다. 곰곰이 생각해보면 막연한 거부감이었다고나 할까. 당시 나는 형을 나와 다른 부류의 사람으로 여겼었다. 누구 앞에서든 나서길 좋아하고 열정적이며, 내세우는 직함들 또한 거창했다. 한창 잘 나가던 디자이너요, 교수, 등반가, 잡지사 주간, 황금피켈상 위원 등 실로 다 열거할 수 없을 정도였다. 그야말로 만능 산악 탤런트였다. 그런 이미지가 내 속에 내재되어 있는 거부감을, 혹은 (나의 이성은 아니라 주장했을지라도) 열등감을 불러일으키지 않았나 싶다. 늘 화려함을 추구했던 형의 외향성에 대해 나의 내향성이 충돌했던 셈이다. 하지만 내가 뒤늦게 깨달은 바가 있어 형의 책에 대해 이 글을 쓰면서 생각해보면 아, 그럴 수도 있겠구나, 라는 생각이 든다. 산에 대한 진정성은 같아도 사람에 따라 표현하는 방식이 크게 다를 수도 있다는 것을……. 하지만 5~6년 전 당시에는 내가 모질기도 했으며, 삶에 대한 이해의 폭도 좁았다. 실제로 늦둥이까지 둔 형은 처자식을 위해 열심히 현실을 살아가는 여느 한국의 중년들과 진배없었고, 낯선 이국에서 살아가야 하는 만큼 오히려 더 치열하게 자신의 분야에서 최선을 다했던 것 같다.

 내가 더그리 형을 처음 본 것은 1990년 여름 이탈리아의 밀라노에서였다. 대학 졸업반이었던 당시 나는 서부 알프스에서 상수 형과 몇 개월 지내다가 마지막으로 돌로미테를 둘러보고 귀국할 예정이었다. 돌로미테에 들어가기 전에 당시 밀라노에 가 있던 광수 형 룸에서 일주일가량 머물며 더그리 형과도 어울려 시내 공원에 있는 작은 암장에도 갔다. 당시 더그리 형은 몇 년 전에 유럽으로 넘어와 시기적으로 한창 바쁘고 힘든 시절이었을 것이다. 그럼에도 우연찮게 찾아가는 한국산악인들에게 조금이라도 더 대접하려 노력했으며 광수형 같은 후배들에게 도움도 많이 준 것으로 안다. 그래도 특유의 근면성실함으로 현지에 빠르게 적응하는 형의 모습은 지금 생각해도 대단한 인간승리라고 본다. 실제로 형은 한국의 텔레비전 방송에 인간승리류의 다큐멘타리에 몇 번이나 출연했다.

 그 후 한국에서 형을 잠시 한번 봤지만 내가 알프스에 본격적으로 와 지내기 시작한 2001년까지 근 10년간 보지 못했다. 아, 1999년 여름에 내가 알프스 횡단등반을 하면서 일행과 볼자노에서 잠시 일별한 적은 있다. 당시 형은 밀라노에서 막 볼자노로 이사한 후였다. 수많은 바위벽들이 있는 돌로미테 가까이 간 것으로 보아서도 역시 산악인이었다. 여하튼 우리의 관계가 본격적으로 시작된 건 2001년 여름부터였다.

 당시 배낭 하나 달랑 메고 알프스로 건너온 나에게 형은 여러 옷가지며 신발 등 산악 지원품을 박스째 날라주곤 했다. 죄다 형이 사용하던 것들이었지만, 아니 그래서 나는 더 고마웠다. 아름다운 형수님이 형 입으라고 깨끗하게 세탁해 다림질까지 한 것들이었다. 형과 나의 체형이 비슷해 모두 잘 맞았다. 그런 물품에 혹해 형을 진짜 형님으로 모신 것은 아니다. 내 목이 어찌나 뻣뻣했던지 그런 것들을 몇 박스 더 받아도 좀체 굽혀지지 않았다. 형과 등반하는 게 즐거워 저절로 내게는 형님이 된 것이다. 그래서 나는 형이 샤모니에 나타나면 기꺼이 형과 자일을 묶었다.

 형은 산에서도 화려했다. 산악의류 디자이너의 직업의식이 몸에 밴 형인지라 자신이 만든 알록달록하고 몸에 착 달라붙는 등반복을 입고 알파인 지대로 가곤 했는데, 내 카메라 앞에서 멋진 모델 역할을 톡톡히 잘해 주었다. 이제껏 내가 찍어본 가장 훌륭한 알파인등반 모델이었다. 내 눈빛만으로도, 내 카메라의 각도만으로도 형은 어느 지점에서 어떤 등반자세를 취해야 하는지 훤히 알았다. 자신이 만든 몸에 잘 맞는 등반복을 입고 눈보라에 맞설 땐 꽤 추웠을 텐데도 형은 자신이 만든 옷

을 믿었던지 입술이 시퍼렇게 될 정도로 추워 보여도 견디곤 했다. 늘 품을 너르게 입는 내가 생각하기에 폼이 밥 먹여주나 싶었지만 형은 늘 그렇게 몸에 딱 달라붙는 옷을 디자인하길 선호했다. 내 생각에는 그러니 형이 만든 옷이 아직 대박나지 않는 게 아닐까 싶었지만 한 치수 크게 입는 나의 알파인등반복 스타일은 더 쪽박 차기 십상인지라 내가 해줄 수 있는 조언일랑 그다지 많지 않았다. 여하튼 산악패션 디지이너인 형을 현장인 알파인 지대에서 가장 가까이 지켜본 나의 바람은 형의 제품이 제대로 대박 한 번 맞았으면 하는 건데(형과 등반하며 우박밖에 맞지 않았지만) 그럴 기회가 닿지 않아 안타깝다. 하느님도 너무 재능이 많은 이에게는 하나 정도 덜 주는 게 있나 보다.

아, 더그리 형의 책 이야길 한다는 게 너무 사설이 길었다. <꿈속의 알프스>는 내가 1990년에 알프스에 오기 전에 분명 읽었다. 하지만 기억에 남는 거라곤 제목 외에는 거의 없으며 그때 재미있게는 읽었지만 전기가 통할 정도로 감명을 받은 것 같지는 않다. 형 말로 당시 출판사에서 초판 3000부를 찍었는데, 형은 인세 쪼가리에 도장 찍느라 바빴다고 한다. 그게 그리 자랑스러웠던지 내 앞에서 똑똑히 말했다. 사실 그때 나는 자비로 1000부 만들어 제대로 팔지도 못한 내 책 <몽블랑 익스프레스>를 생각하면서 속이 쓰렸다.

<꿈속의 알프스>가 초판밖에 나오지 않았다고는 하지만 당시 지금보다 훨씬 적은 산악 인구에 비해 3000부나 팔렸다는 건 베스트셀러나 다름없었다. <꿈속의 알프스>는 그만큼 인기가 있었으며 한국산악인이 직접 쓴 그런 류의 책 또한 처음이었다.

이제는 귀한 책이 되었기에 <꿈속의 알프스>를 구해 읽기는 불가능에 가까워 증보판격인 <내 DNA는 불가능에의 도전>을

읽어보기로 했다. 저자나 주변 사람들의 말로 내용은 전작과 별반 다르지 않다고 하는데, 내 개인적인 생각으로는 제목을 바꾸지 않았으면 더 좋지 않았을까 싶다. <꿈속의 알프스>가 맨 처음 내가 알프스로 오기 전에 알프스에 대한 꿈을 꾸게 도움을 준 건 분명하기 때문이다. 그만큼 당시 산악인들에게 알프스, 하얀 산에 대한 동경의 날개를 펴게 한 책이다. 증보판을 낼 당시 책 제목을 젊은이들, 더구나 산과는 무관한 이들에게도 어필할 수 있지 않을까 싶어 조금은 고심한 끝에 지었다고 보는데, 그래서 더 순수산악서적과는 거리가 멀어진 느낌이다. 그렇다고 내가 대놓고 형에게 산이나 순수에만 매달리라고 강요할 순 없었다. 책 제목에 대한 불만 때문인지는 몰라도, 어느 해 여름에 알프스에 와 지내던 후배(인수)가 내 책꽂이에 꽂힌 형의 책 두 권을 보고 마침 샤모니에 와 있던 더그리 형 싸인을 받고 싶으니 한 권 달라고 했다. 나는 단박에 거절하고 말았다. 지금 생각하면 근사한 그림까지 그려서 싸인을 해주는 (일에 무한한 기쁨을 누리던) 형이나, 저자로부터 더구나 알프스에서 선물을 받는다는 무한한 영광을 기대한 후배 모두에게 큰 즐거움이었을 텐데 나의 속 좁음이 후회스럽다.

DNA 글자가 들어간 증보판을 만들 당시 비하인드 스토리를 하나 밝히면 이 증보판에 내 사진들이 많이 실렸다. 형과 자주 산행했기에 당연히 내 사진들이 많았다. 한데 이 책을 출판할 출판사에 맡겨놨던 내 책값 결제에 가뜩이나 불만이 많았던 터라 내가 제동을 걸었다. 내가 찍은 사진 값을 지불하지 않으면 사진 사용을 허락치 않겠다고. 지금도 고마운 것은, 형이 내 편을 들어주어 출판사가 나에게 적정 사진 값을 지불하지 않으면 출판할 의향이 없다고 했다. 그래서 나는 사진 값을 챙기긴 했는데, 결과적으로는 사진 값 대신 내가 판매대행으로 맡긴 <몽블랑 익스프레스> 및 번역서 몇 권의 판매대금을 못 받았다. 되로 주고 말로 받은 셈이다. 그 출판사 대표와는 사적으로야 산악서적을 좋아해 오래 전부터 서로를 너무 잘

알고 지낸 사이였지만 공적으로는 단단히 매인 매듭이 아직까지 풀리지 않고 있다. 첫 직장에 입사 후 1년간 고생하며, 퇴직금을 몽땅 털어, 그리고 내가 가진 전 재산 중 상당한 양을 출연해 만든 책들이었다. 비록 잘 만들지는 못했지만 내가 그저 취미로 책을 만들지는 않았다. 사실 내가 맡긴 수천 권의 책을 다 팔아봐야 큰돈은 되지 않겠지만 얼마나 어렵게 만든 지를 누구보다 잘 아는 사람의 행동이라 더 이해가 되지 않는다.

 이야기가 또 옆으로 새고 말았다. 이렇게 우여곡절 끝에 만들어진 증보판. 그리고 더그리 형만이 지어낼 수 있는 제목이다. 옆에서 지켜본 바로는 나보다 더 맨땅에 헤딩하는, 진짜 불가능에 도전할 수 있는 DNA가 형 피 속에 흐르는 것 같다. 간혹 형은 업무 차 몽블랑 건너 마을 쿠르마이예에 올 때는 꼭 시간을 내어 샤모니로 넘어와, 조금도 시간을 낭비하지 않고 야무지게 등반을 하고 간다. 늘 헐렁하게 생활하고 옷도 헐렁하게 입는 나에게 형은 좋은 자극제 역할도 톡톡히 하곤 했다. 2002년 월드컵축구경기 때 형은 한국 팀이 이탈리아 팀을 이기자 태극기를 펼쳐들고 온가족이 볼자노 시내를 활보할 정도로 애국심도 넘친다. 그 사실에 감명 먹은 나는 그때부터 내 숙소에 작은 태극기를 하루도 빠짐없이 게양해두고 있다.

 나도 알파인 지대에선 제법 대담한 편이지만 내가 보기에 형은 더 대담하고 과감하게 등반동작들을 구사한다. 특히 카메라 앞에서는 웬만한 스턴트맨은 저리 가라 할 정도다. 아마 형은 디자이너나 산악인보다 그 쪽으로 인생을 걸었으면 더 성공하지 않았을까 싶다. 어쩌랴, 이제 형도 육십을 바라보는 나이고 나도 오십에 가깝다. 이미 산으로 잔뼈가 굵은 이들, 끝까지 산을 고수해야 하지 않을까. 근래에 형은 목 디스크가 발병해 더 큰 등반은 힘들지 않겠냐 싶었는데, 어느새 나아졌는지 여기저기서 재미나게 오르내리는 반가운 소식들이 들려온다.
 간혹 비수기에 내가 한국에 가 있을 때 형도 서울에 일이 있어 갈 때가 있다. 그럴 때면 즐겁게 만나볼 만도 하건만 형은 꼭 사람 많이 모이는 무슨 행사장에서나 보자고 한다. 그런 행사에 알레르기 증상이 있는 나는 한 번도 형의 요구를 들어준 적이 없다. 하기야 대도시에서 둘이 만나 나눌 이야기란 별로 없기도 하다. 그렇긴 해도 속 좁은 후배 녀석을 한결같이 대해주니 꼭 달라붙는 패션과 달리 속은 무한히 넓고 정이 많은 형이다. 앞으로 몇 십 년은 더 형과 줄을 묶을 수 있길 희망한다.

광식 형의 책

 앞서 더그리 형의 책에 대해 이야기 했는데 어찌 광식 형의 책이 빠질 수 있으랴. <아이거 북벽> 말이다. 이 책은 내가 1990년에 알프스에 와 아이거 북벽을 오르기 전에 읽었었다. 그때는 <영광의 북벽>이란 제목의 책이었다. 한데 어째서 제목이 바뀌었는지 모르겠다. 저자를 만나면 물어봐야겠다 싶으면서도 막상 만나면 새까맣게 잊고 말기에 제목이 어떤들 뭐 그리 중요하나 싶기도 하다. 학창시절이었던 당시 내가 아이거 북벽을 오르기 전에 읽었다고는 하지만 책과는 담을 쌓던 시절이라 책 내용에는 전혀 관심이 없었고 단지 책에 실린 사진이나 루트 개념도 등만 눈에 들어왔다. 지금도 책 내용은 거의 기억나지 않는다. 이 글을 쓰기 위해 구입해둔 <아이거 북벽>도 다시 읽어야 하는데, 그렇게나 하기 싫었던 초등학교 시절의 밀린 숙제처럼 미루고 있다. 당시 나는 아이거 북벽을 오르기 전이라 약간의 두려움 때문에라도 먼저 오른 선배의 기록을 보며 등반에 대비했을 법도 하건만, 한창 혈기왕성했던 20대 중반인지라 그저 등반 루트에만 관심이 있었다. 30대 중반에 알프스에 와서야 활자에 눈이 가 차츰 책읽기에 재미를 붙이는 실정이다. 그러면서도 <아이거 북벽>을 재독할 시간일랑 없다면서 미루고 있다. 그렇지만 곧 독파할 생각이다.

내가 이 책의 저자 광식 형을 처음 본 건 알프스로 본격적으로 와 지내기 전이었던 2001년 봄이었다. 그 때 형은 외국 생활을 하면서 잠시 한국에 다녀갈 때였을 것이다. 물론 나는 그 전부터 형을 좀 더 친숙하게 여기곤 했다. 나 또한 한국인이라 연고에 약했다. <영광의 북벽> 저자 소개에선지 잡지 인터뷰 기사에선지 고향이 참외의 고장 성주라 했던 게 내 눈에 박혔다. 가뜩이나 산악계에 가야산 자락 성주가 고향인 이들이 드문 터라 고향에서 결코 한 번도 만난 적이 없었어도 형이 고향의 동네 형 같은 느낌은 들었다.

물론 2001년에 처음 만났을 때 너무 잠깐 사이라 서먹하고 별로 나눈 이야기가 없었다. 아마 칠팔 년 후였을 것이다. 내가 잠시 한국에 다녀갈 때 우연찮게 다른 지인들과 만나는 자리에서 형을 보게 되었다. 대체로 술자리였는데 형은 늘 전작이 있는 형색으로 눈이 풀려 있었다. 여럿이 함께 한 자리라 둘이서 나눈 이야기라곤 거의 없었지만 잘 있느냐, 라든지 여하튼 한두 마디 던질 때의 느낌은 꼭 동네 형이 걱정해주는 어투였다. 그렇게 잊을 만하면 가끔 봤으며 한두 번은 인터넷으로도 안부를 물어왔다. 그러던 어느 해였다. 자신이 번역해 만든 산악서적(이미 형으로부터 선물 받아 샤모니의 내 책장에 고이 모셔둔 책)의 편집자가 스페인 산티아고 길을 두 달 걷고 샤모니에 찾아갈 테니 잘 좀 부탁한다는 말을 했다. 12월 초, 연중 가장 비수기였던 때라 나는 형이 부탁한 손님이 머문 일주일 동안 정성을 다해 접대했으며 문학이나 산악서적에 대한 즐거운 대화를 나눌 수 있었다. 다만 문학을 전공해도 순수문학활동에 매진하는 이가 드물다는 현실에 과연 나도 순수산악활동을 계속할 수 있을까 싶은 회의감이 들었다. 그 후에도 형은 몇 번 인터넷으로 나의 안부를 묻곤 했다. 형의 책 이야기를 한다는 게 또 사설이 길어졌다.

<영광의 북벽>이든 <아이거 북벽>이든 이 책은 당시로서는 산악 서적 중에 가장 잘 팔리는 책이었다고 한다. 여전히 아이거 북벽은 알피니스트에겐 도전의 대상이기에 알프스의 북벽을 염두에 두는 산악인이라면 반드시 읽어봐야겠다.

　한편 형이 번역한 책 두 권이 있는데, <친구의 자일을 끊어라>가 있다. 극적인 책 내용이야 너무 유명한 이야기다. 한데 아직도 궁금하고 불만인 게 제목이다. 원제 <터칭 더 보이드>를 한국어로 번역하면 허공만지기 정도 될 텐데 이게 너무 공허하게 느껴져 그랬는지 모르지만 하필 친구의 자일을 끊어라, 라고 할 이유가 뭔가 싶었다. 자일은 동료 간을 이어주는 생명줄인데, 책 제목이긴 하지만 너무 선정적이진 않나 싶었다. 그래도 형의 번역이 좋아 무척 잘 읽어 고맙기만 하다.

　다음으로 형이 번역한 책이 <마운티니어링>이다. 두꺼운 등반기술서인데, 언젠가 서울에서 형을 만났을 때 선물로 한 권을 줘 받아 들고, 그 무거운 책을 샤모니까지 가져와 아직 내 책꽂이에 꽂혀 있다. 형은 주면서 직접 쓴 건 몇 줄 밖에 없다고 했다. 영어를 한글로 옮기기만 했다고. 나도 몇 권 번역해 봤지만 번역을 제2의 창작이라 하지 않던가. 방대한 양의 등반기술서를 번역한 투지가 놀랍고 그 노력에 박수를 보낸다. 하지만 그렇게 고생하며 지고 온 책을 사실 제대로 보지 못했다. 이제껏 나는 산에 다니며 등반기술이 뭐 필요하냐며 산에서 직접 체득하는 게 제일이라 강변했기에 등산학교 교과서적인 등반기술서가 눈에 들어 올 리 없었다. 가방 끈이 짧은 내가 등산학교라곤 나온 데 없고 등산학교 강사 한번 해보지 않아 더 이런 종류의 책과 담을 쌓고 지냈다. 더구나 이 책은 미국에서 만든 책이다. 얼핏 알파인 등반 분야를 일별했는데, 알프스에서 흔히 사용하는 기술과는 다

른 면도 있어 더 거리감이 느껴진다. 하지만 이제 막 산에 빠져드는 이들에게는 분명 필요한 책이다. 이런 책이나마 번역한 형이나 만든 출판사가 있어 여간 다행이 아니다. 기술서를 비롯하여 산악서적이 보다 많이 나왔으면 하는 바람은 나만이 품는 바가 아닐 것이다.

<마운틴 오딧세이>

 굳이 산서 읽기의 짐을 지고 싶진 않지만 요즘 들어 산서가 좀체 읽히질 않는다. 하지만 얼마 전에 저자가 보내준 <마운틴 오딧세이>는 하루의 힘든 활동이나 다른 눈요기들에도 불구하고 꾸준히 책장을 넘겨 며칠 전에야 다 읽었다.
 이제껏 웬만한 산서들은 다 알고 있다거나 그 중에 많은 것들은 읽었다고 여겼었는데, 이 책에 소개된 많은 산서들 중에 의외로 내가 접하지 못한 산서들이 많았다. 여기서 산서라 함은 산을 배경으로 한, 산과 조금이라도 관련된 모든 책을 말한다. 엄밀히 이건 산서다 아니다, 라고 말한다는 게 이 책을 읽고서 더 부질없게 느껴졌다.
 내가 알프스에 살고 있기에 더 애착이 가는 것들은 임덕용의 <꿈속의 알프스>, 봅 랭글리의 <신들의 트래버스>, 우에무라 나오미의 <내 청춘 산에 걸고>, 알버트 머메리의 <알프스에서 카프카스로>, 가스통 레뷔파의 <별빛과 폭풍설>, 닛타 지로의 <자일 파티>, 정광식의 <영광의 북벽> 등이다.
 <꿈속의 알프스>는 내 어릴 적 꿈을 알프스로 키워준 셈이며, <내 청춘 산에 걸고>는 내 청춘 또한 산에 걸어볼까, 라는 야릇한 호기심을 자극했고, <알프스에서 카프카스로> 덕분에 내 시야를 알프스 외의 보다 넓고 다양한 곳으로 돌렸다. 그리고 <별빛과 폭풍설>의 아름다움은 내가 저자의 고향 샤모니에 살고 있는 중에도 꿈꾸고 있는 아름다움이며, <영광의 북벽>은

나를 어김없이 아이거 북벽으로 유혹하였다. 그리고 가공한 산악이야기의 세계가 너무나 치밀하고 현실감 있게 짜여진 <신들의 트래버스>와 <자일 파티>는 산서에 대한 새로운 재미를 안겨주었다.

 기타 존 로스켈리의 <난다 데비>는 난다 데비의 애틋한 사연이 가슴 아팠고, 라인홀드 메스너의 <죽음의 지대>는 죽음이란 과연 무엇인가라는 의문을 품게 했으며, 조 심슨의 <친구의 자일을 끊어라>는 나 또한 그런 상황에서 친구의 자일을 끊어야만 할까, 라는 진지한 생각을 하면서도 <내 자일 누가 끊었지> 라는 제목의 제 2탄을 써볼까 하는 코믹한 오만을 품게 했다.

 그리고 내가 아직 읽지 못한 카이 페르지히와 슈테판 글로바츠의 <오르고, 오르고, 또 오른다>에 관한 글은 클라이밍과 비즈니스에 대한 새로운 시각을 알려 주었다. 적어도 등산과 비즈니스란 관계에 대한 명확한 답은 찾을 수 없었지만, 내 자신 요즘 들어 가끔은 산과 관련된 가이드 생활을 하다 보니 다른 어떠한 글들보다 산과 연계된 삶의 방편들을 다시금 생각게 했다.

 내가 읽었거나 읽지 못한 <마운틴 오딧세이>에 소개된 기타의 책들을 다 기술해 버리면, 오히려 <마운틴 오딧세이>를 새롭게 읽는 재미를 반감시킬 것 같아 여기까지만.

 저자의 심도 깊은 책 소개로 내가 이미 읽었지만 기억의 저편에서 가물거렸던 책 속의 이야기들을 다시금 음미해 볼 수 있는 좋은 기회였다. 또한 저자의 산행관은 산에 다니는 많은 이들에게 도움이 됨직한 것들이 많았다. 아울러 시원한 사진들이 각 페이지를 화려하게 장식하여 책장들이 보다 쉽게 넘어갔다. 단 하나의 산서로 수많은 산서들을 이처럼 손쉽게 읽게 하는 책이 또 있을까 싶다.

한 스님의 책들

 그저 제목을 한 스님의 책들이라 했을 뿐 수많은 이들이 알고 있는 법정 스님의 책들이다. 얼마 전에 읽은 책들이기도 하다. 좀 더 자세히 말하면 <오두막 편지>는 몇 년 전에, <홀로 사는 즐거움>은 약 반년 전에 읽었으며, 지난 가을에 한국에서 올 때 절친한 분으로부터 빌려온 <살아있는 것은 다 행복하라>는 며칠 전에 읽었다. 그리고 세 권의 책을 꼭 다시 읽어야 되겠다 싶어 재독목록에 추가했다. 하지만 언제 다시 집어 들지는 미지수니 이 또한 괜한 욕심은 아닌가 모르겠다.

 <오두막 편지>를 읽고선 나 또한 언젠가는 오두막 생활을 하고 싶다는 마음이 간절해졌으며, 홀로 지내고 있는 내가 읽은 <홀로 사는 즐거움>을 읽고 혼자 생활한다 하여 결코 외로운 게 아니라 오히려 즐거움이 더 많음을 새삼 깨달았으며, <살아있는 것은 다 행복하라>를 읽은 후엔 이 세상 모든 이들에게 조금은 더 따뜻하게 가슴을 열고 싶은 심정이었다고나 할까. 하여튼 세 권 모두 낯 두껍게 빌려온 것이라 당장 돌려줘야 마땅하겠지만 배보다 배꼽(우편요금)이 더 큰 핑계로 미루고 있다. 책 주인들에 대해선 따로 사례할 기회가 있으리라 믿는다.

 오늘도 산책을 하며 이런저런 생각들이 머리를 어지럽혔다. 과연 그 원인들이 뭘까 여기다가 (책들을 덮자마자 기억에 남는 거라곤 없지만) 가만히 머리를 쥐어짜 나름대로 법정 스님의 말들을 빌려 나의 번뇌를 풀어보려 했다. 대충 아래의 생각들이다.

 내가 지금 너무 많이 생각하고, 너무 많이 말하고, (지금 쓰고 있는 것도 포함하여) 너무 많이 쓸데없는 글을 쓰고, 너무 많이 읽고, 너무 많은 사람들을 만나 감당치 못할 인연이나 맺고, (나쁠 것은 없지만) 너무 많이 웃고, 너무 많이 화내고, 너무 느긋하고, 너무 근심걱정하며, 너무 많이 먹고, 너무 많이 (특히 술을) 마시고, 너무 많이 소비하고, 너무 많이 (등산이나 스키 등을 하며) 움직이고, 너무 많이(는 아니지만 필요 이상의) 돈을 벌려고 기를 쓰는 등등 하여튼 요즘 내가 실로 너무 많은 것들을 하고 있지는 않은가 하는 것들이다.

 지난번 글에서 얼핏 언급했듯, 제대로 만들지 못해 더욱 팔리지 않는 내 책에 비해 100만부 이상씩 팔리는 법정 스님의 책들을 부러워한다는 자체가 어불성설이다. 비록 종교인일망정 그런 베스트셀러의 작가가 전기도 들어오지 않는 강원도의 오지 산골에서 노구를 이끌고 오두막에 기거하며 <오두막 편지>, <홀로 사는 즐거움>, <살아있는 것은 다 행복하라> 등과 같은 책으로 우리들 삶을 따뜻하고 냉철하게 성찰할 수 있는 기회를 주는 사실이 존경스러울 따름이다. 자아실현이라는 그럴듯한 명분을 내세워 인간능력의 한계를 추구한다며 자신뿐 아니라 동료의 삶까지 위태롭게 한 기록이 대부분인 그 어떤 등산 책들보다 유익한 그의 글들을 대하면 고개가 저절로 숙여진다. 다시 한 번 내 자신에게 묻고 싶다. 넌 과연 왜 사니? 넌 뭐 땜에 산에 다니니? 과연 넌 거기서 뭐하고 있니?

 잠시 후, 저녁을 먹으며 알밤만한 생마늘을 와작 씹었다. 입꼭 다물고 눈물 고이려는 눈을 왕방울처럼 크게 뜨고서 위 질문들에 대한 답을 생각하니 무언가 희미한 답이 떠오르는 것 같기도 하다.

라파이 사진집

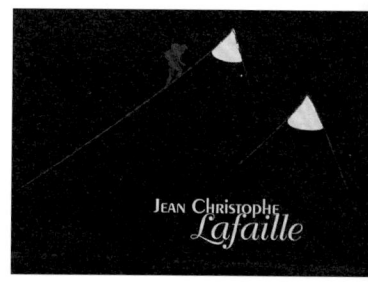

 작년 겨울, 마칼루에서 사라진 장 크리스토프 라파이. 그의 유고 사진집이 이번 겨울(2007년 2월)에 나왔다. 샤모니의 거리에서, 슈퍼마켓에서 혹은 체력단련을 위해 오르던 스키슬로프에서 심심치 않게 볼 수 있었던 라파이. 그랬기에 지난 겨울, 그의 실종은 파트릭 베로의 추락사 이후 또 한 번 샤모니를 침울하게 만들었다.

이제 그는 가고 그의 이름만 남았다. 언제나 선구적인 등반행위를 펼쳤던 그의 모습들을 이렇게나마 보게 되어 반가울 따름이다. 이 사진집에는 그가 주로 히말라야에서 행한 등반활동들과 실종된 후, 그의 부인과 두 아들이 마칼루까지 찾아가 그를 기리는 모습들이 스케치 되어 있다. 한편 그의 부인이 쓴 단행본 <당신 없이>도 나왔다.

<나는 이렇게 나이들고 싶다>

<나는 이렇게 나이들고 싶다>는 오늘아침 즉, 아침밥을 먹기 전에 마지막 책장을 넘긴 책이다. 한 이삼년 전이었던가? 이른 여름에 샤모니에 와 일주일간 트레킹을 하며 여유있게 시간을 즐기고 간 부부가 있었다. 두 분 다 그때 나이가 육십 가까이 되셨던 것 같은데, 그들이 떠나실 때 나에게 준 책이 바로 <나는 이렇게 나이 들고 싶다>였다. 두 분이 나에게 이 책을 주면서 젊은 사람이 읽기에는 그다지 어울리지 않을 책이라 했던 말이 기억난다. 말인즉 노년의 삶이나 죽음에 대한 내용들이기에.

나는 이 책을 고맙게 받아들었지만 시간이 나지 않아 읽을 수 없었다. 여름시즌이 지나고 한가한 가을시즌에 접어들어 읽을거리가 없나 둘러보다가 이 책이 눈에 띄어 읽은 기억이 있다. 그때 나는 나이 사십이 되기 전의 아주 팔팔한 젊은이였는데도 불구하고 노년이나 죽음에 대한 이 책을 감명 깊게 읽었던 것 같다.

읽을거리가 없기도 하고 본격적으로 중년이 되었다는 생각과 함께 며칠 전에 이 책을 다시 집어 들었다. 게으른 나로선 좀체 책을 두 번이나 읽는 경우는 드문데, 몇 안 되는 나의 재독목록에 이 책이 끼게 된 것이다.

여기서 책의 내용이나 감상을 밝히고 싶지는 않

다. 앞으로 한두 번 더 읽어볼만한 책으로 기억하고 싶고, 노년이나 죽음은 (이제 중년에 접어든 나에겐 더욱이) 결코 먼 훗날의 문제가 아님을 새삼 깨닫게 해준 책이다. 나이를 떠나 평소에 이런 문제들에 대해 깊이 생각해보거나 염두에 두는 게 바람직하지 않을까 싶다. 노년이나 죽음을 누구나 원하지는 않겠지만 그에 대한 올바른 준비는 필요하니 만큼.

젊어 요절하는 경우 외에는 누구에게나 찾아오는 노년과 죽음, 그래서 산악인인 나의 경우는 어때야 할까 생각해본다. 내가 이삼십 년 후에도 여전히 산을 즐기며 산과 함께 하는 생활을 해나갈 수 있을지. 그렇다면 더할 나위 없이 행복할 듯 하며 혹 그렇지 못할지라도 뭐 그리 대수일까. 혹 산에서 맞이할지도 모를 죽음에 대해서도 보다 담담하게 아니면 오히려 더 기꺼이 받아들여야 되지는 않을까 싶지만 어떤 이들은 아직 젊은 사람이 뭐 그렇게까지 생각하느냐 할지도 모르겠다. 하여튼 끝이 어떻게 되든 그때까지 열심히 살아볼 일이다. 부지런히 산에 다니면서.

요세미티

요세미티, 그 근처에도 가본 적이 없는 나로서는 요세미티, 라는 말만 들어도 하프돔이나 엘케피탄의 깎아지른 화강암벽을 담은 안셀 애덤스의 멋진 흑백사진 또는 산악잡지에 수없이 기사화되는 등반기 속의 현란한 등반장면이 떠오른다.

요즘 내가 집어 들고 있는 책이 하나 있다. 지난해 봄에 선물받은 책이다. 그동안 시간 여유가 없었을 뿐더러 900페이지가 넘어 도저히 엄두가 나지 않던 것을 새해 들어 새로운 다짐으로 스스로를 세뇌시켜 마침내 페이지들을 넘기고 있다. 이 책은 <인디언의 방식으로 세상을 사는 법, 나는 왜 너가 아니고 나인가>이다.

이제 400페이지 정도 읽었는데, 아메리칸 인디언들의 삶과

나는 왜 너가 아니고 나인가
인디언의 방식으로
세상을 사는 법

애환에 가슴이 아리기도 하며 책 제목 <나는 왜 너가 아니고 나인가> 라는 말을 곰곰이 생각하게 된다. 이 책에 대해선 다 읽고 좀 더 생각해 보기로 하고 책 속에서 요세미티라는 말이 생겨난 대목이 있어 아래에 소개한다. 이제는 그 계곡에서 자취도 없이 사라진 인디언들이 하늘 높이 솟아 오른 절벽을 기를 쓰며 기어오르는 클라이머를 혹 요세미티라고 여기지는 않길 바랄 따름이다.

1850년 황금을 찾아 서쪽으로 내달리던 백인 정복자들은 마침내 캘리포니아를 차지하고, 원래 그 땅의 주인이었던 인디언들을 사정없이 죽이고 내쫓기 시작했다. 세비지 대령이 이끄는 마리포사 기병대는 소몰이하듯 시에라 네바다 산맥의 인디언들을 몰아갔다. 네바다 산맥의 가장 험준한 산인 요세미티의 천연 요새에서 인디언들은 기병대와의 마지막 일전을 기다리고 있었다. 마침내 백인 군대의 최후 공격이 시작되었다. 기병대가 쳐들어오자 절벽 위에서 망을 보던 인디언이 "요세미티!" 하고 외쳤다. 그것은 인디언 말로 '핏발이 선 곰'이라는 뜻이었다. 평화롭게 살아가던 인디언들에게는 침략자나 살인마와 같은 단어가 없었다. 그래서 그들은 백인 군대를 핏발 선 곰에 비유해 "요세미티!" 하고 외쳤던 것이다. 다시 말해 그것은 "저기 살인마가 나타났다!'는 뜻이었다. 인디언들은 마지막 한 사람까지 저항하다 모두 그 산에서 쓰러졌으며, 인디언들의 피가 한동안 계곡의 폭포를 붉게 물들였다. 잔인한 대 학살극이 끝난 뒤 백인 군대는 그 산에 이름을 붙여 주었다. 인디언에게 들은 대로 요세미티라고.

<일분 후의 삶>

제목만 보아선 인생담론을 담은 지루한 철학서나 명상록 정도로 보이는 이 책은 지난여름 일산에서 오신 분이 주고 간 것이다. 고맙게 받아들고 룸 한구석의 책꽂이에 두었지만 다른 읽을거리도 있었으며 첫 문장에서와 같은 선입견 때문에 좀체 손이 가지 않았다.

한데 어제 그 두꺼운 인디언 어록 <나는 왜 너가 아니고 나인가>가 더 한층 무겁게 느껴져 대신 집어든 게 <일분 후의 삶>이었다. 책 읽다 조금이라도 따분해지면 언제든 다른 책을 집어 드는 나쁜 버릇은 여전히 고쳐지지 않는다.

책꽂이에서 <일분 후의 삶>을 빼 들고 습관처럼 앞뒤 표지의 광고성 글부터 읽었다. 광고성 글이야 책의 판매부수를 늘리기 위해 출판사에서 갖다 붙인 현란한 문장 아니냐는 통상적인 생각과는 달리 대번에 무언가 다가오는 느낌이 있었다.

곧이어 작가의 말을 읽고 생의 극한에 직면했던 12인의 극적인 장면들을 하나씩 접하게 되자 손에서 책을 놓을 수 없었다. 더구나 12인 중에는 산악인들도 있는데, 수원의 박태원 형이나 고 이현조 님의 이야기도 있어 여느 산악도서 못잖은, 오히려 그 이상의 재미가 있었다. 산과 바다, 강, 계곡, 저수지, 하늘 곳곳에서 일분 후의 삶도 내다볼 수 없는 순간들에 직면했던 바로 우리 이웃들의 모습은 하룻밤과 낮 동안 내 손에서 떠나지 않았다. 하여 혹 시간이 나시는 분들에게, 아니 일부러 시간을 내어서라도 일독할 것을 권한다.

<안나푸르나의 꿈>

한국에서 돌아오기 얼마 전이었다. <안나푸르나의 꿈>이 발간되었다는 소식을 듣고 곧바로 구입해 배낭에 고이 넣어 왔다. 배낭에는 다른 책들도 있었지만 소중하게 가져온 이유 중 하나는 바로 이 책의 지은이 때문이다.

여기서 나는 서평을 한다거나 지은이의 산행관 등을 말하고 싶진 않다. 그저 나와 잠시 잠깐이었던 인연을, 이 책을 통해

한 동안 잊고 지냈던 만남을 되새기고 싶을 따름이다.
 때는 1997년도였다. 카라코람의 한 봉우리를 등반하고서 이슬라마바드에 돌아왔을 때였다. 우리가 묵은 숙소로 이 책의 지은이가 찾아왔다. 이슬라마바드에 와 있던 한국원정대가 많지 않았기에 한국산악인으로서의 만남은 그만큼 반갑고 자연스러웠다. 내가 어디 갔다 와 보니 이 책의 지은이가 후배 한명과 함께 우리 동료들과 이야기를 나누고 있었다. 지금도 잊을 수 없는 것은, 그때 이 책의 지은이가 선뜻 나에게 악수를 청한 모습이었다. 선선하고 맑은 눈망울로 환하게 웃으며 내민 따뜻한 손길이었다. 큰 안경테 너머의 검은 눈망울은 어떤 일이라도 이해하고 포용해 줄 수 있을 것처럼 푸근하게 느껴졌다. 돈독한 악우의 정 같은 것을 첫눈에 느낄 수 있었다.
 <안나푸르나의 꿈>을 뒤적이다보니 10년 이상 잊고 지냈던 당시의 순간이 저절로 되살아났다. 인간 지현옥의 일기를 묶은 책이기에 그녀의 삶을 보다 자세히 느낄 수 있다는 사실이 새삼스럽고 가슴이 젖어온다. 타임머신이 있어 그녀를 만나기 전에 읽을 수 있었다면 어땠을까, 하는 생각도 해본다. 최소한 그 만남에서 좀 더 많은 이야기라도 나누었을 텐데.
 하여튼 지금의 나보다 이른 나이에 그녀는 이승을 떠났다. 그녀를 좀 더 일찍 알아 함께 자일을 묶고 그녀가 그토록 오르고 싶어 한 알프스의 3대 북벽을 올랐더라면 좋았을 텐데 하는 엉뚱한 상상을 해 보기도 했다.
 한편 <안나푸르나의 꿈>이 너무 늦게 발간되지 않았는가 싶은 생각도 들지만 이렇게라도 출간되어 여간 다행이 아니다. 내가 이번에 어설프게 만든 <해골바위>의 책값과 같지만 훨씬 더 큰 판형에 총 천연색 칼라사진들도 많아 어떠한 독자든 손해 본다는 느낌 없이 사볼 수 있는 책이기에 많은 분들에게 일독을 권한다.

〈아이거 빙벽〉

 문학계에서는 이외수의 책을 문학적 순수성이 없다고 폄하하는 경우도 있다는데, 정작 그는 재미있으면 그만이지 않느냐고 항변한다. 아이거 빙벽이 바로 이외수의 책과 비슷한 수준이라고 나는 생각한다. 산을 배경으로 한 모험 스릴러인 이런 책이라도 우리 산악계에, 우리 문학계에 많이 출판되었으면 하는 희망을 가져본다. 더구나 이 책을 읽어 보면 등반에 대한 저자의 인식도 제대로인 듯하다.

 진득하게 말초신경을 자극하고 더군다나 등반 이야기도 양념이 잘 되어 있어 성인인 내가 읽기에는 아주 재미가 있다. 이 책의 페이지들을 신나게 넘기다가 아래와 같은 문장이 있었다. **하켄을 사용한 암벽등반을 여자를 꼬드기는 것에 비유할 수 있다면, 드릴과 볼트의 사용은 강간을 하는 것과 마찬가지다.** 그럼 너트와 캠류만 사용하며 오르는 암벽등반은? 나 자신 볼트는 고사하고 하켄 또한 사용해본 지 언제였던가. 여기서 빙벽 등반 시에 사용하는 아이스 하켄은 제외시키자. 나 자신 어떠한 장비도 사용치 않는, 100% 무균질 순수자유등반을 주창하는 프리솔로 등반가가 아닌 이상 인공장비의 유혹은 뿌리치기 힘든 게 사실이다. 몇 번이나 내가 인공등반장비 즉, 볼트 등의 무차별 사용에 대한 윤리적인 면을 언급한 적이 있어 더는 언급하지 않겠다. 아무리 옳고 듣기 좋은 노래라도 꼴사나울 수 있기에, 목 놓아 주장하고픈 애정이 식어가고 있음도 부인할 수 없다.

 일반 사회에서도 강간만은 사회적 윤리적으로 바람직하지 않기에 등반 사회에서도 볼트에 대해 다시 한 번 생각해봐야 하지 않을까 싶다. 아울러 볼트에 튼튼히 동여매는, 산과 바위벽을 숨 막히게 졸라매는 고정로프에 대해서도 말이다. 그럼 이 둘이 합쳐진 죄목은 강간살인죄에 해당하지 않을까. 강간살인자의 입에서도 변명거리들은 많을 것이다. 하지만 제아무리 그럴듯한 언변으로 강간살인죄를 변호하더라도 그 죄의 대가는 혹독할 수밖에 없을 것이다.

<탐험가의 눈>

오늘 읽은 책은 <탐험가의 눈>이다. 지난 가을에 구입해 (아껴 읽는답시고) 샤모니까지 가져와 틈틈이 (창밖 눈 내리는 풍경을 벗 삼아) 본 책이다. 책 제목처럼 탐험가 혹은 모험가의 눈은 어떨까 궁금했지만 그들의 눈이 보통 사람들의 눈에 비해 호기심 혹은 열정과 욕망에 밝은 눈인지 어떤지, 솔직히 책을 다 읽고 나서도 모르겠다. 이 책에 거론된 사기꾼 탐험가도 있기에 모험심이 강하다 하여 삶에 대한 혜안이나 지혜가 더 밝은 건 아닌 것 같다. 이 책에는 50여 명의 탐험가나 모험가, 산악인들이 나온다. 너무 많은 이들을 단행본 한 권에 다뤘기에 그들 면면에 대한 단편적인 부분만 접할 수밖에 없는 아쉬움이 남는다. 다행히 이 책에 소개된, 익히 알고 있던 산악인들 외에도 각각의 분야에서 나름 치열하게 자기 세계를 추구한 이들이 있음을 알 수 있었다. 세상에는 내가 좋아하는 산 외에도 바다와 심해, 극지방과 하늘, 우주 등 인간 활동의 영역은 무한하다. 각 분야에서 우리들 인간의 한계를 넓히는 모습들이 감동적이고도 흥미로웠다. 그래도 마지막 페이지를 덮으면서 그런 영역들 중에 산이 가장 낫다는 결론을 내린다.

<실크로드의 악마들>

내 책을 다시 만들기 시작하면서 생긴 불만들 중 단연 큰 게 책 읽는 시간이 예년에 비해 적다는 거다. 이건 다른 낙들이 많아 그런 건 아닌가 싶은,

다분히 욕심 많은 자의 이율배반적 심보다. 여하튼 그 와중에 마지막 페이지를 덮은 책이 <실크로드의 악마들>이다. 이 책은 지난해에 스벤 헤딘의 자서전 <마지막 탐험가>를 읽고 마루 형이 추천했던 것을 이제야 읽게 되었다.

중앙 아시아의 유물발굴에 참여한 서구 탐험가와 학자들의 활약상 및 각각의 입장에 따른 약탈과 보존의 의미를 다시 생각하게끔 한다.

위의 문제는 이 책을 읽으면서 스스로 판단해볼 문제기에 생략하고 여기서 산악인인 내가 언급하고픈 바는 산과는 다른 무대인 사막을 탐험한 이들의 의지과 열정, 헌신들 또한 여느 위대한 산악인들 못지않거나 더함을 엿볼 수 있었다. 무릇 어느 분야이건 혼신의 노력을 다 하는 자에게만 (다는 아니지만) 영광을, 그 정도는 아니라도 보람은 얻을 기회가 주어진다는 점이다. 요즘 사는 낙보다 불만이 더 많다면 이 책을 한 번 읽어 보길 권한다.

<루쉰전>

<아Q 정전>인지 뭔지 아주 오래 전에 루쉰의 책 하나를 손에 쥔 기억은 있다. 그런데 그 내용은 하나도 생각나지 않으니 나의 독서라는 게 허술하기 이를 데 없다. 다른 책도 마찬가지겠지만 저자인 루쉰의 삶을 좀 더 알고 <아Q 정전>이든 그의 다른 책들을 읽었으면 훨씬 더 기억에 잘 남아있고 감명 깊은 독서가 되지 않았을까 싶다.

<알프스 알파인 등반-2권>을 준비하면서 틈틈이 <루쉰전, 기꺼이 아이들의 소가 되리라>를 읽었다. 1920~30년대, 시대의 격변기에 치열하게 살다 간 한 지식인의 진실한 삶의 모습이 무게 있게 다가왔다. 사상가요, 문학가이자 혁명가였던 루쉰을 이제야 어렴풋이나마 알게 되

어 다행이라 생각하며 앞으로 그의 또 다른 책들도 읽고 싶다.
 억압받는 민중을 위해, 시대의 양심을 위해 온 몸을 바친 루쉰을 그저 한 산악인인 내가 평하기에는 너무 가당찮다. 인간이면 온당 지켜야 할 양심을 위해 혼신의 노력을 다한 한 인물이 걸었던 자취를 접해보는 것도 좋을 듯하다.
 루쉰이 그토록 지키고 싶었던 양심을 산악인 또한 외면할 순 없다. 산을 대하기에 오히려 더 양심에 떳떳해야 할 듯. 오늘따라 산이 더 크고 어렵게 여겨진다. 누군가 말했던 것 같다. 등반보다 더 중요한 것은 사람이고 사람보다 더 중요한 것은 산이라고.

 "많은 사람들의 손가락질에는 쌀쌀하게 눈썹 치켜세워 응대하지만, 아이들을 위해서는 기꺼이 머리 숙여 소가 되리라."
 "나는 생각했다. 희망이란 원래부터 있다고 할 수도 있고 없다고 할 수도 있는 것 아닌가. 그것은 마치 땅 위에 난 길과도 같은 것이 아닐까. 사실 길이란 원래부터 있는 것이 아니라 다니는 사람들이 많아지면서 차차 생긴 것이다."   -루쉰-

<신들의 봉우리>
 원작 소설이 있는 영화는 대개 그만 못하다고들 하는데, 만화도 예외는 아닐 것이다. <신들의 봉우리>가 그러하다. 650페이지 가까이 되는 이 산악장편소설의 여운은 이전에 만화 <신들의 봉우리> 전 5권을 봤을 때보다 훨씬 오래 가고 크게 느껴진다.
 이런 멋지고 대단한 일본의 산악서적을 번역본으로 대할 때면, 그들의 산악문학이 우리보다 나아 보여 부러움까지 인다. 우리보다 알피니즘을 먼저 도입했기 때문이라고 단순하게 생각하고 말 일은 아닌 것 같다. 여하튼 번역본이나마 <신들의 봉우리>

같은 산악소설을 읽을 수 있어 다행이다.

닛타 지로의 <자일파티>처럼 아름다운 산악서정이 깔리지 않아도 이 책은 작가의 말처럼 산악소설 겸 산악 미스터리, 혹은 모험소설이기에 페이지들이 잘 넘어간다. 지금 막 산의 세계에 빠져들었던, 젊은 시절 한때나마 산에 홀린 적이 있든 독자는 주인공 하부 조지의 산에 대한 단호함과 집념에 매혹되지 않을 수 없을 것이다.

마흔 아홉의 나이에도 여전히 현역이고자 했던 주인공의 바람은 나의 바람이기도 하다. 산밖에 의지할 데 없었던 주인공이 선택한 산과 삶은 피 끓는 알피니스트에겐 한번 정도 산에 모든 것을 걸고 싶게 만들기에 충분할 것이며, 피 끓었던 이에겐 애잔함을 느끼게 하리라. 애매모호한 변명 같은, 말로리의 **산이 거기 있으니 오른다**는 말 대신 **내가 산에 있으니 오른다**는 주인공의 한마디 말이 이상하게도 더 가슴에 와 닿는다.

<삶을 바꾼 만남>

요즘은 예전에 비해 교통이 발달하고 통신기기가 하루가 다르게 변화, 발전하는데도 만남은 더 가벼운 것 같다. 역사적으로도 자신을 알아주는 이를 위해 모든 것을 바쳤던 만남이 많았다고 하는데, 오늘날은? 물질문명이 발달할수록 신념을 위해 자신을 희생하기가 왜 더 어려워질까?

아울러 한 사람의 일생에서 자신의 삶을 바꾼 만남들은? 서로를 이해하고 진정 상대를 알아주는 만남은? 남에게 물을 것 없이 과연 나는 어떤 만남들을 통해 내 삶을 이뤄왔나? 그 만남들은 좋고 나쁜 인연들이 실타래처럼 얽혀 있다. 결과가 나빴다면 다분히 나의 잘못으로 인한 경우가 많았을 것 같아 뒤늦게 후회가 된다.

범인인 나의 사소한 만남들일랑 접어두고 다산 정약용과 그의 제자 황상의 만남을 소개하고 싶다. <삶을 바꾼 만남>이란 책이다. 이것은 한 지인이 지난겨울에 보내준 건데 얼마 전에야 (겨울 시즌을 마치고 한국에 돌아와) 읽기 시작해 <알프스 알파인 등반-2>를 만드는 틈틈이 보다가 어느새 마지막 페이지를 넘기게 되었다.

역사상 최고의 지식인들 중 한 분인 다산. 우리는 큰 인물에 대해서 위인전적 선입견을 흔히 가진다. 그러나 이 책에선 당대를 치열하게 살다간 다산의 지극히 현실적이고 인간적인 모습을 만날 수 있다. 다산의 삶은 다른 책을 통해 어느 정도 알고 있던 터라 전반부에선 (다산에 할애된 내용이 많아) 진도가 나가지 않더니 제자 황상으로 이야기가 넘어가자 손에서 책을 놓을 수 없게 되었다. 스승의 가르침을 평생 실천한 우직한 제자의 모습과 당대 최고의 문인들이 주고받는 고상한 문학적 교류와 풍류 그리고 신분을 뛰어넘는 우정이 잘 그려져 있다. (더는 책을 보시라.)

아울러 지은이 정민 교수의 한시 번역 또한 빼어나 옛 문장의 정취를 느껴보는 것도 큰 즐거움이었다. 이 책과의 만남이 내 삶을 바꿀 정도는 아니었지만 소중한 만남인 것만은 사실이다. 이런 소중한 만남들이 쌓이고 쌓이면 내 삶 또한 바뀔 수 있지 않을까.

이렇게 좋은 책을 만나게 해준 지인은 그 후 내가 〈알프스 시리즈〉를 만들 때마다 적지 않은 도움을 주곤 했다. 그런 호의가 부담스러웠지만 그는 편안히 앉아 알프스의 면면을 접할 수 있다는 것만으로 족하며 자신은 그래도 고정적인 수입이 있다며 마음에 두지 말라고 했다. 이제껏 책을 만들며 적지 않은 어려움이 있었지만 이런 후원에 힘입은 바 크다. 아울러 기꺼이 여러 권의 책들을 구입해준 분들이나 나의 독자 한 사람 한 사람 모두가 든든한 후원자들이 분명하기에 그들 모두가 내 삶을 바꾼 만남들이 아닌가 싶다.

<미실>

 몸에는 지정한 시간에의 관성이 있나 보다. 말인즉 어저께 새벽등반을 위해 3시에 일어났었는데, 오늘 새벽에도 그 시간에 눈이 떠졌다. 다시 눈을 감아도 잠이 오지 않아 김별아의 소설 <미실>을 읽었다. 이 책은 내가 모산악회 회지에 원고를 기고한 대가로 받은 10권 정도의 책들 중 하나였는데, 이번에 한국에서 올 때 시간 때우기 용으로 공항에서부터 펼쳐든 것이다. 샤모니에 도착할 때까지 반 정도 보고, 마저 다 읽지 않고 남겨뒀었다. 그러다가 지난 토요일에 스위스의 한 4000미터 봉우리 바이스미스를 오르기 전, 3200미터 모레인 지대의 텐트에서 또 집어 들었다. 하지가 가까운 때라 밤 9시 반 이후에나 해가 지기에 대여섯 시간 페이지를 넘겼는데, 도중에 틈틈이 해질녘 풍경도 보고 눈사태나 낙석 소리도 들으며 읽으니 더 재미가 있었다. 다음날 새벽등반도 있고 하여 마지막 몇 십 페이지는 (랜턴을 켜서 마저 읽지 않고) 남겨둔 것을 오늘 새벽에 다 읽었던 것이다.

 이 책에 대한 평을 내가 하기엔……. (그래도 그럴듯하게 말한다면) 1500년 전 인물들에 대한 세세한 분석과 소설적 상상에 대한 작가의 노력과 문장에 놀라웠으며, 아직도 유교문화에 젖고 억압되어 있는 여성의 지위나 성애의 관념을 다른 시각에서 볼 수 있었다는 것, 즉 이해의 폭이 넓어졌다는 정도다. 자투리 시간에 읽은 책이라곤 하지만 무릇 무슨 책이든 마지막 페이지를 넘기고선 감흥이 남는다. 한데 근래에 내가 만드는 책들도 그러할까 싶은 의구심이 드는 건 어쩔 수 없다. 내용은 시원찮더라도 노력의 흔적은 엿보여야 될 텐데 그러지 못한 미안함이 자꾸 드니.

<우리는 산에 오르고 있는가>

 이 책은 이번 여름에 알프스에서 읽을 요량으로 지난번에 가

져온 달랑 3권의 책 중 하나다. 시답잖은 책일망정 내 책 몇 권은 만들었고 변변찮은 글일망정 가끔은 쓰고 있다 보니 요즘 남의 책은 좀체 잘 안 읽게 된다. 그럴 시간에 내 책에 넣을 원고를 조금은 더 쓰고 더 공들이는 게 낫지 않을까 싶은 생각에서다. 그렇지만 가끔은 정신의 휴식도 필요하기에, 아무런 생각 없이 손이 가는 책을 잡을 때의 푸근한 느낌이 좋아, 더구나 요즘 들어 새벽잠이 없어져 종종 침상에서 집어 들게 된 책이다.

우리는 산에 오르고 있는가, 라는 말은 바로 우리는 왜 산에 오르는가, 라는 말이다. 이 책에는 나 또한 아직도 찾지 못한 희미한 답이 있다고 본다. 우선 저자인 김영도 선생 본인의 이야기를 쓴 3장을 먼저 읽은 다음, 건너뛴 1장(등산세계를 연 산들)과 2장(등산역사를 바꾼 사람들)은 도중에 몇몇 페이지만 읽고 남겨두었다. 익히 알 만한 내용이라는 이유로 건너뛰었지만 조만간 그 페이지들도 다시 넘기게 될 것 같다.

3장에 수록된 저자의 몇몇 글들은 오래 전에 읽은 바 있어 낯익은 부분들이 있지만 이렇게 새로운 판형으로 보니 전혀 새롭게 다가왔다. 저자가 30여 년 전에 알프스 샤모니를 찾았던 이야기는 세월의 무상함을 느끼게 한다. 그 외 김 선생님의 주옥같은 수필들이 수문출판사의 한국산악명저선 제1호에 수록되어 좀 더 우리들에게 가까이 다가와 여간 다행이 아니다.

사진은 근래에 새로 나온 판형의 책이며 아래는 저자가 가스통 레뷔파와 그의 책에 대해 쓴 내용 중 일부인데, 나 또한 자주 얘기하는 내용이다. 알프스 등반의 중요성을 논한 내용에 공감하기에 표시해둔 페이지이다.

> 지난 10여년 사이에 히말라야는 우리에게 가까워졌다. 그러나 알프스는 여전히 멀다. 우리는 알프스를 거치지 않고 바로 히말라야로 갔던 것이다. 그런데 오늘날 히말라야의 과제는 알파인 스타일의 등반으로 압축되고 있다. 이 알프스 식의 등산이란 구체적으로 어떤 것일까?

책 두 권

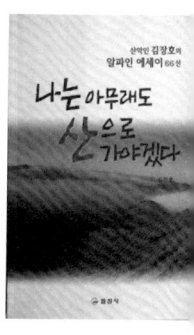

알파인 지대로 오르락내리락 하는 요즈음, 그래도 쉬는 틈틈이 집어든 책들은 김장호 선생의 <나는 아무래도 산으로 가야겠다>와 이강혁 님의 <까미노 데 산띠아고>이다. 둘 다 잠시 잠깐 펼쳐볼 수 있는 내용들이라 지난 몇 주간 가까이 하게 되었다.

<나는 아무래도 산으로 가야겠다>는 김 선생님 생전에 펴낸 3권의 에세이에서 66편을 선정해서 다시 낸 책이다. 책이란 게 그렇듯, 오래 전에 읽었던 내용들도 있지만 재독 삼독을 해도 늘 새롭게 느껴지고 다시 새겨볼 만한 이야기들이 많다.

최소한 몇 십 년 전의 에세이들이라 요즘과는 시차가 있는 내용들도 많다. 하지만 한국에서 그것도 당시의 시대상황에 이런 알파인 에세이가 나올 수 있었다는 건 대단히 다행스러운 일이다.

한편 <까미노 데 산띠아고>는 몇 년 전에 샤모니에 다녀가신 강욱 형의 아우께서 직접 발로 걷고 뛰며 취재해 엮은 산띠아고 여행기인데, (강욱 형이 직접 주신 것이긴 하지만) 그동안 책꽂이 한편에 모셔둔 것을 어찌 눈에 띄어 집어든 것이다. 아마도 내가 가을에 펴낼 트레킹 책을 어떻게 하면 더 좋게 보완할까 싶은 속셈으로 펼쳐 들었을 것이다. 세심한 정보뿐 아니라 관련 사진과 간단한 여행기로 엮어져 있어 이곳으로의 순례자들에겐 아주 유용할 듯. 샤모니에 있다 보면 특히 가을에 산띠아고 순례 후 찾는 이들을 간혹 만나게 되는데, 이 책을 읽고 난후 그들이 더 대단하게 여겨진다. 최소한 수십 일에서 몇 달씩 걷는 수평의 순례자들 여행기를 보면 단순히 며칠 반짝 오르내리는 수직의 등행자들보다 더 대단해 보인다. 수직이니 수평이니 하는 경계가 무의미하지만 나에게 만은 수평이 낯설고 쉽지 않으니 말이다. 기회가 되면 수평의 세계에도 발을 내딛고 싶다.

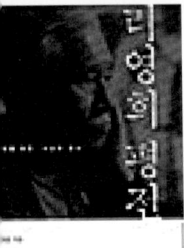

<리영희 평전>

솔직히 학창시절부터 리영희란 이름 석 자는 얼핏 들었던 것 같은데, 그가 어떤 인물인지 안 것은 얼마 전에 읽은 <리영희 평전>을 통해서다.

이 책은 지난겨울에 가져왔던 건데, 이번 여름에나 펼치게 되었다. 얼마 전 스위스 체르마트 쪽으로의 트레킹 전에 상당부분 페이지를 넘긴 것을 오늘에야 마저 넘기게 되었다.

무릇 읽다만 책의 여운이 오래간다. 특히 혼자만의 생각에 잠기기 쉬운 산책을 할 때나 지난번 트레킹 시에도 이 책과 인간 리영희에 대한 생각이 꼬리에 꼬리를 물었다.

학창시절뿐 아니라 지금까지도 인간의 존엄성이나 민주화 운동, 사상이나 언론의 자유 혹은 시대의식 등등에 대한 투철한 개념이 부족했던 내가 리영희 선생을 사상의 은사니 시대의 양심이니 하는 말로 치켜세운다는 건 어불성설이다. 그저 이 책을 통해 나는 그가 한국 현대사에 영향을 미친 큰 인물이라는 사실과 용기 있고 따뜻한 인간이라는 점만은 분명히 느꼈다.

내가 겪은 만년설산에서의 하룻밤 비박들은 그가 자신의 신념과 양심에 따른 결과로 치른 기나긴 옥고들에 비하면 너무 사치스럽고 비교의 대상조차 되지 않을 따름이라 (그저 산과 관련해 비교해본 것 자체가) 낯부끄럽기까지 하기에 그에 대한 어떠한 표현도 사족일 뿐이다. 혹 기회 되시는 분들은 일독을…….

선물 받은 책 두 권

이 가을에 지인들로부터 감사하게 받은 책 두 권이 있다. 박경리 유고시집인 <버리고 갈 것만 남아서 참 홀가분하다>와 성우제의 <커피머니메이커>다.

시는 그저 느낌으로 대하면 된다고 하지만 학창시절에 워낙 공부와 담을 쌓으며 시를 어렵게 여긴 탓에 좀체 시집일랑 사 본 적이 없는 내가 단번에 읽은 게 바로 <버리고 갈 것만 남아 서 참 홀가분하다>이다. 요즘 신간 두 권<트레킹과 사진집>을 만든다며 분주한 와중에도 손에서 책을 놓지 못하게 한, 제목 만으로도 많은 생각을 하게 되는 시집이다. 이제 내 머리에도 흰 머리카락이 눈에 띌 정도다. 그래서인지 생의 막바지에 이 른 몇몇 주변 분들을 생각하면 몹시 쓸쓸하고 삶이 아득해지 는 느낌이다. 이 가을에는 이 시집의 제목이 더욱더 눈에 밟힌 다. 이제는 아련한 우리네 옛 시골 풍경이 대가의 추억으로 시 집을 통해 되살아난다. 소설 토지의 서정성이 그대로 느껴진다 고나 할까. 우리시대 최고 소설가의 지난한 삶과 역정, 생의 마 지막을 대하는 자세 등등을 접할 수 있는 소중한 기회였다. 이 런 기회를 제공해준 버들치님께 다시 한 번 고마움을 느낀다. <커피머니메이커>는 아직 다 읽진 않았으며 커피를 음미하듯 천천히 읽고 싶다. 삶을 음미하고 관조, 사색하는 내용은 아니 며 책 제목처럼 커피로 사업을 이룬 이들의 이야기이기에 가 볍게 페이지를 넘길 수 있는 책이다. 아직 커피를 모르는 내가 이 책에 소개된 커피명소들을 하나씩 찾아가면서 커피 맛을 제 대로 느껴보고 싶다. 어제 아침에는 이 책 첫 장에 소개된 커 피명가에 다녀오기까지 했다.

2년 전 가을이었던가. 저자와 이 책에 실린 사진을 찍은 마루 형님이 대구에 와 커피 취재를 하며 책을 만든다 했다. 그때만 해도 커피에 무슨 이야깃거리가 그리 많다고 책까지 낼까, 싶 었을 정도로 나는 커피에 문외한이었다. 그 후 종종 커피를 마 시긴 했지만 아직도 커피에 대해 잘 모르겠다. 하지만 커피 또 한 등산처럼 나름의 거대한 세계가 있음을 어렴풋이 느끼기 시 작했다고나 할까. 묘하게도 이 책의 페이지를 넘기며 마시는 커피 맛이 다르게 느껴지는 건 왜일까. 내가 아는 커피 맛 중 단연 으뜸은 캠핑하면서 (이 책을 보내주신) 마루 형님이 손수 원두를 갈아 내려주는 커피다.

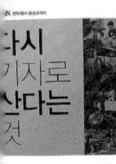

<다시 기자로 산다는 것>

참 언론, 독립 언론의 주인공 시사IN을 나름은 알고 있다고 여겼었는데, 이 책을 읽고선 내가 몰라도 너무 모르고 있었음을 새삼 확인하게 되어 부끄럽기까지 하다. 이 책에는 시사IN에 몸담았거나 현직하고 있는 이들의 너무 잘 쓴 글들과 열정, 애정들이 듬뿍 묻어 있어 손에서 책을 놓지 못하게 한다.

시사IN에 대한 평가나 찬사를 운운할 깜냥이 되지 않는 나는 그저 솔직한 고백만 하나 하고 싶다. 시사저널 사태를 전후한 몇 년간이었다. 요즘과는 달리 한 달 정도 짧은 일정으로 한국에 다녀간 나는 서울에 머물 때 시내에만 가면 으레 시사저널이나 그 후의 시사IN 사무실 주변을 기웃거렸다. 실은 나의 홈피 고알프스의 단골손님 마루 형님을 만나는 게 주목적이었지만, 책에도 나오는 몇몇 이들과 안면도 트고 좋았던 사무실 분위기에 빠져 무거운 궁뎅이를 오래도록 붙이곤 했다.

형님과 사진이나 산 등 이런저런 이야기를 실컷 나눈 다음엔 밥과 술까지 얻어먹은 기생생활이 마냥 좋았다. 당시 편집권 독립을 위해 사무실에 있던 모든 이들이 부당한 사주와 투쟁하며 어려운 처지에 있을 때도 나는 (물론 알프스에 있을 때가 많았지만) 그런 힘들고 불행한 상황을 감조차 잡지 못하고 그저 그러려니 하며 제대로 응원조차 못했다. 얼마 전에 나온 이 책도 얻어 읽었다.

다른 말 필요 없이 내가 할 수 있는 조그마한 보답이란 시사IN에서 만든 모든 책을 (꼭 구입해) 읽어야겠다는 것. 기꺼이 감수하고픈 의무요, 행복이라 여긴다.

아울러 알프스에선 좀체 앞장서지 않던 마루 형님이 시사저널 사태 때 최전선에 선 투쟁모습이라든가, 나이에 혹은 외모나 인품에 떠밀렸던 시사IN 초대 대표이사 겸 발행인을 맡아 흰 수염 휘날리며 활약하는 멋진 모습도 엿보는 재미가 있었다.

그럼 나는 기자 대신 어떤 산악인으로 살아야 할까 하는 생각도 해본다. 중동의 전쟁터나 일본의 방사능 지대 등을 누비거나 최루탄을 마시며 말싸움(정치)판을 종횡무진하며 진실 전달에 자신의 모든 것을 거는 것에 비하면 산을 오르는 우리는 너무 사치스럽지 않느냐는 자문이 들곤 한다. 알피니스트인 나는 그럼, 순수 알파인스타일을 추구해야 할까, 아니면 강남스타일을……. 그도 아니면 그저 열 스타일이나 고수해야 할까.

<빨간 책>

빨간 책이 침상 독서용으로 제격이었다면 혹자는 이상한(?) 생각을 할 것이고 이 책을 만든 이들에게도 누가 되겠지만, 여하튼 나는 일과 후 노곤한 팔다리를 침상에 누이고 잠들기 전에 읽고 새벽에 일어나 더는 잠이 오지 않을 때도 읽었다.

이 빨간 책은 모두 단문들로 이뤄져 있어 짬짬이 한두 편씩 읽기에 제격이다. 바로 <기자로 산다는 것>이다. 지난가을에 <다시 기자로 산다는 것>을 읽고 마음에 닿는 바가 많아 전편마저 읽고 싶어 샤모니까지 가져왔던 것. 이 책이 출판된 사연에 대해선 여기서 굳이 언급하지 않아도 될 만큼 잘 알려진 사회적 사안이다. 무척 소중하고 고마운 책이다.

글 잘 쓰는 이들의 깨끗한 문장을 읽는 즐거움이 컸고 나 또한 현장(산)을 누비며 가끔은 글을 쓰기에 현장의 중요성이랄까, 사실과 진실에 대한 글을 쓰는 이의 마음가짐 등을 생각해 볼 수 있었던 소중한 기회였다.

언제 기회가 된다면 이번에는 책상에 앉아 바른 자세로 읽고 싶은 책이고, 표지만 붉을 뿐 결코 불온서적이 아니기에 보다 많은 분들이 읽었으면 한다.

<또 다른 빨간 책>

학창 시절에 공부와는 담을 쌓은 나였지만 빨간 책, 더구나

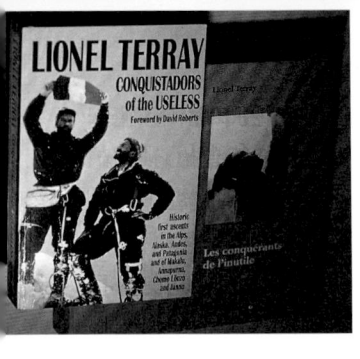

하드커버의 빨간 책을 보면 우선 성문 기본영어책이 떠오른다. 빨간색이 아니었나? 내가 색맹은 아닌데. 여하튼 하드커버의 빨간 책 이야기를 하는 이유는 샤모니의 한 출판사에서 발행하는 책 때문이다. 어찌되었는지 이 출판사에서 나오는 모든 책의 표지가 빨간색이다. 하드커버가 아닌 문고판 등 여러 판형의 단행본들도 이 출판사에서 찍긴 하지만 무엇보다 하드커버의 인물 시리즈가 제일이다.

유명산악인의 자서전이나 평전들인데, 우리가 흔히 아는 리오넬 테레이나 르네 드메종(알프스 동계 벽등반의 선구자), 파트릭 베로(알프스 전위등반가), 마르크 시프레드(익스트림 스노우보더) 등의 프랑스 산악인뿐 아니라 린 힐(스포츠 클라이머)이나 안데를 헤크마이어(아이거 북벽 초등자), 존 러스킨(자연주의 철학자), 그리고 발터 보나티와 리카르도 캐신 등 외국산악인에 대한 책들도 있다.

권당 가격은 대개 55유로(약 8만원)로 만만치 않지만 묵직한 무게감이 책의 가치를 느끼게 해주며 본문에는 수많은 사진들이 실려 있어 어느 것이건 다 읽어보고 싶지만 그림의 떡일 뿐이다.

위 사진은 테레이의 자서전이다. <무상의 정복자>라는 그럴듯한 제목으로 알려진 책이다.

원서인 불어판 빨간 책은 지난 1월에 플랑 북벽을 함께 오른 민경원 씨가 등반기념으로 선물한 것이며 번역서인 영문판은 영국의 어느 한 출판사에서 발행한 것인데, 오래 전에 구해 몇 년 전에 힘들게 읽은 적이 있다. 불어에 불통한지라 테레이의 빨간 책은 이제껏 손 한번 대지 않다가 엊저녁에야 들춰봤다.

취침 독서용으로 그저 마음 편하게 사진들만 훑어보며 페이지들을 넘겼다. 한데 영문판과는 달리 불어판에는 무슨 사진들이 이렇게나 많은지, 거의 한 페이지 당 하나씩 사진들이 있다. 사진 한 장 싣지 못하고 <해골바위>를 펴낸 내가 어찌 부럽지 않으랴. 이미 테레이의 자서전을 읽은 터라, 오랜 기억을 더듬어 각 사진에 얽힌 이야기들을 떠올리다 보니 사진만 보는 데도 좀체 진도가 나가지 않았다.

오늘 낮에도 이 책을 집어 들었지만 반도 보지 못했다. 물론 내가 이 비싸고 귀한 책을 어떻게 하면 아껴 볼까 싶어 이왕이면 좀 더 시간을 끌어 보자는 속셈도 한몫했을 것이다. 아울러 빨간 책이라 하여 불온서적이나 음란서적은 더욱더 아닌 이 하드커버 시리즈 중에 단 한 권이라도 한국어로 번역되었으면 하는 바람 간절하다. 내가 이 빨간 책을 번역해보리라 장담한다면 이건 정말 새빨간 거짓말이니 그리 아시라.

<초월의 슬픈 연가>

아, 진짜 슬프다. 이 책을 읽으니……. 그렇다 하여 대성통곡할 그런 슬픈 이야기책이 아니라 그저 으흐흐 하며 웃음 반 울음 반. 그 이유야 여러 가지일 듯.

뭔 책에 대한 미련이 그리 남으셨던지 지은이인 나의 산 선배 정우 형이 이렇게 뚝딱 자신의 마음을 터놓았다. 세상에 대한 반항과 산에의 갈망 등등 이 책에 구구절절 흐르는 한 사나이의 좌충우돌 구수한 이야기는 이제 구세대로 달려가는 모든 이들의 감성을 깨우고도 남을 것 같다. 가제본 책자로 읽은 것이지만 감흥은 크다.

동명이사의 도서출판 몽블랑에서 만든 것인데, 웃기게도 정우형이 내 출판사와 같은 이름으로 출판사를 등록해 만든 것이다. 마이너리그에서만 유통할 것이라고. 몽블랑이 그렇게나 좋았던 모양이다. 자신이 오른 최고봉이라 그런가. 여하튼 그래서 더 귀한 책이 될 것 같아 산을

좋아하는 많은 분들에게 일독을 권한다.
(몇 년이 지난 지금 이 책을 생각하니 더 슬프다. 이 책을 만들 당시만 해도 그렇게나 들뜬 기분으로 주변 지인들만 읽어도 수천 권은 나갈 거라며 호언장담했던 형님은 그 후 얼마 되지 않아 연락이 두절되더니 오래도록 잠수함만 타고 계신다.)

<산> 11권

요즘 집어 들곤 하는 책은 <산>이다. 어릴 적에 그래도 만화책만은 종종 펼쳐봤기에 11권이나 되는 이 만화책을 들출 때 즐거운 기분이 든다. 당시 <각시탈> 같은 만화책을 따뜻한 방구들에 배를 깔고 누워 보다가 강냉이 박상을 먹으며 낄낄거리던 옛 추억이 되살아난다. 그런 느긋하고 풍성한 기분으로 11권이나 되는 만화책 하나하나를 집어들 때의 순간순간이 좋다.

<산>은 삼사년 전에 서너 권까지 봤던 건데, 이번에 우연히 11권 모두 나왔음을 알고 전권을 구해서 보고 있다. 기억력이 시원찮아 그때 읽은 첫 몇 권도 다시 보니 처음 본 듯하다. 웬만해선 재독하지 않는 편이지만, 만화책도 이러할진대 좋은 책은 더욱이 꼭 다시 읽어봐야 될 것 같다.

<산>은 만화책일망정 산악활동에 관한 내용이기에 더 애착이 가며, 그러기에 더 아껴 본답시고 아무리 재미가 있어도 하루에 한 권 이상 보지 않는다. 그래도 이제 마지막 권을 남겨두고 있다.

일본 북알프스에서 펼치는 만화의 주인공, 자유롭고 유쾌한 자원봉사 산악구조대원 산포의 활약상은 눈물겨울 만큼 감동적이고 통쾌하며 즐겁고 외로우며 슬프다. 한 권에도 여러 단편들로 구성되어 있어 페이지가 잘 넘어간다. 그렇기에 11권까지 끌고 온 작가의 역량이 대단하다. 산과 산포, 산과 사람들, 산포와 사람들 사이의 이야기를 잘 다루고 있다. 물론 만화의 특성상 몇몇 과장된 표현이 눈에 거슬리지만 등산에 대한 서술은 전문가 못지않다. 특히 알파인 등반상황에 대한 묘

사나 산과 관계를 맺고 살아가는 이들의 자잘한 생활상 등을 잘 표현한, 철저한 작가의식이 엿보이는 작품이다.

마지막 권이 어떻게 막을 내릴지 기대가 되는 한편, 혹 주인공 산포에게 무슨 좋지 않은 일이 생기지 않을까 하는 염려도 된다. 늘 산과 함께 하는 나이기에 만화책의 주인공일망정 산포에게 건투를 빌고 그의 무사산행을 기원하는 마음 간절하다. 혹 그에게 닥칠 비극이 두려워 마지막 권을 보지 않을 이유가 없듯이, 산이 두려워 내가 산행의 즐거움을 포기할 리도 없으리라. 산만 있어도 좋은데 <산>까지 있으니 어찌 즐겁지 않으리.   (2014년 겨울 현재, <산>은 17권까지 발간되었다.)

<얼어붙은 눈물>

요즘 읽은 책 중에 <얼어붙은 눈물>이 있다. 눈물까지 얼어붙을 정도의 내용이기에 원제 <The Long Walk>보다 책 제목이 더 적절해 보인다. 이 책은 폴란드인 슬라보미르 라비치가 스탈린의 폭압에 온갖 고초를 겪고 시베리아 형무소로 이송된 후(여기까지의 역경만으로도 보통 사람들은 상상하기 힘들 정도인데), 탈출하고서 혹한의 시베리아 벌판과 고비사막, 티벳 고원과 히말라야를 넘어 7000km 이상의 거리를 악전고투하며 12개월간 자유를 찾아가는 내용이다.

때는 1941년이었다. 탈출하며 만난 폴란드 아가씨 크리스티나를 포함한 동료 8명은 극한의 추위와 배고픔을 겪으며 소련 국경을 넘는데 성공하지만 이후 보다 큰 난관들에 직면하면서 한 명씩 유명을 달리한다. 이들은 결국 네 명만 인도에 도착해 자유의 몸이 된다. 영어에 익숙지 않아 대필 작가가 썼다고는 하지만 라비치의 이야기는 사실, 더

나아가 진실 그 자체가 아닐까.

 독후감적인 감상을 논하기에 앞서 산악인인 나는 주인공과 그의 동료가 숱한 어려움을 이겨내는 과정 한 부분만이라도 현대를 살아가는 산악인 혹은 자칭 모험가라 칭하는 이들의 경우와 비교해보고 싶다. 한 가지 예로 그들 대장정의 한 부분이었을 뿐인 고비사막횡단 같은 경우다. 몇 개월간 시베리아 벌판의 혹한에서 풍찬노숙을 하며 겨우 국경을 넘어 탈출한 이들이 고비사막에 접어들었을 때 갖춘 거라곤 누더기가 다 된 옷 외에 도끼 한 자루와 칼 하나, 깡통 하나뿐이었다.

 그런 조건에서도 그들은 극심한 갈증과 굶주림, 피로와 추위, 불안감을 극복하고 살아났다. 비록 일행 중 가장 연약했던 크리스티나가 희생되었지만. 이들의 고비사막 횡단 이야기를 읽는 동안 내 가슴 한구석에서는 묘하게도 부끄러움과 안타까움이 뒤섞였다. 이는 나 또한 최신의 장비에 의존하는 현대의 산악인이라는 이유 외에도 지금은 잘 기억나지 않지만 몇 년 전에 읽은 라인홀드 메스너의 <내 안의 사막, 고비를 건너다> 때문이다. 우리 시대 최고의 산악인이요, 모험가인 메스너는 고비사막을 횡단하기 위해 최첨단 장비인 GPS와 자신이 특수 주문제작한 물통이나 막영구 등의 도움을 받아 고비사막을 횡단했다.

 1941년과 요즘의 이념적 시대상황이 다를 뿐 아니라, 자유와 생존을 위한 처절한 사투와 자신의 존재이유를 확인키 위한 고상한 고생을 단적으로 비교하기는 쉽지 않다. 인간사에 100% 공평하고도 절대적인 비교란 있을 수 없을 것이다. 하지만 두 경우 다 극심한 육체적 고통을 인내할 수밖에 없었다는 점에서 조금은 객관적이고도 재미난 비교를 해 보고 싶다. 비록 메스너는 혼자, 라비치는 여럿이서 함께 고비사막을 횡단했다고는 하지만 실제적인 모험, 혹은 생존을 위한 투쟁의 강도는 부끄럽게도 우리 시대 최고의 산악인이요 모험가인 메스너의 고비사막횡단은 라비치와 그 동료들이 겪었던 고난에 비하면 새 발의 피 정도 아닐까. 반세기 후, 메스너의 횡단은 그들의 고행에 비하면 산보 정도랄까. 우리 산악인들이 흔히 들먹이는 불확실성의 측면만을 따지더라도 말이다. 과연 오늘날 라비치가 가졌던 정도만으로도 (심적인 면은 차치하고 물적인 준비를 배 정도 더 하더라도) 고비사막을 횡단할 모험가가 있을까. 우리 시대 최고의 모험가들도 그 같은 조건에선 엄두도 못 내리라. 그렇게 보면 극한의 인간한계를 추구한다며 떠들어대는 오늘날의 모험가, 혹은 산악인들은 너무 사기성이 농후하고 위선적인 건 아닐까. 아니면 겨우 반세기 정도밖에 지나지 않은 오늘날의 우리가 너무 나약해진 건 아닌지. 문명이 발달함에 따라 생존을 위한 노동 강도가 약해져 우리들 육체뿐 아니라 정신력 또한 무기력해진 건 아닐까. 여하튼 이 책은 산악도서는 아니지만 우리시대 최고의 산악인들도 읽은 후면 낯부끄러울 게 분명하기에 극한을 추구하는 산악인뿐 아니라 삶이 따분하게만 여겨지는 이들도 일독하여 충격 좀 받으시라. 살아 있음에 감사하고 삶과 생존을 위해 부단히 노력하고 자유와 행복을 위한 열망에 분연히 불을 지피라.

<시타델의 소년>

근래에 읽은 또 다른 책 하나를 소개하면 제임스 램지 울만(1907~1971)의 소설 <시타델의 소년>이다. 작년 가을(2009년 10월 말)에 번역 출판된 책이지만 원제 <BANNER IN THE SKY>와 붉은 깃발을 들고 산을 오르는 표지 그림만 봤을 때도 왠지 낯이 익었다. 가만히 생각해보니 오래 전 겨울에 샤모니에 들른 어느 한 분께서 자신이 어릴 적에 감명 깊게 읽었다는 바로 그 책이었다. <알프스의 푸른 깃발>이었다.

그래서 지난날(2002년 3월 10일)에 쓴 글을 찾아보았다.

알프스의 푸른 깃발

 내가 읽은 산서가 아닌 내가 들은 산서, 즉 <알프스의 푸른 깃발>이란 책에 대한 이야기이다. 사실 이 책은 내가 보지도, 며칠 전까진 들어 보지도 못한 책이다.

 지난 며칠간 한국의 교수 한 분이 샤모니에 머물다 갔다. 누구 못지 않게 젊게 살고파 뒤늦게 시작한 스노보드를 열정적으로 즐기는 분인데, 밝고 건강한 과학자의 모습을 대하게 되어 나 역시 즐거웠다. 밤낮 없이 연구생활에 몰두해온 그가 어렵게 할애한 모처럼의 여유로운 시간에, 함께 리프트를 타며 그에게 들은 <알프스의 푸른 깃발> 이야기가 아직도 여운이 남는다.

 그가 어렸을 때 읽은 <알프스의 푸른 깃발>은 분명 산악활동을 다룬 이야기인데, 동화책이었다고 한다. 1970년대에 나온 책이라 요즘은 찾으래야 찾을 수 없었다고도. 그는 어릴 적에 이 책에 너무 감동을 받아 아마 수십 번은 읽었을 거라 한다. 책의 내용은 알프스의 어느 한 봉우리를 초등하는 내용이었으며, 그 초등은 다름이 아니라 마터호른 초등이었다. 그는 몇 년 전에 어릴 때의 이 동화를 잊지 못해 전 세계를 뒤져 원본을 구할 수 있었다. 그런데 책 이름이 <Red Juggy>였다는 것이다.

 마터호른 자락에서 태어난 주인공은 어릴 적에 아버지를 산에서 잃었다. 식당 일을 하는 홀어머니 밑에서 자란 주인공은 어머니가 산에 다니는 것을 반대하는데도 산에 이끌리게 된다. 그런 주인공에게 산을 가르쳐준 이는 다름 아닌 절름발이 아저씨다. 그는 주인공의 아버지와 함께 산에 가서 자신만 살아 돌아 왔지만 절름발이가 된 것이다. 주인공이 16세가 되어 산을 알게 되고 마터호른 등정길에 올랐는데, 마터호른 초등자 에드워드 웜퍼에게 결정적인 도움을 주어 그가 정상에 설 수 있게 했다는 것이다. 정작 자신은 정상을 밟지 못했지만 등정자들은 자신의 Red Juggy 셔츠를 그를 위해 정상에 내 걸었다는 내용이다.

 어쨌든 그는 어릴 때의 감흥을 잊지 못해 한국의 모든 도서관이며 서점들을 뒤져서도 찾지 못한 그 동화책의 영어판 원본을 어렵사리 구해 읽고 몇 년 전에는 직접 마터호른 언저리에까지 가보았다고 했다. 그리고 자신은 <알프스의 푸른 깃발>에 그토록 감동했지만 왠지 등산엔 빠지지 않았다며(대신 한국의 일류 과학자가 되었다며) 웃는 그의 얼굴엔 모험에 대한 동경의 빛이 여전히 살아 있었다. 아직도 젊음을 유지하고자 열심히 스노보드를 타는 그의 모습이 더없이 건강하고 보기 좋았다.

덧붙여 그는 지금 생각해도 왜 책 제목을 원본인 레드 저지에 따라<알프스의 붉은 깃발>이라 하지 않고 <알프스의 푸른 깃발>이라 했는지 자못 궁금하다고 했다. 아마도 1970년대의 한반도 상황에 의해 그런 게 아닐까 라고. 당시의 교과서엔 괴뢰군, 빨갱이 등 반공적 단어들이 초강세였기에.

그 분이 샤모니를 떠나기 전날 내 숙소에 들렀는데, 그 때 마침 에드워드 윔퍼의 <알프스 등반기>를 책꽂이에서 용케 찾아 집어 들었다. 내가 작년에 알프스에 올 때 챙겨왔던 것인데, 아직 제대로 읽지 않은 것이다. 그는 자신이 읽은 <알프스의 푸른 깃발>이 실화인지 아니면 각색을 한 것인지 확신하지 못하겠다며, <알프스 등반기>를 꼭 읽고 대조해 보고 싶어 했다.

나도 <알프스의 푸른 깃발>의 주인공에 대한 실마리를 찾고자 <알프스 등반기>를 곧 읽어봐야 되겠다. 책 속의 궁금증을 푸는 것은 빙하 속의 숨은 등반대상지를 찾는 만큼이나 흥미로우니까. 사실 아직도 이 책을 대충 보았지 제대로 읽어보지 못한 것은 왠지 너무 고전일 뿐더러 마터호른 초등이란 의미가 나에겐 그다지 크게 다가오지 않아서다.

아니면 또 다른 변명거리를 찾아보면 이렇다. 즉 마터호른은 세계 3대 미봉이요, 그 북벽은 알프스 3대 북벽 중 하나다. 따라서 한국 산악인들의 알프스 등반하면 으레 알프스 3대 북벽 등반이란 타이틀이 붙었다. 히말라야의 타이틀적인 등반들처럼. 하지만 난 1990년에 알프스를 처음 대할 때부터 왠지 그러한 타이틀적인 등반대상지인 마터호른 북벽만큼은 마음이 끌리지 않았다. 다른 두 북벽은 등반하고서도 말이다. 굳이 3대 북벽이란 타이틀에 쫓겨, 특히나 등반성이 적은

반면 낙석의 위험은 큰 그런 벽을 반드시 등반해야 할 이유가 없었던 것이다.(이 문제는 이 정도만.)

이건 단지 내 자신의 기준에 의해서일 뿐 그 분처럼 어릴 적 그 감동을 잊지 못해 산악인이 되어 마터호른을 반드시 오르고자 하는 이에겐 그저 고개가 숙여질 뿐이다. 어쨌든 마터호른 초등 또한 알피니즘의 발전단계에서 하나의 큰 분기점이 분명하기에 에드워드 웜퍼의 <알프스 등반기>나, 구할 수 있다면 <알프스의 푸른 깃발>도 꼭 읽어봐야 할 것 같다.

위 글을 읽어보니 그 분으로부터 들은 <알프스의 푸른 깃발>과 <시타델의 소년>은 거의 같은 내용이었다. 원제가 다른 것은 아마도 책 출판이 반세기가 넘어 여러 출판사에서 발행한 결과가 아닐까 싶다. 여하튼 이 소설은 마터호른과 체르마트를 다른 이름으로 등장시켜 소설화했으며 마터호른 초등 당시인 1865년이라는 시대 배경도 같다. 1년에 한두 번 체르마트 지역으로 가는 나로서는 친숙한 배경무대 속에서 소설의 등장인물들이 활동하는 모습이 생생하게 그려져 읽는 재미가 제법이었다.

무엇보다 주인공 소년 루디의 산에 대한 열정을 학창시절부터 산에 다닌 이들은 더 쉽게 이해할 것이다. 그것은 오르고 싶은 순수한 본능 그 자체라 세속의 잣대에 맞춰 산을 오르고픈 기성산악인들이 한번 정도는 어릴 적의 그 순수했던 등반열정을 이 책을 통해 돌이켜 볼만하다. 소위 전문산악인이라는 나조차 루디나 그 교수님이 가지고 있는 산에 대한 순수한 마음이 향수처럼 느껴질 정도다. 이 책을 통해서나마 한창 산의 세계를 알아가던 학창시절의 깨끗하고 맑았던 심성을 돌이켜볼 수 있어 다행이다.

<검은 고독 흰 고독>

 이틀간 제대로 자지 못하고 4000미터 고지들을 오르내렸다. 고소에 적응되었다는 내 몸도 알파인 등반 후에는 예외 없이 영향을 받아 심한 탈수증과 많은 칼로리 소모로 인해 숙소에 돌아오니 오한이 들 정도였다. 샤워도 할 겨를 없이 고소내의를 입은 채 곧장 침상에 눕고 말았다. 물론 안전벨트며 등산화, 등반복 등을 벗으면서 동건 형의 산악 지원품 라면 하나를 얼큰하게 끓여 먹고 난 후였다. 단맛이 강한 등반식만 먹다보면 으레 맵고 짠 국물이 당기는 건 토종 한국인이라 어쩔 수 없나 보다.

 꿈도 꿀 새 없이 자고 눈을 떠보니 새벽 1시였다. 서너 시간 잔 셈인데, 내 몸이 알파인 등반시간에 맞춰져 있는 것만 같다. 차 한 잔 마시고 눕지만 잠이 올 리 없다. 산 아래에서 새벽 1시면 적막감과 고독감이 느껴지기 쉬운 시간이다. 혼자인 나에겐 특히 더. 전등을 밝혀 머리맡의 책장으로 눈길이 간다. 이 고독한 시간에 라인홀드 메스너의 <검은 고독 흰 고독>이 눈에 띈다. 곧바로 집어 든다. 이것은 2007년 개정판인데, 구입만 해뒀지 읽은 기억이 없다. 1980년대 초에 발행된 초판을 그 당시에 읽었다는 기억만으로 언제 시간나면 이 개정판도 읽을 요량이었는데, 잊어먹고 있었다. 서너 페이지 넘기면서 나는 메스너의 글이 이렇게 좋았나 싶어 새삼 놀랐다. 이유는 20대 초반이었던 당시 초판본을 아주 어렵게 인내심을 가지고 읽었던 기억 때문이리라. 그 후 메스너의 몇몇 책들도 감명 깊게 읽은 적이 없었기에 그의 책은 으레 어렵고 자기중심적이며 인간미가 묻어있지 않은 그런 책이려니 여겼었다. 나 또한 그의 비판자들처럼 그의 등반에 따른 유명세를 시샘했던 건 아니었나 싶다. 아니면 기껏 만년설산 한두 개만 올랐던 20대의 나에게 그의 경지는 가 닿을 수 없는 영역이었기에 더욱이 그를 이해할 수 없었던 건지도.

한데 20년 후의 개정판에서 메스너는 검은색 고독이 비로소 흰색 고독으로 바뀌었다고 했다. 나도 이제는 세상을 조금은 더 넓게 보는 나이라 이 책에서 그가 밝힌 고독, 즉 낭가파르바트 단독등반을 앞두고 마주한 절대고독을 절실히 이해하게 되었다. 평범한 산악인이 알량한 4000미터 급 등반 후에 가진 고독하고 무료한 시간에 비범한 이가 행한 8000미터 단독 등반기를 이렇게 탐독한다는 게 어찌 보면 너무 사치스런 독서는 아닌가 모르겠다.

<최초의 8000미터 안나푸르나>

요즘 침상에서 내가 읽고 있는 산서는 <최초의 8000미터 안나푸르나>이다. 누워 책을 읽는 버릇이 좋지는 않지만 한낮의 산행 후 노곤한 다리의 피로를 풀면서 산서의 세계에 빠지는 게으른 행복을 어찌 마다하랴. 그러고 보니 이 책도 진작 사놓고 읽지 않은 것이다. 아주 오래전, 20년도 훨씬 더 된 학창시절에 아마도 성문각에서 발행한, 세로글씨체의 하늘색 커버의 문고판 <성봉 안나푸르나 초등기>를 감명 깊게 읽어 그 내용을 이미 다 알고 있다는 생각에 이 개정판에 좀체 손이 가지 않았다.

똑같은 책을 두 번 집어 드는 경우가 드물지만 간혹 재미가 있고 유익하거나 다른 판형의 때깔 나는 책이면 혹시나 싶어 다시 집어 들곤 한다. 보다 근래에 나온 안나푸르나 초등기는 번역자도 다르고 출판사도 다르건만 왜 이제껏 집어 들지 않았는지 모르겠다. 아마 다른 읽을거리들이 많았거나 너무 친숙한 이야기라 그랬을 수도 있다.

샤모니 시내에 높이 솟은 건물이라 봐야 많지 않

다. 그중 ENSA의 세 빌딩 중 하나의 이름이 안나푸르나이며, 10년 전에 안나푸르나 초등 50주년 기념으로 아주 큰 행사를 샤모니에서 한 기억도 있고, 이 책의 저자뿐 아니라 많은 주인공들이 이곳 샤모니를 기반으로 왕성한 산악활동들을 했기 때문에 그토록 가깝게 여긴 것 같다. 개정판을 읽는 재미 중 하나가 그들 즉, 모리스 에르조그, 가스통 레뷔파, 리오넬 테레이, 루이 라쉬날 같은 이들의 모습을 보다 구체적으로 상상해 볼 수 있는 것이다. 더욱이 개정판은 예전의 것에 비해 내용이 상세하다. 책 속의 주인공들이 불확실한 지도를 가지고 히말라야 오지로 접어들어 본격적인 등반을 시작하기 전의 이야기만 해도 200페이지나 된다. 그들보다 30여 년 후 내가 쿰부 히말의 한 봉우리까지 보름 이상 카라반을 했던 추억(그땐 진정 원정 같은 원정등반의 운치가 있지 않았나 싶은 기억)을 되살려주는 즐거움도 있어 이 책을 침상 독서용으로 좀 더 이용할 생각이다.

한편 요즘 한국에서는 한 산악인의 정상등정 진위에 대한 논란이 있는 줄 안다. 아마 내 기억으로 10년 정도 되지 않았나 싶다. 바로 이 안나푸르나 초등에 대한 진실여부가 외국산악계에 논란이 일었다. 라쉬날의 일기가 새롭게 발견되어 어떻다느니, 라며 초등의 진위여부로 인해 안나푸르나의 영웅에 대한 의문과 회의로 내 마음이 불편했다. 샤모니 시장 및 체육청소년장관과 IOC 위원까지 지낸 에르조그로서는 무척이나 억울했을 테니, 아마도 말년에 마음고생을 꽤나 하지 않았나 싶다. 여하튼 에르조그가 이룬 초등의 영광 그 진위여부가 어떻든 간에 (진실한 영광이었든 그릇된 영광이었든) 그 대가는 분명 있을 것이다. 그는 초등으로 극심한 동상을 입었지만 동료들의 헌신적인 도움으로 살아 돌아올 수 있었다. 또한 귀로 카라반에서 엄청 고통스러운 절단수술로 겨우 목숨을 건졌다. 이것만으로도 진실 되고 진정한 초등의 대가가 충분했을 법한데 50년 후에 불거진 초등에 대한 진실공방은 또 어떤 종류의 대가인지 이는 그 자신만 알 것이다.

나의 선택은?

이제 안나푸르나 초등기를 거의 다 읽었다. 아껴가며 천천히 페이지를 넘기려 했건만 중후반부에 이르자 읽는 속도를 제어할 수 없었다. 초등정 후에 에르조그와 라쉬날이 겪은 고난이야 익히 아는 내용이다. 하지만 다시 한 번 그들의 역경을 접하면서 어저께 내가 언급한 초등정의 의혹은 한낱 후세인의 가십거리 일 뿐이라는 확신이 든다.

위 두 인물은 분명 당시 아무에게도 알려지지 않은 8000미터 이상의 영역 안나푸르나 정상에 자신의 모든 것을 걸었다. 미지의 영역에 모험을 감행했으며 거기서 살아 돌아왔기에 그들은 우리들의 영웅이 되었다. 훗날의 진실공방이야 어쨌든 그들이 초등 후 얻은 현실적인 대가는 충분했을 수도, 그렇지 않을 수도 있다. 알피니즘의 순수성을 논한다면야 대가를 언급한다는 자체가 모순이지만 알피니스트도 현실을 살아가는 한 인간인 이상, 그것이 그에 따른 정당한 보상이라면(뒤쫓지만 않는다면) 탓할 수는 없다.

각설하고, 이 개정판을 덮으며 무언가 다시 생각해봐야 될 대목을 고른다면 중간부분인 286~7페이지의 내용이다. 정상으로 향하기 전날, 에르조그는 셰르파들 중에서 가장 경험이 풍부하고 충성심이 강한 앙타르케에게 함께 가지 않겠냐고 물었다. 하지만 이 셰르파는 정중히 사양한다. 에르조그의 말처럼 누가 봐도 인정하는 충성심과 체력, 기술이 있으며 고산에 머물기를 좋아하는 셰르파들이지만 이상하게도 긴 고생의 열매를 맺는 마지막 순간에 가서는 늘 조심스럽게 뒷전으로 물러선다. 그들의 사고방식을 우리는, 나는 어떻게 보아야 할까?
 요즘의 셰르파 사회는 많이 서구화가 되어 아마 위와 같은 상황이라면 그들도 적극적인 자세로 등정에 임할 것이다. 하지만 당시 아무도 올라가본 적이 없는 미지의 영역에 열악한 장비로 오른다는 것은 대단한 모험이요, 무리수를 두는 행위였을 것이다. 결과론적 가정이지만 그 모험에서 살아 돌아와 초등의 영광을 얻은 이와 그렇지 않은 이 중 하나를 선택하라면? 흑백논리로만 볼 수도 없을 것이며 여러 면을 따져봐야겠지만 위의 경우에서 어느 하나만 선택하라면 나는 셰르파 쪽이다. 초등의 영광에 대한 대가로 두 주인공이 치른 엄청난 동상의 고통은 직접 겪어보진 않았지만 짐작 하고도 남을 만하다. 평범한 산악인이지만 나 또한 동상의 고통은 어느 정도 알고 있다. 그들이 겪은 역경은 초등정의 영광 후에 치르는 통과의례로선 실로 너무 가혹한 것이었을 터. 나는 평생 산을 오르고 싶다. 더 이상 등반도 못하면서 영광의 현실적인 대가를 안락의자에서 누리는 대신 아무도 알아주지 않는 무명봉의 깎아지른 바위 턱에서 모진 비바람에 맞서는 즐거움을 선택하고 싶다.
 모진 고생의 열매가 사탄의 유혹은 아니었을지 누가 장담할 수 있을까. 히말라야의 두메산골에 사는 셰르파들에게 초등정의 영광과 명예는 동상으로 인한 손발가락 절단에 비해 한낱 지푸라기 같은 정도의 가치 밖에 더 있을까? 실제로 앙타르케는 발이 시려 단념했기에 동상의 가능성을 충분히 예상한 것 같다. 세상사와 동떨어져 몸 건강히 그저 고산을 오르는 그 자체만 원하는 그들에겐 말이다. 이제 에르조그 외에 그 원정에 참가한 모든 이들이 사라졌다. 그들 중 절반은 산에서 자신들이 즐겨하던 행위를 하다 떠나갔다. 반세기가 조금 더 지난 지금 그들이 이룬 영광이 과연 얼마나 빛을 발하는지 모르겠다.

허무주의로 비칠지는 모르겠지만 한 순간의 꿈은 아니었던가. 하물며 우리들 보통 산악인이 이루어서 (스스로 대단하다며) 자랑스러워할 결과는 오죽할까.

산을 오르는 누구든 위와 비슷한 경우는 아니겠지만 선택의 기로에 서는 순간들이 있을 것이다. 선택은 자유지만 후회는 말자, 이 말이 위의 경우에 합당할지는 모르겠다. 여하튼 산을 어떻게 오르든 후회는 말아야겠다.

<화인열전>

요즘 읽고 있는 책은 유홍준의 <화인열전>이다. 우리들이 익히 알고 있는 조선시대의 유명화가들 중 공재 윤두서나 겸재 정선, 단원 김홍도뿐 아니라 조영석, 김명국, 최북, 심사정, 이인상 등 생소한 인물들의 삶과 예술혼을 엿볼 수 있는 책이다. 독후감식으로 이 책을 논할 역량은 내게 없다. 단지 그림이라는 예술의 한 분야에서 치열하고도 투철하게 붓을 든 인물들의 삶에 고개가 숙여질 따름이다. 위의 여러 인물 중에서 겸재 정선이 유독 뇌리에 남는다.

책 표지를 보면 '내 비록 환쟁이라 불릴지라도' 라는 부제가 있다. 신분질서에 대해 너무나 보수적이었던 조선시대, 당시 양반의 체통과 명예보다 그림을 더 사랑했던 겸재 정선은 자신이 비록 환쟁이라 불릴지라도 그림과 함께 평생을 살아가겠다는 예술적 열정과 의지가 있었던 인물이다. 그에 대한 더 이상의 언급은 사족일 뿐, 그저 산악인인 나는 가당찮게 산과 연관 지어 부제를 인용하고 싶다.

내 비록 원숭이라 불릴지라도 산과 바위, 빙벽과 함께 한평생 살아가겠다고 말이다. 간혹 내 자신 언제까지 산과 함께 할 수 있을까, 그럴만한 용기와 능력, 인내력과 의지가 과연 있을까 하는 의문이 들지만 이렇게라도 내 자신을 다잡아 보고 싶을 따름이다.

산을 오르고 바위와 빙벽을 오르는 우리들 모두 (단 몇 미터만 추락하더라도 골로 갈 수 있기에) 자신의 모든 혹은 많은 것을 바치고, 혼신의 노력을 다하는 이들이다. 작은 볼더일지라도 중력을 거스르며 자신의 한계를 뛰어넘고자 투지를 불태우고 아무도 밟지 않은 신설의 설원을 가로지르며 적막한 수직의 공간에서 자신만의 선을 긋는 이들 모두 예술가나 다름없을 터. 그곳이 전인미답의 거벽이 아니어도 극한의 암벽이 아니어도 상관없으며 그저 주말에나 찾을 수 있는 리지라도 좋다.

그렇기에 이 분야에서는 위선이나 거짓, 허위란 필요치 않다. 대중적인 관심이 미치지 못할지언정 우리들 모두 자신이 하고 있는 활동에 심혈을 기울이고 희열에 찬 기쁨을 느끼고 나누는 이 자체가 예술혼의 표출이 아닐까. 이런 활동을 사진이나 그림, 조각과 글로 남기지 않더라도 그 자신 행위예술가나 진배없다. 비록 관객은 자신이나 동료 몇 뿐일지라도 자신의 몸놀림 어느 한 동작인들 기쁘고 자랑스럽지 않을까. 자, 가자! 산으로. 우리들 악인. 오감이 만족하는 산악예술의 성취를 위해!

\<웨이 백\>

대체로 영화가 원작만 못하다는 말들을 한다. 영화 <웨이 백>도 마찬가지인 것 같다. 한정된 시공간에 원작을 제대로 표현하기란 불가능에 가깝지 않을까. <웨이 백>처럼 방대한 대자연을 무대로 한 영화는 더욱이.

작년 봄이었던가 싶다. <얼어붙은 눈물>을 읽고 오늘날의 우리 산악인들이 너무 편하게 산에 다니는 건 아니냐는 투의 말을 했었는데, 그 후 몇몇 지인들도 이 책을 구해 읽었다고 한다. 그들 중엔 용이도 있었다. 인간이 견딜 수 있는 한계상황을 늘 궁금해 했었던 그였기에 8천 미터 봉 등반은, 그것도 칠십 여 년 전에 행한 주인공들의 활약에 비하면 새 발의 피 정도 되지 않을까, 라고 했던 내 말에 K2까지 오른 그가 혹했던 것 같다. 온실 속의 화초처럼 너무 나약하게 살아가는 건 아닐까, 라며 그는 내 글에 토까지 달았다.

인류역사상 가장 이상적인 이념처럼 사람들을 현혹했지만 가장 그릇된 결과를 초래하고만 공산주의에 희생된 폴란드인 주인공의 활약상은 너무나 가혹하고 처절했다. 또한 그 고난의 행군이 너무 방대하고 장구하며 장엄해서 영화라는 한 장르에 담기에는 불가능할 수밖에 없다. 그럼에도 안락의자에 앉아 보는 영상미는 편안하게 보기 미안할 정도로 쉽게 대할 수 없는 명장면들이다. 시베리아의 혹한과 고비사막의 혹서, 히말라야의 설산 풍경만으로도 이 영화를 볼만한 가치는 충분하다.

좋은 뜻으로 시작한 이념일지라도 얼마든지 악용될 수 있다는 사실을 적나라하게 보여주는 실화이다. 영화를 보노라면 인간의 나약한 이기심과 욕심의 끝이 과연 어디까지일까 싶은 생각이 저절로 든다. 무슨 이념이나 사상을 그럴듯하게 내세워 집단을 장악해 부귀영화를 누리는 사악한 무리들 외에도 오늘날 우리는 인간만의 편의를 위해 너무 큰 위험을 감수하며 살고 있지는 않은가. 개발의 명목으로 자연을 훼손하면서 첨단 과학문명의 이기를 누린다고 하지만 대자연 앞에선 한 순간에 물거품이 될 모래성 위에서 아옹다옹하며 사는 건 아닌지 모르겠다.

그래서 더욱 이 영화에서 희망이 엿보이는 건, 극한의 고통스런 탈출여정에서도 따뜻한 인간애를 발휘하는 주인공들의 모습이다. 무자비한 대자연 앞에서도 무너지지 않는 아름다운 인간애의 전형이었다.

아쉬운 건 대자연을 무대로 한 이런 영화에 관객이 거의 없었다는 점이다. 대구 시내에 단 한군데 상영한 작은 영화관에서도 겨우 네다섯 명과 함께 관람했다. 좀 더 많은 이들이, 그릇된 이념의 울타리에서 벗어나 자유를 향한 인간의지를, 대자연의 역경을 이겨내는 인간승리의 장면을 접했으면 좋겠다. 뒤늦게 안 사실이지만 작년에 읽은 <얼어붙은 눈물>이 <웨이 백>이란 책으로 재출판 되었다. 영화 덕분이다. 책이든 영화든 하나만이라도 보길 권한다.

독서피서

며칠 전까지 무언가 열심히 주물럭거렸었는데, 작은 단행본 책자를 위한 준비 작업이었다. 또 실컷 고생만 하는 건 아닌지 모르겠지만 이왕 시작했으니 결실을 맺도록 노력은 해볼 참이다. 책 만들기에 마음을 쓰다 보니 책 읽을 여력이 없었다. 느긋하게 드러누워 페이지를 넘기던 시절이 그리웠다. 하지만 내 베짱이 기질이 어디 가랴. 그래, 책 좀 늦게 만들더라도 우선 그리운 님이나 만나야겠다는 심정으로 지난번에 알프스까지 지고 온 책들을 집어 들었다.

우선 라인홀드 메스너의 <정상에서>였는데, 얼마 읽지 않고 덮었다. 사고의 깊이나 저술역량, 저서 등으로 보아도 결코 메스너에 비할 처지가 아닌 나. 그러기에 더 나의 졸렬하고 짧은 생각을 밝혀본다. 책을 기획하고 쓰는 지은이가 혹 쉽게 빠질 수 있는 함정에 메스너도 빠지지 않았을까, 하는 의심이 들었다. 한 페이지의 글을 쓰더라도 의도하지 않는 방향으로 결론에 이르는 경우가 있는데, 메스너의 경우는 이와 반대로 처음에 기획한 자신의 틀에 그 후의 결과와 내용, 상황을 제대로 가늠해보지 않고 그대로 끼워 맞춘 것 같다. 물론 옛 자료들

을 모으고 검토한 그의 노력이 대단할뿐더러 재미난 내용도 있었다. 나중에 시간이 충분히 나면 위 문제를 곰곰이 생각하며 그의 책을 읽어볼 수 있었으면 싶다.

그 다음에 집어든 게 스벤 헤딘의 자서전 <마지막 탐험가>이다. 하드커버에다가 700페이지 이상 되어 드러누워 읽기에 더 무게감 있게 느껴지는 이 책은 암벽등반으로 단련된 내 두 팔이 더는 견디지 못할 시점까지 읽곤 한다. 물론 한낮의 산행으로 피곤해진 다리도 쉴 겸 해서 행하는 석식 후의 취침용 독서지만 말이다. 아직 반도 읽지 않았지만 그의 열정과 집념은 책 한 권 달랑 준비하다 지친 나 자신을 다독이기에 충분하다. 스벤 헤딘에 힘입어 이번 여름에, 아니면 올해에 좋은 물건 하나 나왔으면 하는 바람 간절하다.

아울러 <마지막 탐험가>를 읽지 않은 분들이 있다면 불타는 사막에서의 그의 활동상만으로도 (이열치열 효과로) 올여름 시원하게 보낼 수 있을 터이니 일독을 권한다. 독서피서라고나 할까?

<내가 본 가장 아름다운 것>

페이지가 술술 잘 넘어갈 정도로 재미난 책과 그러지 않은 책 중 어느 것이 취침용으로 제격일까. <내가 본 가장 아름다운 것>은 이제껏 내가 본 책 중 가장 (페이지가 잘 넘어가지 않는) 아름다운 책이다. 지난여름에는 바빠 도통 책을 집어들 시간이 없었다 치더라도 근 1년간 끌고 있다. 이것만 집어 들면 잠이 와 나에게는 취침용으로 그만이다. 이 책은 알프스의 화가 조반니 세간티니의 예술과 사랑을 그린 전기소설이다. 그가 알프스를 사랑한 화가라는데 이끌려 집어 들었지만 알프스의 등반가가 아니었기에 이렇게 나에게 푸대접을 받나 싶다.

하지만 이 책에 실린 그의 작품들을 보면 그가 얼마나 알프스를 사랑했는지 짐작할 만하다.

그의 이름을 딴 미술관이 스위스 동쪽 끄트머리에 위치한 멋진 산악도시 생 모리츠에 있는데, 나는 몇 번 그냥 지나치고 말았다. 모두 얼마 멀지 않은 곳에 위치한 4000미터 봉우리 피츠 베르니나를 오르는 길이었다. 부끄럽게도 등반을 하러 가는 나에게 그림이 눈에 들어올 리 없었다. 초등학생시절 단 한 번 교실 뒷면 벽에 내 그림이 걸린 적이 있다. 그런 실력으로 언제 기회 되면 나도 알프스를 그려보고 싶다는 알량한 희망만은 가지고 있었다. 게다가 나도 그리기 시작하면 제법 그릴 수 있을 것 같다는 만용을 내심 품고 있었는데, 알프스를 그리다가 눈 녹인 물을 잘못 마셔 맹장염으로 어이없게 요절한 세간티니를 생각하면 쥐구멍에라도 들어가고 싶다.

가난하고 불행하게 자라 교육도 제대로 못 받은 세간티니는 그림을 통해 행복을 찾았으며, 알프스 자락에서 안식처를 찾아 알프스를 그리다가 영원히 알프스의 품에 안겼다. 거벽에 자신만의 등반선을 그리는 알피니스트도 하나의 작품을 완성하는 것일 텐데 도대체 나는 어느 작품 하나 제대로 건진 게 없다. 세간티니의 불후의 명작 3부작(삶, 자연, 죽음)에 버금가는 작품은 고사하고 소품 하나 남기지 못할 것 같다. 나만의 작품이 아니더라도 좋다. 그럼 위조 혹은 모사품, 그것도 아니면 복제품이라도? 허튼소리 그만하고 <내가 본 가장 아름다운 것>이나 마저 읽어야겠다.

책에 적힌 세칸티니에 대한 간략한 소개는 다음과 같다. 1858년 이탈리아 북부 아르코에서 태어남. 어린 나이에 부모를 여의고 재활원을 전전하며 비참한 소년기를 보냄. 스무 살에 화가 테타만치의 추천으로 브레라 미술학교에 입학. 그때까지 글을 읽고 쓸 줄 몰랐지만 그림에 대한 놀라운 재능을 발휘, 독창적인 시각의 색채분할 기법으로 자신만의 표현을 실험함. 루이지아 부가티와 첫눈에 사랑에 빠져 정식 결혼 없이 평생의 반려자가 되고 네 명의 자녀를 둠. 국적, 종교 문제로 당국의 추방과 이웃의 외면으로 한 곳에서 정착하지 못하고 불안정한 삶을 살았지만 알프스 고원지대 엥가딘에서 고향 같은 위안과 희망을 발견.

그 후 알프스의 아름다운 자연과 빛을 담아낸 풍경화가로 널리 인정받음. 유명세에도 불구하고 본질적으로 늘 가난한 예술가였지만 평생 한 여인을 사랑하며 행복한 가정을 꿈꾼 가장. 마흔한 살 나이에 복막염으로 세상을 떠남.

러스킨 바위

지난 일들을 회상할 때 누구든 자신이 미덥지 않다거나 마음이 편치 않을 때가 있다. 사랑했던 이나 아끼고 따랐던 이에게 좀 더 잘해주지 못했다고 느낄 때나 조금만 더 노력하고 욕심만 부렸어도 정상에 섰을 텐데 하는 미련이 남을 때도 그러할 것이다. 또한 지금과는 다른 일을 했다면 생활이 좀 더 나았을 텐데, 하는 욕심 때문에 아쉬워하는 자신을 느낄 때도 그럴 것 같다. 나에게는 이런 것들 외에도 하나가 더 있다.

샤모니의 서점들 산악서적 코너에는 수많은 산서들이 있다. 그것들 중 샤모니에 사무실이 있는 Guerin 출판사 책들이 나는 가장 마음에 든다. 이 출판사에서 나오는 모든 책 표지가 빨간색인데, 이 빨간책 시리즈에는 유명산악인들의 전기물이 많다. 얼마 전에는 리카르도 캐신의 전기도 나왔는데, 양장본으로 된 책값이 55유로라 선뜻 구입하기 쉽지 않지만 탐날 정도로 잘 만들었다. 불어에 까막눈인 내가 중간 중간에 실린 사진만 봐도 만족할 정도다. 큰 마음먹고 구입할까 싶다가도 단념한 책들이 한두 권이 아니다. 그럴수록 불어를 공부하지 않은 자신이 밉고 더 못나 보인다. 지금이라도 늦지
않았으니 시작하자는 용기가 안 생기니 더 밉다.

 이런 나를 더 자책하게 만든 책이 하나 더 생겼다. 바로 존 러스킨의 책이다. 그저 자연주의 철학자 정도려니 하며 어렴풋이나마 기억하고 있던 러스킨, 그가 빨간책 시리즈에 있었다. 10년 전, 고알프스 홈페이지에 알피니스트 목록을 만들면서 어디에선가 러스킨에 대한 짧은 내용을 발췌해 놓고선 까마득히 잊고 있었다. 그런 러스킨에 관심을 가지게 된 것은 얼마 전, 고알프스를 아끼는 강주성 님이 보낸 안부메일에서 혹 러스킨 바위에 가봤는지 물었기 때문이다. 브레방 쪽 숲속에 위치한 러스킨의 흉상은 이미 알고 있었지만 부끄럽게도 나는 러스킨에 대해 아는 바가 없었다. 고맙게도 강 교수님이 쓴 러스킨의 책에 대한 글과 러스킨의 빨간책 전기에 실린 사진을 통해 어렴풋이나마 러스킨을 접해보았다. 380페이지에 달하는 빨간책 전기에 실린 대부분의 그림이 러스킨 자신이 직접 그린 알프스, 즉 몽블랑 산군의 모습이라 눈에 익은 곳들이 많아 그가 더 친숙하게 여겨졌다. 다만 어렴풋이 이해하긴 하지만 불어에 불통한지라 자세한 내용은 알 수 없었다. 그나마 다행인 것은 한국어로 번역된 러스킨의 책이 있다는 점. 강교수님이 소개한 <나중에 온 이 사람에게도>가 그것이다. 물론 이것은 러스킨의 빨간책 전기와는 다른 내용이겠지만 그의 사상을 접할 수 있는 좋은 책이겠기에 꼭 읽어볼 참이다.

 무엇보다 마음의 평정을 제일 중요시했다는 러스킨의 한 구절

만으로도 마음이 평온해진다. 샤모니에서 오랫동안 생활했다는 러스킨의 행적을 느껴보기 위해 브레방 숲으로 가련다. (위 글을 쓰고서 점심 후, 산책 삼아 러스킨 바위로 향했다.)

 시내 중심가를 벗어나 오르막 골목길을 오른다. 러스킨 바위는 브레방 리프트 역 옆으로 돌아올라 양쪽으로 갈라지는 산판도로 좌측 숲에 있다. 아름드리 전나무 숲 하단에 위치해 있는데, 이곳서 보는 샤모니 침봉들의 전망이 좋다. 큰길에서 십여 미터 위쪽에 러스킨 흉상이 바위에 설치되어 있는데, 주변 분위기가 좋다. 러스킨 바위 아래로 약 5미터 간격을 두고 벤치가 3개 놓여 있다. 여기에 앉아 설산을 바라보며 명상에 잠겼을 러스킨을 상상해본다. 그리고 그가 남긴 구절을 음미해본다.

 "우리에게 필요한 인물의 본보기는, 세상에서의 출세 여부는 하늘에 맡긴 채, 자기는 세상을 행복하게 살아가기로 작정하고, 더 많은 부보다는 더 소박한 쾌락을, 더 높은 지위보다는 더 깊은 행복을 추구하기로 마음먹고, 마음의 평정을 제일 중요한 재산으로 삼아, 평화로운 생활에 대한 무해한 자부심과 평온한 추구에서 명예심을 느끼는 사람들인 것이다."

 아, 어찌 살아야 할까. 옹졸하고 편협하고 너무나 세파에 찌든 나, 그래서 러스킨을 알게 되어 행복하다. 강 교수님이 고맙다.

헬렌 니어링의 책

요즘 읽고 있는 책은 헬렌 니어링의 책이다. 이 책은 내가 팔구년 전에 한 지인으로부터 빌려 읽고 샤모니에서 책값보다 더한 요금을 지불하고 우편으로 돌려준 기억이 있다. 그때 처음으로 니어링 부부를 알게 되었다. 물론 그때 스코트 니어링의 책 <조화로운 삶>도 읽어 이들의 삶과 생활방식, 철학 그리고 사랑에 감명을 받았었다. 그렇기에 저장능력이 시원찮은 내 뇌리에서 그들 이름이 지워지지 않고 오래도록 남아있었다.

지난봄 비시즌에 한국에 있을 때였다. 몇몇 산악서적을 구입하기 위해 인터넷서점을 기웃거리다가 우연찮게 헬렌 니어링의 이 책을 접하고서 곧바로 구입했다. 6800원이라는 책값은 이 책의 값어치를 생각하면 공짜나 다름없었으며 빌린 책이 아닌 내 책을 가진다는 기쁨 또한 컸다. 아쉽게도 스코트 니어링의 책은 구할 수 없었다.

지난여름에 이 책을 틈틈이 침상독서용으로 읽다가 반도 읽지 못하고서 책 더미에 묻어 두었었는데, 얼마 전에야 아차 싶어 다시 집어 들었다. 내가 이 책의 내용을 논한다거나 서평을 쓴다는 건 어불성설에 가깝기에 더는 할 말이 없다. 그저 내 인생의 큰 지침서 중 한 권임은 분명하기에, 이제껏 알프스에서 지내는데 많은 도움이 되었다고 확신하는 책이다. 나로서는 한두 번 읽고 말 책이 아닌 언제든 펼쳐 들고픈 책이다. 사족을 붙인다면 간디가 영향 받았다는 <월든>의 저자 소로보다 니어링 부부가 훨씬 더 본받을 만한 인물이 아닐까 싶은 개인적인 소견을 밝힌다. 아울러 이 세상에 보탬이 되는 삶을 살아야 하지 않을까 싶은 소망을 이 책을 통해 다시 한 번 확인했다. 니어링 부부의 책이 있어 행복하다.

나보다 센 놈

 조금 농을 치며 헛소리를 하자면 이제껏 산에 다니면서 나보다 세다고 느낀 이들은 거의 없었는데, 드디어 나보다 센 놈을 만났다. 다름 아닌 모리라는 놈. 이 녀석은 내가 오래 전부터 해오던 물통지기 훈련법을 스스로 생각해냈든 어디서 입수했든 간에 나보다 훨씬 많은 물통을 지고 있었다. 이십대 초반이라 나이가 젊다고는 하지만 나로서는 엄두가 나지 않는 무게인, 거의 10kg이나 더 져 나르는 녀석의 모습에 두 손 들었다고나 할까. 아직 아프지는 않지만 무릎이 걱정되어 30kg의 하중은 도저히 감당하고 싶지 않은 나로서는 녀석을 보자 역시 젊음이 좋구나 싶어 부럽다.
 얼마 전에 읽은 <고고한 사람>의 주인공 모리의 이 물통지기 장면을 보고 반갑기도 하고 피식 웃음이 나와 이런 생각을 하게 되었다. 1.5리터 크기의 물통에 물을 담는 모습은 바로 나 자신의 모습이기도 했기에. 물통에 물 담을 때의 그 담담한 심정이나 배낭에 물통을 넣고 한 발자국 내딛기 전까지, 곧 있을 힘든 고역 앞에서의 착잡한 마음은 직접 해보지 않고선 공감할 수 없는 것.
 닛타 지로 원작의 산악만화 <고고한 사람>은 <아름다운 동행>으로도 번역 출판된 그의 산악소설 <자일 파티> 못잖게 재미가 있다. 산에의 열정이 식었거나 슬럼프에 빠져 허덕이는 분이라면 더욱 더 주인공 모리 분타로의 열정에 자극 좀 받았으면 한다.

<77人에게 묻다>

 요즘 읽는 책은 김영도 선생님 미수 기념문집인 <77人에게 묻다>이다. 제목부터 생각해보면 77인이 김 선생님의 미수(88세)를 기념하여 그 분에 대한 글을 썼기에 '77인이 답하다'라고 해야 하는 건 아닐까 싶지만 그 분이 어떤 분이냐고 묻는 말도 되기에 '묻다'라고 한 건 아닌가 싶고 어감도 좋다. 이 책에는 김 선생님의 가족, 친우 및 지인과 많은 산악후배들이 김 선생님에 대한 칭송과 존경의 표현과 본받을 만한 일화, 보다 오래도록 우리들과 함께 하길 바라는 희망 등등이 담겨있다. 부끄럽게 나 또한 77인의 말석에 끼어 있다. 그렇다 하여 내가 한국을 대표하는 산악인이기 때문은 분명 아니며 우연히 김 선생님과의 인연으로 몇 자 쓰게 되었다.
 77이란 숫자의 의미는 다분히 김 선생님이 1977년 에베레스트 원정대의 대장으로서 한국을 세계 최고봉 등정국으로 승격시킨 업적 때문이리라. 기타 김 선생님에 대한 자세한 내용은 사족에 불과하다고 본다.
 여하튼 이 책 또한 산악서적임은 분명하다. 생애의 많은 부분을 산과 함께 하면서 우리 산악계의 발전에 지대한 영향을 끼친 한 인물에 대한 77인의 총평이기 때문이다. 읽으면 읽을수록 책에서 손을 뗄 수 없는 이유는 김 선생님과 연을 맺었던 많은 산악인들의 이야기를 접할 수 있을 뿐 아니라 무엇보다 산악계 선배가 아닌, 인생의 선배들이 논하는 인간 김영도를 느낄 수 있기 때문이다.

산이란, 알피니즘이란 무엇일까. 인간 즉, 인성이 받침 되지 않는 산악활동이란 무의미하다고 본다. 이 점에서 이 책은 인간 김영도를 엿볼 수 있는 좋은 창이며 그 창에 우리 후배 산악인들이 자신을 비춰보며 스스로를 채찍질하고 담금질할 수 있는 배움의 창이기도 하다.

<그 겨울 그리고 가을>

며칠 전에 읽은 책은 유종호의 <그 겨울 그리고 가을>이다. 지난 가을에 내가 <알프스 알파인등반-1>을 선배 한 분에게 준 답례로 받은 책이라 애착이 가 알프스까지 가져온 거였다. 성장소설처럼 저자가 어린 시절을 회상하는 내용인데, 1951년 한 해의 이야기다. 육이오 전쟁 당시 중학교 4학년이었던 저자의 눈에 비친 현실을 잘 그리고 있다. 한겨울의 혹독한 피난생활이나 어린 나이에 가족의 생계를 위해 미군부대에서 일하며 겪는 인간 군상들의 묘사도 흥미롭다.

시절이 시절인 만큼 유쾌한 내용의 책도 아니고 어린 학생의 눈에 비친 어른들의 면면들 또한 부정적이다. 가장 감수성이 예민하고 풍부할 나이에 역사상 가장 비극적인 사건을 겪었기 때문이리라. 저자도 그 시대를 겪어보지 못한 후세대에게 솔직한 기록을 남기겠다는 생각으로 60년 전의 기억을 더듬었다고 한다. 무엇보다 나는 앞선 세대의 노력과 투쟁, 헌신뿐 아니라 그들이 생존해 있었기에 오늘이 있음을 인정하고 감사하고 싶다. 그들이 우리에게 남긴 게 뭐냐는 식의 부정적인 시각은 가지고 싶지 않다. 아마 저자 또한 이 책을 쓴 이유 중 하나일 것이다.

책 읽는 즐거움 중 하나는 내용에서 무언가 조그마한 단서 하나를 찾을 때다. 다름이 아니라 이 책 말미에 언급한 저자의 친구 중 한 명이 내가 아는 산악계의 원로 한 분임이 분명해 보인다. 몇 년 전에 300부나 만든 나의 졸저 <해골바위>를 50권이나 구입해주신 분의 젊을 적 근황을 이 책에서 접하게 되었다. 책 읽는 즐거움이다.

<알프스의 타르타랭>

한 달 전에 파리의 남 형님이 소개한 책 <알프스의 타르타랭>을 이제야 읽었다. 마루 형님이 서울서 만나면 한 권 선물로 주겠다고 꼬드겼지만 좀체 서울행을 결행하지 못했다. 그렇지만 타르타랭이 도대체 누구냐 싶은 궁금증을 참지 못하던 차에 (게으른 나 대신 아내가) 인터넷으로 검색해 구입한 것을 (남이 먼저 넘긴 책에는 왠지 읽을 흥미가 덜해지는 고약한 성미를 지닌) 내가 먼저 봤다. 빳빳한 페이지를 넘길 때의 상쾌한 기분은 책 읽는 즐거움을 더해 준다고 여기는 나의 못된 버릇만은 고쳐야 할텐데…….

타르타랭, 정말 못 말리는 아저씨다. 말 많고 유쾌한 전형적인 프랑스인인 타르타랭이 알프스 자락에 나타나는 장면부터 산악인인 나의 시각으로선 기절초풍할 정도라……. 내가 결코 등정해보지 못한, 평생 오를 기회라곤 없을, 아니 절대 오르지 않을 (스위스의 관광명소) 리기 봉의 호텔에 나타난, 온갖 등산장비로 중무장한 타르타랭은 몽블랑을 수없이 오른 내가 보기엔, 즉 산악가이드의 입장에서 보기엔 (아무리 내가 돈에 눈이 멀었다손 치더라도) 결코 동행하고 싶지 않은 유형의 등반 손님이었다는 것. 하지만 페이지를 넘길수록 인간 타르타랭에 빠져들게 되는 묘한 매력의 소유자였다.

(비록 가이드를 동반한 등반이었지만) 융프라우를 오른 후,

몽블랑 등정을 목전에 둔 시점에서 타르타랭이 진정한 산악인의 면모까지 엿보였다는 것. 동행한 동료가 자일에 매달려 자살하려 했을 때, 타르타랭은 인생은 아름답고 충분히 살 가치가 있으니 사랑을 믿으라면서 말린다. 그래도 그가 듣지 않자 타르타랭은 이왕 죽을 거면 몽블랑 정상에서 죽는 게 더 멋있을 거라며 타이른다. 결과적으로 말해 타르타랭 자신은 정상에 서지 않고 조난되었지만 자살하고자 한 그 청년은 몽블랑 등정 후, 마음이 바뀌었는지 무사히 하산했다. 내가 굳이 이 소설에서 이 부분이 기억에 남는 건 산이 그만큼 삶에 긍정적인 영향을 끼치지 않을까 하는, 그러길 바라는 마음 때문이다. 누구보다 산행이 일상화가 된 나는 그 산이 그 산 같고 그 등반이 그 등반 같아질 때가 없지는 않지만, 매 순간순간 산에 있는 그 자체가 아직은 즐겁긴 한데 혹 있을 즐겁지 않을 순간이 두렵기 때문이다. 이왕이면 나도 타르타랭처럼 유쾌하고 즐겁게 산을 오르고 싶다. 아울러 이 책을 읽으면서 백수십 년 전의 알프스 자락을 그려보는 재미도 솔솔하다.

〈외씨버선길〉

비수기에 한국에 와 한두 달 지내다보면, 더욱이 한낮 기온이 30도에 가까워지면 알프스가 더 그리워진다. 곧 그곳으로 돌아가긴 하지만 고산의 선선한 기후가 간절해 1천 미터 고지에 가 자곤 한다. 한 달 전 쯤 영남 알프스 쪽 운문산의 한 자락에서부터 시작해 백두대간과 낙동정맥의 몇몇 봉우리들에 올랐다.

매주 연이어 간 건 아니지만 대체로 아래에서 위로 방향을 잡았다. 얼추 참꽃이 필 시기와 맞아 내게는 피서 겸 꽃산행이었다. 등반에 대한 부담감 없이 우리 산들의 모습을 둘러볼 수 있었던 소중한 경험이기도 했다. 그렇게 둘러보면서 경북 북부지역인 영양과 봉화 쪽을 지나쳤는데, 자연스럽게 <외씨버선길>이란 책이 내 손에 쥐어졌다.

얼마 전에 마루 형님으로부터 이 책이 나왔다는 소식을 듣고 반가워서 구해뒀던 건데, 이번에 <알프스에서 온 엽서 5>를 마지막으로 한동안 더는 내 책 작업에 손대지 않겠다는 홀가분한 기분으로 집어든 책들 중 하나였다. 이 책의 저자 성우제 씨는 지난가을 마루 형이랑 같이 봉화에서 잠시 만났는데, (우리가 만난 이야기도 책에 나와 있다) 그가 청송과 영양, 봉화와 영월로 이어지는 외씨버선길을 걸으며 (술도 잘 하지 않는다는 그가) 풀어내는 이야기는 너무 술술 잘 넘어간다. 한반도 내륙의 오지 마을들을 거치면서 향토미를 기록한 그의 글을 접하면 알프스 산골이 아닌 우리의 산골에 들어가 살고파진다. 우리나라 산에서 나는 솔향기를 맞으며 하염없이 걷고 싶을 때 이 책을 펼쳐보면 좋을 것 같다.

여담 하나, 영양을 지날 때 중고등학교 동창 영욱이가 생각났다. 예전에 고향에서 공무원 한다는 소식을 들었던지라 군청에 가서 그가 있는지 물어봤는데, 그런 직원은 없다는 대답만 들어 몹시 아쉬웠다. 이번에는 수박 겉핥기식으로 대충 둘러봤는데, 언제 기회가 되면 <외씨버선길> 전 구간을 다 걷고 싶다. 그러다가 혹 영양 땅 어느 고추밭이나 사과밭에서 일하고 있을 촌놈 영욱이를 만날지 누가 알겠나. "야, 임마! 반갑데이!"라며 환하게 웃을 그의 얼굴이 기대된다.

<제르바수티의 등반들>

샤모니 숙소의 그리 크지 않은 내 책장에는 2001년에 알프스로 본격적으로 올 때 가져온 산악서적들이 몇 권 있다. 그중 하나가 <제르바수

티의 등반들>이다. 책 뒷면에 보니 구입날짜가 1994년 3월이며 구입가격이 8500원으로 적혀 있다. 한국에 있을 당시, 한때는 등산책들을 제법 모으긴 했지만 이리저리 떠돌아다니다 보니 제대로 건사한 게 없는데, 이 책이 그래도 여기까지 묻어와 아직까지 내 곁에 있는 건 책 내용이 거의 다 알프스, 그것도 몽블랑 산군에서 행해진 등반들이기 때문이었다. 표지에 실린 주스토 제르바수티(1909~1946)의 인상도 매력적이며 본문에 실린 사진들에는 내가 등반하고픈 대상지들이 숱하게 많았다. 이제껏 그랑드 조라스나 드뤼 북벽 등은 올라봤지만 아직 시도도 하지 않은 벽이 있는데, 몽블랑 뒤 타퀼 동벽에 우뚝 솟은 제르바수티 필라이다. 1946년에 그가 생을 마감한 곳이다. 날씨가 나빠 후퇴하다 그는 어이없게도 자일 두 가닥 중 하나만 잡아 추락사했다.

이 책은 그가 사망한 다음해에 나온 유고집을 영문으로 번역한 것으로서 그의 따뜻한 인간미와 지적 면모를 엿볼 수 있는 책이다. 변호사로서의 안정된 생활을 했지만 그는 가장 존경했던 알버트 머메리의 <알프스에서 카프카스로>를 읽으며 꿈을 이루어나갔다. 그는 1931년에 머메리가 초등한 몬테 시에라 북벽을 첫 등반하고서 "위대한 선배의 숨결을 느낄 수 있었던 행복한 등반이었다'고 했다. 그리고 샤모니로 와 에귀 베르트와 그레퐁을 올랐다. 1932년 겨울에는 푸르겐 능선을 경유, 마터호른을 올랐으며 1936년 크리스마스 때에는 홀로 이태리 쪽인 남서릉으로 올랐다. 당시의 열악한 기술과 장비로 비박까지 감행하며 오른 등반이었다.

당시 그는 이달리아를 대표하는 산악인으로서 그랑드 조라스 북벽을 1933년부터 시도했던 유력한 초등자였지만 캐신에게 영광을 내주었다. 하지만 그 후 등반에서 초등팀보다 시간을 많이 단축했다. 이어서 그는 그랑드 조라스 동벽을 초등했는가

하면 숱한 등반들을 이루어냈다. 또한 그는 절친한 자일파트너 프랑스 산악인 뤼시앙 드비와 오랑 북서벽을 1934년에 초등했다. 당시 제2차 세계대전의 전운이 감돌던 때라 이탈리아 친구들은 그에게 드비와 관계를 끊으라 했지만 그는 국가를 위해 등반한다기보다는 자신의 즐거움을 위해 등반했을 뿐이라며 그들의 충고를 사양했다. 이 책에서도 그는 그랑드 조라스나 마터호른, 아이거 북벽 등이 거국적인 관심으로 초등된 후 이제는 개인적인 행위로 등반을 해야 한다고 주장했다. 이렇듯 제르바수티는 엘리트 지성인으로서 알프스의 거벽과 눈 덮인 봉우리에서 우아하게 살다간 젊은 알피니스트였다. 그와 함께 했던 당대의 유명산악인들에 비해 우리에겐 그다지 알려지지 않은 제르바수티, 그럴수록 그가 더 인간적으로 다가온다. 생각하는 알피니스트였던 그의 등반들이 이제는 고전이 되었지만 아직도 우리 산악인들이 밟아 볼 행로인 건 분명하다. 이 책이 언제 한국어로 번역되어 출판될 지는 요원하지만 희망마저 거두고 싶지는 않다.

<나는 알래스카에서 죽었다>

이 책은 작년에 출판되자마자 구입해뒀던 건데 당시 내 책 만들기에 바빠 읽을 시간이 없기도 했지만 무엇보다 책 제목이 마음에 들지 않아 서너 페이지 넘기다가 말았었다. 오래 전에 저자 호시노 미치오의 다른 책들 몇 권은 읽었으며 그가 알래스카에서 불곰의 습격으로 한창 나이에 죽은 사실을 알고 있었기에 그의 마지막 여정인 이 책이 더 손에 들어오지 않았다. 그렇게 뜸 들인 책을 이제야 다시 넘겨보았다. 아마 내 마음 속에 잠재되어 있던 불길함을 이겨낼 용기가 생겼기 때문이리라.

혹 내가 만드는 책이 나중에 <나는 알프스에서 죽었다>로 둔갑하지는 않을까 하는, 텐트에서 자다 불곰에 당하는 것처럼 눈사태나 낙석에 당하지는 않을까 하는 불유쾌한 억측은 우스갯소리로 날려버릴 수 있기 때문이다. 불안을 다스리는 시간이 좀 걸린 셈이다. 누군들 죽음이 두렵지 않으랴. 하지만 나는 분명히 말하고 싶다. 나는 결코 알프스에서 죽고 싶지 않다고. 각설하고. 이 책의 저자를 생각하면 참, 대단하다 싶다. 알래스카로 가 원주민과 어울리며 사진과 글로 알래스카의 생태와 문화, 신화와 삶 등을 기록한 그의 열정을 생각하면 나의 알프스 행적은 부끄럽기 그지없다. 글뿐 아니라 사진의 완성도만 보아도 그는 대단한 경지에 이른 사람이다. 자신의 일에 혼신을 다한 한 인간의 흔적을 접하면 우리 삶의 지평이 넓어지는 것 같고, 내 생의 궤적도 돌아보게 된다.

<나중에 온 이 사람에게도>

이 책은 지난해 언젠가 버들치님이 소개한 존 러스킨의 책인데, 이번에야 읽었다. 샤모니 서점 산악서적 코너에는 붉은색 하드커버 양장본으로 러스킨의 책(자서전)이 있지만 도통 읽어 보겠다는 용기가 나지 않았다. 사회 사상가이자 예술 비평가, 작가겸 시인이면서 화가였던 그가 샤모니에서 여생을 보냈으며 브레방 아래 숲속에 그의 동판이 있는 정도로만 그의 존재를 알고 있었다. <나중에 온 이 사람에게도>라는 책 한 권만으로도 그가 어떠한 인물이었는지 이제는 조금 알 만하다.

200페이지가 조금 넘는 얇고 자그마한 이 책의 무게감은 대단하다. 간디 등 후세의 위대한 인물들에게 영향을 미쳤다는 그런 무게감 때문이었던지, 요즘 버릇처럼 되어버린 나의 드러누워 책읽기 도중에 책의 무게

감에 팔이 저려 한 페이지도 다 읽지(이해하지) 못해 책을 집어 든 팔을 바꿔야 했다. 무릇 어렵게 깨친 지식이 오래 갈 텐데 나에게도 난독증이 있는지 천재 러스킨이 쓴 이 책의 상당 부분은 내 머리로는 쉽게 깨칠 수 없었다. 그래도 어설픈 독서가의 그러려니 하는 독서법대로 대충 이해하며 넘기다보니 나무 대신 숲의 희미한 윤곽만은 (이 자리에서 설명할 순 없지만) 볼 수 있었다.

"성경 구절에서 따온 〈나중에 온 사람〉은 사회경제적 약자의 다른 이름이다. 마지막 남은 일자리를 붙잡기 위해 해 질 녘까지 인력시장을 떠나지 못하는 노동자, 냉혹한 경쟁 속에서 능력으로 인간성마저 심판받아야 하는 고용인들, 그리고 불안한 처지에 놓인 모든 사람을 가리킨다. 사회의 마지막 자리에 놓인 이들은 어떤 대우를 받아야 하는가?
〈나중에 온 사람에게도 동등한 보수를 지불해야 한다〉는 러스킨의 대답은 세속의 통념보다는 성경의 가르침을 더 닮았다. 포도밭 수확에 고용된 노동자 중 맨 나중, 저녁에 와서 일하기 시작한 사람에게도 포도밭 주인은 〈계약대로〉 맨 처음에 온 사람과 같은 보수를 지불하기 때문이다(마태복음 20:13, 14).
경제 시스템을 인간의 이기심에만 내맡기는 사회는 러스킨에게 악몽과 다름없었다. 그러한 경제체제에서보다, 〈나중에 온 사람들〉이 동등하게 배려받는 〈조화로운 불평등〉의 사회가 훨씬 더 큰 사회적 부를 생산하게 된다는 것이 러스킨의 주장이다."   -본문 중에서-

다른 말 필요 없이 만일 내가 아침 일찍 포도밭에 가 일을 했는데, 나중에(오후 늦게) 온 사람도 나와 같은 보수를 받는다면? 당연히 주인에게 불만을 표하고 나중에 온 사람을 질투할 것 같다. 아, 나의 못남이여. 아마 복권에 당첨된 이에 대한 부러움보다 더한 질투나 시기심을 나중에 온 사람에게 드러내지 않을지 모르겠다. 이런 경우만 생각해도 알게 모르게 내 자신의 이기심이 하늘을 찌르고도 남는다는 사실을 알 것 같다. 함께 하는 행복은 이런 이기심(남보다 더 가져야겠다는 욕망이나 심지어 기득권과 지역이기주의 등)을 버리는 노력에서 비롯될 거라는 생각이 든다.

<콜드 워스>

 한 오륙 년 전이었다. 한겨울에 그랑 몽테 전망대에 올라갔었는데, 드뤼가 바라보이는 전망대 바깥 베란다에 한 산악인이 서성이고 있었다. 그의 옆에는 커다란 홀링백이 있어, 그에게 어딜 등반할 계획이기에 이렇게 짐을 단단히 꾸렸냐고 물었다. 그는 별 거리낌 없이 드뤼라 했다. 이렇게 추운데 고생 좀 하겠구나 싶었지만 그에게 엄지손가락을 치켜세우며 행운을 빌고 나는 스키를 타고 횅하니 내려왔다.

 그런 후 아마 사오 일 후였을 것이다. 에귀 뒤 미디에서 발레 브랑쉬 설원을 타고 내린 나는 몽탕베르 언덕으로 올라 샤모니행 산악열차를 타려고 했다. 그때 그랑 몽테에서 본 그가 있었다. 그래 등반은 했느냐 물었더니 한껏 야위어진 얼굴로 웃으며 그는 지금 친구가 짐을 회수해 오는 것을 기다린다고 대답했다. (아마 드뤼 서벽 하단에 둔 짐이 아니었나 싶다.) 여하튼 그를 그렇게 두 번이나 봤기에 서너 달 후에 영국산악인 둘이 드뤼 서벽 동계등반을 했다는 기사가 어느 등산잡지(버티컬지 아니면 몽타냐지)에 실렸을 때 나는 바로 그들임을 확인할 수 있었다. 더구나 내가 말을 걸었던 엔디(Andy Kirkpatrick)는 그 후 샤모니 실내암장에서 몇 번 봐 더 안면이 있었다. 그랬던 그를 다시 기억하게 되었다.

 이번에 독일에서 휴가 온 봉선기 선배가 가져온 책이 있다. 원서는 <Cold Wars>인데, 독일어본 역시 같은 뜻인 <KALTE KRIEGE>라는 책으로서 엔디가 쓴, 요즘 한창 잘 나간다는 책이다. 얼마나 추운

환경에서 등반했으면, 얼마나 추위를 지긋지긋해 하며 그 추위를 이겨내려고 했으면 (나는 마음에 들지 않는 제목이지만) 이렇게 '추위와의 전쟁들'이라 제목을 붙였을까 싶다. 침낭 없이 (더구나 알프스 동계등반에서) 하룻밤이라도 비박해본 이들은 알 것이다. 뼈 속까지 느껴지는 차디찬 지겨움을.

아직 이 책을 읽어보지 못했고 내가 조금이나마 이해할 수 있는 영어책 또한 구할 수 있을지는 모르지만(이 글을 쓰기 전에 샤모니 서점들을 두루 다녀보며 영어산악서적 코너들에도 찾아봤지만 없었고 불어로 번역된 책도 없었는데) 여하튼 꼭 읽어보고 싶은 책이다.

산악서적이나 모험서, 자연에 관한 책들에 관심이 많은 봉 선배 내외가 전해준 바로는 (훈련이라곤 하지 않고 거벽등반에 나선다거나 처음 본 누구하고도 선뜻 자일을 묶고서 며칠 굶는 것을 여사로 여기며 덤으로 다이어트까지 하며 등반한다는) 괴짜 기질이 다분한 엔디의 산악활동에 (사실 내가 샤모니 암장에서 그를 봤을 때도 저렇게 무거운 몸으로 어찌 그런 등반을 했나 싶었지만 알파인 등반이 암벽등반만 잘한다고 될 것도 아니긴 하지만) 의문스러운 점이 많긴 했는데 그래도 미워할 수 없는 캐릭터인 그가 언제까지나 즐겁게 오래도록 등반하길 바란다.

이 책, 원서가 발간된 지 얼마 되지 않았는데도 독일어판으로 곧장 번역되어 출판되었다는 현실이 (산악도서출판업자이기도 한 내가 보기에도 그들의 출판환경이) 부럽다.

⟨In High Places⟩

암벽등반을 할 때 자신의 능력을 훨씬 넘어선 루트에 매달리다 보면 즐겁기는커녕 괜히 열 받고 의기소침해지고 심지어 부상까지 당하는 낭패를 보게 된다. 도전의식을 고취하기 위한 것이 목표라면 자신의 능력 이상을 추구해야겠지만 과욕이 문

제인 것이다. 알파인 등반에서는 과욕이 더 큰 재난으로 이어지기도 한다. 책을 읽을 때도 비슷하다. 나에게는 두갈 헤스톤(Dougal Haston)의 책(In High Places)이 그렇다. 책을 아무리 살펴도 언제 구입했다는 메모가 없지만 1990년대 중반에 산 게 분명한데, 샤모니까지 가져온 것으로 보아 나와 인연이 있는가 보다. 이제껏 두 번 이 책을 정독하겠다고 시도했지만 번번이 실패했다. 160페이지 밖에 되지 않는데도 말이다. 영어사전을 끼고 어설픈 문장으로 번역하긴 했지만 다시는 번역 같은 건 하지 않으리라 마음먹은 것도 아마 이 책 때문이 아니었나 싶다.

 암벽등반처럼 책읽기도 자신의 수준껏 적당히 즐기면서, 그러려니 하며 페이지를 넘기면 그만이련만 나의 속셈은 이 책을 읽어보고 괜찮으면 번역이나 해보겠다는 거였다. 그랬기에 더 이 책의 문장은 어려웠고 헤스톤이 말하는 의미 또한 도통 다가오지 않았다. 이제껏 산악서적 네 권을 번역한 내 독해실력에 제대로 실망한 경우다. 아마 내가 헤스톤을 친밀하게 느껴 어떻게든 책을 제대로 읽어야겠다는 부담 때문이 아니었나 싶다. 여하튼 나는 이 책 군데군데 나오는 몇몇 등반들(아이거 직등과 안나푸르나 남벽, 그리고 에베레스트 남서벽 등)에 대한 부분만, 그것도 대충 봤었다. 근 10년은 더 전의 일이긴 하지만 지금이라 해서 그때보다 더 독해력이 나아진 건 아니기에 처음부터 다시 이 책을 집어 들려니 스트레스부터 쌓이는 것 같다.

 내가 이 책에 끌린 이유 중 하나는 1996년에 데날리 남벽에서 헤스톤-스코트 루트를 올랐기 때문이기도 하다. 후배 셋과 함께 3000미터 높이의 남벽 하단과 상단 부분에서 헤스톤의 루트를 따랐는데, 드넓은 남벽 중간에서 우리는 길을 잃었다. 상당한 구간을 다른 길로 올랐다하여 신 루트로 올랐다고 말할 정도는 아니다. 1975년 당시 세계최대의 난벽이었던 에베레스트 남서벽을 초등했던, 데날리 남벽에서 고전하며 7박8일만에 오른 히말라야의 베테랑 둘이 누구일까 궁금했었다. 물론 더그 스코트에 대한 기록은 많았지만 헤스톤에 대한 기록은 많지 않아 이 책을 보고 당시 다른 책들에 비해 비쌌지만 (34000원을 주고) 구입했던 것이다.

1940년에 스코틀랜드 에딘버그 외곽 쿠리에서 태어난 헤스톤은 어릴 때부터 운동을 좋아해 등반을 하게 되었는데, 친구 로빈 스미스와 스코틀랜드에서 많은 등반들을 하며 자랐다. 최고봉 벤 네비스의 케른 버트레스 같은 등반들을 하면서 그들은 전문등반가로 성장하게 된다. 하지만 1962년에 스미스가 파미르에 등반사고로 죽자 충격에 휩싸였지만 그는 스미스와 한 약속을 실현시키기로 한다. 이미 그는 돌로미테의 치마 오베스트 서벽뿐 아니라 아이거 북벽 고전루트를 시도해 실패하고 다음해인 1963년에 오른다. 그리고 그는 몽블랑 산군에서도 드뤼나 그랑드 조라스를 오르며 등반경험을 쌓는다. 1966년에 아이거 북벽 직등팀에 합류한 그는 존 하린이 로프 절단으로 추락사한 후에도 맹활약을 하면서 초등에 성공한다. 그 후 그는 파타고니아의 세로 토레와 요세미티에도 간다.

1970년 크리스 보닝턴이 이끈 안나푸르나 남벽등반에서 헤스톤은 돈 웰런스와 정상에 서는데, 히말라야에서 이룬 최초의 성공적인 거벽등반이었다. 1974년에는 보닝턴이나 스코트 등과 함께 창가방을 초등하기도 한다. 그리고 1975년 에베레스트 남서벽에서는 더그 스코트와 함께 초등의 영광을 거머쥔다. 그리고 다음해 5월에 그는 스코트와 데날리 남벽을 새로운 루트로 올랐는데, 7박8일만에 올랐다. 1961년에 리카르도 캐신이 이끈 5인의 이탈리아 원정대가 30일 만에 오른 캐신 루트 우측에 위치한 코스였다. 등반 후 그는 "6194m 밖에 안 되는 산이 마치 7800m는 되는 것처럼 느껴졌다. 북극권이 저기압이라 그런지 다른 지역에서의 등반보다 비교적 어려웠다."고 기록했다. 이들이 혹독한 추위에 고생했듯 나 또한 후배들과 추위에 2주간 고생하며 남벽을 넘었다. 그랬기에 헤스톤이 누군지 더 궁금했던 것이다.

안타깝게도 그는 이 등반을 하고 난 다음해인 1977년 1월에, 1967년부터 국제등산학교를 개설하고 있던 스위스 레이진 가까운 라 리온다에서 스키를 타다 눈사태로 생을 마감했다. 30대 후반의 젊은 나이였다. 당시 누구보다 뛰어난 고산등반가였던 그가 떠남으로 인해 영국 산악계는 큰 타격을 입었다.

다행히 그를 알 수 있는 책이 이렇게 남아 있다. 한국의 산악인들도 젊었을 때, 현역일 때 보다 많은 글을 썼으면 하는 바람이다. 나에게만은 어려웠던 책이지만 다시 한 번 더 시도해 볼까 싶다. 어려울수록 그만한 가치가 있지 않을까 싶은 기대감 때문에라도…….

〈MIXED EMOTIONS〉

알프스에 있다 보면 대서양 건너편의 미국 산악인들은 유럽 산악인들에 비해 무언가 다르게 느껴진다. 미국 산악인들도 종종 몽블랑 산군을 찾고 있는데, 그들이 착용한 장비나 복장이 달라 그런지 등반스타일 또한 달라 보인다. 그렇지만 다 같은 백인들이라 뭐 그리 다를까도 싶고, 다 같은 산악인들이라 우리와는 또 뭐가 다를까 싶기도 하다. 산악인들 사이에서는 국경도 초월한다지 않는가.

미국의 유명한 산악인들을 생각하면 브레드 워스번이나 프리츠 비에스너, 이본 취나드와 휘테커, 갈렌 로웰이나 워렌 하딩, 제프 로우나 알렉스 로우, 그리고 그렉 차일드 등이 기억에 떠오르며 그 외에도 수많은 산악인들이 있을 테고 요즘 한창 현역으로 활동하는 이들도 많다. 세월은 어쩔 수가 없는지 내가 위에 언급한 이들 중 많은 이들은 이미 세상을 떠났다. 그들 중 가장 후세대 인물 중 하나가 그렉 차일드(Greg Child)인데, 1990년대 말까지만 해도 종종 뛰어난 등반활동을 했다는 기사를 접할 수 있었다. 호주 출신이긴 했지만 미국에서 활동한 그는 당시엔 미국을 대표하는 등반가였다.

그가 쓴 책 <Thin Air>, <Postcards from the Ledge>, <MIXED EMOTIONS>을 나는 가지고 있었다. 모두 이리저리 뒤져 본 기억은 있다. 이렇게 말하는 것은 앞의 두 권은 지금 내 손에 없다는 뜻이다.

다시 그에 대해 알아보니 1957년에 호주 시드니에서 태어난 그는 13세에 등반을 시작해서 16세에는 아예 학교까지 그만두고 호주의 블루 마운틴 사암 암장에 머물며 수많은 루트들을 섭렵했다. 그 후 그는 미국으로 건너가 일취월장했는데, 1977년 '퍼시픽 오션 월'을 일주일 만에 올라 토박이들을 놀라게 했다. 그 후 그는 요세미티 엘캐피탄에서 로스트 인 아메리카와 오로라 두 코스를 초등하기도 했다. 그 무렵 그는 친구들과 영국에 가 우연히 더그 스코트를 만나게 된다. 스코트에 의해 알파인 등반에 눈을 뜬 그는 더그 스코트, 조르주 버템버그, 돈 윌란스 등 유명 산악인들과 어울려 알파인 등반의 세계에 들어선다. 쉬블링 동릉에서는 12번이나 비박, 마지막 3일은 굶으면서 힘겹게 등반한다. 그러는 동안 그는 알파인 등반의 진수를 깨치게 되었으며(이 등반에서 가스가

폭발해 텐트 폴만 남은 사진이 기억나며)롭상 스파이어의 최정상부 30미터의 반반한 바위벽에선 자신의 주특기 인공등반으로 돌파해 정점에 앉아 환한 웃음을 짓고 있는 그의 사진을 본 기억이 난다. 이후 그는 브로드 피크와 트랑고 타워, K2 등을 시도했으며 가셔브럼 4봉 북서릉을 초등하기도 했다.

그의 전작 <Thin Air>(1987년 판)를 재미있게 읽었던 나는 이 책<MIXED EMOTIONS> 또한 그럴 것이라는 생각에 구해놓았던 것. 뒷 표지 안쪽에 1994년에 구입했다는 메모가 있는데, 그 전해에 출판된 책이다. 지금 생각해도 차일드의 글은 아주 쉬운 영어로 쓰여 페이지가 잘 넘어갔다. 그래서 한국에 있을 때 나는 <Thin Air>를 몇 십 페이지씩 떼어 스테이플러로 찍어 지하철이나 회사 등에서 읽은 기억이 있다. 그 때문에 분리된 책은 영원히 나로부터 분리되어 언제 어디서 그 책이 사라졌는지 모르겠다. 1998년에 나온 <Postcards from the Ledge> 또한 읽은 기억은 있는데, 지금은 없다.

<Thin Air>가 재미있었던 이유는 모두 그가 히말라야에서 등반한 내용들이기 때문이다. 특히 쉬블링 동릉이나 롭상 스파이어, 트랑고 타워 등에서 크럭스 구간에선 늘 그가 선등한 벽 등반이 매력적이었다. 사진 한 장 없는 <MIXED EMOTIONS>에 비해 등반사진도 많이 실렸기에 1990년대 당시 나도 언젠가는 그런 벽들을 오르는 상상을 하곤 했다. 아울러 일찌감치 학교까지 그만두고 세상을 떠돌며 방랑자적 등반활동을 하는 그가 부러웠다. 또한 뛰어난 암벽등반가였던 그가 히말라야에서도 뛰어난 활동을 하는 게 당시로서는 신선한 충격이었다. 히말라야니스트도 암벽등반을 게을리 해서는 안된다는 가르침이었다.

<Thin Air>에 비해 <MIXED EMOTIONS>은 등반기도 실렸지만 등반에 대한 그의 생각이나 그와 함께 등반한 이들(더그 스코드나 돈 윌란드, 보이텍 쿠르티카, 짐 베이어 등등)에 대

한 이야기도 담고 있다. 왕성한 활동을 하면서 자신의 지난날이나 주변인들을 돌아보는 내용은 등반에 대한 이야기만 나열한 책 보다 더 흥미롭다. 전작보다 한층 성숙한 차일드의 모습을 느낄 수 있는 책이다. 등반에 대한 '혼합된 감정'이란 등반친구의 죽음이나 등반을 통해 느끼는 스릴, 위험과 생존의 짜릿한 순간 등등이 복합된 감정일 텐데 그러한 것들이 그를 계속 등반하고 글을 쓰게 하는 요소들인 셈이다. 등산의 외형만이 아닌 내면의 깊이를, 그것도 아주 왕성하게 활동한 전문등반가의 시각을 통해 느껴볼 수 있는 책이다.

<창가방 그 빛나는 벽>, <세비지 아레나>

우리에게 잘 알려진 보드맨-태스커 산악문학상에서도 알 수 있듯 피터 보드맨과 조 태스커를 따로 떼어놓을 수 없다. 또한 두 책 <창가방 그 빛나는 벽>과 <세비지 아레나>도 그러하다. 물론 역자인 내가 같은 등반과정을 두고 서로의 시각 차이를 가늠해보고자 <창가방 그 빛나는 벽> 뒤편에 태스커가 쓴 <세비지 아레나>의 창가방 등반부분을 삽입한 결과이기도 하다. 나도 힘든 등반 중에 동료의 예상치 못한 반응에 놀라 과연 상대는 어떤 생각으로 저런 행동을 할까 하는 고민을 하곤 했었다. 여하튼 이 창가방 등반을 계기로 보드맨과 태스커는 죽는 날까지 함께 한 둘도 없는 자일파트너가 되었다.

인도 북부의 가왈 히말라야가 개방된 것은 1974년이었다. 크리스 보닝턴이 두갈 헤스턴이나 더그 스콧 등 쟁쟁한 친구들 다섯을 데리고 맨 처음 이곳에 발을 들여놓았다. 창가방이었다. 그들은 핵탄두 모양의 거대한 서벽을 보고 겁을 먹고 우측으로 돌아 남동릉을 경유해 초등했다. <세비지 아레나> 초반에 나오듯 다음해인 1975년에는 조 태스커와 딕 렌쇼 둘이 중고 자동차를 몰고 대륙을 가로질러 가 창가방 옆에 위치한

두나기리 정상에 섬으로써 많은 이들을 놀라게 했다. 당시만 해도 단 둘이 히말라야에서 거벽을 등반한다는 것은 생각하지 못할 일이었다. 하산할 때 죽을 고생까지 한 태스커였지만 창가방을 잊지 못했다. 태스커는 동상이 심한 딕 렌쇼 대신 새로운 동료가 필요했다. 바로 태스커가 보드맨을 찾아오면서 <창가방 그 빛나는 벽>이 시작된다.

보드맨이 누구던가. 히말라야에서 가장 어렵다던 에베레스트 남서벽을 초등하며 정상에 섰던, 1975년 보닝턴 남서벽 원정대에서 최연소 대원이었다. 둘이 창가방 서벽을 오르겠다고 하자 당시 영국의 세계적인 산악인들은 하나 같이 회의적이었다.

"자네들은 결코 성공 못할 것이네." 닉 에스코트,
"난 잘 모르지만 두 명이 떠난다는 것은 어쨌든 훌륭하다고 생각하네." 데이브 피어스,
"그 곳은 두 사람의 등반로처럼 보이진 않네." 캔 윌슨,
"시간 낭비할 것이네." 두갈 해스턴,
"가능성의 한계를 넘어 있어. 젊은이, 그렇지만 가야하고, 직접 보아야 해. 좋아! 젊은이, 자네가 옳아." 더그 스코트,
"단지 두 명이서? 나에게는 잔인하게 들리는구만." 조 브라운,
"어리석은 짓이야. 만일 성공한다면 히말라야에서 가장 어려운 등반이 될 걸세." 크리스 보닝턴.

다들 이렇게까지 표현했던 것으로 보아 그 누구도 둘의 성공을 확신하지 못한 것 같다. 그렇지만 둘은 <창가방 그 빛나는 벽>에 서술된 내용처럼 우여곡절 끝에 기어이 서벽을 오르고 말았다. 한마디로 시대를 앞선 등반이었다.

그 후에도 둘은 파트너가 되어 <세비지 아레나>의 내용처럼 1978년에는 K2를 시도했으며 1979년에는 칸첸중가에서 더그 스코트와 조르주 버템버그 등과 넷이서 알파인 스타일로 신 루트를 개척했으며 1980년에 다시 K2를 시도했다. 그리

고 1981년에는 보닝턴, 알랜 라우즈와 콩구르를 초등했다. 그리고 둘은 1982년 당시까지 미등이었던 에베레스트 북동릉에 도전했다가 돌아오지 못했다. <세비지 아레나>는 태스커가 이 등반에 나서기 전에 쓴 것이다.

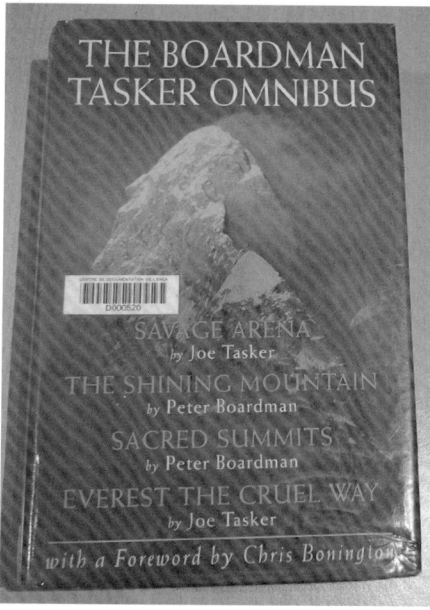

 태스커가 34년, 보드맨이 32년이라는 짧은 삶을 살다 갔다. 그러나 그들은 히말라야에서 새로운 등반방식을 실천한 것 외에도 자신들의 등반을 빼어난 기록으로 남겼다. 위의 두 책 외에도 태스커는 <에베레스트, 그 잔인한 길>을, 보드맨은 <세크릿 써미트>를 남겼다. 그 후 네 권이 합본으로 제작되어 <보드맨-태스커 전집>으로 나왔다. 이들의 등반과 창작 활동을 기리기 위해 1983년에 **보드맨-태스커 산악문학상**이 제정되어 오늘날 세계에서 가장 권위 있는 산악문학상으로 인정받고 있다. 태스커가 쓴 글에서처럼 **'자신이 가진 모든 힘과 활력을 유감없이 발휘하면서'** 뛰어난 등반과 저술활동을 한 보드맨과 태스커는 알피니즘의 역사가 지속되는 한 잊히지 않을 인물들이다.

<장비 카탈로그>

 내가 필요해서 산악 장비점에 가는 경우라곤 좀체 없지만 오늘 스포츠 센터에 다녀오면서 잠시 들렀다. 다름이

아니라 이제 막 제작되어 배포된, 샤모니 장비점들이 공동으로 제작한 카탈로그 때문이었다. 누가 장비점 입구에 비치된 카탈로그 뭉치를 뜯어 두 권이나 가져가는 것을 봤기에 나도 (무언가를 팔아주지 않아도 된다는 떳떳한 마음으로) 점원 눈치 보지 않고 한 권 가지고 나왔다.

샤모니의 다섯 군데 산악 장비점이 공동으로 만들어 무료로 비치해두는 카탈로그는 1년에 두 번 발행된다. 새로운 제품을 알리는 광고 책인데, 겨울이나 여름 시즌 초반에 이렇게 각 장비점 입구에 쌓아두는 모습을 보면 이제 본격적인 시즌이 시작되었음을 실감하게 된다.

내가 구입해본 장비라곤 드물 정도로 장비에 무관심하지만 150~200페이지 정도 되는 이 카탈로그를 보는 것은 즐겁다. 다름이 아니라 사진 때문이다. 샤모니 지역에서 활동하는 유명 사진작가나 전문산악가이드가 신제품을 착용한 모델과 함께 몽블랑 산군 여기저기를 오르며 찍은 사진들을 보는 즐거움이 크다. 익히 아는 곳들이지만 나와는 다른 시각으로 동행자들을 찍은 사진을 보면 내가 시도하지 않은 구도를 배우기도 한다.

어느 해 카탈로그에는 코스 개념도까지 그려 넣어 웬만한 가이드북 못지않게 소장가치가 있었다. 그래서 한동안 카탈로그를 연도별로 모았지만 숙소가 좁다보니 다 부질없다는 생각이 들어 어느 때부턴가 죄다 내다버렸다. 올여름 카탈로그는 유럽 경기의 영향인지 예년에 비해 못한 느낌이지만 그런 대로 볼만 하다.

어떤 이들은 한국의 산악잡지를 볼 때 광고가 더 재미있다고도 하던데, 그런 이들에겐 이 카탈로그도 권할 만하지만 내가 괜히 새로운 장비욕에 지름신을 강림케 하는 건 아니길 바란다. 장비가 없어 산에 못 다니는 건 아니기 때문이다.

<인페르노>

이 책은 얼마 전에 조라스 북벽을 오른 한별 씨가 선물로 준 것. 세계적인 베스트셀러 작가의 책답게 읽는 재미가 그만이었다. 페이지가 잘도 넘어가 며칠간 샤모니에 머문 더그리 형과 브레방이나 가이앙 암장을 오르내리며 어울리는 와중에도 이삼 일 만에 두 권을 다 읽었다.

휴가 와 있다는 기분으로 느긋하고 즐겁게 그리고 단숨에 읽은 휴가용 독서로 제격인 책. 오락용 책이라고 아무리 폄하한들 너무 잘 쓴 시나리오와 이야기의 짜임새가 탁월해 시간 때우기 용이 아니라 시간을 내어서라도 읽어 볼 만하다. 아울러 이 지구별의 한 일원으로서 인구과잉문제에 대해 나 스스로는 과연 어떤 입장이어야 할까 하는 생각도 들게 한 책. 무엇보다 이야기의 배경무대인 피렌체와 베네치아, 그리고 이스탄불을 책에서나마 여행하는 재미가 쏠쏠했다. 이제 샤모니에 한국산악인들이 속속 모여들고 있는데, 혹 읽을거리가 없다면 언제든 빌려 가시길······.

<에베레스트에서 온 편지>

요즘 들어 건망증이 더 심한지 내가 언제 이 책 <에베레스트에서 온 편지>를 구입했는지 도무지 기억이 없다. 책꽂이 맨 하단 구석에 꽂혀 있던 것을 며칠 전에야 발견했다. 아무도 넘겨본 흔적이 없는 걸로 보아 내가 산 게 분명한데, 아마 몇 년 전에 한국서 인터넷 도서검색을 하다 에베레스트라는 단어에 산과 관련된 책이 분명하다 싶어 무작정 구입해뒀나 보다. 하지만 어린이용 동화라는 이유였든 많은 산악인들이 보편적이고도 무작정 선망하는, 그래서 더 오르고 싶지 않았던 에베레스트에 대한 은연중의 거부감이었든

선뜻 이 책이 손에 잡히지 않았을 것이고 급기야 이 책이 있다는 사실조차 까맣게 잊고 지냈나 보다. 그러다 이제 눈에 띄고 마음도 동해 페이지를 넘기게 되었다. 어린이들의 눈에 비치는 산악활동이나 산악인들은 어떨까 싶은 호기심이 일었다고나 할까.

 요즘 한국서 잘나가는 몇몇 등산학교들과는 차원이 다르게 가끔 산을 찾는 대학생들을 지도하며 빈한하게 생활하는 아버지를 둔 초등학생 태산은 누구보다 씩씩하고 용감하게 자연과 벗하며 자란다. 엄마 아빠랑 가족등반도 즐기는 태산 가족의 단란함은 마지막 원정이라며 떠난 아빠가 에베레스트에서 실종됨으로 인해 산산이 부서지는데…….

 작가는 아마 산악인이거나 산악인 주변을 잘 아는 것 같다. 1980~90년대의 한국산악인 정서나 한국산악계 분위기 등을 그런대로 잘 묘사했다고 보는데, 아쉬운 건 어린이 동화를 굳이 슬픈 결론으로 끝내야만 했느냐는 것. 아버지가 에베레스트에서 마지막으로 띄운 편지에 용기를 얻는다고는 하지만 그런 편지 한 통으로는 현실의 벽을 넘기에는 너무 부족하지 않을까.

 극적요소를 위해 에베레스트와 실종이라는 이야기의 틀을 짰겠지만 아쉬운 것은 (산악인의 입장에서 본다면) 과연 어린이들에게 산이란 무엇이고, 등산의 기쁨과 즐거움은 어떻게 찾으며, 바람직한 산악인상은 무엇인지, 아울러 산과 함께 하는 생활과 삶은 어때야 할까 등등과 같은 질문을 하고 그 답을 어렴풋이나마 보여줄 수 있었으면 한다는 것. 그저 슬픈 감성만 자극해서야 미래의 산악인들을 어떻게 무궁한 보물로 가득 찬 산의 세계로 제대로 인도할 수 있겠느냐는 것. 이런 생각의 꼬리들을 만나기 위해서라도 이 책은 읽어볼만 하다.

<어떤 슬거의 죽음>

조정래의 소설인 이 책은 작년인가 그 전해에 어느 산악회 연보에 산인지 알피니즘에 대한 글을 기고하고 그 답례로 받은 여러 권의 책들 중 하나다. 새 책이면 우선 읽고 보는 나지만 왠지 마음이 가지 않다가 며칠 전에 우연히 손에 들었다.

이 책에는 작가가 1970년대 중반에 쓴 단편소설들로 채워져 있는데, 당시 서민들의 애환이나 사회부조리 등이 고발 형식으로 잘 서술되어 있다. 작가의 대하소설에만 익숙해 있던 나에게 14개의 단편소설로 이뤄진 이 책을 보면서 처음에는 어색하게 느꼈지만 그의 역량이 새삼스럽다고 밖에.

뭐 이런 책에 대한 글을 다 쓰나 싶어 나 자신도 마땅찮지만 도중에 읽은 한 줄의 글이 뇌리에 맴돌기 때문이다. 몇 페이지에 쓰여 있는지 확인할 필요도 없는 그 글은 '록클라이밍이 빠진 등반'인데, 아마 '앙코 빠진 찐빵'과 비슷한 의미로 쓴 대목이었던 것 같다. 1970년대 중반이면 암벽등반이 대중화되기 전이었는데도 작가는 그런 비유를 쓴 셈이다. 가만히 생각해보니 맞는 말이다.

사실 많은 이들이 산악인이라면서 등반은 하지 않는 경우가 (아주 많이) 있으며 등반가 혹은 알피니스트라 자처하는 이들 중에서도 등반, 즉 암벽이나 빙벽등반 등을 하지 않는 경우가 (꽤) 있다. 그렇지만 까딱 잘못하면 골로 갈 수 있는 상황을 인지하고 그런 사실을 겸허히 받아들이며 산을 오르고 벽을 넘는 이들만이 등반가라는 범위에 포함되어야 하지 않을까.

물론 스포츠화가 된 스포츠 클라이밍을 즐기는 이들에게도 어느 정도 해당되는 사항이긴 하지만 그들 역시 그런 위험을 (주로 대자연에서) 감수할 때에만 등반가에 가깝지 않을까 하는 허튼 생각도 든다. 암벽등반만 한다하여 진정한 산악인이라는 말은 아니다.

여하튼 일반소설을 읽다가도 등산에 관계되는 문장 하나라도 눈에 띄면 반갑다. 마치 산길을 가다 배낭에 피켈 등을 꽂은 이를 만날 때처럼.

<철학이 필요한 시간>, <객주>, <초한지>

  새롭게 집어든 책은 <철학이 필요한 시간>과 <객주>이다. 앞에 것은 지난번에 버들치님이 소개한 것으로서 (늘 그렇지만 그가 소개한) 자체만으로도 충분히 읽어볼만 할 것 같아 구입한 것이다. 아직 몇 페이지 넘기지 않았지만 20페이지부터 기술된 내용만으로도 이 책을 놓고 싶지 않다. 니체의 <차라투스트라는 이렇게 말했다>에 대한 글(후회하지 않는 삶은 가능한가)이다. 아주 오래 전에 누군가가 샤모니에 니체의 이 책을 두고 갔다. 시간도 많았고 읽을거리도 궁한 시절이었지만 그 책을 제대로 읽었다는 기억일랑 없다. 도무지 이해할 수 없는 난해한 책으로 단정 지은 나는 한 구석으로 밀쳐버렸는데, 그 뒤 한 번도 찾지 않았다. 책을 두고 간 이도 아마 그래서 두고 가지 않았나 싶다. 한 십년 전이었다. 나에게만은 그렇게나 어려웠던 책을 지은이인 철학자 강신주는 아주 쉽게 대여섯 페이지에 그 책에 대해 풀어놓았다. 이것만으로도 <철학이 필요한 시간>은 나에게 큰 기쁨을 준다. 요즘은 마냥 시간이 늘어져 있을 것만 같았던 십년 전의 그 날들이 그립기만 하지만, 내 책 만드느라 바쁜 와중에도 이 책을 마저 읽고 <차라투스트라는 이렇게 말했다>도 다시 집어들 수 있기를 기대한다. 이번에는 지루하지 않게 (포기하지 않고) 읽을 자신이 있다.

  <객주>는 오래 전부터 마음에 담아놓고만 있었지 좀체 결행하지 못한 책이다. 그랬던 것을 언론매체를 통해 우연히 완결판으로 마지막 10권 째를 발행했다는 소식을 접하고 이 때다

싶어 우선 두 권만 구입했다. 열 권 다 사놓아야 아까워서라도 읽을 텐데 주머니 사정도 있고 요즘 내가 나의 또 다른 졸저 탄생을 위해 용쓰고 있는 마당에 10권이나 되는 책을 언제 집어 들 수 있을까 싶어 맛보기로 두 권만 구해놓았다. 새 책을 손에 넣으면 새로운 세상에 대한 호기심이 생기는 것 같다고 (내가 지금 주장하는 바는 아니고) 누군가가 이미 말했던 것처럼 본문의 세계엔 시간이 없어 들어가 보지 못하고 표지에 쓰여 있는 광고성 문구나 작가의 말 등을 읽으며 서성거리고만 있다. <객주>의 세계에 언제 들어가게 될지 모르겠지만 기대와 흥분만으로도 잘 구해놓았다 싶다. 작가는 어릴 적 자기 집 마당에 시골 오일장이 서곤 했는데, 장터를 오고간 이들의 애환과 삶 등을 이 책에 풀어놓았다고 한다. 요즘도 오일장이 서곤 하지만 어릴 적에 경험한 시골장터의 풍경이 어렴풋하기만 하다. 아마도 <객주>는 잊어버린 나의 옛 추억을 되살려 줄뿐 아니라 우리민족의 옛 추억도 되살려 놓았을 것이기에 기대가 크다.

 그 후 나는 알프스 시리즈 중 한 권인 <알프스 트레킹-2>를 만든 다음, <객주>를 읽기 시작했다. 책 만드는 노동 후에 찾아오는 공허감을 채우기 위해서라도 <객주>에 빠져들었다. 재미있을 것 같아 두 권씩 주문해서 봤다. 물론 알프스 시리즈 출판 작업 중에 미리 두 권을 주문해둔 이유는 아내가 먼저 보고 그 다음 여덟 권을 구해두겠거니 하는 미끼였다. 하지만 나의 유인작전은 실패했으며 책값 아끼지 않는 나이긴 하지만 내 주머니에서 나간 돈으로 열 권을 다 구해야 했다.
 열 권 다 읽을 시점에 버들치님이 고우영의 초한지 여덟 권을 보내줬다. 어릴 적 독서경험이 전무했던 나는 초한지나 열국지, 수호지도 구별하지 못해 이미 그런 것들은 초, 중딩 때 뗐다는 아내의 놀림을 받으면서 고우영의 만화에 빠져들었다. 그런 책들을 무겁게 알프스까지 들고 올 곤란을 피하기 위해서라도 밤낮을 가리지 않고 비행기 타기 전 날까지 독파했다. 책 만든 후에 읽은 더없이 즐거웠던 독서휴가였다.
 책을 만들고 책을 읽은 소중한 시간들을 이렇게 또 기록으로 남기는 즐거움을 가져본다. 알프스의 겨울은 길다. 그래도 아무리 혹독한 겨울일지라도 따뜻한 봄날은 오기 마련이다. 언 땅이 녹고 산비탈에 쌓인 눈들도 시나브로 없어지면 할미꽃도 필 테고 참꽃도 필 것이다. 코끝을 간질이는 봄바람을 맞으며 〈객주〉의 주인공이 말년에 객주를 열고 살았다는 경북 봉화 어느 산골짜기의 생달 마을을 찾아보고 보부상들이 넘나들었다는 고갯길이나 걸어볼까 싶다. 이제는 고향산천, 금수강산이 더 좋아진다.